NANCY TAYLOR ROSENBERG

MILDERNDE UMSTÄNDE

Roman

Aus dem Englischen
von Susanne Höbel

WILHELM HEYNE VERLAG
MÜNCHEN

HEYNE ALLGEMEINE REIHE
Nr. 01/10165

Titel der Originalausgabe
MITIGATING CIRCUMSTANCES

Besuchen Sie uns im Internet:
http://www.heyne.de

Published by arrangement with Dutton,
an imprint of New American Library,
a division of Penguin Books USA, INC.

Umwelthinweis:
Dieses Buch wurde auf
chlor- und säurefreiem Papier gedruckt.

Copyright © Literary Inventions, 1993
Copyright © 1994 der deutschen Ausgabe
by Wilhelm Heyne Verlag GmbH & Co. KG, München
Printed in Germany 1998
Umschlagillustration: Kenneth Bank
Umschlaggestaltung: Atelier Ingrid Schütz, München
Gesamtherstellung: Elsnerdruck, Berlin

ISBN: 3-453-13806-6

Kapitel 1

Es war ein fensterloser Raum, in dem der Mann auf sein Urteil wartete. Er stand allein vor Gericht, kein Reporter und kein Zuschauer durfte den Prozeß verfolgen. Sein Opfer hatte einer rivalisierenden Bande angehört. Die Stimme der Staatsanwältin hallte in dem leeren Raum, als sie zum Schluß ihres Plädoyers kam.

»Euer Ehren, wir sind der Auffassung, daß die Höchststrafe in diesem Fall angemessen und gerechtfertigt ist. Der Angeklagte hat eine lange Liste von Vorstrafen vorzuweisen, darunter eine Verurteilung wegen Körperverletzung mit einer gefährlichen Waffe. Auch hat er mit seinen eigenen Worten seine kaltblütige Verachtung für menschliches Leben demonstriert.« Als sie anfing, in ihren Papieren auf dem Tisch vor sich zu kramen, heulte die Klimaanlage plötzlich schrill auf und erstarb dann. »Ich zitiere aus dem Ermittlungsbericht: ›Obwohl das Opfer nach dem ersten Messerstich bereits zusammenbrach, stachen Sie noch dreimal auf den Mann ein?‹ Die Antwort des Angeklagten: ›Ich hab ihm voll eins auf die Zwölf gegeben, und er hat immer noch weiter getickt.‹« Nach einer kurzen Pause fuhr sie fort. »Euer Ehren, es handelte sich um einen Menschen, nicht um eine Timex-Uhr.«

Der Angeklagte kicherte und hielt sich wie ein Kind die Hand vor den Mund. Der Pflichtverteidiger warf ihm einen Blick tiefster Verachtung zu, worauf der Angeklagte verstummte und wieder seine gerade und aufmerksame Haltung auf dem Stuhl einnahm. Der Richter starrte den Mann über seine Brillengläser hinweg an. Die Staatsanwältin wollte fortfahren, hielt dann aber inne, um sich die Jacke auszuziehen. Ihr war unerträglich heiß.

»Die Anklage fordert eine Gefängnisstrafe von zwölf Jahren bis lebenslänglich, abzusitzen in einer Vollzugsanstalt des Staates Kalifornien. Wegen des Gebrauchs einer tödlichen Waffe und der einschlägigen Vorstrafen beantragen wir eine Gesamtstrafe von 19 Jahren bis lebenslänglich. Mildernde Umstände gibt es in diesem Fall nicht.« Sie setzte sich. Die Luft war stickig und schwül; sie spürte, wie sich der Schweiß zwischen ihren Brüsten sammelte. Ihre Gedanken wanderten zu anderen Fällen.

»Junger Mann«, sagte der Richter nach der Urteilsverkündung, »wenn das Gesetz es zuließe, würde ich Sie für den Rest Ihres Lebens hinter Gitter bringen. Sie sind ein Eitergeschwür unserer Gesellschaft.«

Damit war die Verhandlung beendet, der Verurteilte wurde abgeführt. Selbst bei der Höchststrafe hatte er in weniger als zehn Jahren ein Anrecht darauf, mit Bewährungsauflagen aus der Haft entlassen zu werden. Die Staatsanwältin packte den schweren Ordner und eilte dem Ausgang zu; der Pflichtverteidiger folgte ihr.

»Wir müssen uns also nicht länger mit Ihnen im Gerichtssaal herumschlagen«, sagte er und spielte damit auf ihre Beförderung an. »Sehr bedauerlich, Lily.«

Sie erreichten gemeinsam die Schwingtür und schritten den Korridor entlang. »Das Gekicher hat Ihrem Klienten wahrscheinlich fünf Jahre zusätzlich im Knast eingebracht«, fuhr sie ihn an. »Sie müssen Ihre wilden Tiere besser unter Kontrolle halten.«

»Stimmt, Forrester, stimmt.«

Die Sicherheitstüren öffneten sich vor ihnen, und sie ließ den Pflichtverteidiger kopfschüttelnd im Eingang stehen. Seit acht Jahren war sie jetzt Bezirksstaatsanwältin, und immer noch machten ihr die Mörder und Totschläger, die sie vor Gericht sah, zu schaffen, trafen sie an ihrer empfindlichen Stelle und brachten ihre Nerven in Aufruhr. In ihrem Büro schleuderte sie den Ordner mit aller Kraft gegen das Fenster. Sein Inhalt verteilte sich über den neuen, strapazierfähigen Teppichboden. Immer wieder dieselben Namen, dieselben Gesichter! Das System spie sie aus wie halbverdautes, stinkendes Fleisch, um sie aufs neue zu verschlingen. Sie mußte an die Guillotine denken. Ob sie wirklich so barbarisch war? Auf jeden Fall gab es unter ihrem Regime keine Rückfalltäter!

Ihr Blick fiel auf den offenen Karton neben ihrem Schreibtisch, und sie begann, den Rest ihrer persönlichen Habseligkeiten einzupacken. Ab morgen stand sie der Abteilung für Sexualdelikte vor. Wieder ein Stück näher am Richterstuhl. Ihr Wunsch war es, auf den Gerichtssaal, ihr Reich, herabzusehen, wo jeder, wenn er sich ihr nur nähern wollte, eine Erlaubnis brauchte. Alle Anordnungen und Entscheidungen sollten von ihr ausgehen. Sie wollte Macht, aber mehr als alles andere wollte sie Kontrolle. Zumindest wollte sie etwas, was sie auch erreichen konnte. Sie war mit einem Mann verheiratet, der nichts wollte, der keinen Ehrgeiz hatte, der nichts leistete. Er wollte noch nicht einmal seine Frau, jedenfalls nicht als Mann. Aber das hatte schon kurz nach der Geburt ihrer Tochter angefangen, das war nichts Neues. Schon seit Jahren schliefen sie im selben Bett, ohne miteinander zu schlafen.

Sie sah sich im Büro um, sah den Inhalt des verstreuten Aktenordners, die Kartons. Ein Blick auf die Uhr verriet ihr, daß sie zu der Cocktail-Party zu spät kommen würde, die anläßlich ihrer Beförderung stattfand – und der einiger Kollegen; auch andere Staatsanwälte waren anläßlich der üblichen, halbjährlichen Umverteilung der Posten höher eingestuft worden.

Ihr Blick fiel auf den Boden: Unter ihrem Schreibtisch lagen noch das Foto von einer Autopsie und eine Glückwunschkarte. Das Foto steckte sie wieder in den dazugehörigen Ordner, die Karte stellte sie auf den Tisch. Es handelte sich um eine jener modernen Glückwunschkarten, die einen Mikrochip enthielten, der jetzt »Happy Birthday« von sich gab. Gestern war sie sechsunddreißig Jahre alt geworden. Alle, außer ihrer Mutter, hatten ihren Geburtstag vergessen. Ihr Mann hatte ihn vergessen; alle ihre sogenannten Freunde hatten ihn vergessen. Wenn ihre Mutter ihr nicht die Karte geschickt hätte – vielleicht hätte sie ihn selbst vergessen.

Während der Chip sein musikalisches Programm abarbeitete, betrachtete sie die roten, weißen und gelben Lichter, die auf der Vorderseite der Karte abwechselnd aufleuchteten. Die Töne wurden schwächer und klangen immer gequetschter, bis sie merkte, daß die winzige Batterie fast leer war. Es klang wie ein Geburtstagsständchen für eine Maus. Mit einem schnellen Fausthieb schlug sie die Karte platt und erlöste sie von ihren Qualen. Dabei überlegte sie, welche Strafe sie jemandem geben würde, der einer Geburtstagskarte den Gnadenstoß versetzte: vier Minuten, vorzeitige Entlassung nach zwei.

Sie warf die letzten Urkunden in den Karton und beförderte die Karte in den Papierkorb, wo sie ein letztes Mal quiekte. Lily nahm ihren Aktenkoffer und ging.

Vor dem Gebäude trat ein hünenhafter Mann auf sie zu. »Forrester«, sagte er, »gerade haben die Geschworenen den Angeklagten im Fall Owen des Totschlags für schuldig befunden. Ich bin vorbeigekommen, um mit einem Ihrer Ermittler zu quatschen. Sie wissen schon, wir müssen uns immer gegenseitig ein bißchen auf die Schulter klopfen.«

Er war ein Kriminalbeamter aus Oxnard, einer der wenigen guten. An dem Fall hatte er jahrelang gearbeitet. Sie wollte mit ihm darüber reden, aber sie war sowieso schon spät dran.

»Gratuliere, Cunningham. Ein Punkt für uns, wie?« Sie mochte den Mann. Auf Leute wie ihn kam es bei der Arbeit an: Solche, die sich wirklich einsetzten, die ihr Bestes gaben. »Wir können jeden Punkt gebrauchen. Ich kann Ihnen nur sagen: So, wie die Sache im Moment aussieht, gewinnt die andere Seite den Krieg.«

Sie blickte auf den Fußgängerüberweg hundert Meter weiter vorne und beschloß, die Straße direkt zu überqueren. Ein möglicher Strafzettel kümmerte sie nicht. Wenn Leute frei herumlaufen, ungehindert Menschen ermorden oder verstümmeln konnten und, nachdem sie ein paar Jahre gesessen hatten, dasselbe wieder taten, dann konnte niemand sie daran hindern, eine Straße genau da zu überqueren, wo sie wollte. Sie war eine unterbezahlte Dienerin des Volkes, schon deswegen mußte es einige Freiheiten geben. Ein Wagen hielt mit quietschenden Bremsen vor ihr, und der Fahrer zeigte ihr den Mittelfinger. Als Antwort bot sie ihm ein bezauberndes Lächeln und setzte ihren Weg betont langsam fort.

Die Elephant-Bar war bis zum Bersten gefüllt. Seit das riesige Justizgebäude fertiggestellt worden war, hatten die Juristen die Bar für sich mit Beschlag belegt. Mit ihren weißgekalkten Wänden, ihren Deckenventilatoren und dem schwarzen Klavierspieler, den bei dem Geräuschpegel niemand hören konnte, schien sie direkt dem Film *Casablanca* entsprungen, verlegt ins Jahr 1992. Hier wurden täglich Vereinbarungen zwischen den Anklagevertretern und den Verteidigern getroffen, Strafanträge ausgehandelt, die Tage aus dem Leben eines Menschen verteilt wie Spielkarten bei einem Spiel. Die Anwälte brüsteten sich damit, daß sie so manchen Fall in Abteilung 69 verhandelt hätten, und jeder wußte, daß damit die Elephant-Bar gemeint war.

Clinton Silverstein und Marshall Duffy, beide Assistenten des Bezirksstaatsanwalts, standen an einem Tisch in der Nähe des Eingangs. Es war einer jener hohen Tische ohne Hocker, die man in Lokalen wie der Elephant-Bar aufstellte, um möglichst viele Menschen auf engstem Raum zusammenpferchen zu können. Silverstein fuhr mit dem Zeigefinger über den Rand seines mit Gin und Tonic gefüllten Glases, während Duffy einen Krug Bier vor sich hatte. Duffy war schwarz und sah gut aus; er trug einen modischen Nadelstreifenanzug und ein gestärktes weißes Hemd mit Schlips. Er überragte den etwas kurz geratenen, stämmigen Silverstein um einen Kopf.

»Du bist komplett verrückt«, sagte er zu Clinton, »auch wenn wir Freunde sind.«

»Ich bin verrückt. Stimmt. Na, wenigstens trage ich keine getönten Kontaktlinsen. Weißt du auch, wie komisch du damit aussiehst?« Clinton trat vom Tisch zurück, lockerte seine Krawatte und musterte Duffy lächelnd.

Duffy hob sein Glas an und nahm einen großen Schluck Bier, bevor er erwiderte: »Meine Frau findet sie toll. Alle Frauen finden sie toll. Also, was hat es jetzt mit der Versetzung auf sich? Ich dachte, du hättest darum gebeten.«

»Das war vorher, ich habe mich vorher darum bemüht, als Fowler noch die Abteilung leitete. Ich hab die Nase voll von kleineren Vergehen. Scheiße, noch ein Fall von Trunkenheit am Steuer, und ich schmeiß den ganzen Kram hin.«

»Das wird ja jetzt nicht nötig sein. Du hast die Versetzung ja bekommen. Warum beschwerst du dich jetzt so lauthals über die Lady? So schlecht kann sie doch auch nicht sein. Hübscher kleiner Arsch. Erinnert mich an meine Frau.« Duffy trat einen Schritt zurück und hätte beinahe eine Plastikpalme umgerissen.

»Mir ist egal, wie sie aussieht. Ich weiß einfach, daß sie ganz schön überspannt ist. Sie braucht ein paar Beruhigungspillen oder einen guten Fick. Oder beides. Das ist meine Meinung. Sie wird die Abteilung mit eiserner Faust führen, das kannst du mir glauben.« Clinton fuhr sich mit den Händen durch sein dauergewelltes Haar, worauf es zu Berge stand wie das von Don King, dem Boxkampfveranstalter.

»Klingt, wie wenn der Bock Gärtner werden will, mein Guter.« Duffys Blick wanderte zur Tür hinüber. »Nimm einen kräftigen Schluck aus deinem Glas, Clinty, und atme tief durch. Deine neue Chefin kommt gerade zur Tür herein.«

»Lily«, rief eine Männerstimme, »hier sind wir.«
In der Bar war es dunkel und verraucht, und ihre Augen mußten sich an das schummrige Licht erst gewöhnen. Sie folgte der Stimme.

»Hallo, Marshall. Sieht ganz so aus, als hätte die Party ohne mich angefangen.«

Nervös ließ sie ihren Blick über die Anwesenden wandern. Die gesamte Belegschaft schien dazusein, dazu die Hälfte der Rechtsanwälte aus dem Bezirk. Sie ging nur selten zu diesen Partys. Ihre Zeit war ohnehin knapp, und für Small talk hatte sie noch nie viel übrig gehabt.

»He, wir warten schon alle auf Sie. Sie sind heute abend einer der Ehrengäste. Was möchten Sie trinken?«

Sie wollte gerade das bestellen, was sie üblicherweise trank, nämlich ein Glas Weißwein, überlegte es sich aber anders. »Ich nehme eine Margarita, mit Salzrand.« Gerade wollte Duffy der Bedienung ein Zeichen geben, da fügte sie spontan hinzu: »Und einen Tequila dazu.« Wennschon, dennschon, dachte sie. So machten die Männer es auch, wenn der Tag schlecht gelaufen war: Sie kamen hierher und betranken sich. Und es schien zu klappen. Vielleicht klappte es ja auch bei ihr. Der Tag war anstrengend gewesen, und der neue Job war eine dunkle Wolke am Horizont.

»Hallo, ich bin beeindruckt. Clinton und ich haben gerade über Sie gesprochen. Er hat mir erzählt, daß er es kaum erwarten kann, mit Ihnen zusammenzuarbeiten.«

»Ganz so ungeduldig kann er nicht sein. Er hat sich nämlich gerade an einen anderen Tisch verdrückt.« Sie lachte, aber eigentlich war es gar nicht lustig. Beamte wie Silverstein waren auch so ein Problem, mit dem sie sich auseinandersetzen mußte; ein Problem, das durch ihre Beförderung entstanden war, denn jetzt standen andere unter ihr, von denen manche weit mehr Erfahrung besaßen als sie und ein viel größeres Selbstbewußtsein. Leicht würde das nicht sein. Sie konnte einen anständigen Drink vertragen.

Duffy blickte sich um. Clinton stand nur einige Tische entfernt und sprach mit Richard Fowler, Lilys Vorgänger.

Lily wollte in Duffys durchscheinend blaue Augen schauen, aber ihr Blick wanderte unwillkürlich zu Fowler. »Sie sind ins Morddezernat gewechselt, Duffy, und haben meinen Posten übernommen, stimmt's?« Ihre Augen bohrten sich in Fowlers Rücken; sie wollte mit aller Macht, daß er sich umdrehte. Statt sich zu bücken, um Aktenkoffer und Handtasche auf dem Fußboden abzustellen, ließ sie sie mit einem lauten Knall fallen. Das Geräusch ging im allgemeinen Lärm der Bar unter, und Fowler drehte sich immer noch nicht um. Sie spürte, wie ihr die Röte ins Gesicht stieg. »Wo ist die Bedienung?« fragte sie Duffy, weil sie ihre Bestellung ändern und doch nur ein Glas Wein trinken wollte. Nur ungern wollte sie sich von Fowler dabei ertappen lassen, daß sie Tequila in sich hineinkippte wie ein Lastwagenfahrer, aber es war zu spät. Duffy hatte bereits bestellt.

»Ich bin sozusagen ein Opfer von Butlers Bäumchen-wechsel-dich-Spiel«, sagte Duffy und stützte die Ellbogen auf den Tisch.

Sie hörte nur halb zu und war in Gedanken wieder bei Fowler. Seit zwei Wochen arbeitete er mit ihr zusammen und bereitete sie darauf vor, daß die Übergabe der Abteilung so reibungslos wie möglich verlief. Er war groß, ungefähr einsfünfundneunzig, und besaß den sehnigen, harten Körper eines Läufers oder Schwimmers. Seine Haare und Augen waren nicht nur dunkel, sondern geradezu schwarz und bildeten einen scharfen Kontrast zu seiner hellen Haut. Auf seinen langen Beinen bewegte er sich geräuschlos und geschmeidig wie eine große Katze, die den richtigen Augenblick für einen

Angriff auf ihre nichtsahnende Beute abpaßte. Er bewegte sich so, wie Lily sich gerne bewegen würde. Und er bewegte etwas in ihr.

Sein Blick fiel auf sie, und er kam zu ihr herüber. Die Bedienung brachte die Getränke. Er nahm den Margarita vom Tablett und blickte Lily fragend an. Sie nickte. Dann sah er das Tequila-Glas und fragte: »Ihrer?«

»Nein... ja... ich...« Die Röte schoß ihr ins Gesicht. Sie stammelte wie ein Idiot. Fowler hatte einfach diese Wirkung auf sie. »Heute war ein furchtbarer Tag. Ich wollte ihn in Alkohol ertränken.«

Er setzte beide Gläser auf dem Tisch ab und rückte ganz nah an sie heran, indem er sich vor Duffy schob. Sie konnte sein Aftershave riechen, den herben Geruch von Limonen. In den vergangenen zwei Wochen hatte sie diesen Geruch immer wieder eingesogen; er haftete sogar an ihren Kleidern, wie Zigarettenrauch, wenn sie mit starken Rauchern zusammenarbeiten mußte.

»Tequila also«, sagte er mit einem flüchtigen Lächeln, wobei nur der eine Mundwinkel nach oben ging, »war die Woche so schrecklich?«

»Nein, mit Ihnen zu arbeiten war schön. Habe ich schon von dem Urteil erzählt, das ich heute erreicht habe? Sie wissen schon, der Typ, der ein Menschenleben mit einer Timex-Uhr verglich.«

»Sie meinen, der mit ›der hat immer weiter getickt‹? Der ist wirklich gut, finden Sie nicht? Der Typ kann im Fernsehen auftreten, wenn er rauskommt.«

»Das ist es ja gerade. Er bringt jemanden um, und ein paar Jahre später ist er wieder draußen und kann dasselbe wieder tun. Das macht mich rasend. Daran gewöhne ich mich nie, egal, wie oft ich das miterlebe.« Lily sah die Bedienung auf ihren Tisch zukommen, bückte sich nach ihrer Tasche und suchte nach der Geldbörse. »Darf ich Sie zu einem Drink einladen?«

»Die Bedienung ist schon wieder weg. Nächste Runde, wenn Sie darauf bestehen.«

Er stand jetzt so dicht neben ihr, daß sie sich an den Hüften berührten. Lily kippte den Tequila in einem Zug hinunter und ließ die Margarita folgen; dann leckte sie sich das Salz von den Lippen. Je dichter er an sie heranrückte, desto nervöser wurde sie. Sie redete wie ein Neuling in der Branche, als hätte sie noch nie einen Mordfall bearbeitet.

»Erinnern Sie sich an das letzte Mal, als wir gemeinsam auf einer Party waren? Ich schon«, sagte er. »Sie trugen ein weißes, rückenfreies Kleid, und Ihr Haar fiel bis zu den Hüften herab. Sie sahen großartig aus.«

»Die letzte Party war ein Grillfest bei Dennis O'Connor, und das ist mindestens fünf Jahre her. Wenn ich mich recht erinnere, trugen Sie Jeans und einen blauen Pullover.«

Ihre Augen trafen sich, und er weigerte sich, ihrem Blick auszuweichen. Er schaute sie forschend an, suchte etwas, wo er nichts zu suchen hatte. Der Tequila brannte noch in ihrer Kehle, und sie fühlte sich unwohl. Sie hielt sich das kühle Glas an die Wange.

»Ich muß mal telefonieren. Könnten Sie eben auf meinen Aktenkoffer achtgeben?« Sie machte sich auf den Weg zum Telefon, drehte sich aber noch einmal um und sagte lächelnd: »Übrigens, Richard, ich habe noch nie ein weißes, rückenfreies Kleid besessen.«

Es gab auch noch andere Dinge, die Lily noch nie getan hatte – Dinge, die viel bedeutender waren, als rückenfreie Sommerkleider zu einer Party anzuziehen. Zum Beispiel ihren Mann betrügen. Obwohl Lilys Mann ihr seit Jahren vorwarf, sie würde ihn hintergehen, war Lily ihm treu, trotz der Beschuldigungen und obwohl der Sex aus ihrer Ehe völlig verschwunden war.

Sie bahnte sich ihren Weg durch die Menge und erspähte Bezirksstaatsanwalt Paul Butler, den Leiter ihrer Abteilung, auf dem Weg zur Tür. Er war ein stämmiger, ernster Mann

Mitte Fünfzig, der sich nur selten unter seine Mitarbeiter mischte. Sie war überrascht, ihn hier zu sehen.

»Paul«, sagte sie, »ich habe Sie gar nicht gesehen, sonst wäre ich schon eher zu Ihnen gekommen. Vermutlich hat Ihre Sekretärin Sie über unsere Besprechung in der Lopez-McDonald-Angelegenheit informiert.« Der Tequila wirkte verheerend auf ihren leeren Magen. Sie bemühte sich, nüchtern zu erscheinen, und formulierte ihre Worte mit Bedacht.

»Ja, sicher«, erwiderte er, ohne ein Zeichen der Erinnerung. »Worum ging es da gleich wieder?«

»Doppelmord, Teenager, ein Liebespaar... Der Junge wurde brutal zusammengeschlagen, das Mädchen vergewaltigt und verstümmelt. Fünf Verdächtige sind in Untersuchungshaft, alle spanischer Abstammung – möglicherweise gehören sie derselben Bande an.« Die Zeitungen hatten auf ihren Titelseiten darüber berichtet; die beiden waren gute Schüler gewesen und hatten einen College-Platz sicher gehabt. »Sie hatten selbst darum gebeten, daß die Besprechung einberufen würde. Der Fall ist mir übertragen worden, bevor ich befördert wurde, und ich habe ihn bereits zur Verhandlung vorbereitet. Sie erinnern sich?« Sie bemühte sich, ganz locker zu erscheinen, und die Tatsache, daß er in so einem wichtigen Fall nicht auf dem laufenden war, nicht überzubetonen.

Butler sah zu Boden und hüstelte. »Der Haushalt ist diese Woche fällig, und der Bürgermeister macht mir Druck. Dazu kommt der Wechsel der Mitarbeiter. Wir reden morgen darüber.«

Er wollte an ihr vorbeigehen, da nahm sie spontan seine Hand, etwas, das sie ohne die Wirkung des Alkohols nie getan hätte. »Ich möchte Ihnen noch sagen, wie dankbar ich Ihnen für die Beförderung bin. Ich weiß, daß Sie auch andere zu bedenken hatten.«

Selbst im schummerigen Licht der Bar konnte sie erkennen, daß er vor Verlegenheit rot wurde. Sie hielt seine Hand viel zu nah an ihren Körper; eine schlechte Angewohnheit, weil sie zu eitel war, ihre Brille außerhalb des Büros zu tragen. Sie bemerkte, wie schütter sein Haar wurde. Das war ihr noch nie aufgefallen. Er trat zurück, als ob er ihre Gedanken lesen konnte.

»Sicher, sicher«, sagte er, »wir sprechen morgen über den Fall Lopez-McDonald.«

Er wollte an ihr vorbeigehen und wurde gegen sie gedrückt, gegen ihre Brüste. Der Schreck in seinen Augen ließ sie beinahe laut auflachen. Er glaubte doch wohl nicht, daß sie mit ihm flirten wollte? Lachhaft! Wenn ihr danach wäre, dann würde sie sich schon jemand anderen suchen als ausgerechnet Butler. Sie lehnte sich an die Bar und schaute ihm nach, wie er auf seinen kurzen Beinen davoneilte. Sie wunderte sich über diese Welt, in der ein Zeichen echter Dankbarkeit gleich Verdacht erregte. Vielleicht wußte Butler gar nicht mehr, daß er sie befördert hatte. Er erinnerte sich nicht an den Fall Lopez-McDonald. Vielleicht hatte sein Assistent ihren Namen einfach aus dem Hut gezogen?

Nein, überlegte sie, das war unmöglich. Er hatte Richard in sein Büro gerufen, ihn wütend beschimpft und ihn dann herabgestuft. Und nur ein paar Stunden später hatte er Lily Richards Posten angeboten. Richard behielt zwar die Leitung der städtischen Anklagebehörde, aber es war eine klare Herabstufung. Man erzählte sich, daß Fowler sich über ein mildes Urteil in einem besonders niederträchtigen Sexualverbrechen aufgeregt hatte und ohne Ankündigung in das Amtszimmer von Richter Raymond Fisher gestürzt und bis in dessen privates Badezimmer vorgedrungen war. Dort traf er den vierzigjährigen Beamten dabei an, wie er gerade Kokain von der Badezimmerkonsole schnupfte. Das war mit ein Grund, weshalb Lily selbst Richterin werden wollte. Wie Öl im Wasser oben schwimmt, waren einige der schleimigsten Typen ganz nach oben gekommen, mittlerweile unantastbar, und warfen einen düsteren Schatten auf alle, die unter ihnen lebten. Richter Fisher wurde beim Kokainschnupfen ertappt,

Fowler wurde herabgestuft. Das klang doch wirklich wie ein faires, unparteiisches Urteil!

Am hinteren Ende der Bar fand Lily das Telefon neben der Damentoilette. Sie glaubte zumindest, daß es die Damentoilette war, es stand *Bwanapals* oder etwas ähnlich Merkwürdiges an der Tür. Sie war zwar schon oft in der Bar gewesen, hatte aber noch nie Tequila getrunken. Der Alkohol in ihrem Körper ließ den Boden wie bei einem Schiff auf hoher See hin und her schwanken. Sie suchte nach einem Symbol, einer Strichfigur mit einem Rock, konnte aber nichts finden. Scheißegal, sagte sie sich, öffnete die Tür und wäre beinahe mit Carol Abrams zusammengestoßen.

»Lily«, sagte die hübsche Blonde, »herzlichen Glückwunsch zur Beförderung. Das war ja ein gelungener Streich.«

Sie klopfte Lily mit ihren zierlichen Händen auf die Schultern, wobei die perfekt lackierten Fingernägel aufblitzten. Durch die Bewegung glitten ihre gerade geschnittenen, glänzenden Haare nach vorne, und Lily sah gebannt zu, wie sie sich wieder exakt in Form legten, jedes Haar an seinen Platz. Dabei strich sie sich eine unordentliche Locke ihres eigenen Haars aus der Stirn und wurde sich des abblätternden Nagellacks auf ihren Fingernägeln bewußt. Schnell versteckte sie ihre Hände.

»Ich gestehe, daß ich auch auf diesen Posten spekuliert habe. Ich gebe es zu. Aber zumindest bin ich froh, daß Sie, eine Frau, es geschafft haben, und nicht irgendein Idiot, der den ganzen Tag in seinem Büro sitzt und Papierflieger faltet. Sie wissen, was ich meine, oder?«

Lily ging in die Kabine und verriegelte sorgfältig die Tür. Carol Abrams war es zuzutrauen, daß sie ihr folgte und das Gespräch fortführte, während sie mit heruntergezogener Strumpfhose dasaß. Abrams war brillant und unermüdlich und damit eine Bereicherung für jede Abteilung. Vor Gericht schaffte sie alle: Richter, Geschworene, Anwälte der Verteidigung – nicht einer entging ihr.

»Ich weiß ja nicht, was Sie von Fowler halten, aber ich bin froh, daß er geht. Ich meine, er ist gut auf seinem Gebiet, aber in letzter Zeit scheint er jede Selbstkontrolle verloren zu haben. Jeder weiß, daß man nicht wie ein Verrückter hinter einem Richter herjagt. Ich glaube, er ist fertig. Sie wissen, was ich meine, oder?« Sie hielt inne und holte hörbar Luft, um fortzufahren.

»Carol, können wir nicht morgen darüber sprechen?« fragte Lily. Als sie die Spülung zog, wurde ihr klar, daß sie erst herauskommen wollte, wenn Abrams schon gegangen war, und sie wünschte, sie hätte das Wasser nicht rauschen lassen. Sie verspürte den Drang, ihr ein paar Wahrheiten ins Gesicht zu sagen; sie wollte die Tür öffnen und ihr sagen, daß Fowler mehr wußte, als sie in ihrem hyperaktiven Leben je lernen würde, aber...

Sie öffnete die Tür und sah, daß Carol weg war. Gott sei gedankt auch für die kleinen Gaben.

Im Spiegel erblickte sie ihre zerzauste Frisur, zog die Haarnadeln aus dem losen Knoten und bürstete sich die Haare. Sie zog die Lippen neu nach und frischte den Lidschatten auf. Dann ging sie zum Telefon, um ihre dreizehnjährige Tochter anzurufen.

»Shana, ich bin's.«

»Wart mal eben, Mom, ich muß Charlotte unterbrechen.«

In Lilys Augen war es verrückt, daß ein Kind in ihrem Alter ein Privattelefon mit Wartetaste hatte, aber Shanas Vater...

»Was willst du?«

Lily riß die Augen weit auf und hielt den Hörer von sich. Shana wurde von Tag zu Tag frecher. Lily erinnerte sich gut an ihre eigene Pubertät und bemühte sich nach besten Kräften, Nachsicht zu üben, in der Hoffnung, daß es einfach eine Phase war.

»Machst du Hausaufgaben, oder plaudert ihr nur, mein Schatz? Und wo ist dein Vater?«

»Charlotte hilft mir gerade, und Dad schläft auf dem Sofa.«
Lily stellte sich das gewohnte Bild vor: im Spülbecken stapelten sich die Teller, der Fernseher dröhnte bei voller Lautstärke, und er lag auf dem Sofa und schnarchte. Das war einer der Gründe, warum sie jetzt abends länger im Büro blieb. Wenn John schlafend vor dem Fernseher lag und Shana den ganzen Abend in ihrem Zimmer bei geschlossener Tür telefonierte, gab es eigentlich keinen Grund, nach Hause zu gehen. »Sag ihm, ich bin noch in einer Besprechung und komme in ein paar Stunden nach Hause.«
»*Mom*, ich kann Charlotte nicht länger warten lassen. Sag's ihm doch selbst.«
»Ich hab dich lieb«, flüsterte Lily. Die Leitung war tot. Vor ihrem geistigen Auge sah sie Shanas wunderhübsches Gesicht und versuchte, es mit ihrem Tonfall und ihrer brüsken Art in Einklang zu bringen. Ihr eigenes Kind, ihr liebes, kleines Mädchen war dabei, eine freche, aufsässige Göre zu werden. Shana hatte einfach den Hörer aufgelegt. Es war erst ein paar Jahre her, daß sie vor Lily auf dem Boden gesessen und mit glänzenden Augen, wie verzaubert, jedem Wort gelauscht hatte, das aus dem Mund ihrer Mutter kam. Und jetzt legte sie einfach auf. Hätte Lily mit ihrem Vater je so gesprochen, dann hätte er sie windelweich geschlagen. Aber John meinte, diese Zeiten seien vorbei; Kinder hätten ein Recht darauf, freche Antworten zu geben. Und Shana vergötterte ihren Vater.
Lily suchte nach einem weiteren 25-Cent-Stück, um John anzurufen, ließ es dann aber bleiben und machte die Handtasche wieder zu. Sie würde doch nur sagen, daß Shana die ganze Zeit telefonierte, statt Hausaufgaben zu machen; sie konnte gar nicht anders. Sie konnte nur das sein, was sie mit der Zeit geworden war. John würde den Hörer auflegen, in Shanas Zimmer hinübermarschieren und ihr erzählen, daß ihre Mutter gesagt habe, sie solle aufhören zu telefonieren, aber von ihm aus sei es in Ordnung; er würde nichts verra-

ten, wenn sie weiter telefonierte. Vielleicht würde er sogar hinzufügen, daß ihre Mutter gesagt habe, sie solle ihr Zimmer aufräumen oder sie würde Stubenarrest bekommen. Das würde bestimmt gut ankommen. Wenn Shana sie dann immer noch nicht haßte, könnte er sie daran erinnern, daß ihre Mutter einmal gesagt hatte, daß sie Kellnerin werden müßte, weil sie nicht genug für die Schule täte und nie den Sprung ins College schaffen würde. Es war eine dieser Standardbemerkungen, die ein Elternteil dem andern gegenüber machte, um ihm etwas zu erklären, die aber nie vor den Kindern wiederholt werden sollte. John jedoch erzählte solche Sachen und erzählte noch viel mehr, vieles davon war schlicht und einfach erlogen.

Er hätte Anwalt werden sollen, dachte Lily, als sie ihren Rock glättete, ihre Jacke geradezog und die laute Bar wieder betrat. Er hätte Verteidiger werden sollen oder, besser noch, Scheidungsanwalt.

Als sie an ihren Tisch zurückkam, sah sie eine frische Margarita, einen neuen Tequila und Richard Fowler. Sie schob den Tequila zur Seite und nippte an der Margarita, wobei sie ihr Haar verführerisch über einen Augenwinkel fallen ließ, während sie Fowler von der Schuhsohle bis zum Haaransatz musterte. Sie sah einen entschlossenen Mann vor sich; einen Mann, der seine Überzeugungen hatte, eine Kämpfernatur und nicht jemanden, der mit einem Kind als Schild kämpfen mußte. Auch nicht jemanden, der mit einer mittelmäßigen Stelle bei einer Behörde zufrieden war, wo seine Arbeitszeit auf dreißig Stunden pro Woche gekürzt worden war, und dessen Frau die Hauptlast für die Familie trug, während er in der Küche herumwirtschaftete. Er war kein Schwächling wie John.

Silverstones New Yorker Singsang war am Nebentisch zu hören. Er stopfte sich Popcorn in den Mund und versuchte gleichzeitig zu reden. Dreiviertel des Popcorns landete auf seinen Kleidern oder auf dem Boden, während er sich über einen Fall beschwerte. Anscheinend war Duffy nach Hause gegangen.

»Ihr Haar sieht großartig aus«, sagte Richard. »Ich wußte gar nicht, daß es so lang ist. Im Büro tragen Sie es nie offen.« Er nahm eine Strähne und wickelte sie um einen Finger.

»Nicht professionell genug. Ich weiß gar nicht, warum ich es mir nicht abschneiden lasse. Wahrscheinlich will ich mir nicht eingestehen, daß meine Jugend vorbei ist.« Sie atmete tief; sie war atemlos. Er war so nah.

Fowlers Finger lösten sich aus ihrem Haar. Lily wollte nach seiner Hand greifen und sie wieder auf ihr Haar legen, die Spannung wieder spüren, seine Hände auf ihrem Gesicht, ihrer Haut fühlen, aber der Augenblick war vorbei. Auf der anderen Seite des Raumes sahen sie Lawrence Bodenham, einen Strafverteidiger. Er fing Lilys Blick auf und eilte in ihre Richtung. Der neueste Tick der privaten Anwälte war es, die Haare lang zu tragen, fast bis zu den Schultern, und Bodenhams Haare wellten sich zu einer Außenrolle. Als er an ihren Tisch kam, streckte er ihr die Hand entgegen.

»Sie sind Lily Forrester, stimmt's?« sagte er, »Lawrence Bodenham.«

»Stimmt«, sagte Lily. Jetzt spürte sie den Tequila erst richtig. Sie wünschte, daß der Kerl verschwinden würde und daß ihr etwas Brillantes und Verführerisches einfiel, das sie zu Fowler sagen konnte, gerade jetzt, da sie etwas getrunken hatte und den falschen Mut spürte, den Alkohol hervorruft. Sie machte keine Anstalten, die Hand des Anwalts zu schütteln, und er zog sie zurück.

»Ich vertrete Daniel Duthoy in dieser 288er Sache und habe mit Carol Abrams ziemliche Probleme gehabt.«

Lily war mit dem Fall nur wenig vertraut, aber Richard kannte ihn offenbar gut und maß den Anwalt mit einem verächtlichen Blick. Bei Zwo-acht-acht handelte es sich um Analverkehr, das Opfer war ein zehnjähriger Junge, der Angeklagte eine Stütze der Gesellschaft, sozusagen eine Vaterfigur. »Erinnern Sie sich an mich?« fuhr Richard ihn scharf an. »Wenn Sie irgendwelche Probleme haben, erzählen Sie ruhig dem Richter davon. Oder Sie könnten Butler zu Hause anrufen, vom Autotelefon in Ihrem Porsche aus. Er bewundert euch nämlich enorm, weil ihr zweihundert Riesen im Jahr dafür einsteckt, daß ihr brave Bürger verteidigt, die es kleinen Jungen am liebsten von hinten besorgen.«

Bodenham trat zur Sicherheit erst einmal ein paar Schritte zurück, bevor er antwortete: »Ich habe gehört, Sie sind jetzt wieder für die Verteilung von Trunkenheitsdelikten und Diebstählen an junge Assistenten des Bezirksstaatsanwalts zuständig, die ihr Arschloch nicht von einem Loch im Boden unterscheiden können. Kein schlechter Schritt auf der Karriereleiter, Fowler. Sie sind wirklich auf dem Weg nach oben.« Kaum hatte er das letzte Wort gesprochen, da war er auch schon in der Menge verschwunden.

Richard schlug mit beiden Händen auf den Tisch, seine Augen hatten rote Ringe und er roch nach Bourbon. »Das reicht mir für heute abend. Wir sehen uns.« Er wollte gehen.

Lily hielt ihn an der Jacke fest. »Sie haben einiges getrunken, Richard. Ich fahre Sie nach Hause.« Sie stand vor ihm, Handtasche und Aktenkoffer in der Hand, und war bereit.

Zum ersten Mal an diesem Abend lächelte er sie breit an und zeigte seine weißen Zähne. »Meinetwegen. Wenn Sie mich retten wollen, dann ist jetzt der geeignete Zeitpunkt. Aber denken Sie bloß nicht, daß ich jemandem, der so betrunken ist wie Sie, erlaube, mich zu fahren. Kommen Sie. Zu dem Drink haben Sie mich ja doch nicht eingeladen, dafür können Sie mich jetzt zu einer Tasse Kaffee einladen.«

KAPITEL 2

Er wartete.

Er preßte seine Hände und sein Gesicht an die dicken, getönten Fensterscheiben seiner Zelle. Der Gefängnisbau war ganz neu. Die Kreise, die seine Atemluft auf dem Glas hinterließ, faszinierten ihn, und er beschäftigte sich damit, Muster hineinzuzeichnen. Es war dunkel, und das kleine rote Auto stand direkt unter dem Fenster. Jeden Morgen und jeden Abend beobachtete er, wie sie ihre langen Beine aus dem Auto herausschwang und der Rock über ihre Schenkel hochglitt. Je nachdem wo sie parkte, glaubte er, ihr unter den Rock blicken und ihre Unterwäsche erkennen zu können. Er stellte sich vor, daß sie unter ihrem Rock nackt war und daß er ihre Schamhaare gesehen hatte. Es muß rot sein, dachte er. Rotes Schamhaar.

Gerade im Moment ärgerte er sich über sie. Sie kam zwar nie zur selben Zeit heraus, aber so spät wie heute war sie noch nie dran. Bestimmt fickte sie gerade jemanden. Er hatte ein Auge auf sie geworfen, sie war seine Braut, und jetzt fickte sie einen anderen, genau in diesem Moment. Er sah sie vor sich, wie sie ihre langen Beine um den Hals eines anderen Mannes schlang und voller Lust nach ihm griff. Er wollte sie schlagen und ihr die Lust aus dem Gesicht wischen; er wollte Schmerz sehen. Sie sah aus wie eine Lehrerin oder eine Bewährungshelferin, aber eigentlich war sie eine Hure, waren sie alle Huren.

Er hielt seinen Körper gegen das Glas gepreßt und drehte seinen Kopf zum Aufenthaltsraum, wo die anderen Gefangenen an den glänzenden Stahltischchen saßen und sich eine Serie oder einen Krimi im Fernsehen ansahen. Sie wieherten wie eine Horde Verrückter. Sie liebten Polizeifilme. Wenn einer der Polizisten im Fernsehen verletzt oder erschossen wurde, klatschten sie alle laut und pfiffen. Aber das hatte ja bald ein Ende – das Gelächter. In wenigen Stunden würde man sie wieder einschließen für die endlose Nacht, und dann hörte das Lachen auf. Dann hörte man andere Laute. Sie redeten miteinander im Dunkeln, und ihre Stimmen hallten von den vergitterten Türen wider. Und sie hörten zu. In der Dunkelheit war die Welt eine andere.

Manchmal hörte er Männer wie Kinder weinen. Ihm wurde dabei ganz anders. Sie sprachen über ihre Frauen, ihre Kinder, sogar über ihre Mütter. Sie redeten über Gott und die Bibel, über Erlösung und Vergebung. Und dann gab es auch noch andere Laute; das Ächzen und Stöhnen von verschwitztem, stinkendem, klebrigem Sex. Die Wärter versuchten das zu unterbinden, aber das war unmöglich.

Männer waren eben Männer; sie brauchten Sex. Aber er würde sich nie so gehenlassen und zum Tier werden wie die anderen; er würde es nicht zulassen, daß sie ihm seine Männlichkeit raubten, seinen Machismo. Er nicht. Egal, was sie mit ihm machten oder wie lange sie ihn hinter Schloß und Riegel brachten. Er war ein Latin Lover, ein Mann für Frauen. Die Frauen sagten immer, er sähe gut aus. Und sie wollten ihn alle. Er brauchte sich nur die auszusuchen, die er wollte.

Er drückte seinen Unterleib gegen die Scheibe und sah hinunter zum Parkplatz. Er stellte sich vor, wie er auf der Rückbank ihres Autos lag und auf sie wartete; er spürte, wie sich sein steifer Schwanz gegen das Fenster preßte. Dann sah er ihr Gesicht und hörte sie schreien, und das Verlangen zwischen seinen Beinen wurde stärker. Mit kreisenden Hüften schob er sich noch näher ans Fenster, sein Mund stand offen. Sein heißer Atem schlug sich als Kreis mit unregelmäßigem Rand auf dem Glas nieder. Irgend etwas daran erinnerte ihn an Blutflecken. Abrupt rückte er vom Fenster ab und spürte Wut in sich hochkommen. Er war kein Wichser, der sich im Käfig einen runterholte.

Sie hatten ihn mit einem älteren Schwarzen zusammengelegt. Der war nicht nur schwarz, sondern auch noch dumm. Dabei waren Freunde von ihm auch im Knast, Jungen aus seinem Revier. Aber sie hatten ihn natürlich mit einem verdammten Schwarzen zusammengesteckt, und jetzt mußte er höllisch aufpassen, selbst nachts.

Gelächter, Pfiffe und Schreie drangen aus dem Aufenthaltsraum zu ihm. Dies war die beste Zeit des Tages. Aber er konnte nicht vom Fenster weggehen, er mußte sie erst sehen. Sie hatte sich davongeschlichen, seine rothaarige Hure.

»Dafür wirst du zahlen, du Flittchen. Du wirst zahlen«, murmelte er, den Mund nah am Glas, »und du wirst betteln.«

Als sie heute morgen zur Arbeit kam, hatte er schon am Fenster auf sie gewartet. Irgend etwas an ihr beunruhigte ihn, eine blinde Wut erfüllte ihn, und er wollte sie unter sich liegen sehen, mit offenem Mund, aus dem Schreckensschreie drangen. Er hatte sie schon einmal gesehen. Nicht vom Fenster aus, sondern aus der Nähe. Er wußte, daß sie Sommersprossen hatte, kleine Flecken auf Nase und Wangen; das konnte er vom Fenster aus nicht sehen. Aber er wußte, daß sie existierten. Er sah sie vor seinem geistigen Auge. Es gab kaum spanische Frauen mit Sommersprossen. Er hatte noch nie eine Frau mit Sommersprossen gehabt. »Es gibt immer ein erstes Mal«, kicherte er in sich hinein, »für alles.«

»Was lachst du?« fragte ein großer schwarzer Mann, der in die Zelle geschlurft kam. »Ständig stehst du am Fenster und lachst vor dich hin, als wenn du verrückt wärst. Sie werden dich abholen, wenn sie dich so hören. Hör auf Willie; Willie kennt sich aus. Sie fackeln nicht lange, wenn sie dich sehen.«

Er drehte sich um und fauchte den schwarzen Mann an: »Leck mich, Mann. Sie holen deinen schwarzen Arsch hier raus, aber mich rühren sie nicht an. Ich hab Freunde, verstehst du. Ich hab Beziehungen. Ich komm hier raus, wenn du auf dem Weg in den Knast bist.«

»Das kann schon sein«, sagte der Schwarze und steuerte mit gesenktem Kopf auf seine Koje zu, »das kann schon sein.«

Er ließ nicht locker. Der Schwarze war groß, aber er war alt. »Du bist ein Verlierer, Mann. Dir reißen sie den Arsch auf, weil du auf ein paar Jungs geschossen hast, die dein Auto klauen wollten. Wenn ich das gewesen wäre, mich hätten sie nicht geschnappt. Ich hab schon Sachen gemacht, da würdest du ganz schön blaß aussehen, und bin nicht geschnappt worden. Hörst du mich?«

Der Schwarze hatte sich auf seine Pritsche gelegt und zur Wand gedreht.

»Dreh dich um, wenn ich mit dir rede, Mann. Weißt du überhaupt, wer ich bin?«

Der Schwarze rührte sich nicht. Der Latino kam näher; er fühlte sich jetzt sicher und stark. Auf der Pritsche sah der Schwarze klein und hilflos aus.

Er lehnte sich über die Pritsche und zischte: »Ich hab Sachen gemacht, da würde dir dein Kraushaar zu Berge stehen. Mann, ich hab Dinger gedreht, dagegen ist auf zwei Schulkinder schießen gar nichts. Richard Ramirez. Schon mal von ihm gehört? Der Killer der Nacht.« Er schlug sich auf die Brust. »Ein Freund von mir, verstehst du? Ein Freund von mir, Mann. Ein Bruder, verdammt noch mal. War groß in der Zeitung, Mann. Überall auf der Titelseite.«

Der Schwarze rollte sich langsam herum und fixierte ihn mit großen Augen. »Junge, du bist nicht richtig im Kopf. Laß mich in Ruhe. Was geht mich das alles an. Laß den alten Willie in Ruhe.«

»Schon mal eine weiße Frau gefickt, Willie? Schon mal deinen schwarzen Schwanz in die Muschi einer weißen Frau gesteckt? Oder in eine Rothaarige? Schon mal eine Rothaarige gefickt, mit Sommersprossen und weißer Haut, weiß wie ein Baby? Und weich, Willie. Die sind weich, Mann. Die haben Haut wie Samt, wie auf so einem Gemälde.«

Der Schwarze duckte sich, um mit dem Kopf nicht an das obere Bett zu stoßen, und richtete sich dann zu seiner vollen Größe auf. Er schob den anderen Mann mit den Händen von sich weg, aber das war nicht nötig. Der Latino wich zurück, sein Gesicht war aschfahl.

»Ich weiß, was du getan hast, Junge. Ich hab davon gehört. Und ich an deiner Stelle wär ganz still. Willie ist schon im echten Knast gewesen. Da mögen sie Jungs wie dich nicht. Nur kleine Jungs tun, was du getan hast.«

Er kauerte in der Ecke mit dem Rücken an der Wand, ganz nah an dem übelriechenden Klo. Schon wenn jemand das Gefängnis erwähnte, wurde ihm schlecht. Er war klein und schmächtig, sein Körper war von Drogen und Alkohol ausgezehrt, und seine ganze Kraft hatte er aus der Hilflosigkeit seiner Opfer gezogen. In U-Haft konnte er überleben, aber nicht im Gefängnis. Er wußte genau, was dort mit ihm geschehen würde.

Er ging die paar Schritte zum Fenster und starrte wieder hinaus. »Alles deine Schuld, du Flittchen«, flüsterte er, »alles deine Schuld.«

Kapitel 3

Sie saßen an einem Tisch in Denny's Restaurant, zwei Häuserblocks von der Elephant-Bar entfernt, tranken schwarzen Kaffee und aßen Cheeseburger. Sie lachten und wurden langsam wieder nüchtern.

Lily zerteilte ihren Burger mit der Gabel und stach in das Fleisch. Es war rot. »Der ist nicht gar.«

»Lassen Sie ihn zurückgehen«, sagte er.

»Ich glaube, ich laß ihn liegen.« Mit einer Hand schob sie den Teller zur Seite und zog den Kaffee zu sich heran. »Also, wie war das jetzt genau mit Richter Fisher?«

»Ich habe den alten Mistbock beim Kokainschnupfen erwischt. Mehr gibt's da gar nicht zu erzählen.«

»Aber wieso hatte er dann den Nerv, zu Butler zu gehen und sich über Sie zu beschweren? Hatte er überhaupt keine Angst?«

»Natürlich nicht. Er hat Butler nur gesagt, daß ich verrückt geworden und in seine Räume gestürmt sei und daß er mein Gesicht nie wieder am Superior Court sehen wollte.« Er tupfte sich den Mund mit der Serviette sauber. Seine schwarzen Augen blitzten spitzbübisch. »Ich bin dann noch den Flur entlanggelaufen und hab einigen Kollegen erzählt, daß Fisher gerade eine kleine Party feierte und sie sich beeilen müßten, wenn sie etwas kolumbianisches Kokain bester Qualität mitkriegen wollten.«

»Was ist denn los mit Ihnen?« fragte Lily und lachte, als sie sich die Szene vorstellte. »Sind Sie lebensmüde oder was? Ich dachte, Sie verstehen sich richtig gut mit Butler und er hält Sie für unfehlbar. Warum hat er Sie nicht geschützt?«

»Oh, Butler ist ein guter Typ. Er hat mir geglaubt. Er hat es sich leichtgemacht und ist den Weg des geringsten Widerstandes gegangen. Er meint, wenn irgendwo Schmutz aufgewirbelt wird, dann werden wir am Ende alle darunter begraben. Ich glaube, daß ihm die Geschichte höchst unangenehm war. Wenn erst einmal Gras über die Angelegenheit gewachsen ist, setzt er mich bestimmt im Morddezernat ein. Vielleicht schon in einem halben Jahr.«

Lily strich sich das Haar aus dem Gesicht. Die Bedienung kam mit der Rechnung. Lily schnappte sie sich und legte zwanzig Dollar auf den Tisch.

»Ich weiß nicht, wie ich mich auf meinem neuen Posten machen werde, Rich. Ist es nicht schwierig, in einen Fall richtig einzutauchen und dann die Verhandlung einem anderen zu überlassen?«

»Genau das bedeutet Leitung. Wenn man den Kollegen nicht vertrauen kann oder das Gefühl hat, man muß jeden einzelnen Strang der Ermittlungen selbst verfolgen, bricht man zusammen. Sie dürfen nicht nörgeln und die Leute nicht wie Kleinkinder behandeln, Lily, sonst entsprechen Sie dem uralten Schreckensbild des weiblichen Vorgesetzten.«

Lilys Augen blickten in die Ferne; sie versuchte seinen Rat zu verarbeiten.

»Fertig«, sagte er und erhob sich von seinem Stuhl. Er sah den Schein auf dem Tisch und fügte hinzu: »Übrigens, Sie müssen vorne an der Kasse bezahlen.«

Als sie draußen in der frischen Luft waren, ging er dicht neben ihr. »Ich begleite Sie zu Ihrem Auto. Wo haben Sie geparkt?«

Im Geiste sah sie sich schon zu Hause durch die Hintertür gehen. Das erste und das letzte, was sie jeden Tag von der Welt sah, war die Rückseite ihres Hauses. »Ich stehe beim Gericht«, sagte sie, ohne ihn anzusehen. Vor ungefähr einem halben Jahr hatte John beschlossen, den Rasensprenger selbst zu reparieren, und hatte den gesamten Garten aufgegraben. Auf der einen Seite hatte er wieder Rollrasen ausgelegt, aber die andere blieb so, wie sie war, weil es ihm nicht gelungen war, die Sprenganlage zu reparieren.

»Mein Wagen steht bei der Bar. Ich fahre Sie«, sagte Richard. »Sie sollten nachts nicht allein zu Fuß unterwegs sein.«

Am Wochenende stellte John ungerührt seinen Liegestuhl auf dem verbleibenden kleinen Rasen auf, den Acker einige Schritte weiter souverän ignorierend. Sie hatte ihm schon tausend Mal gesagt, wie sehr sie sich über den Garten ärgerte und wie unmöglich er aussah, aber er rührte keinen Finger. Sie schaute Richard an und erwiderte: »Danke.« Sie wollte nicht nach Hause gehen. Sie wollte nicht immer alle Entscheidungen treffen, für die Erziehung ihrer Tochter verantwortlich sein und nie Schwäche zeigen dürfen. Sie wollte lachen und sich vergnügen, sie wollte attraktiv und begehrenswert sein. Sie wollte das Gefühl haben, daß ein Geburtstag ein Anlaß zum Feiern sei.

Sie gingen schweigend nebeneinanderher. Sie mußte sich mit dem Augenblick zufriedengeben. Bald war das hier vorbei. Dann war sie wieder zu Hause und lag neben John im Bett. Nach all den Jahren der Enthaltsamkeit und seinen Beschuldigungen, daß sie sich mit anderen Männern herumtrieb, wünschte sie sich zum ersten Mal, daß es stimmte. Dafür kam nur der Mann in Frage, der jetzt neben ihr ging; er war der Mann, an dem sich ihre Phantasie entzündete. Aber er war verheiratet, und es gab keinen Grund anzunehmen, daß er sich zu ihr hingezogen fühlte. Wenn John sich sexuell nicht mehr für sie interessierte, warum sollte ein anderer

Mann sie dann begehren? Sie war einfach nicht mehr begehrenswert. Damit mußte sie leben. Sie akzeptierte ja auch alles andere in ihrem Leben. Sie war jetzt sechsunddreißig. Noch vier Jahre, dann war sie vierzig.

Er öffnete die Beifahrertür seines weißen BMW und warf ein paar Kleidungsstücke – wahrscheinlich Sportsachen – auf den Rücksitz. Er setzte sich hinter das Steuer und steckte den Schlüssel ins Zündschloß, aber er startete den Wagen nicht. Er ließ die Hände in den Schoß fallen, beugte sich plötzlich zu ihr hinüber, zog sie zu sich heran und küßte sie auf den Mund; seine Hände vergruben sich in ihrem dichten Haar. Seine Bartstoppeln kratzten auf ihrer Haut. »Komm mit mir nach Hause«, flüsterte er, »ich brauche dich. Ich will dich.«

»Aber...«, setzte Lily an. Sie dachte an seine Frau und an seinen Sohn, daran, daß sie nach Hause gehen sollte, daß sie jetzt etwas wollte, was sie später bereuen würde. Sie spürte seine Lippen erneut auf den ihren; seine Zunge wühlte sich in ihren Mund, und er preßte sie heftig gegen seinen Körper.

Ein warmes Gefühl durchfuhr sie; sie schob sich dicht an ihn; ein heftiges Verlangen durchzuckte ihren Körper, vor dem alles andere verschwand: die Arbeit, John, Shana, ihr Geburtstag, ihre Kindheit, ihre Vorsicht.

»Bitte«, sagte er. Er hob ihr Kinn und suchte ihren Blick. »Es ist niemand da, wenn es das ist, woran du denkst. Und es kommt auch niemand nach Hause.« Er nahm ihre Hand und legte sie auf seine Erektion. Sie nahm die Hand nicht weg, als er sie wieder küßte.

Sie war eine normale Frau mit normalen Begierden. Richard würde sie nicht als Gefäß benutzen, wie John immer sagte. Er war ein Heiler, ein Arzt, ein Zauberer. Er würde sie mit sich selbst wieder versöhnen und ihr geben, was ihr fehlte, sie wieder vollständig machen. Sie war nicht kaputt, nur ein bißchen außer Übung.

»Fahr«, sagte sie, »worauf wartest du. Beeil dich.«

Sie standen in seinem Wohnzimmer und blickten über die nächtliche Stadt; er war nackt, und sie hatte sich in ein großes Badetuch gehüllt. Das Haus befand sich auf den Hügeln am Rande der Stadt, es war modern gebaut mit hohen Decken und hellen Räumen. Ihre Jacke, ihre Schuhe, ihr BH und ihr Slip lagen über das Wohnzimmer verstreut. Sie hatten es gar nicht bis zum Schlafzimmer geschafft.

Kaum hatten sie das Haus betreten, war sie aus ihren Kleidern geschlüpft, schneller noch als er. Im Dunkeln standen sie sich gegenüber, kaum einen halben Meter entfernt voneinander, die Arme an den Körper gelegt.

»Ich habe gewußt, daß du so aussehen würdest«, sagte er.

»Wie sehe ich denn aus?« fragte sie.

»Herrlich. Wie eine Hügellandschaft aus Erdbeerjoghurt. Ich möchte davon kosten.«

Das Sofa war am nächsten. Ihre Füße baumelten über die Lehne, Arme und Beine waren ineinander verknäult. Es war das einzige Möbelstück im Raum. Mit seinen langen, sehnigen Armen hielt er ihren Oberkörper auf das Sofa gepreßt und vergrub seinen Kopf zwischen ihren Beinen. Er ließ auch dann nicht von ihr, als sie ihn abschütteln wollte, seufzte und aufschrie: »Nein. Nein. Nein.«

Schießlich ertrug sie es nicht länger, zog ihn an den Haaren und zwang ihn, mit ihr den Platz zu tauschen. Ihre Haare bedeckten seinen harten, flachen Bauch, und sie nahm ihn in den Mund, voller Gier nach seinem Geruch und seinem Geschmack.

»Gott«, seufzte er, »O Gott.«

Schließlich kam sie hoch, spreizte die Beine und setzte sich rittlings auf ihn; sie stützte sich auf die Arme, schleuderte ihre Mähne zur Seite und küßte ihn; dann warf sie den Kopf zurück. So hatte sie es sich vorgestellt; ihr Traum wurde Wirklichkeit. Sie stellte sich vor, daß sie auf einem großen weißen Pferd durch die Wildnis sprengte, Steine und Bäche im Sprung nehmend, immer auf das weiße Licht der Lust zu.

Als sie es erreicht hatte, sank sie schweißüberströmt und erfüllt auf seine Brust. Er ließ sie auf den Boden gleiten, drehte sie herum und drang von hinten in sie ein; er hielt ihre Gesäßbacken und stieß immer wieder tief in sie, bis es ihm endlich kam. Sie sank auf den Teppich, sein schwerer Körper lastete auf ihr, und sie spürte seinen warmen Atem an ihrem Ohr.

»Großer Gott«, sagte er, »hab ich dir weh getan?«

»Nicht besonders«, gab sie zurück, »und ich dir?«

Er schob ihr schweißnasses Haar beiseite und küßte ihren Nacken zärtlich. »Das kann man wohl kaum Schmerz nennen.«

Verlegenheit überkam sie, und sie befreite sich aus seiner Umarmung. Sie setzte sich hin und schlang ihre Arme um die angezogenen Knie. Die aufkommenden Schuldgefühle, bei denen sich ihr Magen zusammenkrampfte, verflogen aber sofort, als sie Richard ansah. Endlich hatte sie Johns Anschuldigungen und Verdächtigungen gerechtfertigt. Und es war leicht gewesen, sehr leicht sogar. Und es war so gut gewesen, daß sie mehr davon haben wollte. Ihr Körper schrie förmlich, begehrte auf, bettelte nach mehr. Vielleicht konnte sie endlich diese Sehnsucht, dieses Bedürfnis stillen. Sie konnte Richard so lange begehren, bis er ihrer überdrüssig war und sie enttäuschte, bis es ihm egal war, ob sie nachts allein unterwegs war. So muß das Gefühl sein, wenn zwei Menschen sich als gleichberechtigte Partner begegnen, dachte sie, wenn sie ähnlich denken und fühlen. Sie senkte ihren Blick mit gespielter Scheu; ein Lächeln umspielte ihre Mundwinkel. Ihr Verhalten war schockierend, lüstern, wild gewesen. Irgendwo in der Welt gab es immer, zu jeder Tages- und Nachtzeit, Menschen, die sich gut fühlten. Sich scheiden zu lassen war kein Verbrechen, auf dem die Todesstrafe stand. Sie konnte diese Gefühle immer wieder erleben.

Sie duschten zusammen in dem großen Badezimmer. Als sie durch das Schlafzimmer ging, bemerkte sie das ungemachte Bett; überall im Zimmer lagen Kleider und Zeitungen verstreut, auf den Tischchen standen Gläser ohne Untersetzer. Unter der Dusche seiften sie sich gegenseitig am ganzen Körper ein. Er goß den Inhalt der Shampooflasche zur Hälfte über ihren Kopf, so daß es ihr in die Augen rann. »Gib mir ein Handtuch«, schrie sie und lachte gleichzeitig. Sie erfreute sich an dem Klang ihrer Stimme, der von den Kacheln zurückschallte, und staunte darüber, daß sie ihn hervorgebracht hatte. »Ich kann nichts sehen.« Sie nahm, was von der Seife noch übrig war, und ließ sie zwischen seinen weißen Gesäßbacken hin- und hergleiten, wie sie es bei ihrer Tochter getan hatte, als sie klein war. Er machte einen Satz und befahl ihr aufzuhören, aber sie wußte, daß er es genoß. Als sie aus der Dusche kamen, wollte er ihr Schamhaar kämmen, damit einige ihrer Haare in seinem Kamm hängenblieben. Sie konnte es kaum glauben, ließ ihn aber gewähren. Es kitzelte. Er stellte fest, daß sie ein echter Rotschopf war, worauf sie eine seiner Brustwarzen nahm und sie heftig zwickte. »Weil du gezweifelt hast«, sagte sie, aber auch weil sie es tun wollte, einfach so, sie hatte es schon immer tun wollen. Dann gab er ihr das einzige saubere Handtuch. Er selbst lief nackt durch die Wohnung und hinterließ eine feuchte Spur.

Er stellte sich hinter sie und legte die Arme um sie. »Möchtest du etwas trinken? Ich hab zwar keinen Tequila, aber ich kann bestimmt etwas anderes finden.«

Schon das Wort allein genügte, und ihr Schädel fing an zu brummen. »Nein, danke. Ich muß gehen, weißt du. Schon bald.« Sie war zu dem Schluß gekommen, daß seine Frau nicht mehr bei ihm lebte. Sie wünschte sich so sehr, daß das stimmte, aber konnte ihn nicht fragen. »Es ist mir sehr unangenehm, aber es sieht so aus, als müßtest du mich zu meinem Auto fahren.«

»Das macht nichts, Lily«, sagte er, und in seiner Stimme schwang ein bißchen Enttäuschung mit. »Aber muß es so schnell vorbei sein? Können wir nicht noch einen Moment hier stehenbleiben und es genießen?« Er drehte sie zu sich um und hielt ihr Gesicht mit beiden Händen. »Das war mehr als nur ein Bürofick, das weißt du genau.«

Sie seufzte tief und ließ die Luft aus ihrer Lunge strömen wie den Tabakrauch einer Zigarette. »Ich weiß.«

Sie hob ihre Sachen vom Boden auf und zog sich langsam wieder an. Sie wandte sich von ihm ab, als sie ihren BH vorne zuhakte, ihn dann herumzog und ihre Brüste in die Körbchen gleiten ließ. Sie zog sich erst die Bluse und dann ihren Slip an. Sie trug einen bequemen weißen Baumwollslip und schämte sich jetzt, weil es nicht französische Spitze war.

Er stand am Fenster und blickte immer noch über die Stadt, als er sagte: »Meine Frau hat mich verlassen. Sie liebt jemand anderen. Das war vor einem Monat, heute auf den Tag genau. Sie hat mir erzählt, daß sie jemanden liebt, und als ich im Büro war, hat sie einen Möbelwagen bestellt und ist mit der Hälfte der Möbel ausgezogen.«

»Das tut mir leid, Richard. Hast du sie geliebt?«

»Klar hab ich sie geliebt. Wir haben siebzehn Jahre zusammengelebt. Ich weiß noch nicht einmal, wo sie jetzt ist. Sie ist hier in der Stadt, aber sie will mir nicht ihre Adresse geben. Unser Sohn lebt bei ihr.«

»Kennst du den Mann?« fragte Lily. Sie wollte alles wissen und wunderte sich darüber, daß sie ihn so heftig begehrte, während die Frau, mit der er siebzehn Jahre zusammengelebt hatte, ihn verlassen hatte.

»Es ist kein Mann, Lily. Meine Frau hat mich wegen einer Frau verlassen.«

»Und dein Sohn?«

»Der weiß es nicht, und ich würde es ihm nie sagen. Er denkt, daß die andere Frau nur mit ihr zusammen wohnt.« Ein Schatten huschte über sein Gesicht. Er hatte sich zu Lily umgedreht, wandte sich jetzt aber schnell wieder ab. »Zumindest glaube ich nicht, daß er es weiß.«

»Kinder wissen viel mehr, als wir ahnen, Rich. Du würdest

dich wundern. Vielleicht weiß er es und hat es akzeptiert. Er lebt doch bei seiner Mutter, oder?«

»Er ist ein merkwürdiger Junge und lebt in seiner eigenen Welt.« Er warf einen Blick über seine Schulter und sah, daß Lily fertig angezogen war und wartete. »Greg sollte zur Universität gehen, aber jetzt ist er Surfer. Statt zu lernen, geht er surfen. Wenn er Glück hat, schafft er gerade noch die Aufnahmeprüfung für das College. Ich hatte mir immer vorgestellt, daß er auch Anwalt wird, daß wir eines Tages unsere eigene Praxis haben würden. Träume. Aber manchmal entwickeln sich die Dinge eben nicht so, wie man es sich erträumt.«

Lily stellte sich neben ihn, und er legte einen Arm um ihre Schulter. »Verzeih mir, Richard, aber ich bin neugierig. Hat deine Frau mit dir darüber gesprochen? Ich meine, wie lange ging denn das? Du mußt doch etwas gemerkt haben?«

»Ob du's glaubst oder nicht, ich hatte nicht den blassesten Schimmer. Bis zu dem Tag, als sie auszog, hatte ich nicht den blassesten Schimmer. Jetzt hat sie mir erzählt, daß sie diese Frau seit drei Jahren kennt, aber die ganze Zeit über habe ich nichts davon gewußt.«

Sie wußte, daß er darüber reden wollte, aber sie mußte jetzt gehen. »Können wir während der Fahrt darüber sprechen? Ich würde lieber hier bleiben und mit dir darüber reden, aber ich bin verheiratet. Es ist keine gute Ehe...« Sie hielt inne. »Sonst wäre ich jetzt nicht hier. Sie kann schon bald ganz kaputt sein, aber das wäre mir nicht unbedingt recht. Kannst du das verstehen?«

»Warte eine Minute. Ich zieh mich schnell an.«

Beim Gerichtsgebäude lehnte sie sich an ihr Auto, und er küßte sie.

»Warum parkst du hier? Weißt du nicht, daß man dich vom Gefängnis aus sehen kann?«

»Schon möglich«, sagte sie, während sie sich eng an ihn schmiegte und ihn sanft ins Ohrläppchen biß. »Vielleicht kann ich irgendwann mal in der Tiefgarage parken, wo die Richter ihre Stellplätze haben. Was meinst du?«

»Wenn du das wirklich möchtest, stehen die Chancen dafür ganz gut. Wußtest du, daß ich dich für meinen Posten empfohlen habe?«

Das war ihr neu, und sie freute sich. »Danke, und das war sogar noch vor heute abend.« Sie lächelte und schloß ihren roten Honda auf. Bevor sie losfuhr, streckte sie den Kopf aus dem Fenster. »Fortsetzung folgt, oder?«

»Genau«, sagte er, »Fortsetzung folgt.«

KAPITEL 4

Ein lauter Donnerschlag weckte das kleine Mädchen auf. Es fuhr in seinem Bett hoch und spürte die feuchte Wärme des Lakens und seines Flanellnachthemdes. Sie hatte ins Bett gemacht und war froh, daß es noch warm war. Es war fast eine behagliche Wärme. Ohne den Blick vom Fenster abzuwenden, sah sie, wie die große Zeder plötzlich im Feuerschein des Blitzes stand. Sie fing an zu zählen: »Einundzwanzig, zweiundzwanzig, dreiundzwanzig, vierundzwanzig.« Der Donner. Sie hielt sich mit den Händen die Ohren zu und versuchte, den Angstschrei, der ihr in der Kehle saß, zu unterdrücken. Stille. Mit einem lauten Zischen atmete sie aus, ließ sich wieder in die Kissen fallen und kroch mit dem Kopf unter die Decke. Eigentlich mußte sie aufstehen, ein Handtuch holen und es über die Matratze legen; sie mußte auch das Nachthemd wechseln. Bald würde der nasse Stoff eiskalt werden, und sie würde vor Kälte zittern. Langsam schob sie die Bettdecke zurück, als erneut ein Blitz durch das Zimmer zuckte. Diesmal bewegte sich der Schatten vor dem Fenster. Sie schrie auf, sie konnte nicht anders. Sie war in den Bergen, auf der Ranch, und draußen gab es Bären, die Schutz vor dem Regen suchten. Hungrige Bären.

Barfuß rannte sie den Flur entlang zum Schlafzimmer ihrer Großeltern – das feuchte Nachthemd war vergessen – und schaute immer wieder nach hinten, ob der Bär ihr folgte. Sie sprang beim Laufen hoch in die Luft, damit er sie nicht an den Füßen fassen konnte. Mit einem Satz hüpfte sie in das große Bett. In Sicherheit. »Oma, Oma«, weinte sie, und große Tränen liefen über ihre Wangen. Dann fiel es ihr wieder ein: Oma war in den Nachbarort gefahren, um Geschenke für den Geburtstag zu kaufen, und kam erst morgen mittag nach Hause. Nur der trommelartige Leib ihres Großvaters wölbte sich unter der Bettdecke. Er seufzte und drehte sich um; sein kräftiger Arm umfaßte sie, aber er wachte nicht auf. »Opa«, sagte sie und piekte ihn mit dem Finger in den Bauch. Jetzt hatte sie keine Angst mehr, denn sie mochte das Gefühl, wenn ihre Finger sein weiches Fleisch berührten und sich hineinbohren konnten wie in ein Kissen. »Opa«, flüsterte sie nun. Er atmete komisch, mit einem Rasseln und Pfeifen, und sein Atem roch sauer. Sie zitterte vor Kälte und kroch unter die dicke Bettdecke. Sie fühlte das trockene Laken und schob den feuchten Teil ihres Nachthemdes weg von ihrem Körper. Im Nu war sie eingeschlafen.

Sie hatte schon eine Weile geschlafen und träumte von ihrer Geburtstagsfeier, von Geschenken und Schleifen und Kuchen, als sie von einem scharfen Schmerz irgendwo bei ihrem Po aufwachte. Es war ein schlimmer Schmerz, nie zuvor hatte sie einen so schlimmen Schmerz gespürt. Das Bett bebte unter dem Gewicht ihres Großvaters. Sie lag mit dem Gesicht auf der Matratze und konnte sich nicht bewegen, konnte nicht schreien und kaum atmen. Sie spreizte die Arme und versuchte, sich an den Bettüchern festzuklammern. Bevor sie das Bewußtsein verlor, hörte sie, wie er den Namen ihrer Großmutter ausrief: »Lillian.«

»Lily.« John rüttelte sie an der Schulter. »Wach auf.« Sie lag auf dem Bauch und schlief gar nicht mehr richtig, sondern war in diesem halbwachen Zustand, in dem Träume, Erinnerungen und Wirklichkeit miteinander verschwimmen. »Gerade hast du dich an mich gekrallt, und dein Nachthemd ist völlig durchgeschwitzt.«

John wußte, daß sie ihren Alptraum gehabt hatte. Er kannte die Anzeichen nur zu gut: ihre Schweißausbrüche, ihre Schreie, ihr verzweifelter Versuch, sich festzuklammern an jemandem, der Sicherheit und Hilfe bot. Nie würde sie ihm oder sonst jemandem alles erzählen, aber er wußte, daß ihr Großvater sie sexuell mißbraucht hatte. Sie hob den Kopf und sah ihm nach, als er das Zimmer verließ. Wenn er nur einen Moment nachdenken würde, müßte ihm einfallen, daß er ihren Geburtstag vergessen hatte, denn ihre Alpträume wurden in der Zeit um ihren Geburtstag herum immer schlimmer.

Kurz nach ihrer Heirat hatte sie ihm davon erzählt, aber das bewirkte nur, daß er sich in seinen Ansichten über Männer und Sexualität bestätigt sah. John behauptete nämlich, daß für ihn Sex nicht dieselbe Bedeutung habe wie für die meisten Männer. Für ihn war der Liebesakt von großer Schönheit und hatte ein Ziel – die Vermehrung. In den ersten Jahren ihrer Ehe hatte er sie in seinen Armen gewiegt, wenn sie mitten in der Nacht aufgewacht war und manchmal, wie ein Kind, ins Bett gemacht hatte. Wenn sie nicht wieder einschlafen konnte, hatte er sie sanft gestreichelt oder ihr in der Küche eine Tasse heiße Schokolade oder einen Käsetoast gemacht.

Damals hatte er sie geliebt, und durch seine Liebe und sein Verständnis, durch seine sexuelle Zurückhaltung gelang es ihr, die Vergangenheit zu überwinden und abzuschütteln. Er wollte, daß sie Jura studierte, und hatte sie unterstützt, aber als sie dann das Examen geschafft hatte, änderte sich ihre Beziehung. Wie ein Krüppel, der endlich die Krücken von sich wirft, wartete sie auf den Applaus, die Freudentränen, aber sie blieben aus. Da begriff sie John erst richtig. Als sie voller Angst und Furcht war, da liebte er sie und stand ihr zur Seite. In dem Moment aber, in dem sie die Mauer der Angst durchbrach und zu einer selbstbewußten Frau mit einem Beruf, einer Karriere, einer Zukunft und eigenen Meinungen wurde, verflüchtigte sich Johns Liebe. Offenbar wollte er nicht neben ihr gehen, er wollte sie nur tragen.

Sie wollte gerade aufstehen, da hörte sie das Garagentor zufallen; John fuhr zur Arbeit. Als sie am Vorabend nach Hause gekommen war, hatte er schon geschlafen und laut geschnarcht. Leise hatte sie sich ausgezogen, war ins Bett gekrochen und hatte John auf die Seite gedreht, damit er aufhörte zu schnarchen. Neben ihm liegend dachte sie an Richard. Sie wollte nicht mehr jede Nacht neben John liegen. Alle fanden John großartig; sie hielten ihn für einen wunderbaren Vater und einen perfekten Ehemann. Für das gebrochene Kind, das sie war, war er tatsächlich der ideale Mann gewesen. Aber sie hatte an sich gearbeitet. Sie wollte ein anderer Mensch werden – wenn es dafür nicht schon zu spät war. Die Zeit verging, die Uhr lief. Wenn sie so lange bei John blieb, bis Shana ins College ging, war sie einundvierzig. Zu alt. Tut uns leid, der Zug ist abgefahren, würde man ihr sagen.

Sie war nackt und wollte unter die Dusche steigen. Als sie nach dem Handtuch griff, erblickte sie sich im Spiegel. Von der Seite sah sie ihren Körperumriß, legte eine Hand unter die rechte Brust und hob sie an. Das Gesetz der Schwerkraft zerrte auch an ihr – an ihrem Gesicht, an ihren Brüsten, an ihrem Gesäß. Und John zog sie herab, ein Mühlstein um ihren Hals.

Ihr Schädel brummte, ihr Magen zog sich vor Hunger zusammen, aber sie fühlte sich großartig. Heute hatte sie einen Grund, zur Arbeit zu gehen, sie ging nicht nur zu einer Verhandlung oder einem neuen Fall. Richard Fowler war da, in seinem Büro im selben Gebäude, auf demselben Flur.

Sie wollte etwas Besonderes anziehen und durchsuchte ihren Wandschrank. Sie würde ihr bestes Kostüm anziehen, in dem ihre Taille und ihre Hüften so schlank aussahen, daß man ihr immer Komplimente machte. Es war gerade aus der Reinigung gekommen, perfekt.

Nachdem sie zehn Minuten lang alle plastikumhüllten Kleider durchsucht hatte, konnte sie nur den Rock finden. Das Oberteil war verschwunden.

Sie marschierte in Shanas Zimmer und riß ärgerlich die Tür auf. »Wo ist das Oberteil von meinem schwarz-weißen Kostüm mit den Knöpfen an der Seite?«

Shana, die noch fest geschlafen hatte, schreckte hoch und starrte ihre Mutter aus verquollenen, halbgeschlossenen Augen an. »Wieviel Uhr ist es? Ich hab es nicht.« Sie drehte sich um und war sofort wieder eingeschlafen.

Lily ging an Shanas Schrank, in dem die Sachen wild auf einem Haufen lagen, und fing auf Knien an, nach ihrer Jacke zu suchen. Sie fand drei oder vier Teile, die ihr gehörten, und warf sie zur Seite. Den Rest ließ sie mitten im Zimmer liegen.

»Ich weiß, daß du das Oberteil hast. Ich will das Kostüm heute tragen. Du hast kein Recht, meine Sachen ohne meine Erlaubnis zu nehmen, besonders nicht meine teuren Sachen – die für die Arbeit.«

»Reg dich ab, Mom!« schrie Shana sie mit schriller Stimme an. »Ich hab es Charlotte geliehen. Du kriegst es schon wieder.«

»Dafür bekommst du Stubenarrest. Hast du gehört? Stubenarrest«, schrie Lily und haßte sich selbst, weil sie so schrie, aber sie konnte nicht anders. Shana nahm fast jeden Tag Sachen aus ihrem Schrank, und meistens sah Lily sie nie wieder. Jeden zweiten Morgen mußte sie Shanas Schrank durchwühlen, damit sie sich anziehen konnte, und fand die Kleider irgendwo in einer Ecke, zerknittert und schmutzig. John zuckte nur die Achseln und meinte, da könne man nichts machen, alle Teenager seien so. Vielleicht sollten sie einfach einen Riegel an ihrer Tür anbringen. Es kam ihm nicht in den Sinn, daß Heranwachsende das Eigentum anderer Menschen auch respektieren könnten.

Auf dem Weg nach draußen hörte Lily, wie Shana »blöde

Ziege« vor sich hin murmelte und sich dann die Decke über beide Ohren zog.

Vor Shanas Zimmer blieb Lily stehen. Die Tränen standen ihr in den Augen. Warum nur lief so vieles zwischen ihnen schief? Sie hatten sich immer so gut verstanden. Sie erinnerte sich an all die Sonntage, an denen sie zusammen Rollschuhlaufen gegangen waren; der Wind hatte in ihren Haaren gespielt, und Shana hatte sich ganz eng an Lily gehalten, so daß sie manchmal hinfielen. Noch bis vor wenigen Monaten kam Shana abends immer ins Schlafzimmer, während John vor dem Fernseher saß, und erzählte Lily, was sie den Tag über erlebt hatte. Sie redete ohne Punkt und Komma, erzählte, wer was gesagt und wer was getan hatte, und fragte Lily in allen Dingen um Rat, von den Hausaufgaben bis zu Problemen mit Jungen. Hatte es einfach mit der Pubertät und Hormonen zu tun, die außer Rand und Band gerieten? War Lilys Kindheit so verworren und schmerzhaft gewesen, daß sie sich nicht mehr erinnern konnte, wie man sich mit dreizehn Jahren fühlte?

Sie wischte sich die Tränen aus den Augen und ging in die Küche. Dort steckte sie eine Scheibe Brot in den Toaster und goß sich eine Tasse Kaffee ein. Es lag an ihr. Sie reagierte einfach zu empfindlich. Shana stand gerade auf der Schwelle zum Teenager. Selbst an dem Streit wegen der Kleider war sie schuld. Sie hatte Shana immer gesagt, sie könne sich alles ausleihen, und eine Politik der offenen Türen betreiben. Aber damals hatte Shana sie respektiert. Sie hatte sich nie etwas ausgeliehen, ohne vorher zu fragen, und ihre Arbeitskleidung grundsätzlich geschont. Sie hatte sie auch nie böse angestarrt oder beschimpft. Sie hatte beim Telefonieren nicht einfach aufgelegt. Das Kind schien sich jetzt täglich besser mit seinem Vater zu verstehen und sie immer weiter wegzustoßen.

Vielleicht aber handelte es sich auch nur um eine ganz normale Verhaltensweise, um das, was die Psychologen als die ödipale Phase der Pubertät bezeichneten. Shana war Daddys kleiner Liebling geworden und betrachtete ihre Mutter jetzt als Rivalin. Es war alles sehr plausibel. Sie wollte sogar die Kleider ihrer Mutter tragen, um um die Liebe des Vaters zu kämpfen, als Frau, nicht als Kind.

Sie trug ihren Kaffee in einem Pappbecher zu ihrem Honda. Dort stellte sie ihn auf der Motorhaube ab und ging wieder ins Haus.

Shana kam gerade im Bademantel aus der Dusche und war auf dem Weg in ihr Zimmer. Sie sah Lily und blieb stehen; die Frage: »Was ist denn jetzt schon wieder?« stand deutlich in ihrem Gesicht geschrieben.

»Es tut mir leid, daß ich dich angebrüllt habe.«

Das Mädchen zeigte keine Reaktion und starrte sie nur an.

»Ich möchte nur nicht, daß du meine Sachen nimmst, ohne mich zu fragen, und daß du meine teuren Kleider an deine Freunde ausleihst. Alle Eltern möchten, daß ihre Kinder sie respektieren.« Lily ging ein paar Schritte auf Shana zu und berührte mit ausgestreckter Hand ihre Schulter. Sie lächelte. Shana lächelte nicht zurück.

»Paß auf, wenn du mit deinen Hausarbeiten morgen schon früh fertig bist, können wir vielleicht ins Kino gehen. Nur wir beide, so wie früher.«

»Ich kann nicht. Ich habe Stubenarrest, wenn du das nicht schon vergessen hast.«

»Okay. Laß uns noch mal von vorne anfangen. Wir tun so, als wäre heute morgen nichts passiert. Was meinst du? Morgen abend?«

»Ich muß etwas für die Schule tun.«

Shana war immer eine sehr gute Schülerin gewesen, aber in letzter Zeit hatten sich ihre Noten rapide verschlechtert. Sie machte Lily dafür verantwortlich, die darauf gedrängt hatte, daß sie Leistungskurse belegte. »Ich weiß, daß die Schule hart ist. Wir haben darüber gesprochen, bevor du diese Kurse gewählt hast. Ich möchte, daß dir im Leben alle Möglichkeiten offenstehen. Deswegen möchte ich, daß du die Schule ernst nimmst und dein Bestes gibst. Du schaffst es, Shana. Du bist ein kluges Mädchen. Ich möchte nicht, daß du heiratest, nur um zu heiraten. Wenn du einen Beruf hast, bist du dein eigener Herr. Verstehst du, was ich meine?« Lily warf einen Blick auf ihre Uhr. Sie würde zu spät ins Büro kommen.

»Ja«, antwortete Shana, »du willst mir sagen, daß du Dad nur geheiratet hast, um zu heiraten.«

»Nein, Shana. Als ich deinen Dad geheiratet habe, war ich zwar nicht der Mensch, der ich heute bin, aber ich habe ihn nicht geheiratet, um zu heiraten. Ich habe ihn geheiratet, weil ich ihn brauchte. Als ich ein junges Mädchen war, habe ich in gewisser Weise aufgehört zu leben. Ich wußte nicht, was es bedeutete, glücklich zu sein. In mir drin wuchs etwas Hartes und Abweisendes, und ich hatte mein Leben nicht in meine eigene Hand genommen.«

»Ich komme zu spät zur Schule, Mom«, sagte Shana und ging in ihr Zimmer. Mit ihrem Rücken zu Lily sagte sie: »Keine Angst, ich werde schon nicht Kellnerin.« Dann schlug sie Lily die Tür vor der Nase zu.

Soweit kommt man also mit dem psychologischen Ansatz, dachte Lily auf dem Weg zur Garage. Und der Spruch mit der Kellnerin würde ihr wohl bis an ihr Lebensende vorgehalten werden.

Als Lily beim Gerichtsgebäude ankam, war der Parkplatz fast voll. Sie suchte vergeblich nach einer Lücke und steuerte schließlich, nach einem Blick auf die Uhr, die Parkbuchten am Gefängnis an, wo sie mit Sicherheit einen Platz finden würde. Wenn man auf die Fassade aus getöntem Glas blickte, kam man nicht auf die Idee, daß es ein Gefängnis war – es sei denn, man ließ den Blick bis zum Dach hinaufwandern, wo Suchscheinwerfer aufgestellt waren. Abgesehen davon sah es nicht anders aus als ein modernes Bürogebäude. Die Gefangenen wurden durch einen unterirdischen Tunnel zu den Gerichtssälen und wieder zurück in ihre Zellen geführt, ohne je das Tageslicht zu erblicken. Als die Häftlinge noch im alten Untersuchungsgefängnis untergebracht waren, mußten sie unter aufwendiger Bewachung hin- und hergefahren werden, und auch die Anwälte und Kriminalbeamten waren dauernd unterwegs zwischen dem Gerichtsgebäude und dem Gefängnis. Jetzt konnte man sich diese Zeit sparen. Als der Komplex noch in der Planung war, gab es zwar viele Proteste gegen das Vorhaben, die Häftlinge im selben Gebäude wie die Justizbehörde unterzubringen. Regierungsbeamte gingen jedoch über die Einwände hinweg mit dem Argument, daß es sich um ein Untersuchungsgefängnis handele und nicht um eine Vollzugsanstalt. Erst wenn ein Verdächtiger verurteilt worden war, kam er in eine Vollzugsanstalt. Nur die kleinen Kriminellen saßen ihre Strafe hier ab, für Verbrechen und Vergehen wie Diebstahl, Verstoß gegen Bewährungsauflagen oder Trunkenheitsdelikte.

So waren sie alle unter einem Dach untergebracht, die Häftlinge in ihren Zellen, die Beamten in kleinen Kabinen mit gläsernen Trennwänden, und atmeten dieselbe, immer wieder aufbereitete, stickige Luft – die Fenster ließen sich im gesamten Justizkomplex nicht öffnen. Das neue Gebäude funktionierte also wie geplant, Lily aber fand es unerträglich. In dem alten Justizgebäude hatte sie ein stilvolles Büro mit echter Holzverkleidung besessen, mit Bücherschränken und einer Tür aus Holz, die gegen den aufdringlichen Bürolärm abschirmte, mit einem Fenster, das sich öffnen ließ, und mit gurrenden Tauben auf den Fensterbänken. Aber dies hier war der Fortschritt, und er ließ sich nicht zurückdrehen, dachte sie voller Bedauern, als sie in der frischen, klaren Morgenluft zum Eingang lief.

Das Treffen mit Butler verlief so, wie sie es sich vorgestellt hatte: Nachdem sie die Greuel des Falles Lopez-MacDonald geschildert hatte, war er entsetzt und aufgebracht. In seinem großen Eckbüro mit den lederbezogenen Stühlen, dem riesigen Schreibtisch, groß wie ein Billardtisch, und den eingebauten Bücherschränken, die sie sich selbst so sehr wünschte, sah sie ihm direkt in die dunklen Augen, die ihrem Blick nicht auswichen, und erläuterte die Probleme, die sie in diesem Fall voraussah.

»Die Augenzeugin ist eine Lehrerin, und sie sah, ich zitiere: ›einige Jugendliche spanischer Abstammung, die aus der Umgebung der Tribünen davonrannten‹; wo sie die grausige Entdeckung der beiden Leichen machte. Sie sah nicht fünf, Paul, und sie ist sich nicht sicher, daß es drei waren. Sie hat drei Verdächtige mit Vorbehalten anhand von Fotos identifiziert. Wir müssen sie dazu bringen, daß sie sagt, sie habe drei oder mehr gesehen, und das Wort *einige* aus ihrer Aussage streichen. Die Polizei hat die Verdächtigen in einem Wagen mit ungültigem Nummernschild fünf Minuten nach Meldung des Verbrechens einen Häuserblock weiter angehalten. Sie waren zu fünft im Wagen, aber zwei behaupten, sie seien nur wenige Sekunden, bevor sie angehalten wurden, vom Fahrer mitgenommen worden. Leider gibt es dafür keine Zeugen, und wir vermuten, daß alle fünf beteiligt waren. Wir haben keine Geständnisse und keine belastenden Aussagen. Paul, diese Jungen sind hart im Nehmen.«

Sie schwieg und atmete tief durch, bevor sie weiter fortfuhr: »Spermaproben, die dem entnommen wurden, was von der Vagina des ermordeten Mädchens übriggeblieben ist, deuten auf drei verschiedene Blutgruppen hin. Wir haben Pulverimprägnationen und Spuren vom Blut des Opfers auf der Kleidung von zwei der Verdächtigen, und damit sieht die Sache für uns ziemlich gut aus.« Lily hielt inne und wartete auf Butlers Fragen, fügte aber noch hinzu: »Allerdings nicht ohne Stolpersteine.«

Butler lehnte sich in seinem Stuhl zurück und knirschte mit den Zähnen. »Das Problem liegt darin, alle fünf zu verurteilen und die Geschworenen nicht durch die Aussage der Augenzeugin zu verwirren«, erklärte er. »Die Verteidigung wird diesen Punkt für sich ausschlachten und die Geschworenen zu überzeugen versuchen, daß wenigstens zwei der Angeklagten unschuldig sind. Außerdem wird sie Verwirrung darüber stiften wollen, was den Ablauf der Ereignisse betrifft und wer was getan hat. Die beste Strategie, die sich uns bietet, ist die, mit einem von ihnen ins Geschäft zu kommen und ihn zum Reden zu bringen; dann können wir die ganze Geschichte lückenlos zusammenbasteln.«

Genau das dachte Lily auch. »Aber wie weit können wir gehen, um das zu erreichen, was wir erreichen wollen? Werden wir uns auf Mord zweiten Grades, Beihilfe zum Mord oder gar nur Totschlag einlassen?« Lily hatte die Akte auf ihrem Schoß und öffnete sie jetzt, um die Fotos von den Opfern hervorzuholen. Bilder sagen mehr als Worte, und sie wollte, daß Butler diese alptraumhaften Bilder kannte, während er über die verschiedenen Möglichkeiten eines Handels nachdachte. »Die Schwierigkeit besteht nicht darin, einen zum Reden zu bekommen – jeder dieser Kerle würde seine eigene Mutter dem Henker ausliefern, um seine Haut zu retten –, sondern darin, herauszufinden, wer an diesem Massaker am wenigsten beteiligt war.« Sie reichte ihm die Bilder, und er nahm sie entgegen. »Das ist eine Nahaufnahme des Astes, der in Carmen Lopez' Scheide gerammt wurde und ihre Bauchdecke durchstieß.«

Butler stand das Entsetzen im Gesicht, seine Unterlippe zitterte leicht. An einem Ende des Astes klebten mit Blut verschmierte Blätter.

»Großer Gott«, sagte er.

»Und hier ist eine Nahaufnahme ihrer Brüste – sie haben sie als Zielscheibe für Schießübungen mit einem Kleinkalibergewehr benutzt.« Sie reichte ihm ein weiteres Foto.

»Von jetzt ab keinen Handel mehr mit den Verdächtigen«, sagte er tonlos. »Zwei Ermittlungsbeamte aus unserer Abteilung werden dafür abgestellt. Sie sollen alle befragen, die diesen Kerlen auch nur guten Morgen gesagt haben, und mir die Ergebnisse vorlegen. Wir wollen beten, daß die forensischen Gutachten mit genügend Beweisen aufwarten können, um die Tat allen fünfen anzuhängen. Jeder, der hier einfach nur zugesehen und nichts dagegen unternommen hat, müßte lebenslänglich bekommen, und natürlich müssen wir die Todesstrafe fordern. Wenn sie je gerechtfertigt war, dann in diesem Fall.«

Die Besprechung war beendet. Sie beschlossen noch, weil es sich um ein Sexualdelikt handelte, Carol Abrams damit zu betrauen; Marshall Duffy aus dem Morddezernat sollte mit ihr zusammenarbeiten.

Als Lily in ihr Büro kam, klingelte das Telefon. Sie beugte sich über den Tisch, um den Hörer abzunehmen, und ließ die Akten auf den Papierstapel fallen. Es war Richard. »Komm in fünf Minuten in den Vernehmungsraum drei. Ich muß dich sehen.«

Ihr Herz klopfte heftig, und ihr Atem ging schneller. »Ich will dich auch sehen, aber ich habe überhaupt keine Zeit.« Sie schwieg; dann wurde ihr klar, daß sie den Tag niemals überstehen würde, ohne ihn zu sehen. »Ich komme.«

Zur Tarnung nahm sie mehrere Akten unter den Arm, als sie durch die Gänge eilte. Sie schloß die Tür des Vernehmungsraumes, nahm an dem kleinen Tisch Platz und wippte ungeduldig mit dem Fuß, während sie wartete. Auf dem Tisch stand ein Telefon mit einer Direktverbindung zur Schreibzentrale, damit die Anwälte ihre Notizen diktieren konnten. Sie hatte sich am Morgen für ein enges, fliederfarbenes Seidenkleid entschieden; dazu trug sie silberne Ohrringe und eine große silberne Spange, die ihr langes rotes Haar im Nacken zusammenhielt. Sie wußte, wie hinreißend sie damit aussah, und hatte schon das eine oder andere Kompliment erhalten. Richard betrat den Raum und schloß die Tür hinter sich ab. Er küßte sie, wobei er ihren Lippenstift verschmierte, und bedeckte mit seinen Händen ihre Brüste unter dem dünnen Seidenstoff.

»Ich hab die ganze Nacht an dich gedacht. Ich sehne mich nach dir. Ich mußte immer an dein Gesicht denken.« Er ließ seine Hand unter ihren Rock bis zum Schritt ihrer Strumpfhose hochgleiten.

»Hör auf, Richard! Ich glaube nicht, daß du an mein Gesicht gedacht hast.« Sie lächelte und bemühte sich, gelassen zu bleiben, während ihr Körper auf jede seiner Berührungen reagierte. Dieselbe hemmungslose Leidenschaft, die sie gestern abend verspürt hatte, packte sie von neuem, als er ihre Strumpfhose herunterzog und seine Hand zwischen ihre Beine preßte. Lily spürte, wie sie feucht wurde. Sie stöhnte. Sein Mund lag an ihrem Hals; sie hatte den Kopf zurückgebogen, so daß er den Tisch berührte. Seine andere Hand schob sich in die geöffnete Bluse. Er öffnete seine Hose und drang in sie ein. Sie lag auf dem Tisch, der sich unter ihnen bewegte. Sie hatte Angst, etwas zu sagen oder gehört zu werden; sie konnte ihn nicht aufhalten.

Er reichte ihr den Telefonhörer. Sein Gesicht war vor Erregung verzerrt, er keuchte und hatte die Augen halb geschlossen. »Tu so, als würdest du etwas diktieren.«

Sie konnte das Klingeln der Telefone in den anderen Büros und Schritte auf dem Korridor hören. »Staat Kalifornien gegen Daniel Duthoy ... Fall Nr. H23456.« Aus dem Telefonhörer kam das Freizeichen, während sie sich im Rhythmus mit ihm bewegte. »Der Schriftsatz sollte wie folgt ergänzt werden: Der Angeklagte hatte eine Vertrauensposition inne, als er das Verbrechen verübte.« – »Mach weiter«, stöhnte Richard. Sie fuhr fort: »Da er für das Opfer eine Art Vaterfigur darstellte, konnte er seine Position ausnutzen, um das Vertrauen des Opfers zu erwerben und so die strafbare Handlung zu begehen.« Sie biß sich in die Unterlippe, um nicht laut aufzuschreien, und ließ sich so geräuschlos wie möglich auf den Tisch zurücksinken. Jetzt erklang die Stimme vom Band: »Wenn Sie eine Verbindung wünschen, legen Sie bitte auf und wählen neu.« Es war vorbei.

Sie ordneten ihre Kleider, und Lily wischte ihm mit dem Finger den Lippenstift von Mund und Gesicht. »Ich liebe dich«, sprudelte es aus Richard heraus. »Ich weiß, daß du das nicht glaubst ... würde ich auch nicht. Aber du bist die Frau, nach der ich mich mein Leben lang gesehnt habe. Du bist stark, klug, leidenschaftlich ... du hast Ausstrahlung.«

Sie legte ihm einen Finger auf den Mund. »Psst«, flüsterte sie, »oder ich verliere meine Stelle und stehe da wie ein geprügelter Hund. Außerdem stecke ich bis über beide Ohren in Arbeit.« Sie ging über seine Liebeserklärung hinweg; schließlich liebten alle Männer die Frau, deren Körper sie gerade besessen hatten. Er stand wie vernichtet vor ihr. Mit sanfter, zärtlicher Stimme fuhr sie fort: »Ich weiß, daß das mit uns großartig ist. Ich weiß zwar nicht genau warum, aber ich möchte, daß es weitergeht. Nicht so, im Büro, aber ... mein Leben und meine Gefühle drängen im Augenblick in tausend Richtungen gleichzeitig. Kannst du das verstehen?« Sie sah ihn flehentlich an und spielte mit seinem Revers. Sie saß immer noch auf dem Tisch und dachte, wie unwiderstehlich er gerade aussah, mit dem dunklen Haar, das ihm in die Stirne fiel. »Ich brauche Zeit«, sagte sie, »und ich kann es mir nicht leisten, leichtsinnig zu sein.« Sie wollte nicht wieder von ihrer Ehe reden – und ihm sagen, daß sie sich trennen wollte, daß sie mehr als nur eine Affäre wollte. Keine halben Sachen mehr.

»Es gibt nie genug Zeit, Lily«, sagte er und drückte ihr einen Fetzen Papier mit zwei Telefonnummern in die Hand: die Nummer seiner Wohnung und die seines Autotelefons. Er verließ den Raum zuerst, und sie folgte ihm einige Minuten später, nachdem sie sich vergewissert hatte, daß niemand sie beobachtet hatte.

Sie kehrte in ihr Büro zurück und nahm sich voller Energie die anstehenden Fälle vor. Nicht ein Quadratzentimeter der Oberfläche ihres Schreibtischs war sichtbar; überall lagen Blätter, Akten und Gesetzestexte herum. Auch der Schrank hinter ihrem Stuhl war vollgestopft mit Akten. Sie hatte die Schildpattbrille aufgesetzt, den Kopf in die Hand gestützt und war völlig in den vor ihr liegenden Fall vertieft, als das Telefon klingelte. Im selben Moment erschien Clinton Silverstein mit schmalen Lippen und gefurchter Stirn in der Tür, eine Akte in der einen Hand, auf die er mit der anderen schlug. Sie sah ihn aus dem Augenwinkel und winkte ihn herein, während sie das Telefon abnahm.

»Um welchen Fall handelt es sich? Oh, Robinson. Der ist dem Richter zugewiesen worden. Wir haben beim Strafantrag die Vorstrafe berücksichtigt und eine Erhöhung wegen der Waffe verlangt. Peterson müßte ihn morgen früh haben.« Sie legte auf und forderte Clinton mit einem Blick auf, sich auf einen der grünen Stühle vor ihrem Schreibtisch zu setzen.

»Der Fall, den Sie mir übertragen haben, ist ja wohl ein Witz.« Er wartete auf ihre Reaktion, hörte aber nichts außer dem Schaben von Metall auf Plastik, als sie sich auf ihrem Stuhl zurücklehnte und ihn über den Teppich schob. »Das Opfer wiegt rund hundert Kilogramm, wahrscheinlich von der Taille abwärts, wenn man nach den Fotos geht. Sie ist als Prostituierte bekannt und gibt zu, daß sie zur Tatzeit als Prostituierte gearbeitet hat. Ich würde das ›Zahlungsunfähigkeit‹ nennen. Als der Freier nicht löhnen wollte, hat sie ein Geschrei gemacht, sie sei vergewaltigt worden.«

»Es handelt sich um Entführung und Vergewaltigung«, fuhr Lily ihn an.

»Das kann doch nicht Ihr Ernst sein. Haben Sie nicht die Fotos von dem Verdächtigen gesehen? Himmel, der Typ sieht gut aus. Er hat sogar in die Kamera gelächelt. Der weiß, daß er frei kommt, auch wenn Sie das nicht wissen.« Clinton ließ sich schwer in den Stuhl zurückfallen.

Lily nahm die Brille ab und warf sie auf den Schreibtisch; sie landete geräuschlos wie in Zeitlupe auf dem mit Papieren übersäten Schreibtisch. »Glauben Sie, daß eine Frau nicht vergewaltigt werden kann, wenn sie einhundert Kilo wiegt?«

»Es ist der Fall insgesamt. Das Opfer ist eine Nutte. Sämtliche Zeugen sind Nutten. Sie hat zugegeben, einen Preis für eine Nummer ausgehandelt zu haben. Er hat sie nur ein paar Mal ins Gesicht geschlagen. Und was soll das mit der Entführung? Nur weil er ihren Kopf runtergedrückt hat und mit ihr zur städtischen Müllkippe gefahren ist, wo er sie aus dem Wagen geworfen hat? Was kann man denn sonst erwarten, wenn man in dieser Branche ist? Hat sie etwa geglaubt, der Kerl würde ihr eine Karte für die Oper kaufen?« Clinton schüttelte den Kopf. »Ich schlage vor, wir bieten ihm eine Klage wegen Körperverletzung, worauf er sich bei der Anhörung schuldig bekennt; als Teil der Absprache werden wir neunzig Tage Gefängnis fordern und drei Jahre Bewährung. Dann ist er vorbestraft. Wenn wir es zu einer Verhandlung kommen lassen, stehen wir hinterher möglicherweise mit leeren Händen da.« Clinton lehnte sich, zufrieden mit seiner Analyse, zurück.

Lilys Augen waren stahlhart. »Was den Fall in Ihren Augen so schwach macht, macht ihn für mich um so stärker – die Tatsache nämlich, daß dieser Mann mit Leichtigkeit eine Frau für seine sexuellen Absichten hätte finden können, sich aber diese Frau herausgepickt hat, diese ekelerregende Frau, in Ihren Augen, um sein Mütchen zu kühlen.« Sie unterbrach sich und atmete tief durch; ihre Überzeugung festigte sich. »Wissen Sie was? Ich glaube, er wollte sie umbringen, aber es war nicht so leicht, wie er es sich vorstellte.«

Clinton strich sich mit den Händen durch sein dauergewelltes Haar, so daß es steil zu Berge stand. »Was nützt uns eine härtere Anklage, wenn er dadurch freikommt? Ich verstehe Sie nicht.«

»Es geht darum, daß wir unser Bestes geben und diesen Fall mit derselben Entrüstung angehen, als wäre das Opfer eine Lehrerin in der Sonntagsschule, ... und daß wir weder das Opfer noch uns selbst herabwürdigen. Das ist der Sinn. Bereiten Sie den Fall für die gerichtliche Voruntersuchung vor, Clinton.«

Er stand auf und wollte gehen. »Es ist auch eine Frage des

Terminkalenders, Lily – wenn es sinnvoll ist, wird ein Fall vor Gericht gebracht, die anderen müssen so erledigt werden. Ich weiß, daß Butler bei Sexualdelikten gegen Abmachungen ist, aber er kann damit unmöglich alle meinen. Wir treffen alle Vorbereitungen, und das Opfer erscheint noch nicht einmal zum Termin. Sie werden sehen, daß ich damit recht habe.«

Als er an der Tür war, rief sie ihn zurück. Ihre Stimme klang verführerisch und gleichzeitig berechnend kühl. »Dies ist Ihr nächster Fall. Vielleicht sind Sie hier eher bereit, die Sache des Opfers zu vertreten.«

Er trat neben sie an den Schreibtisch. In ihrer ausgestreckten Hand hielt sie nur ein Foto.

Lily sprach jetzt mit der monotonen Stimme eines Berichterstatters: »Sie sehen hier ein Foto von Stacy Jenkins, Alter acht Jahre und neun Monate. Stacy ging im ersten Schuljahr ungefähr ein halbes Jahr zur Schule und wurde dann am Schulbesuch gehindert. Ihr Stiefvater ist Steuerberater mit einem Einkommen von 65 000 Dollar im Jahr, ihre Mutter ist geprüfte Krankenschwester.«

»Ist sie tot?« fragte Clinton.

Lily sah, daß seine Hand zitterte, und schaute zu ihm hinauf, ohne zu antworten.

»Ich meine, ihre Augen sind zwar offen, aber wurde das Foto nach ihrem Tod gemacht? Geht es um Mord?«

Lily hatte dieselben Gedanken gehabt, als sie das Foto das erste Mal sah. In den Augen des Kindes fehlte jeglicher Funke menschlichen Lebens, ihr braunes Haar hing strähnig und matt herab. Ihr ganzer Körper war mit roten kreisrunden Flecken überdeckt, und auf ihrer Brust waren frische, gezackte Narben sichtbar.

»Nein, sie ist nicht tot«, sagte Lily tonlos. »Stacys Stiefvater hat angefangen, sie zu sexuellen Handlungen zu zwingen, als er sie nicht mehr in die Schule gehen ließ. Jedesmal wenn sie weinte, hat er sie mit einer brennenden Zigarette verletzt.

Einmal hatte sie spontanen Stuhlgang. Da hat er ihr die Brustwarzen mit einer Schere herausgeschnitten. Es scheint, daß die Mutter alles geschehen ließ und ihre Fähigkeiten als Krankenschwester einsetzte, um die Wunden zu versorgen.«

»Wie ist es denn herausgekommen?« fragte er. »Meine eigene Tochter wird nächsten Monat neun.« Sein Mund stand offen, sein Kiefer hing herab, und in seiner Stimme schwang Erregung. »Es ist das erste Mal, daß ich einen Fall mit einem Kind übernehme.«

Lily hielt den Kopf gesenkt und vertiefte sich in einen anderen Fall. Sie blickte nicht auf, als sie sagte: »Die Mutter hat sie eines Abends mit einer schlimmen Infektion halbtot in die Notaufnahme gebracht. Scheint, daß es auch ihr zuviel wurde. Sie kommt als Mitangeklagte in allen Punkten vor Gericht.« Jetzt hob Lily die Augen; ihr Blick war glanzlos und müde. »Unser Problem besteht darin, so viele Anklagepunkte wie möglich zusammenzubekommen. Wir müssen jeden einzelnen als eigenständiges Verbrechen belegen, und da kommt es sehr auf Stacy an. Sie werden nächste Woche gemeinsam mit einer Sozialarbeiterin zu ihr gehen und mit ihr reden.« Sie hielt inne und blickte Clinton scharf an. »Übrigens, lassen Sie sich die Haare schneiden, oder setzen Sie einen Hut auf. So wie Sie aussehen, erschrecken Sie das Kind ja zu Tode.«

Kaum hatte Clinton ihr Büro verlassen, als Lily die Selbstwähltaste ihres Telefons drückte und zu Hause anrief. Während sie sich die schmerzenden Schläfen massierte, ertönte das Klingelzeichen. Sie rollte den Kopf mehrmals herum, um die Nackenmuskeln zu entspannen. Vor sich sah sie die Akte mit dem Bild von Stacy Jenkins und dann in einer Einblendung darüber ihr eigenes Gesicht.

»John, ich bin's. Vor acht komme ich hier wohl nicht raus. Ich stecke bis zu den Ohren in Arbeit. Sag Shana bitte Bescheid.« Im Hintergrund hörte sie Küchengeräusche; John kochte gerade das Abendessen. Er kam jeden Tag um halb fünf nach Hause. An manchen Tagen mußte er überhaupt nicht zur Arbeit.

»Ich betreue Shanas Team heute abend beim Softballspiel. Du hattest ihr versprochen zu kommen. Du erinnerst dich.«

Etwas scheuerte Lily unter der Brust, und sie griff sich mit der einen Hand hinter den Rücken, um den BH zu öffnen. Hatte sie wirklich versprochen, heute abend zu kommen, oder wurde sie langsam verrückt? Manchmal erfand John solche Sachen, um ihr ein schlechtes Gewissen zu machen.

»Spielt keine Rolle. Sie erwartet sowieso nicht, daß du kommst.« In seiner tiefen Stimme schwang Gehässigkeit mit. »Wir wissen ja, daß dir deine Arbeit über alles geht. Seit zwei Jahren kümmerst du dich um nichts anderes.«

»Wir sehen uns auf dem Sportplatz.« Sie wollte ihn anschreien, ihm sagen, daß sie sich mit Arbeit überhäuft hatte, um der Leere in ihrem Leben und ihrer Ehe zu entfliehen; daß sie sich wie eine Fremde in ihrem eigenen Haus, mit ihrem eigenen Kind fühlte. Was nützte es. Schon wollte sie den Hörer auflegen, sagte dann aber doch noch: »Übrigens, John, dir und Shana ist es offenbar entfallen, aber ich habe bisher erst ein Spiel versäumt.«

Sie schob das Telefon zurück und stützte ihren Kopf ein paar Sekunden lang in die Hände. Die Akten auf ihrem Bücherbord enthielten sieben Fälle, die sie bis zum nächsten Nachmittag um vier durchgesehen und zugewiesen haben mußte. Mittlerweile arbeitete sie an drei Fällen gleichzeitig, und doch zerrann ihr die Zeit zwischen den Fingern. Sie warf einen Blick auf Shanas hinreißendes Lächeln auf dem Foto vor ihr auf dem Schreibtisch und bemerkte dann erst Carol Abrams in der Tür. Wie lange sie wohl schon da stand?

»Ich muß mit Ihnen über den Fall Lopez-McDonald sprechen, aber das hat Zeit.« Sie schaute zu Boden und zeichnete mit dem Fuß ein Muster auf den Teppich. »Ich wollte nicht hereinplatzen, aber Ihre Tür stand offen.«

Sie hatte also ihr Gespräch mit John gehört. Lily brachte

ein dünnes Lächeln zustande. »Wie wäre es morgen Punkt neun? Dann sind wir beide ausgeruht.«

»Um neun muß ich vor Gericht erscheinen; sagen wir zehn, dann klappt's.«

Sie schwieg. Es entstand eine peinliche Stille, während sie Lily aufmerksam betrachtete. »Wir sollten eigentlich mal zusammen essen gehen, wenn die Zeit es je zuläßt. Ich habe zwei Kinder, zehn und vierzehn. Manchmal ist es ganz schön hart. Sie wissen, was ich meine?«

Lily verglich sich mit Carol, die am Ende eines Arbeitstages noch ganz frisch und makellos aussah. Die blonden Haare saßen perfekt, ihr Kostüm wies kaum Falten auf, und ihr Lippenstift leuchtete feucht-rosa. Man konnte sich kaum vorstellen, daß irgend etwas hart für sie war, so adrett, wie sie aussah. Lily fuhr sich mit der Zunge über die ausgetrockneten Lippen. »Vielleicht war das hier ein Fehler, Carol. Man hätte Sie für diesen Posten nominieren sollen statt mich.«

Carol lächelte und schüttelte den Kopf. »Sie können ihn behalten. Übrigens, ich persönlich glaube, daß Sie die beste Abteilungsleiterin werden, die es hier je gab. Glauben Sie mir.« Sie zwinkerte Lily zu und verließ mit elastischen Schritten das Büro.

Einige Stunden später machte Lily sich auf den Weg nach Hause, unter jedem Arm eine schwere Aktenmappe. Die Sonne ging bereits unter, und es wurde kühl. Sie spürte die kalte Luft durch die dünne Seide ihres Kleides. Auf dem Weg quer über den Parkplatz zu ihrem roten Honda schaute sie auf die Uhr und stellte fest, daß sie sich beeilen mußte, um zum Sportplatz zu kommen – das Spiel hatte bereits angefangen. Sie ließ die Akten auf den Boden fallen und durchwühlte blind ihre Handtasche, in der Hoffnung, das kühle Metall des Autoschlüssels zu ertasten. Schließlich schüttete sie den gesamten Inhalt auf die Kühlerhaube; die Schlüssel fielen mit einem hellen Klimpern – zusammen mit einem Lippenstift und einer Rechnung, die sie vergessen hatte abzuschicken – zu Boden. Ein Luftstoß wirbelte die Rechnung davon, und sie lief über den Parkplatz hinter ihr her.

Als sie hinter dem Steuerrad saß, bemerkte sie den Inhalt ihrer Handtasche auf der Kühlerhaube. Trotzdem fuhr sie einfach los, so daß alles herunterfiel. Das meiste hätte sie ohnehin schon längst wegwerfen sollen. Dann aber besann sie sich, hielt an und sammelte alles wieder ein – Visitenkarten, Kassenbons, abgelaufene Parkscheine und den Zettel mit den Telefonnummern, den Richard ihr am Mittag in die Hand gedrückt hatte. Sie befühlte und glättete ihn in dem Bewußtsein, etwas zu berühren, was auch Richard schon in den Händen gehalten hatte. Sorgfältig faltete sie ihn, wie man es mit heimlichen Briefen in der Schule macht, und legte ihn in ihre Brieftasche. Etwas Neues war in ihr Leben getreten; bald würde sie nicht mehr die alte sein. Sie wußte es, sie fühlte es. Sie setzte sich ins Auto und drehte die Heizung voll auf. Draußen herrschte noch eine angenehme Wärme, aber ihr war eiskalt.

KAPITEL 5

Er lachte aufgeregt, als er sie vor ihrem Auto stehen und in ihrer Tasche nach dem Schlüssel suchen sah. Voller Aufregung klatschte er mit den Händen gegen die Scheiben. »Hier bin ich«, grölte er, »sieh mal hierher.«

»Du bist vielleicht ein Verrückter, Mann«, sagte Willie. »Wen brüllst du so an? Warum hängst du immer am Fenster rum?«

Willie las ein dünnes Taschenbuch mit dem Titel *Charly* und rollte sich auf seiner Pritsche auf die andere Seite. Jedesmal wenn der kleine Rollwagen von der Bücherei kam, nahm er sich ein neues Buch.

Der andere Gefangene drehte sich um und sah ihn an. Sein Gesicht war regungslos, die Augen glasig, keine Spur von Erregung mehr. »Weil ich aus diesem Scheißloch rauskomme. Das da draußen ist meine Braut. Sie kommt mich jeden Tag besuchen.«

Willie richtete sich auf, schlüpfte in die schwarzen Schuhe, Größe 48, auf dem Linoleumfußboden und lehnte sich, die Arme auf die Oberschenkel gestützt, nach vorne. »Das ist nicht deine Braut. Ich hab gesehen, wen du immer anstarrst. Die schreit um Hilfe, noch bevor du den Mund aufmachen kannst. Hörst du zu, wenn ich mit dir rede?«

»Du bist ja nur ein Scheißkiller, Mann. Dein schwarzer Arsch bleibt im Knast sitzen, und ich komme raus und kann ficken. Mich lassen sie raus. Du kommst nie mehr raus.«

Der große Mann stand auf und ging mit schweren Schritten auf das Fenster und seinen Mitgefangenen zu und drängte ihn in die Ecke. Dann drehte er sich um, öffnete den Hosenschlitz und urinierte in die offene Kloschüssel. »Du wirst wiederkommen, Junge, dich sperren sie wieder ein. Reiz mich nur nicht zu sehr.« Er drehte sich um und warf einen bedrohlichen Blick auf ihn.

In diesem Moment öffneten sich mit einem Summen und einem metallischen Klicken die Türen der im Viereck angeordneten Zellen. Willie ging hinüber in den Aufenthaltsraum. Der Latino blieb in seiner Ecke sitzen, er hatte Angst, sich zu bewegen. Das Klappern der Tabletts auf den Stahltischen und der Geruch des Mittagessens drangen in seine Zelle, aber er ging nicht hinaus. Er kroch auf seine Pritsche oben auf dem Etagenbett, drehte sich mit dem Gesicht zur Wand und dachte an sie. Es war ihre Schuld. Je mehr er an sie dachte, desto wütender wurde er, und desto weniger Angst hatte er vor Willie. Als er ihr heute morgen zusah, war ihm etwas eingefallen, und er meinte zu wissen, wann und wo er sie schon einmal gesehen hatte. Einen Moment lang hatte er geglaubt, sie sei eine Richterin, die ihn früher einmal verurteilt hatte. Es gab ja eine Menge Richterinnen heutzutage. Das waren die schlimmsten, mit Abstand die allerschlimmsten. Alle Insassen waren da einer Meinung. Wenn eine Richterin einen verknackte, war das so, als ob die eigene Mutter einen bestrafte. Und sie alle haßten Männer. Das wußte jeder. Keine Frau, die normal war, wollte sich ein langes schwarzes Gewand anziehen und immer mit Kriminellen zusammensein. Im Grunde genommen waren Frauen Huren. Sie ließen ihre Titten heraushängen und trugen ihre Röcke so, daß die Männer ihnen zwischen die Beine sehen konnten; und dann fingen sie an zu schreien, wenn die Männer sie ansahen und sie ficken wollten, als ob es eine riesige Überraschung wäre. Frauen waren hirnlose Huren und machten die Männer an.

Latinos wußten, wie sie ihre Frauen zu behandeln hatten.

Sie gestatteten es nicht, daß eine Zicke sie herumkommandierte. Bei den Latinos war der Mann der Boß. Sie taten, was sie verdammt noch mal wollten, und wenn ihnen die Lady nicht mehr gefiel, dann besorgten sie sich einfach eine neue.

Er wurde ihr Gesicht nicht wieder los.

Vielleicht war sie Anwältin, überlegte er. Vielleicht eine der Pflichtverteidigerinnen, die man ihm früher zugeteilt hatte. Aber er war nie von einer Frau verteidigt worden. Er hätte es niemals zugelassen, daß eine Frau seinen Fall übernahm und ihn ins Gefängnis verfrachtete. Dann fiel ihm ein, wer sie war.

Sie war Bezirksstaatsanwältin.

Zum ersten Mal hatte er sie gesehen, als sie ihn zu früh in den Gerichtssaal brachten und er auf seine Verhandlung warten mußte. Er war von ihren Sommersprossen und ihren Beinen fasziniert. Sie hatte lange Beine, gute Beine – solche, die er sich sehr gut unter sich vorstellen konnte. Sie waren bestimmt rasiert, und ihre Haut würde sich wie Seide anfühlen.

Er sprang auf und ging wieder ans Fenster. Er wollte ihr Auto sehen und sie sich in Erinnerung rufen. Manchmal ging sie in der Mittagspause an ihr Auto. Sie haßte Latinos. An jenem Tag im Gerichtssaal war der Angeklagte ein Latino gewesen, Mitglied einer rivalisierenden Bande in Oxnard, den er von der Straße her kannte. Sie nannte den Mann ein Tier und erzählte dem Gericht, daß die Banden wie die Pest waren und die Stadt beherrschten. Was wußte sie schon? In seinem Viertel beschützte die Polizei niemanden. Nur als Mitglied einer Bande konnte man überhaupt überleben. Wahrscheinlich wohnte sie in einem schicken Haus in einem schicken Viertel. Wahrscheinlich stellte sie ihr kleines rotes Auto in der eigenen Garage ab und hatte es noch nie erlebt, daß man ihr die Fenster eingeworfen und das Radio geklaut hatte. Aus seinem Auto hatten sie einmal sogar die Sitze gestohlen. Er war morgens aus dem Haus gekommen, um zur Arbeit zu fahren, und sein Auto stand am Straßenrand wie eine leere Sardinenbüchse; alles, was nur den geringsten Wert hatte, war ausgeräumt und abmontiert worden. Sie hatte doch keine Ahnung.

Er würde sie ficken und sie betteln lassen. Er würde ihr beibringen, was es bedeutete, Angst zu haben. Dann wüßte sie es.

Und wenn er mit ihr dann fertig war, würde er den Typen suchen, den sie angeklagt hatte. »Ich hab sie gefickt, Mann«, würde er zu dem sagen. »Ich hab die rothaarige Hure gefickt, die dich damals in den Knast geschickt hat.« Er lachte. »Du stehst in meiner Schuld, Mann«, würde er sagen, »ich hab sie für dich gefickt.«

Sie würde betteln, sie würde ihn anflehen. Er fühlte sich stark bei diesem Gedanken. Vor Willie brauchte er sich nicht zu fürchten, beschloß er. Er ging hinaus und holte sich sein Essen; das Metalltablett klirrte auf dem Metalltisch.

»Was ist das für 'n Scheiß, Mann?« sagte er zu dem Mann, der neben ihm saß.

»Hundescheiße. Unten in der Küche, da haben sie einen großen schwarzen Hund, einen Dobermann oder so, der soll uns unser Essen scheißen. So sparen die Steuerzahler 'ne Menge Kohle.«

»Verstehe.« Er stocherte in seinem Essen herum. Fast konnte er die Hundescheiße riechen. Der andere Knacki hatte lange strähnige Haare, die ihm bis auf die Schultern fielen, und er war über und über mit Tätowierungen bedeckt. Offensichtlich ein Motorradfreak. Auf seinem Bizeps bewegte sich eine Harley-Davidson-Tätowierung. Der Latino blickte zu ihm hinüber und bemerkte plötzlich, daß der Mann so entsetzlich stank, nicht das Essen. Er griff zur Gabel und fing an, im Essen herumzustochern. »Du stinkst, Mann. Der Hund hat wohl auf dich geschissen.«

Der Mann sprang auf und wollte den Tisch umwerfen. Irgendwie sah er dabei ziemlich dumm aus, denn der Tisch war am Fußboden festgeschraubt. Er griff sich einen Teller und warf ihn wie eine Frisbee-Scheibe in die Luft, wobei er den Kopf nach hinten riß und schallend lachte. Plötzlich aber fing er an zu knurren und packte den Latino am Kragen. Mit nur einer Hand hob er ihn in die Höhe.

»Laß mich runter, verdammt noch mal, du stinkendes Stück Hundescheiße«, kreischte der Junge. Sein Magen zog sich vor Angst und Scham zusammen. Die anderen Männer lachten und scharten sich um sie, um das Handgemenge vor der Fernsehkamera im Raum abzuschirmen.

»Seht mal, was wir hier haben«, sagte der Motorradfreak. Mit beiden Händen hielt er den Latino am Hemd fest und schwang ihn von einer Seite zur anderen, so daß seine Beine in der Luft baumelten. »Scheint eine Oxnard-Ratte zu sein. Was wir brauchen, ist ein kleiner Sombrero. Dieser Arschficker hier ist so klein, da könnten wir glatt einen von diesen kleinen Hüten gebrauchen, die man mit Cocktails serviert; den könnten wir ihm dann auf seine pomadige Birne setzen.«

Jetzt lachten alle; sie grölten und johlten und schlugen sich auf die Schenkel. Ein kleiner, älterer Mann mit einem ordentlichen Haarschnitt streckte plötzlich seine Hand aus und kniff ihm mit einem verschlagenen Grinsen in die Eier. Er versuchte vergeblich, nach dem Mann zu treten. Der Schweiß brach ihm aus allen Poren, durchweichte sein Hemd und tropfte auf den gekachelten Boden. Als die Alarmglocke schrillte, ließ der Mann ihn sofort zu Boden fallen. Hastig wollte er sich aufrichten, als aus der Menge der Beine um ihn herum ein schwarzer Schuh hervorschoß und ihn in die Brust trat. Er fiel zurück und rang nach Atem.

Aus dem Lautsprecher kam eine verzerrte Stimme: »Alle Insassen zurück in die Zellen. Ich wiederhole: alle Insassen zurück in die Zellen.«

Plötzlich war es still. Völlig benommen lag er in der Mitte des Raumes auf dem Rücken. Er sah Willie auf sich zukommen. Der große schwarze Mann beugte sich zu ihm herab und streckte die Hand nach ihm aus. »Verpiß dich bloß, Mann«, ächzte er mit schwacher Stimme. Hinter dem Gitter stand ein Wärter und starrte ihn durch die Stäbe hindurch an.

»Bist du verletzt?« fragte der Wärter.

Er antwortete nicht. Es war alles ihre Schuld. Müde und zornig erhob er sich. In seiner Brust pochte ein dumpfer Schmerz, dort, wo der Mann ihn getreten hatte. Aus einer der Zellen starrte ihn der schmierige kleine Kerl an, der seine Eier befummelt hatte, und zwinkerte ihm zu. Der Motorradfreak trat hinter den kleinen Mann und legte einen Arm um dessen dünne Schultern. Sie grinsten ihm beide zu. Der Motorradfreak hatte gelbe, brüchige Zähne. Der kleine Mann war die Braut des Motorradfreaks. Von Willie wußte er, daß die beiden sich in San Quentin kennengelernt hatten. Nach ihrer Entlassung hatten sie einen gemeinsamen Haushalt gegründet und als Mann und Frau zusammengelebt. Nachdem der Große gegen die Auflagen seiner Bewährungsfrist verstoßen hatte und wieder einsitzen mußte, raubte der kleine Mann eine Bank aus, um auch in den Knast zu kommen. Wie sie in dieselbe Zelle gekommen waren, wußte er nicht. Offensichtlich hatten sie einen der Wärter bestochen. Weil er kein Geld hatte, mußte er dagegen die Zelle mit einem Schwarzen statt mit einem Jungen aus seinem Revier teilen. Er klaute nicht, zumindest nicht regelmäßig, das war nicht sein Stil. Klauen war unehrlich. Er haßte Diebe. Sie waren der wirkliche Abschaum, das Allerletzte. Denn klauen konnte jeder.

Der Motorradfreak stank wahrscheinlich, weil er Aids hatte, dachte er. Leute mit Aids stanken immer. Das kam, weil sie soviel scheißen mußten, und manchmal gab es in den Zellen kein Klopapier. Im Knast konnte man nicht einmal geheimhalten, wie oft man scheißen mußte.

Als er an ihrer Zelle vorbeiging, konnte er sich kaum beherrschen. »Dich schlitze ich auf, Mann«, stieß er hervor, »eines Tages werde ich euch beide aufschlitzen wie reife Tomaten. Dann schneide ich eure Arschlöcher raus und geb sie meiner Katze zu fressen, Mann.«

Die beiden Männer lachten. Alle Männer in ihren Zellen lachten und schlugen mit ihren Blechtassen gegen die Gitter. Sie lachten ihn aus. Sie machten sich über ihn lustig. Von nun an würden sie sich unerbittlich über ihn hermachen. Wenn er nicht jemanden umbrachte und es riskierte, lebenslänglich in den Knast zu wandern, hatte er von nun an bis zu seiner Entlassung nichts mehr zu lachen.

Aber sie würden ihn auf jeden Fall entlassen, es war nur eine Frage der Zeit.

Sie war schuld daran, daß er zu spät zum Essen gekommen war, dachte er. Er hatte einen bitteren Geschmack auf der Zunge, als hätte er mit einer rostigen Gabel gegessen. Hätte er sich nicht verspätet, dann wäre das alles nicht passiert, dann hätte er den Motorradfreak nicht so angemacht. Die anderen Insassen kannten ihn nicht. Sie wußten nicht, wozu er fähig war, was er getan hatte und was er noch tun würde.

Aber sie wird es erfahren. Schon bald, dachte er auf dem Weg in seine Zelle. Sie wird es bald erfahren. Er stand da, sein Körper starr vor Wut, und stierte mit leerem Blick zurück in den Aufenthaltsraum, während er darauf wartete, daß die elektronisch gesteuerte Tür mit hartem Klang hinter ihm zufiel. Er würde sie demütigen, würde ihr das Weinen beibringen. Vor seinem geistigen Auge sah er Tränen, so rot wie Blut, die über ihre Wangen liefen. Sie strömten über ihre Sommersprossen und färbten ihr Gesicht hellrot. Das Bild, das er vor sich sah, erinnerte ihn an die Jungfrau Maria – an eines dieser Wunder, über das die Menschen pausenlos sprachen, wenn eine Statue weinte und die Menschen aus aller Welt herbeiströmten, daß das Wunder auch ihnen helfen könnte und sie von ihren Krankheiten heilen würde. Er kicherte glucksend, und seine Schultern zuckten. Ein Wunder. Sie würde um ein Wunder beten, verdammt noch mal, dachte er und fühlte sich besser. Wenn er mit ihr fertig war, könnten die Leute kommen, sie ansehen und Bilder von ihr machen. Vielleicht würden sie ihr Bild auf die erste Seite der Zeitung setzen. Dann würden die Leute ihn kennen und fürchten, dann würden sie ihm den Respekt zeigen, den er verdient hatte. Dann wüßten sie alle, wozu er wirklich fähig war.

Die Zellen wurden für die Nacht verriegelt. Auf der Pritsche unter ihm lag Willie, der ihm zuflüsterte: »Ich hab deinen Rücken gesehen, Junge. Als du dein Hemd ausgezogen hast, da hab ich's gesehen. Du bist geschlagen worden. Und du weinst. Nachts weinst du.«

Er hielt sich die Ohren zu. Lügen ... nichts als Lügen. Er war es nicht, der weinte, die andern waren es.

»Du brauchst keine Angst zu haben. Ich tu dir nichts, hörst du? Ich bin in Alabama aufgewachsen, weißt du, und mein Vater ist ausgepeitscht worden. Ich tu keinem etwas, der ausgepeitscht worden ist. Der hat schon genug gelitten.«

Er schmeckte das Salz seiner heimlichen Tränen, und seine Finger umklammerten das Kreuz, das an seinem Hals baumelte. Rigoros löschte er aus seiner Erinnerung, was Willie gerade gesagt hatte. Er schloß die Augen und träumte, er würde auf einem schäumenden Meer aus purpurfarbenem Blut schwimmen. Es brannte in seinen Augen. Er versuchte, oben zu bleiben, da merkte er, daß sich das Blut in Millionen von Polypen verwandelt hatte. Ihre Arme legten sich um seinen Hals und drückten ihm die Luft ab. Sie würgten ihn, bis ihm die Augen aus dem Kopf sprangen und sofort in dem Wirrwarr der Polypenarme untergingen. Wie Seile schnitten sie sich in sein Fleisch ein.

Er ertrank in einer tosenden, wirbelnden Menge von rotem Haar.

KAPITEL 6

Lilys Absätze sanken in dem weichen Sand ein, als sie über die Gemeindesportanlage ging. Sie stellte sich hinter den Schutzzaun an der *home base*. Shana war gerade mit dem Werfen an der Reihe und blickte kurz auf sie, als sie mit dem rechten Arm ausholte. Auf der Tribüne standen die Eltern der übrigen Kinder. Sie trugen daunengefütterte Jacken und tranken dampfenden Kaffee aus Styroporbechern. Lily schlang die Arme um ihren fröstelnden Körper.

Ihre Tochter besaß eine enorme Ausstrahlung. Anders ließ sich ihre Beliebtheit in der Schule nicht erklären. Sie war ein wahres Energiebündel, dazu schön und klug; mit einem Wort: Sie war in Lilys Augen das liebenswerteste Kind dieser Erde. Und sie war Lilys Lebensinhalt gewesen. Bis vor einigen Jahren hatte sich für Lily alles um Shana gedreht, und sie hatte dem Kind auch ihre beruflichen Pläne untergeordnet. Ihre Tochter erschien ihr als der lebende Beweis dafür, daß es gute Menschen auf der Welt gab, wahrhaft gute Menschen. Mit ihr lernte Lily wieder, wie man lächelt, wie man lacht und Freudentränen weint. Aber jetzt zog sie sich von ihr zurück, wurde langsam erwachsen und entwickelte sich zur Frau. Jetzt brauchte sie Lily nicht mehr. Sie hatte ihren Vater, der sie umsorgte. Früher war Lily immer Johns Baby gewesen, aber jetzt war Shana der Mittelpunkt für ihn.

Die Schwierigkeiten mit Shana hatten nicht nur mit ihrer beginnenden Pubertät zu tun. John hetzte ihre eigene Tochter gegen sie auf, und Lily konnte die Gründe dafür nicht verstehen. Lag es daran, daß sie ihm gesagt hatte, sie wolle Richterin werden? John hatte immer davon geträumt, daß sie sich als erfolgreiche Privatanwältin niederlassen und dann »haufenweise Kohle« machen würde; er wollte sich dann früher pensionieren lassen und sich ausschließlich um ihr Vermögen kümmern. Ein Richterstuhl brachte zwar Prestige, aber das Gehalt lag nur unerheblich über dem, was sie jetzt verdiente. John verstand sie nicht. Er hielt sie für dumm und beschuldigte sie, den Posten nur aus Machtgier anzustreben, um ihr kümmerliches Selbstbewußtsein zu stärken.

Shana war erst ein paar Monate alt gewesen, als Lily beschlossen hatte, Jura zu studieren – eine weitreichende Entscheidung. Damals arbeitete sie in der Aufnahme des Ortskrankenhauses und John in einer Arbeitsvermittlungsagentur. Sein Einkommen schwankte von Monat zu Monat, und das Geld reichte nur, wenn sie mitverdiente. John ermutigte sie zum Studium und sprach unablässig von dem Geld, das sie später verdienen könnte, und daß sie nie wieder knapp bei Kasse sein würden. »Du studierst Jura«, sagte er, »und ich mache meine eigene Arbeitsvermittlung auf. Dann sind wir fein raus.« Lily übernahm im Krankenhaus die Spätschicht und besuchte tagsüber ihre Kurse. Sie überließ das Kind nur während der Vorlesungen einem Babysitter, den Rest der Zeit trug sie Shana mit sich herum und unterhielt sich ständig mit ihr, wie mit einer Erwachsenen.

Noch heute konnte sie genau die Minute angeben, in der Shana ihr erstes Wort über die Lippen gebracht hatte. Es war nichts Besonderes, sie sagte nur »dada«, wie alle anderen Kinder auch, aber dann fing sie an zu plappern wie ein Wasserfall. All die Wörter, die Lily im Laufe der Zeit ihr gegenüber benutzt hatte, schien sie jetzt auf wunderbare Weise wieder hervorzubringen. Je mehr das Kind sprach, desto mehr sprach Lily mit ihm. Am Ende kannte Shana alle möglichen juristischen Begriffe, die sie bei jeder passenden und unpassenden

Gelegenheit in die Unterhaltung einstreute, was alle zum Schreien komisch fanden.

Lily schlug ihr Kind nie. Sie las alle Bücher über Kindererziehung, die sie auftreiben konnte, und nahm sie alle ernst. »Kinder schlägt man nicht«, sagte sie zu Shana, »dazu sind sie nicht auf die Welt gekommen.«

Obwohl Lily mit wenig Schlaf auskommen mußte – sie legte sich hin, wenn Shana schlief, und nickte manchmal bei der Arbeit ein – und ständig übermüdet war, fühlte sie sich glücklich. Sie hatte keine Zeit, sich über ihre Ehe Gedanken zu machen. In ihrem vollgestopften Stundenplan blieb nur wenig Zeit für ihren Mann, und er schien das nicht zu bemerken. Als Shana in die Schule kam, nahm Lily eine Stelle im Büro des Bezirksstaatsanwalts an. Jeden Morgen schmierte sie für Shana ein Pausenbrot und brachte sie zur Schule; dann ging sie zur Arbeit. Shana war bei ihren Klassenkameraden beliebt. Sie war freigebig, brachte Kinder und Erwachsene gern zum Lachen und war mit ihren roten Haaren und den Sommersprossen eine richtige Pippi Langstrumpf.

Shana schien sich vor niemandem zu fürchten, und sie konnte eine große Hartnäckigkeit entwickeln, wenn sie sich etwas in den Kopf gesetzt hatte. Lily sah das gerne; sie wollte, daß Shana sich durchsetzen konnte im Leben. Sie hatte ihr nicht nur beigebracht, zu teilen und anderen gegenüber freundlich zu sein, sondern sie auch gelehrt, sich stark und tapfer zu verhalten. »Wenn ich nicht zu Hause bin«, pflegte sie ihr zu sagen, »oder wenn Daddy nicht zu Hause ist oder wenn etwas Schlimmes passiert, dann mußt du so tun, als seist du schon erwachsen; du mußt einfach daran glauben, daß du es tun kannst, dann kannst du es auch.« Shana blinzelte immer und lächelte, wenn Lily ihr diese Ansprache hielt. Sie suchte Gelegenheiten, wo sie ihrer Mutter beweisen konnte, wie tapfer sie war; sie wußte, daß Lily dann voller Anerkennung lächeln würde. Lily ermutigte sie, auf Bäume zu klettern und Baseball zu spielen; sie tötete Spinnen, statt bei ihrem Anblick zu schreien, und einmal hatte sie den Nachbarhund auf die Nase geboxt, als der sie anknurrte. Dann war sie so schnell wie möglich ins Haus gerannt und Lily in die Arme gesprungen; der Stolz stand ihr ins Gesicht geschrieben. Für John und Lily war sie ein Goldkind, ein Zauberkind.

Im Laufe der Jahre aber, als Shana sich ihres Zaubers bewußt wurde, lernte sie, ihn als Machtmittel einzusetzen. Sie sonnte sich im Licht dieser Macht, während ihre Getreuen die Hausaufgaben für sie machten, ihr Geld schenkten oder ihr ihre neuen Kleider überließen, noch bevor sie selbst sie getragen hatten. Diese Veränderung war Lily vor einigen Jahren aufgefallen, ebenso wie die Tatsache, daß Johns Einfluß auf das Kind immer stärker wurde. Shana gab zu Hause freche Antworten und bekam regelrechte Wutanfälle. Lily weigerte sich, dieses Verhalten hinzunehmen, aber John ließ es durchgehen und gestattete Shana, ihn herumzukommandieren wie ein kleines Kind. Die Kluft zwischen Lily und John wurde größer.

Was immer Lily an erzieherischen oder psychologischen Hilfsmitteln versuchte, um wieder Zugang zu ihrer Tochter zu finden, versagte. Schließlich setzte sie sich mit Shana hin, um offen über ihr Verhalten zu reden.

»Du verstehst mich nicht«, hatte Shana erklärt. »Den ganzen Tag muß ich lächeln und freundlich sein. Manchmal kann ich mich nicht länger beherrschen, wenn ich nach Hause komme.«

Sie mußte ihre Position als das beliebteste Mädchen in der Schule verteidigen. Manchmal waren Mitschülerinnen neidisch auf sie und verleumdeten sie hinter ihrem Rücken. Wie eine Politikerin, die sich ständig um ihre Wiederwahl sorgte, mußte sie ihre Position festigen, sich ihrer Beliebtheit versichern und dafür sorgen, daß ihre Anhänger auch weiterhin auf ihrer Seite waren. Einmal schlug ihr ein Mädchen nach der Schule ins Gesicht. Shana revanchierte sich und wurde bestraft. Lily redete ihr zu, sich nicht provozieren zu lassen, aber Shana konnte das nicht. Sie wollte immer und bei jeder Gelegenheit die erste sein. Sie war so hartnäckig wie ihre Mutter in dem Bemühen, die Welt unter Kontrolle zu halten.

Im letzten Monat war Shana besonders übel gelaunt nach Hause gekommen, und Lily mußte ihr erneut ins Gewissen reden: »Die meisten Menschen haben zwei oder drei Freunde, mit denen sie sich gut verstehen. Warum mußt du darauf bestehen, zehn oder fünfzehn zu haben? Warum ist es dir so wichtig, daß alle dich mögen?«

»Das verstehst du nicht«, gab Shana zurück. »So ist es ja gar nicht. Ich brauche nicht sie, sie brauchen mich.«

Lily schüttelte ungläubig den Kopf. »Das ist doch absurd. Sie brauchen dich – was meinst du damit? Meinst du, daß einer der Anführer sein muß? Und wenn du die Rolle nicht übernimmst, dann tut es jemand anders?«

»Ja, das meine ich«, sagte Shana. »Das ist doch so, Mom, ich rauche nicht und höre nicht ständig Death Rock, und bei den Jungen bin ich auch nicht zu allem bereit. Ich habe gute Zensuren – also ziemlich gute wenigstens –, und ich gebe den anderen Ratschläge und höre mir ihre Probleme an. Manchmal gibt es Kämpfe unter den Mädchen, und dann versuche ich zu schlichten und sorge dafür, daß sie sich wieder vertragen.«

Das war's also, dachte Lily. Es schienen genau dieselben Gründe zu sein, warum sie Bezirksstaatsanwältin war und Richterin werden wollte. Seit sie die häßlichen Monster ihrer Kindheit begraben hatte, hatte sie die Zügel in die Hand genommen und ihrer Tochter beigebracht, dasselbe zu tun.

Ein dunkelblondes Mädchen schwang den Schläger und traf den Ball; die Eltern auf der Tribüne feuerten sie lauthals an, als sie die kurze Strecke zur ersten Base zurücklegte. Auch die nächste Spielerin traf den Ball, erreichte aber das Mal nicht rechtzeitig. Das Spiel war aus, Shanas Team hatte gewonnen.

Die Mädchen liefen zum Unterstand; die meisten drängelten sich um Shana. Das Ritual nach dem Spiel hatte sich seit dem letztem Jahr geändert: Statt sich auf die bereitstehenden Kekse und Limonade zu stürzen, griffen die Mädchen nach ihren Handtaschen und holten ihre Haarbürsten und Lippenstifte heraus.

John bahnte sich einen Weg in die Gruppe, legte beide Hände um Shanas Taille und hob sie in die Luft. »Ich bin so stolz auf dich«, sagte er. Sie sahen Lily, die ein paar Meter weiter stand, und lächelten. Es war ein abweisendes Lächeln. Lily wußte, daß sie ihre Nähe zueinander zur Schau stellen und ihr zeigen wollten, daß dies ein Moment war, der nur ihnen gehörte und den sie nicht zu teilen gedachten. John stellte Shana wieder auf die Füße und legte seinen Arm um ihre Schultern, wobei er Lily direkt in die Augen blickte. Er zog Shana zu sich heran und ging mit ihr den kurzen Weg zum Unterstand. Dabei blickte er über seine Schulter zurück, um zu sehen, ob Lily noch zuschaute. Die anderen Mädchen drängten sich um John und Shana. Lily zuckte innerlich zusammen. Die beiden sahen nicht mehr zu ihr her.

Ein paar Minuten später kam John auf sie zu und bückte sich auf dem Weg ein paarmal, um einige Schläger aufzuheben. Die ins Gesicht gezogene Baseballmütze verstärkte die Falten auf seiner Stirn. Er war siebenundvierzig Jahre alt und damit elf Jahre älter als seine Frau. Obwohl sein Haar so dünn geworden war, daß die Kopfhaut durchschimmerte, war er ein attraktiver Mann geblieben, mit seinem gebräunten, kantigen Gesicht, seiner sonoren Stimme und seinem offenen Lächeln. Aber jetzt war alles Angenehme aus seinem Gesicht verschwunden; und verschwunden war auch der bewundernde Blick, den er seiner Tochter gerade noch geschenkt hatte.

»Hast du es also geschafft«, bemerkte er ausdruckslos und schob seine Mütze in den Nacken. »Konntest du dich tatsächlich loseisen, um die letzten fünf Minuten des Spiels mitzukriegen? Bist du sicher, daß du im Büro nichts verpaßt? Ich meine, wir wollen doch nicht deine Ambitionen durchkreuzen, Richterin zu werden.«

»Hör auf damit«, sagte sie und blickte um sich, ob jemand in Hörweite war. »Ich nehme Shana in meinem Wagen mit.« Sie wandte sich ab und stapfte durch den sandigen Boden zum Unterstand.

Shanas Gesicht war vor Aufregung gerötet. Sie überragte die anderen Mädchen fast um Haupteslänge. Ihr rotes Haar war zu einem Pferdeschwanz gebunden, den sie durch das Loch in ihrer Baseballmütze gezogen hatte. Lily studierte für einen Moment ihre straffen Gesichtszüge, die hohen, ausgeprägten Backenknochen, die tiefblauen Augen. Mit dem entsprechenden Make-up und einem professionellen Fotografen konnte sich Lily das Gesicht ihrer Tochter auch auf dem Titelbild von *Cosmopolitan* vorstellen. Ein Mädchen folgte ihr, als sie sich mit Shana von der Gruppe löste und auf das Auto zuging. »Ruf mich in einer halben Stunde an«, sagte Shana. Sobald sie zu Hause waren, würde ihr Telefon eine Stunde lang besetzt sein, weil jedes Mädchen zu einer zuvor festgelegten Zeit anrufen würde.

»Ach, das ist meine Mutter. Mom, das ist Sally.«

Sally stand mit offenem Mund da. »Ihr seht euch ja total ähnlich. Ich kann es kaum fassen.«

Shana setzte sich ins Auto und warf ihrer Mutter einen verärgerten Blick zu. Lily war bedrückt. Früher war Shana so stolz darauf gewesen, daß sie sich ähnlich sahen, weil ihre Freundinnen immer wieder davon schwärmten, wie schön Lily sei. Lily erinnerte sich daran, wie Shana sie angesehen und gefragt hatte, ob sie auch so groß werden würde. In der letzten Woche aber hatte ihre Tochter sie angeschrien und sich beklagt, sie sei das größte Mädchen in der Klasse und sähe aus wie eine Giraffe; und niemand anderer als Lily sei letztlich daran schuld.

Lily ließ nichts unversucht. »Du warst ja toll in Form und hast großartig geworfen. Schade, daß ich vom Spiel nicht mehr gesehen habe. Ich hab mich beeilt, aber bei dem Verkehr ...« Shana wandte den Blick nicht von der Straße ab und verweigerte jede Antwort. Lily schluckte schwer. Es würde heute offensichtlich nicht leicht sein. »Wie war's in der Schule?«

»Wie immer.«

»Hast du viele Hausaufgaben auf?«

»Schon fertig.«

»Hast du Lust, am Samstag mit mir auf die Rollschuhbahn zu gehen?«

»Ich habe jeden Tag Softballtraining und gehe außerdem zum Turnen. Das ist genug sportliche Betätigung.«

»Wie wär's, wenn wir zusammen einkaufen gehen würden? Hast du dazu Lust?«

»Ich dachte, ich habe Stubenarrest.« Sie warf Lily einen weiteren feindseligen Blick zu. »Können Charlotte und Sally mitkommen?«

»Nein, ich möchte mit dir allein etwas unternehmen. Ich möchte nicht mit Charlotte und Sally zusammensein. Außerdem, wo ist das Oberteil, das du Charlotte ohne meine Erlaubnis geliehen hast?«

»Keine Angst, du kriegst dein kostbares Oberteil schon zurück. Ich hab es nur vergessen. Reg dich doch endlich ab, Mom.« Beim letzten Satz wurde ihre Stimme hoch und schrill. Dann fiel ihr etwas ein, sie drehte sich zu ihrer Mutter und sagte mit einem zuckersüßen Lächeln und einer honigmilden Stimme: »Ich brauche ein neues Kleid. Im Sportverein findet nächste Woche ein Tanz statt, und wir gehen alle hin.«

Da haben wir es, dachte Lily, und fühlte wieder den Schmerz in der Brust. Aus Verzweiflung hatte sie in letzter Zeit etwas getan, was sie eigentlich verabscheute: Sie hatte Shana ab und zu etwas gekauft, nur um mit einem Lächeln von ihr bedacht zu werden. Dabei wußte sie natürlich, daß sie die Zuneigung ihres Kindes nicht kaufen konnte, aber sie wußte auch, daß sie als Mutter einfach nicht mehr konsequent genug war. An einem Tag versuchte sie ihre alten Erziehungsgrundsätze durchzusetzen, am nächsten Tag handelte sie gegen all ihre Überzeugungen. Um mit John konkurrieren zu können, mußte sie sich auf ein neues Spiel einlassen, sein Spiel. Es bestand darin, Shana alles zu geben, was sie haben wollte. »Ich hab dir erst vor zwei Wochen alle möglichen Sachen mitgebracht, Shana. Kannst du nicht davon etwas tragen?«

»Mom ... Ich hab die Sachen doch schon in der Schule angehabt. Die will ich doch nicht zum Tanzen anziehen.«

»Na, wir werden sehen«, sagte sie, um Zeit zu gewinnen und die Wogen zu glätten.

Shana starrte aus dem Seitenfenster.

»Was gibt's sonst noch Neues? Irgendwelchen Klatsch?«

»Ich hab zum ersten Mal meine Tage.«

Lily spürte ihr Herz schlagen, und sie konnte ihre Aufregung kaum verbergen. Shana verdrehte die Augen; sie konnte Lilys Anteilnahme kaum begreifen. Hier war etwas genuin Weibliches, das nur sie beide anging, etwas, das sie teilen konnten. Jetzt konnten sie nach Hause gehen, dachte Lily, sich im Schlafzimmer einschließen und darüber reden, so wie sie früher über alles geredet hatten. »Ich wußte, daß es bald soweit ist. Hab ich dir nicht erzählt, daß es bei mir auch angefangen hat, als ich so alt war wie du? Deswegen warst du also so aufsässig und launisch, so war ich auch immer. Aber das ist ganz normal. Jetzt bist du eine richtige Frau. Wie fühlst du dich? Hast du Krämpfe? Wir halten an einem Drogeriemarkt. Was hast du denn jetzt an?« Lily wußte, daß sie wie aufgezogen sprach, aber das war ihr egal. Das hier könnte ein neuer Anfang für sie sein.

»Dad hat mir heute schon Binden gekauft.«

Lilys Handknöchel wurden weiß. Sie nahm den Fuß vom Gaspedal, so daß der Wagen auf der belebten Straße abrupt stehenblieb. Die Autos hinter ihnen begannen zu hupen. Sie drehte sich zu ihrer Tochter um. »Du hättest mich im Büro anrufen können, um es mir zu erzählen. Warum hast du das nicht getan? Warum schließt du mich aus deinem Leben aus?« Wie ein Masochist suchte sie den Schmerz.

»Dad meinte, du hättest zuviel zu tun, und ich sollte dich nicht stören.«

Der Satz: »Dad hat mir heute schon Binden gekauft« klang ihr noch in den Ohren, und jetzt kam noch dieser hinzu: »Dad meinte, du hättest zuviel zu tun.« Das war zuviel; die Tatsache, daß ihre Tochter diesen einzigartigen Moment im Leben einer Frau nicht mit ihr teilen wollte, sondern lieber zu ihrem Vater ging, ohne daß es ihr peinlich war, ging über ihre Kraft. Sie fuhren schweigend nach Hause.

John kam kurz nach Lily und Shana zu Hause an. Sie wohnten in einer zwanzig Jahre alten Ranch im ehemaligen Bauerndorf Camarillo, zwanzig Minuten von Ventura entfernt. John holte für sich und Shana je eine Schüssel Eis und brachte Shana ihre Schale in ihr Zimmer; sie telefonierte bei geschlossener Zimmertür. Er ging hinein, reichte ihr das Eis und wollte wieder hinausgehen. Shana faßte nach seinem Hemd und zog zärtlich daran, hörte aber nicht auf, ins Telefon zu sprechen. Schließlich beugte er sich zu ihr hinunter. Sie gab ihm einen Kuß auf den Mund und setzte das Gespräch unverzüglich fort. Er lächelte und kam ins Wohnzimmer, um sein Eis vor dem Fernseher zu essen. Lily stand im Flur. Sie machte John Platz, als er vorbeikam, und starrte ihn wütend an. Dann ging sie ins Bad, um zu duschen. Das gemeinsame Eisessen war fast ein Ritual nach den Spielen, und John hatte sie noch nie gefragt, ob sie auch ein Eis haben wollte.

In ihrer Straßenkleidung stand sie im Bad und starrte in den Spiegel. Sie war ein unerwünschter Eindringling – eine Ausgestoßene in ihrem eigenen Haus. Dabei konnten sie sich das Haus ohne ihr Einkommen gar nicht leisten, ohne all die langen Abende und die schwere Arbeit und den Streß, der Spuren auf ihrem Gesicht hinterlassen hatte. Währenddessen saß

John seine Zeit im Büro ab und wollte ansonsten nur seinen Gehaltsscheck einlösen, zum Softballtraining gehen, fernsehen und auf den Tag warten, an dem er in der Lotterie gewinnen würde. Wenn sie überhaupt noch miteinander sprachen, was selten genug vorkam, dann erzählte er von Raumschiffen, Außerirdischen und dem Leben nach dem Tode – was er im wirklichen Leben nicht erlebte, mußte er in seiner Phantasie nachholen.

Sie ging ins Wohnzimmer und sah ihn auf dem Sofa sitzen. »Können wir den Fernseher mal ausmachen? Ich möchte mit dir reden.«

Er sprang auf. »Beinah hätte ich's vergessen. Shana hat ihre Periode, die Ärmste, und ich habe versprochen, ihr ein Aspirin zu bringen.« Er ging an den Küchenschrank.

Lily nahm die zwei Tabletten aus seiner Hand und fuhr ihn scharf an: »Ich bringe sie ihr. Danach treffen wir uns im Garten. Ich möchte mit dir reden.« Im Garten konnte Shana sie nicht hören. Wenigstens in diesem einen Punkt waren sie sich einig: kein Streit in Gegenwart ihrer Tochter.

Sie öffnete die Tür zu Shanas Zimmer. Shana saß in einer Ecke auf dem Boden und war immer noch am Telefonieren. Auf dem Bett lag so viel Krempel, daß kein Platz zum Sitzen blieb. »Hör jetzt bitte auf zu telefonieren und geh schlafen. Sonst kommst du morgen früh wieder nicht aus dem Bett.«

Sie legte den Hörer auf den Boden und kam auf Lily zu. »Ich bin gleich fertig.«

»Ich hab dir die Tabletten gegen die Schmerzen gebracht.«

»Hast du auch ein Glas Wasser dabei?«

»Das Badezimmer ist eine Tür weiter, Shana. Schau, es ist immer noch an derselben Stelle.«

»*Dad, bring mir ein Glas Wasser*«, rief sie.

»Bin schon unterwegs, mein Schatz«, antwortete er und eilte herbei.

Lily ging aus dem Zimmer und blieb im Flur stehen. Sie hörte die beiden über das Spiel diskutieren; John lobte Shanas

Würfe überschwenglich. Sie wußte, daß Shana auf Zehenspitzen die Arme um seinen Hals gelegt hatte und ihn zärtlich auf die Wange küßte, wie sie es jeden Abend machte. Er kam heraus und sah seine Frau mit verschränkten Armen im Flur stehen. Er ließ sie vorausgehen und folgte ihr in den Garten.

John ließ sich auf der Hollywood-Schaukel nieder, und Lily setzte sich auf einen Gartenstuhl mit Nylonsitz ihm gegenüber. Es war dunkel; die erleuchteten Fenster des Nebenhauses warfen einen nur leichten Schein, von weit her war ein Fernseher zu hören.

»Wo warst du gestern abend?« fragte er.

»Ich hatte noch eine Besprechung. Ich hatte Shana gebeten, dir das auszurichten, aber wahrscheinlich bist du gar nicht mehr aufgewacht.« Lily war froh, daß es dunkel war, so daß er ihr Gesicht nicht sehen konnte. Sie hatte noch nie gut lügen können. Er hatte ihr einmal verraten, daß ihre Nüstern sich blähten, wenn sie log.

»Ich habe dich gesehen.« In seiner Stimme schwang Verärgerung und Trauer.

Lily massierte sich in der feuchten Abendluft die Arme, seine Worte hallten in ihr wider. Sie lachte nervös. Wovon redete er? Er konnte doch nicht tatsächlich meinen, was sie vermutete. »Wirklich?« antwortete sie. »Was hast du denn gesehen?«

Er schwieg. Dann wiederholte er: »Ich habe dich gesehen.«

»Hör zu, John, laß diese Spielchen. Wovon redest du?«

»Ich möchte, daß du auszieht.« Er stand auf. Seine Stimme klang hart, bitter und selbstgerecht; es war die Stimme eines Mannes, der keine Spielchen mehr spielte. »Hast du gehört? Ich will, daß du bis morgen aus diesem Haus verschwindest.«

Er stand vor Lily, und sie sah zu ihm auf. Sie beobachtete das glimmende Ende seiner Zigarette und den dunklen Umriß seines Arms in Bewegung, als er die Kippe auf den Boden warf. Sie wartete darauf, daß sie explodierte wie ein Feuerwerkskörper; sie hielt den Atem an und zählte die Sekunden. Ihr fiel ein, daß es so etwas wie Selbstverbrennung gab, und sie stellte sich vor, wie ihr Körper plötzlich in Flammen aufging und von innen heraus verbrannte.

Sein Arm flog auf sie zu wie ein Nachtvogel, eine Fledermaus, der Ärmel seines Hemdes flatterte wie ein Flügel, und der Schlag in ihr Gesicht war der gefürchtete Zusammenprall. »Zieh doch zu deinem Liebhaber, zu diesem Typ, mit dem du dich gestern abend auf dem Parkplatz herumgetrieben hast.«

Lily bekam seinen Arm mit eisernem Griff zu fassen. Vor sich sah sie einen riesigen Stapel weißer Teller zu Boden fallen und mit enormem Getöse zerschellen. »Ausgerechnet du willst, daß ich ausziehe?« schrie sie ihn an. »Du gottverdammter Scheißkerl. Glaubst du, ich will den Rest meines Lebens mit dir verbringen und mich zu Tode schuften, während du vor dem Fernseher rumhängst und meine eigene Tochter gegen mich aufhetzt?«

Er riß seinen Arm aus der Umklammerung. »Ich habe Shana nicht gegen dich aufgehetzt. Du kümmerst dich nur um deine Fälle und deine Karriere und hast gar keine Zeit für dein Kind.« Er zischte die Worte zwischen seinen zusammengepreßten Zähnen hervor, sein Körper bebte.

»Was schlägst du denn vor? Daß ich meinen Beruf aufgebe? Daß wir von der Sozialhilfe leben, damit wir beide ständig hier sein können, für den Fall, daß Shana ein Glas Wasser braucht? Du hast sie nach Strich und Faden verwöhnt. Sie war ein süßes Kind, jetzt ist sie ein respektloser, verzogener, anspruchsvoller Teenager.« Sie hielt inne. Den letzten Satz bereute sie. »Jetzt wirst du natürlich zu ihr laufen und ihr berichten, was ich gerade gesagt habe. Merkst du nicht, daß du auch ihr weh tust, wenn du so etwas machst und ihr Dinge erzählst, die ich nur zu dir gesagt habe? Aber mach schon. Sag's ihr. Mir ist sowieso schon alles scheißegal.«

Sie trat einen Schritt zurück und wäre beinahe über den Gartenstuhl gestolpert. »Schau dir nur den Garten an, John. Du siehst schon gar nicht mehr, daß die eine Seite nur blanker Lehmboden ist. Es macht dir nichts aus, du siehst es gar nicht. Du siehst nur das, was du sehen willst und was im Fernsehen kommt.«

»Du bist eine Schlampe, eine Hure. Du läßt zu, daß dieser Mann dich wie eine Hure benutzt.«

Sie versuchte ihre Stimme zu kontrollieren. »Wie ein Gefäß, John, das meinst du doch? Daß ich zulasse, daß er mich wie ein Gefäß benutzt?« Er antwortete nicht. »Wenn du ein Mann wärst und mich wie eine Frau, deine Frau, behandeln würdest, hätte ich vielleicht keinen anderen Mann gebraucht.« Sie trat näher an ihn heran und war nur Zentimeter von seinem Gesicht entfernt. »Weißt du, John, Menschen schlafen zusammen, ob sie nun verheiratet sind oder nicht, und sie tun das nicht nur, um Babys zu machen.« Wieder verlor sie die Beherrschung über ihre Stimme und schrie ihn an: »Sie tun es, weil es Spaß macht und weil es normal ist.«

Er zitterte und wich vor ihr zurück. »Du bist krank, Lily. Du bist nicht in der Lage, die Aufgaben einer Mutter zu erfüllen.« Er drehte sich um und ging zur Tür.

»Ich will einen Mann, John, keine Hausfrau.«

Er knallte die Tür zu und ließ sie im Garten stehen. Der Hund aus dem Nachbarhaus stimmte ein wütendes Gebell an. Lily nahm einen Stock vom Boden auf und schleuderte ihn über den Zaun. Sie hörte den kleinen Hund winseln und weglaufen.

Sie beruhigte sich langsam. Der Ausbruch war vorüber. Sie fühlte sich ganz leicht, als ob ihr Körper schwebte. Endlich würde sie frei sein. Das einzige Problem war Shana.

Schon im Flur sah sie Licht unter der Tür zum Zimmer ihrer Tochter – es war zehn Uhr. Als sie leise die Tür öffnete, heftete Shana gerade einen Stapel Papiere in ein Ringbuch ein. »Kann ich einen Moment hereinkommen?«

Das Mädchen warf nur einen kurzen Blick auf ihre Mutter und wußte den Ausdruck zu deuten. »Klar. Habt ihr euch gestritten? Ich dachte, ich hätte euch schreien gehört.«

»Ja.« Lily wandte den Kopf zur Seite, damit Shana nicht den Abdruck der Hand auf ihrem Gesicht sehen konnte. »Können wir das Licht ausmachen und uns ins Bett legen, wie wir's immer gemacht haben, als du noch klein warst?«

»Na klar.« Shana knipste das Licht aus und legte sich zur Wand hin ins Bett. »Was ist los?«

»Dein Dad und ich werden uns scheiden lassen«, sagte Lily. Sie schniefte und spürte, wie heiße Tränen über ihre Wangen liefen. Eben, im Garten, hatte sie sich noch so gut gefühlt. Sie wußte, sie wollte die Scheidung, aber jetzt hatte sie riesige Angst. »Wir verstehen uns schon lange nicht mehr. Das hast du doch gewußt.«

»Werden wir jetzt arm sein? Sallys Eltern haben sich scheiden lassen, und sie sagt, sie sind jetzt arm.«

»Ich verspreche dir, daß du nicht arm sein wirst, und wenn ich zusätzlich arbeiten muß. Ich hab dich lieb. Ich werde immer für dich sorgen und mich um dich kümmern.«

Shana setzte sich im Bett auf. Ihre Stimme war jetzt dünn und brüchig. »Wo werden wir denn leben, wenn ihr euch scheiden laßt? Dann sind wir keine Familie mehr.«

Auch Lily setzte sich auf und wollte Shana zu sich heranziehen, aber das Mädchen wich zurück. »Wir werden immer eine Familie sein, Shana. Ich werde immer deine Mutter sein und Dad immer dein Dad. Wir haben dich beide sehr, sehr lieb.«

»Ich will nicht glauben, daß so etwas mir passiert. Ich glaube einfach nicht, daß du mir das antust.« Sie fing an zu weinen. »Heute. Heute tust du mir das an.«

Die Tatsache, daß sie heute zum ersten Mal ihre Periode hatte, drang wieder in Lilys Bewußtsein. Sie ließ sich auf dem kleinen Bett zurückfallen. Shana würde diesen Tag ihr Leben lang nicht vergessen. »Bitte, Shana. Versuch mich doch zu verstehen. Ich weiß, daß es schwer ist, aber ich kann mit deinem Vater nicht mehr zusammenleben. Ich wollte damit warten, bis du mit der Schule fertig bist, aber ...«

Shana unterbrach sie: »Warum tust du es dann nicht?«

»Weil ich es nicht mehr aushalte. Weil ich zu alt bin, um so lange zu warten. Wenn wir uns jetzt trennen, haben wir beide die Möglichkeit, etwas Neues zu finden.«

Shana lehnte sich neben Lily zurück und schniefte. »Du meinst, einen anderen Mann? Einen anderen Mann finden?«

»Möglich. Oder dein Dad könnte eine andere Frau finden, die ihn glücklich macht.«

Shana schwieg. Sie schien nachzudenken. Lily fuhr fort: »Einer von uns muß ausziehen. Es sind heute abend zu viele böse Worte gefallen. Dad möchte, daß ich ausziehe. Ich habe ein Recht, hierzubleiben, und wir würden uns vielleicht besser verstehen, wenn wir nur noch zu zweit wären. Weißt du, manchmal, wenn ich in mein Zimmer gehe oder länger im Büro bleibe, dann liegt das daran, daß ich nicht mit Dad zusammen sein möchte. Ich meine, du bist die ganze Zeit in deinem Zimmer, und er liegt auf der Couch und schläft. Versuch doch mal, die Dinge von meiner Seite zu sehen.«

»Ich möchte mit Dad hierbleiben.«

Lily hielt den Atem an; es war ihr, als würde ihr Herzschlag aussetzen. Aber sie hatte eigentlich geahnt, daß alles so ausgehen würde. Sie stand auf und drehte das Licht an. Dann setzte sie sich aufs Bett und schaute in Shanas Augen. Mit einer Hand wischte sie sich eine Träne weg. »Warum? Was hab ich denn getan? Was habe ich falsch gemacht? Sag's mir doch.«

Shana griff nach einem Papiertaschentuch auf ihrem Nachttisch und putzte sich die Nase. »Dad liebt mich mehr als du.«

Lily spürte Ärger in sich hochsteigen. »Das stimmt nicht«, stieß sie hervor. »Egal, was du denkst, das ist einfach nicht wahr. Weißt du, warum du das denkst? Weil er viel nachgiebiger ist; er bedient dich und verlangt nie etwas von dir. Stimmt's?«

Shanas Blick wanderte im Zimmer umher, bevor sie Lily wieder ansah. »Vielleicht.«

Was konnte Lily darauf sagen? Das Kind hatte ihr ehrlich geantwortet. Sie stand auf und wollte das Zimmer verlassen, als Shana sagte: »Du kannst bei mir schlafen, Mom. Mach das Licht aus.«

Als sie beide im Bett lagen, kuschelte Shana sich eng an sie und legte den Kopf auf ihre Schulter. »Ich hab dich doch auch lieb. Aber ich möchte bei Dad bleiben. Verstehst du das?«

»Ich verstehe«, sagte Lily, »ich verstehe.«

Kapitel 7

Clinton hatte von Abteilung 42 aus angerufen und Lily mitgeteilt, daß er sie sprechen wollte, bevor sie nach Hause ging. Sie hatte ihm versprochen, auf ihn zu warten, saß jetzt aber wie auf heißen Kohlen. John würde Shana heute abend zu ihr in ihr neues Haus bringen, das sie gemietet hatte, und Lily hatte sich die ganze Woche auf diesen Abend vorbereitet. Sie lebten seit acht Tagen getrennt, und heute würde Shana zum ersten Mal zu Besuch kommen.

Sie hatte den Abend genau geplant. Nach dem Abendessen – Shanas Lieblingsessen, bestehend aus gebratenen Hühnerkeulen und Kartoffelpüree – würden sie es sich zusammen auf dem Sofa gemütlich machen und fernsehen. Sie hatte die Möbel in einem Antiquitätenladen um die Ecke gekauft, und obwohl es sich meist um Imitationen handelte, strahlte das Wohnzimmer doch Charme und Wärme aus. Das meiste Geld, aber auch die meiste Mühe hatte sie für Shanas Zimmer aufgewandt und die Möbel dreimal umgestellt, bevor sie zufrieden war. Das Mobiliar bestand aus einem Himmelbett, einem antik wirkenden Schrank und einem Nachttisch mit Sockel. Auf dem Bett lag eine nagelneue Steppdecke mit einem rosa- und lavendelfarbenen Blumenmuster, dazu passende Vorhänge, die Lily selbst aufgehängt hatte. Sie hatte eine Reihe von Fotos von sich und Shana und ihrem Vater gerahmt und die hübschen Silberrahmen auf dem Nachttisch und der Kommode aufgestellt. Die Schubladen waren voll mit neuen Kleidern, mit Unterwäsche, Nachthemden und bunten Socken, so daß Shana nicht jedesmal alles mitbringen mußte, wenn sie bei Lily übernachtete.

Das Haus war ein Geschenk des Himmels. Die Eigentümerin, eine ältere Dame, war gestorben, und die Hinterbliebenen wollten es an eine verläßliche Person vorübergehend vermieten, bis alle Erbstreitigkeiten gelöst waren. Es stand in einem älteren, ruhigen Viertel, nur ein paar Straßen von ihrem Büro entfernt, mit einem herrlichen Garten. Fast jeder Quadratzentimeter war mit Rosenbüschen und Blumenstauden bepflanzt.

Clinton stürzte atemlos und mit zerzausten Haaren in ihr Büro und warf seine Aktentasche auf ihren Schreibtisch. »Damit es keine Probleme gibt, wollte ich es Ihnen persönlich sagen. Ich habe im Fall Hernandez die Einstellung des Verfahrens beantragt. Wahrscheinlich wird er gerade eben entlassen.«

Lily war erleichtert. Sie war sicher gewesen, Clinton wollte sie wegen neuer Erkenntnisse im Fall Stacy Jenkins sprechen. Vor ein paar Tagen hatte er mit dem Mädchen gesprochen, und als er erfuhr, daß sie in Pflege war, schnappte er völlig über und wollte sie mit zu sich nach Hause nehmen. Lily hatte dem sofort Einhalt geboten und ihn eindringlich davor gewarnt, sich zu sehr in einen Fall hineinziehen zu lassen.

»He, Lily, was ist mit Ihnen«, sagte er, als er ihren geistesabwesenden Blick sah. »Sie erinnern sich doch, der Fall mit der Prostituierten – auf den Sie so scharf waren. Ich dachte, Sie wären wütend, weil ich die Einstellung beantragt habe.«

»Das Opfer ist also nicht erschienen, richtig? Wie oft haben Sie vertagt? Dreimal, oder?«

»Ja. Ich hätte die Sache ja weiter verfolgt, aber keiner weiß, wo sie ist; und ohne Opfer ...« Er sprach nicht weiter und wartete auf ihre Reaktion.

»In Ordnung, Clinton. Wenigstens haben Sie es versucht. Ich hatte von Anfang an das Gefühl, daß es so enden würde. Geben Sie mir die Akte, damit ich ein paar Bemerkungen bezüglich der Verfahrenseinstellung hinzufügen kann für den Fall, daß er wieder straffällig wird.«

Sie hatte sich bereits erhoben und nahm die Akte aus seinen ausgestreckten Händen entgegen. Sie steckte sie in ihren Aktenkoffer zu den sechs oder sieben Fällen, die sie schon eingepackt hatte, um abends noch daran zu arbeiten, nachdem Shana ins Bett gegangen war. Dann machte sie sich auf den Weg.

»Bis morgen, Chef. He, was haben Sie da mit Ihrem Arm gemacht? Ganz schöner Bluterguß. Sind Sie nebenher noch Ringerin?«

Langsam gefiel ihr dieser Clinton. »Ach das«, sagte sie lächelnd und hob den Arm, um sich den Fleck genauer anzusehen. »Ich habe im Zimmer meiner Tochter Möbel gerückt.«

Clinton verschwand in die andere Richtung, während sie auf den Aufzug zuging. Sie beschloß, an Richards Büro vorbeizugehen, in der Hoffnung, ihn kurz zu sehen. Er hatte sich fast jeden Tag gemeldet, und jedesmal hatte sie einen Grund gefunden, das Gespräch abzubrechen. Wie konnte sie ihm erklären, daß sich ihre Tochter dafür entschieden hatte, bei ihrem Vater zu bleiben? Jeder wußte, daß Kinder bei ihrer Mutter blieben, es sei denn, es gab ernsthafte Gründe dagegen. Wenn Shana ein Junge gewesen wäre, hätte sich die Situation leichter erklären lassen. Aber jetzt, da sie sich richtig eingerichtet hatte und Shana in diesem Moment auf dem Weg zu ihrem Haus war, wollte sie ihn endlich sehen.

Er war am Telefon in ein erregtes Gespräch verwickelt. Als er Lily sah, winkte er sie herein, stellte das Gespräch auf Lautsprecher um und trat die Tür mit dem Fuß zu. »Und wenn der Kerl Jesus Christus persönlich ist«, schrie er, »das ist mir völlig egal, Madison. Diesmal sitzt er. Dreimal, und du bist dran, Baby: So wird bei uns gespielt.« Er sah Lily in die Augen und legte den Hörer auf.

»Wie läuft's denn so?« fragte sie und blieb vor seinem Schreibtisch stehen.

»Frag mich nicht! Hast du eine Ahnung, wie viele Fälle wir hier in dieser Abteilung bearbeiten? Setz dich«, sagte er, »ich beiße nicht.«

»Ich kann nicht«, sagte Lily mit sanfter Stimme, »ich hab keine Zeit.«

»Du hast die ganze Woche schon keine Zeit. Langsam kommt es mir so vor, als ob das Ganze mit uns beiden gar nicht passiert wäre.« Er lehnte sich in seinem Stuhl zurück, dann schnellte er nach vorne. Sein Blick wurde weicher. »Komm heute mit mir nach Hause. Ich bin in Gedanken ständig bei dir.«

Lily schaute auf das Fenster, dann wieder auf ihn. »Es geht nicht. Mein Mann und ich haben uns getrennt. Das hat mich alles so in Anspruch genommen. Das und dann noch die neue Arbeit ...«

»Wahrscheinlich sollte ich sagen, daß es mir leid tut, daß deine Ehe kaputt ist, aber das tut es nicht. Wann können wir uns treffen?«

Ein heißer Schauder durchfuhr sie. Sie wischte sich die feuchten Hände an ihrem Rock ab. »Bald. Ich habe auch an dich gedacht, glaub mir ...«

Bevor sie wußte, wie ihr geschah, war er aufgesprungen, nahm ihre Hand und zog sie an die Stelle zwischen Schreibtisch und Bücherbord, die von draußen nicht einsehbar war. Er umarmte sie und preßte seine Lippen auf ihren Hals. »Bitte nicht«, sagte sie, »ich muß wirklich gehen. Meine Tochter wartet. Bitte ...«

Er gab sie frei und lehnte sich an das Bücherbord. An der Tür drehte sie sich um und sah ihn an: »Ich ruf dich an. Vielleicht morgen.«

Vor der Haustür befand sich eine kleine Veranda, so daß sie Shana erst sah, als sie sich fast schon an ihrer Haustür befand. Der Duft blühender Rosen lag in der frischen Abendluft. Lily lächelte, eilte auf Shana zu und nahm sie in die Arme. »Wartest du schon lange auf mich?«
»Ziemlich lange. Ich dachte schon, du kommst nicht.«
»Es tut mir leid, mein Schatz. Ich mußte noch auf einen meiner Anwälte warten, und dann bin ich noch beim Supermarkt vorbeigefahren. He, ich hab 'ne Überraschung für dich. Ich hoffe, es gefällt dir.«
Als sie im Haus waren, stellte Lily Shanas Tasche und ihren eigenen Aktenkoffer ab und führte Shana den Flur entlang. »Das ist dein Zimmer. Gefällt es dir?«
Shana warf ihre langen roten Haare zurück und betrat selbstbewußt das Zimmer. Erst vor wenigen Wochen hatte Lily ihr diesen rosafarbenen Anzug gekauft, dessen Oberteil mit Spitze abgesetzt war und der ihr so gut stand; sie war groß und schlank, ein außergewöhnlich hübsches junges Mädchen, deren Schönheit von Tag zu Tag zunahm. Langsam blickte sie sich im Zimmer um, strich über die Steppdecke und nahm eines der gerahmten Bilder in die Hand. Es zeigte sie beide zusammen beim Weihnachtsfest des letzten Jahres. Sie drehte sich um; ein spontanes Lächeln machte sich auf ihrem Gesicht breit; es war nicht affektiert oder gezwungen.
»Schön ist es hier, Mom. Ich find's super.«
Tiefe Freude stieg in Lily auf. Das Abendlicht drang durch die Vorhänge, und sie hatte das Gefühl, daß die Düsternis der letzten acht Tage allmählich verschwand. »Schau doch einmal in die Schubladen der Kommode.«
»Oh, Mom ... Mann ... die sind ja toll.« Sie war begeistert und entleerte den Inhalt der Schubladen auf das Bett, um sich die Sachen ansehen zu können. »Ist das süß. Oh, guck mal hier ...« Sie hielt einen Bikinislip hoch, den Lily in dem Wäschegeschäft im Einkaufszentrum gekauft hatte. Die Preisschilder hingen noch an den einzelnen Artikeln; da Lily wuß-

te, daß ihre Tochter die Dinge nach ihrem Preis beurteilte, hatte sie sie dran gelassen. Lily wollte den Schmerz, den ihr Kind erlitten hatte und bei der Scheidung erleiden würde, irgendwie ausgleichen. Außerdem wollte sie, daß Shana dieses Haus als ihr Zuhause betrachtete und schöne Erinnerungen damit verband, so daß sie dann mehr Zeit mit ihr verbringen würde. Die Kleidungsstücke und das Zimmer waren ein Anfang. Ein kleiner Anfang, das war klar, aber immerhin. Sie sah sich in ihrer Einschätzung bestätigt, als sie Shana beobachtete, die mit einem Ausdruck der Zufriedenheit die Preisschilder studierte. Mit den Kleidern, die überall auf dem Bett und dem Boden verstreut lagen, sah das Zimmer schon ganz so aus wie Shanas altes Zimmer, nur frischer, hübscher und mit einer weiblicheren Note. Shanas Möbel zu Hause waren alt und zerkratzt, mit Wasserflecken und verschüttetem Nagellack verunziert.

Shana sprang voller Freude vom Bett und umarmte ihre Mutter. Lily vergrub ihr Gesicht in Shanas Haar und nahm den Geruch von Kräutershampoo wahr. »Danke, Mom. Es ist alles wunderschön: das Zimmer, die Kleider, die Bilder ...« Sie machte sich frei und ließ den Blick durch den Raum schweifen. »Aber eine Stereoanlage brauche ich noch.«

»Mach mal die Schranktür auf«, sagte Lily, die auch diesen Wunsch vorausgesehen hatte. »Jetzt muß ich aber mit dem Abendessen anfangen. Ich sterbe vor Hunger.«

Sie wollte keine Zeit damit verschwenden, sich umzuziehen, deshalb zog sie lediglich ihr Jackett aus und warf es auf dem Weg in die Küche auf ihr Bett. »In einer dreiviertel Stunde gibt's Essen.«

Schon bald brutzelte das Öl in der Pfanne, und nachdem Lily sich eine der neuen bedruckten Schürzen umgebunden hatte, wendete sie die Hühnerkeulen in Mehl und würzte sie. Der Tisch war gedeckt, durch die Schiebetüren wehte eine leichte Brise aus dem Garten, und im Hintergrund dröhnte harte Rockmusik aus der Stereoanlage. Die Welt war wieder im Lot. Sie legte die Hühnerteile in die Pfanne und fing an, die Kartoffeln zu schälen.

»Wie findest du das?« fragte Shana und führte einen Teil ihrer neuen Garderobe vor. Sie tänzelte über den weißgekachelten Fußboden und schwenkte ihr langes, kupferfarbenes Haar von einer Seite zur anderen.

»Es paßt dir perfekt, und du siehst darin mindestens aus wie vierzehn.«

»Ist mein Hintern zu dick? Seh ich darin fett aus?«

Lily fing an zu lachen und wischte sich die Hände an der Schürze ab, wobei sie sich an die Theke lehnte. Shana ahmte sie und ihre häufigen Fragen nach. »Du bist gertenschlank und wunderhübsch. Fang bloß nicht an, dir über dein Gewicht Sorgen zu machen. Du wirst nie Fett ansetzen, das ist nicht in deinen Anlagen.«

»Was für Anlagen? Hast du mir ein Sparbuch eingerichtet?«

»Nein, du Dummerchen, ich rede von deinen Erbanlagen. Wahrscheinlich nehmt ihr das im nächsten Jahr in Biologie durch. Es geht um die Eigenschaften, die man von seinen Eltern vererbt bekommt. Zum Beispiel hatte ich noch nie Probleme mit meinem Gewicht und auch sonst niemand in meiner Familie. Und auch du wirst nicht dick werden.«

Shana trat dicht an ihre Mutter heran und schaute voller Ernst in ihr Gesicht. »Werde ich eines Tages auch so klug wie du sein?«

Lily sah die Bewunderung in ihren Augen. So kannte sie ihre Tochter von früher. Glücklich und zufrieden erwiderte sie ihren Blick. »Natürlich wirst du genauso klug sein. Wahrscheinlich noch viel klüger. Du bist es ja jetzt schon.«

»Ich bin längst nicht so klug, wie du denkst, Mom. Manchmal fühl ich mich überhaupt nicht so. Ich streng mich in der Schule ganz doll an, und die meisten meiner Freunde strengen sich überhaupt nicht an und kriegen lauter Einsen. Du warst schon immer klug. Das hat Dad erzählt. Er hat gesagt, daß er sich oft ganz dumm fühlt.«

»Vielleicht steht ja deine Beliebtheit deiner Arbeit im Weg. Wenn du bei mir leben würdest, würde ich deine Telefonate einschränken, dich zu mehr Selbstdisziplin anhalten und dir zeigen, wie man richtig lernt.«

»Selbstdisziplin?« brauste Shana auf. »Als ob ich keine Selbstdisziplin hätte. Was soll das heißen? Was denkst du eigentlich von mir? Daß ich eine jugendliche Straftäterin bin?« Dann blickte sie auf ihre Tennisschuhe. Als sie wieder aufschaute, war der Blick aus ihren leuchtendblauen Augen betrübt. »Dad braucht mich. Ich kann ihn nicht verlassen. Warum hast du ihn verlassen?«

»Vielleicht brauche ich dich auch, Shana. Hast du schon einmal daran gedacht?« Lily ging an den Herd und drehte die Flamme kleiner. Sie bedauerte ihren letzten Satz. Das Kind wurde zwischen ihnen beiden hin- und hergerissen. Sie durften nicht ständig an ihm herumzerren. »Also gut«, sagte sie hastig, »du hast ein Recht zu wissen, was geschehen ist. Ich weiß nur nicht, ob ich es dir richtig erklären kann. Dad und ich haben sehr unterschiedliche Einstellungen zum Leben; wir haben nicht dieselben Ansprüche. Ich habe hart gearbeitet, um das Jurastudium zu schaffen und etwas aus mir zu machen, und ich arbeite heute noch sehr hart, jeden Tag. Und ich bin recht gut auf meinem Gebiet, Shana. Nicht nur das: Was ich tue, ist auch sehr wichtig.«

Lily sprach nicht weiter und wischte sich wieder die Hände an der Schürze ab.

»Und Dad tut etwas, das nicht wichtig ist, meinst du das?«

»Nicht unbedingt. Mir ist es egal, ob er wichtige Arbeit leistet, zumindest sollte er eine volle Stelle haben, und er sollte meine Arbeit würdigen.« Sie sah Shana an. »Außerdem war es verkehrt, einen Keil zwischen uns zu treiben ..., indem er mich in die Rolle des Bösewichts drängte, der dich bestrafen will und gemeine Sachen über dich sagt.«

»Dad meint, du hättest dich verändert.«

Lily seufzte tief und lehnte sich an die Küchentheke. »Vielleicht stimmt das. Vielleicht.« Sie lächelte. »Genug geredet für heute. Zieh dich schnell um, dann können wir essen.«

Nach dem Essen stellten sie das schmutzige Geschirr ins Spülbecken und setzten sich mit Lilys alten Fotoalben auf das Sofa. Die meisten Bilder stammten aus der Zeit, als Lily sich das Geld für ihre Ausbildung als Fotomodell verdiente.

»Du siehst so schön aus«, sagte Shana bewundernd und hielt eines der Bilder hoch. »Alle sagen, wir sehen uns ähnlich. Warum kann ich dann nicht als Fotomodell arbeiten?«

»Eines Tages kannst du das. Aber jetzt bist du noch zu jung. Und die vielen fremden Männer, die dann um dich herumstreichen würden – das wäre mir nicht recht. Außerdem solltest du dich auf die Schule konzentrieren und dir überlegen, was du werden willst. Als Fotomodell kann man sich nur ein bißchen Geld dazuverdienen, und auch das nur eine begrenzte Zeit.« Lilys Blick schweifte in die Ferne und verlor sich in der Vergangenheit. Damals, als sie so jung und verängstigt war, hatte sie John kennengelernt. Der sexuelle Mißbrauch durch ihren Großvater war wie eine heimliche Wunde; so düster und schmutzig, daß sie keiner Menschenseele davon erzählt hatte.

Schließlich hatte Shana genug vom Stillsitzen, stand auf und reckte ihren schlanken Körper. Während sie geplaudert hatten, hatte sie mit ihrem Haar gespielt und es zu einem lockeren Zopf geflochten. Jetzt löste sich der Zopf, und in einem plötzlichen Ausbruch von Energie fing sie an, herumzuspringen und mit den Armen in der Luft zu wedeln. Sie war in dem Alter, wo das Kind und die Frau gleichzeitig in ihrem Körper existierten. In einem Moment war sie das kleine Mädchen, das völlig unbewußt handelte und ihren Körper bewegte, im nächsten Moment war sie eine junge Frau, die die Gesten ihrer Idole, der Filmstars, nachahmte, in der Art, in der sie beim Gehen ihre Hüften betonte, in der Art, wie sie ihr Haar zurückwarf.

»Ich möchte Dad anrufen«, sagte sie. In Lilys Gesicht zeichnete sich Enttäuschung ab. Shana lächelte sie an. »Das Zimmer gefällt mir, Mom. Ich meine, es ist nicht wie zu Hause, aber es gefällt mir trotzdem. Kann ich einen Fernseher haben?«

»Nein«, sagte Lily streng, lächelte aber dabei. »Du bist schon eine Marke, Shana. Eine echte Marke.«

KAPITEL 8

Er war draußen.
Zu seinen Habseligkeiten gehörten zwanzig Dollar. Am Schnellimbiß gegenüber dem Gefängnis kaufte er sich ein Sechserpack Bier und zwei Hot dogs für neunundsiebzig Cents. Als er sich an der Kasse anstellte, sah er sie.
Sogar von hinten erkannte er sie. Er hatte sie vom Fenster aus oft genug beobachtet. Aus der Nähe betrachtet sah sie allerdings anders aus – anders auch, als er sie von jenem Tag im Gericht in Erinnerung hatte. Damals hatte sie ernster und größer auf ihn gewirkt. Sie war eine gutaussehende Braut, aber älter, als er gedacht hatte. Ein untersetzter Mann stand in der Schlange der Wartenden zwischen ihnen. Er trat aus der Reihe, um sie besser sehen zu können. *Luck is a lady*, dachte er lächelnd und senkte den Kopf, als sie dem Verkäufer das Geld für eine Flasche Speiseöl reichte und ihn auf dem Weg nach draußen kurz streifte. Er bemerkte ihren Geruch: sauber ... frisch. Er konnte es kaum fassen. Kaum hatten sie ihn entlassen, hatte er sie auch schon gefunden, nur wenige Minuten, nachdem er das Gefängnis verlassen hatte. Das war ein Wunder, dachte er, ein verdammtes Wunder, mindestens ebenso auffällig wie die Tränen der steinernen Madonna. Eigentlich müßte er auf den Titelseiten der Zeitungen erscheinen und nicht dieser jämmerliche Spanner, der heute ganz groß rauskam. Er war ein Siegertyp.
Er beobachtete, wie sie durch die Glastür hinaustrat und

direkt auf das kleine rote Auto zuging, das er vom Gefängnisfenster aus so oft gesehen hatte. »Scheiße«, sagte er laut, als der Mann vor ihm gerade seine Packung Zigaretten bezahlte. Er knallte sein Bier und die Hot dogs auf den Kassentisch und zückte seine Zwanzig-Dollar-Note, während er den Parkplatz nicht aus den Augen verlor. Kaum hatte er das Wechselgeld in der Hand, drehte er sich um. Wahrscheinlich war sie schon weg. Doch nein, frohlockte er innerlich, sie durchwühlte ihre beknackte Handtasche nach dem Autoschlüssel. Dumme Kuh, dachte er, dumme geile Staatsanwaltshure.
Als sie endlich im Wagen saß, schoß er durch die Tür, sprang in seinen Wagen und folgte ihr. Guckte sie etwa in den Rückspiegel? Nicht ein einziges Mal! Weiber! Manchmal fand er, daß es ihnen recht geschah, völlig bescheuert, wie sie waren. Und diese Lady hielt sich für superschlau, weil sie Leute hinter Gitter brachte und sie einsperrte wie Tiere im Zoo. Aber er war viel schlauer, und wenn man ihm beide Hände auf den Rücken fesselte!
Er hielt sich mehrere Autolängen hinter ihr, während sie durch den nachmittäglichen Berufsverkehr fuhren. Nie hätte er gedacht, daß er soviel Glück haben würde. Jetzt fuhr sie doch tatsächlich in eine Einfahrt und hielt. Sie stieg aus und ging zum Eingang. Als sie die Tür erreichte, konnte er sie nicht mehr sehen. Eigentlich sollte er auch ihr Auto klauen, dachte er, wahrscheinlich hatte sie die Schlüssel einfach steckengelassen. Im Haus könnte sich ein Mann befinden. Oder eine Knarre oder so was. Aber vielleicht auch nur die Lady selbst.
Einen Häuserblock weiter parkte er, verschlang die gummiartigen Hot dogs und leerte zwei, drei Dosen Bier. Hackbraten – im Knast gab es ständig diesen Fraß, den sie Hackbraten nannten, aber alle wußten, daß kein Fleisch darin war. Willie hatte ihm erzählt, daß man ihnen das vorsetzte, weil sie sich damit nichts antun konnten. Klar konnte man kei-

nen mit einem verdammten Hackbraten umlegen, aber mit einem Hühnerknochen, das könnte klappen.

Bei dem Gedanken an Willie erinnerte er sich wieder an die Szene mit dem Motorradfreak und seinem kleinen Liebhaber. Dieser Schwanzlutscher hatte ihn an den Eiern gepackt. Er kurbelte das Fenster hinunter und spuckte aus. Ihm war übel. Und der tätowierte Arschficker hatte ihn eine Oxnard-Ratte genannt. Und sie, diese Zicke, war schuld daran, dachte er und starrte dumpf vor sich hin. Das alles wäre nicht passiert, wenn es sie nicht gegeben hätte. Er spürte, wie Wut in ihm hochstieg. Willie hatte noch mehr zu ihm gesagt. Willie hatte seinen Rücken gesehen. »Scheiße ... Scheiße ... Scheiße«, brüllte er. Er nahm die leeren Bierdosen und warf sie gegen die Windschutzscheibe. Eine prallte ab und traf ihn mitten ins Gesicht. Sein Magen krampfte sich zusammen. Schlangen – es fühlte sich wie Schlangen an – ein Nest voller Schlangen, die in seinem Magen umherkrochen.

Weidenruten hatte sie benutzt, um ihn zu schlagen – lange, dünne Stöcke, die sie von einem Baum hinter dem Haus abgebrochen hatte. Zuerst wurde er ins Klo gesperrt, das dunkle, stinkende Loch. Stundenlang saß er da drinnen und schlug gegen die Tür, bis seine Hände blutig und wund waren. Aber wenn sie ihn herausließ, war es noch schlimmer, denn dann kam sie mit den Ruten. Über dem Klo ... sie zwang ihn, sich mit bloßem Oberkörper über das offene, stinkende Klo zu beugen. Und dann schlug sie auf ihn ein und schlug und brüllte, sie würde erst aufhören, wenn er aufhörte zu weinen. Aber sie log. Auch wenn er aufhörte zu weinen, gab sie nicht auf. Erst wenn Blut von seinem Rücken auf das dreckige, rissige Linoleum tropfte, hörte sie auf. Dann zwang sie ihn, alles aufzuwischen und zu scheuern, bis nichts mehr zu sehen war.

Er hatte immer noch den Geruch von dem Zeug in der Nase, das sie in ihr Haar schmierte, um es rot zu färben, hurenrot. Es roch so schrecklich, daß ihm die Augen davon tränten. Er hatte ihr langes, schwarzes Haar, das ihr bis zu den Hüften reichte, geliebt. Das war, bevor es die Ruten gab und er verprügelt wurde. Er bürstete und flocht es für sie und fühlte, wie es durch seine Hände wie Seide glitt. Er stand hinter ihr auf einem Schemel und nahm ihr seidenweiches Haar in einem Pferdeschwanz zusammen. Dann hielt er es zwischen den Knien fest und teilte es in drei Stränge für den Zopf.

Nachdem sie sich rote Farbe in die Haare geschmiert hatte, fing sie an, die ganze Nacht wegzubleiben und am Tag zu schlafen. Sie kochte nicht mehr für ihn und seine Geschwister. Manchmal kam sie mit einer Tüte nach Hause, und sie dachten, es sei etwas zu essen. Aber es war eine Flasche Schnaps. Sie warf ein paar Dollarnoten auf den Tisch und ging jeden Abend weg. Das Geld reichte nie, um Lebensmittel für sie alle zu kaufen. Er mußte stehlen.

Er drehte das Radio an. Das Beste hatte er sich bis zum Schluß aufgehoben – wie einen Nachtisch. Das Beste wartete unter dem Sitz auf ihn. Er griff danach, konnte es aber nicht gleich finden. Panik kam in ihm auf, und er suchte ungeduldig weiter. Schließlich fühlte er es: das Jagdmesser. Schon das Gefühl des kalten Metalls ließ seinen Schwanz steif werden. Er rieb mit seiner Hand darüber und stellte sich vor, wie er damit die verdammte Hure in dem Haus zur Strecke bringen würde. Er spürte eine heiße Erregung in sich und lachte. Er konnte warten, bis es dunkel war – er war es gewohnt zu warten.

Er wollte warten, bis er sich sicher fühlte und herausbekommen hatte, ob sie allein in dem Haus wohnte. Dann würde er eine Runde schlafen, bis der richtige Zeitpunkt gekommen war. Er hatte ein untrügliches Gefühl für den richtigen Zeitpunkt. Und er war sich sicher: Heute nacht würde der richtige Zeitpunkt kommen.

Kapitel 9

Lily warf einen Blick auf den Wecker auf dem Nachttisch. Es war fast elf Uhr. Eben wollte sie noch ihren Aktenkoffer aus dem Wohnzimmer holen, um die Fälle durchzuarbeiten, die sie mit nach Hause genommen hatte, aber sie spürte, daß sie dazu keine Energie mehr hatte. Sie zog sich aus und schlüpfte ins Bett. Vielleicht konnte sie gar nicht schlafen, dachte sie. Sie fühlte sich euphorisch bei dem Gedanken, daß ihre Tochter im Himmelbett nebenan schlief und daß der Abend so gut verlaufen war. Gerade hatte sie das Licht ausgedreht, als ihr einfiel, daß sie nicht nachgesehen hatte, ob alle Türen in dem kleinen Haus verschlossen waren; bisher war das immer Johns Aufgabe gewesen.

Sie warf sich ihren Frotteebademantel über und ging barfuß im Dunkeln durch das Haus. Sie beschloß, zunächst in der Küche nachzusehen. Es war ein ruhiges Viertel: keine Autos, keine Hunde, nur angenehme Ruhe.

Die Gardinen in der Küche bauschten sich im Wind; die Schiebetür stand offen. Lily machte sich Vorwürfe, daß sie die Tür nicht verschlossen hatte, aber andererseits schien die Gegend so sicher zu sein, daß es wahrscheinlich überflüssig war. Sie war gerade dabei, die Gardinen zur Seite zu ziehen und die Tür zu schließen, als ein sonderbares Gefühl sie plötzlich überfiel. Sie hielt den Atem an und vernahm ein Quietschen – das Geräusch, das die Schuhe eines Basketballspielers auf dem Spielfeld machten.

Dann ging alles sehr schnell: das Geräusch hinter ihr, ihr Herz, das zum Zerbersten schlug, der Bademantel, der ihr blitzschnell von hinten über den Kopf geworfen wurde. Sie wollte um sich schlagen und um Hilfe rufen, aber ihre Füße rutschten weg, und etwas legte sich über ihren Mund, wahrscheinlich ein Arm. Als sie hineinbeißen wollte, spürte sie nur den Frotteestoff zwischen den Zähnen. Sie war von der Taille an nackt, die kühle Nachtluft strich über ihren Unterkörper, und ihre Blase entleerte sich spontan mit einem geräuschvollen Plätschern auf den gefliesten Boden.

Lily versuchte, ihre Arme zu bewegen, aber sie waren über ihrer Brust unter dem Bademantel gefangen. Sie trat mit den Füßen wild um sich und mußte wohl einen Küchenstuhl getroffen haben, der über den Boden rutschte und mit einem lauten Krachen an der Wand landete. Ihre Waden und Fersen brannten, und sie wußte, daß sie den Flur entlanggezerrt wurde – zu dem Zimmer, wo ihre Tochter schlief. Shana, dachte sie, o Gott, nein, Shana. Das einzige Geräusch, das sie hervorbrachte, war ein ersticktes, unmenschliches Stöhnen, das sich aus ihrem Magen herauspreßte und sich über ihre Stimmbänder und durch ihre Nase nach draußen zwängte. Ihr Mund blieb verschlossen. Ihre Füße stießen irgendwo an. War es die Wand? Sie trat nicht mehr, und kämpfte auch nicht, sondern betete jetzt: »... und ich wanderte durch das finstere Tal des Todes ...«; die Worte fielen ihr nicht mehr ein. Bruchstücke der Vergangenheit vermischten sich mit der Gegenwart. Nicht Shana, nicht ihr Kind – sie mußte ihr Kind beschützen.

»Mom?« Sie hörte ihre Stimme; zunächst fragend und kindlich, dann dröhnte ein durchdringender Aufschrei des Entsetzens in Lilys Kopf. Sie hörte, wie etwas Schweres an die Wand stieß, Körper gegen Körper, wie sie es vom Fußballfeld her kannte, wenn die Spieler miteinander zusammenprallten. Er hatte sie gepackt. Er hatte ihre Tochter. Er hatte sie beide.

Im nächsten Augenblick lagen sie auf dem Bett in Lilys Zimmer. Als er seinen Arm lockerte, fiel der Bademantel zur

Seite, so daß sie sein Gesicht im Licht der Badezimmerlampe sehen konnte. Shana lag jetzt neben ihr, und er beugte sich über sie. Das Licht glitzerte auf einer Messerklinge, die er nur Zentimeter von Lilys Kehle entfernt hielt. Seine andere Hand hielt Shanas Hals umklammert. Lily packte seinen Arm, und mit übermenschlicher, aus Angst erwachsender Kraft gelang es ihr fast, seinen Arm nach hinten zu drehen, so daß das Messer auf ihn gerichtet war. Vor ihrem geistigen Auge sah sie schon, wie sich das Messer in seinen Körper bohrte, da, wo sein Herz schlug. Aber er war zu stark, und mit vor Erregung glitzernden Augen, die wild um sich blickten, und hervorgestreckter Zunge gelang es ihm, das Messer seitlich in ihren Mund zu bekommen, so daß die Klinge ihre Mundwinkel ritzte. Sie biß auf die Klinge und schmeckte etwas Verkrustetes und Ekliges. Sein Gesicht war nur wenige Zentimeter über ihrem, sein Atem roch sauer nach Bier. »Probier mal«, sagte er, und der Ausdruck von Lust stahl sich auf sein Gesicht. »Es ist ihr Blut. Leck es ab. Leck das Blut einer Hure, einer verlogenen, geilen Hure.«

Er zog das Messer aus Lilys Mund und hielt es ihr wieder an die Kehle. Dann nahm er seine Hand von Shanas Hals und riß ihr Nachthemd hoch; ihre knospenden Brüste und der neue Bikinislip waren sichtbar. Shana versuchte vergebens, ihr Nachthemd herunterzuziehen, und drehte sich mit verzweifeltem Blick zu Lily. »Nein«, schrie sie. »Er soll aufhören, Mommy. Sag ihm, er soll aufhören.« Er drückte ihr die Kehle zu. Sie rang nach Atem und brachte nur noch ein Röcheln hervor, Speichel tropfte ihr aus dem Mundwinkel, ihre Augen wurden glasig.

»Bleib ganz ruhig, Shana. Wehr dich nicht. Tu, was er sagt. Es ist bald vorbei. Bitte, Kleines, hör auf mich.« Lily zwang ihre Stimme unter Kontrolle. »Laß sie los. Ich besorg's dir so, wie du es noch nie erlebt hast. Ich tu alles.«

»So ist es richtig, Mamma. Sag ihr Bescheid. Sag ihr, wie verflucht gut es tut. Sag ihr, daß du es willst.« Er stieß die kehligen Worte durch zusammengepreßte Zähne hervor. Er hatte ein Knie zwischen Shanas Beine gezwängt und das andere zwischen Lilys, so daß er ihre Geschlechtsteile berührte. »Mach meinen Hosenstall auf«, befahl er Shana.

Shanas entsetzte Augen trafen auf Lilys. »Tu es, Shana«, flüsterte sie und sah, wie Shanas schmale, zitternde Hand nach seinem Schlitz griff, aber den Reißverschluß nicht zu fassen bekam. Er hob seinen Körper etwas, hielt aber das verkrustete Messer weiter an Lilys Kehle.

»Mach du es für sie, Mamma«, sagte er, wobei er das Messer in die andere Hand nahm und auf Shanas Bauchnabel hielt. »Zeig du ihr, wie man sich um einen Mann kümmert.«

Lily mußte ihn ablenken und ihn von Shana weglocken. Sie öffnete geschickt den Reißverschluß, holte seinen Penis heraus und nahm ihn in den Mund; die Zacken des Reißverschlusses zerkratzten ihr Gesicht. Sie roch Urin und seine säuerlichen Körperausdünstungen, aber sein Glied wurde steif; er stöhnte auf und warf den Kopf zurück. Er bedrohte Shana nicht mehr mit dem Messer. Er griff nach Lilys Haar und riß ihren Kopf zurück. Dann fiel er auf sie und blickte direkt in ihre Augen. Die Angst, die er dort aufflackern sah, bereitete ihm Genugtuung. Etwas schlug gegen ihre Brust, dann gegen ihr Kinn. Es war ein goldenes Amulett mit dem gekreuzigten Jesus, das an seinem Hals baumelte.

Plötzlich ließ er von ihr ab. »Ich will nicht dich, Mamma. Ich will keine Hure, keine verdammte, rothaarige Hure.«

Geschickt ließ er das Messer wieder in die andere Hand wandern und legte es an Lilys Hals. »Guck zu, Mamma, guck zu, oder ich schlitz sie auf.«

Mit einem Ruck riß er Shana den Slip herunter. Ihr Körper bäumte sich auf und fiel dann unter seinem Gewicht zusammen. Er drang gewaltsam in sie ein, und Shana schrie vor Schmerz laut auf. Lily hatte sich noch nie so hilflos gefühlt – außer damals, vor langer, langer Zeit. Es gab keinen Gott, jetzt wußte sie es, und jedes Gebet war sinnlos. Sie wünschte sich, er würde ihr einfach die Kehle durchschneiden, dann hätte alles ein Ende.

»Oh, Mommy, Mommy«, wimmerte Shana.

Lily fand Shanas Hand an ihrer Seite und drückte sie fest. Sie war kalt und feucht. »Halt durch, Kleines. Mach die Augen zu und stell dir vor, du bist ganz weit weg. Halt durch.«

Eine Sirene heulte in der Straße auf. Er zuckte zusammen und sprang auf. »Die Nachbarn haben uns gehört und die Polizei alarmiert«, brachte Lily hervor, während das Sirenengeheul immer näher kam. »Sie werden dich umlegen, töten.« Das Licht aus dem Badezimmer warf einen hellen Schein auf sein rotes Sweatshirt und sein Gesicht, während er verzweifelt versuchte, seine Hose zu schließen. Lily saß aufrecht auf dem Bett und schrie voller Panik und Haß: »Wenn sie dich nicht erwischen, leg ich dich um.« Die Sirene erklang erneut, jetzt nur noch wenige Häuserblocks entfernt. In Sekundenschnelle war er verschwunden.

Sie hielt ihre Tochter fest in den Armen und streichelte ihr Haar, während sie ihr ins Ohr flüsterte: »Es ist vorbei, Kleines, es ist vorbei. Keiner wird dir je wieder weh tun. Es ist vorbei.« Der schrille Klang der Sirene wurde schwächer und verschwand in der Ferne. Keiner hatte die Polizei gerufen. Niemand hatte ihre Höllenqualen bemerkt.

Die Zeit stand still, während sie ihre Tochter in den Armen wiegte und ihrem herzzerreißenden Schluchzen lauschte. Tausend Gedanken schossen ihr durch den Kopf. Zwei-, dreimal versuchte sie, sich zu lösen und die Polizei anzurufen, aber Shana hielt sie so fest umklammert, daß sie sitzen blieb. Er war jetzt sowieso schon weit weg, von der Nacht verschluckt. In ihrem Kopf lief die Szene mit allen furchtbaren Einzelheiten immer wieder ab. Wut krampfte ihren Magen zusammen und ließ ihr die Galle hochkommen.

»Shana, Liebes, ich steh jetzt auf, aber ich bleibe bei dir. Ich hole dir einen Waschlappen aus dem Badezimmer, und dann rufe ich die Polizei und deinen Vater an.« Lily löste sich langsam von Shana, zog den Bademantel wieder über und schlang den Gürtel lose um die Taille. Trotz ihrer Wut zitterten ihre Hände nicht.

»Nein«, sagte Shana mit einer Stimme, die Lily an ihr nicht kannte. »Du darfst Dad nicht erzählen, was er mit mir gemacht hat.« Sie griff nach Lily und bekam den Zipfel ihres Bademantels zu fassen, woraufhin sich der Gürtel löste und Lilys nackter Körper sichtbar wurde. Sie machte den Gürtel wieder zu. »Du darfst keinem davon erzählen.«

Ihr Gesicht und ihre Stimme waren die eines Kindes, aber ihre Augen waren die einer Frau. Nie wieder würde sie sich als Kind fühlen und die Welt als sicheren Ort wahrnehmen können. Lily biß sich auf die Knöchel ihrer Hand. Nur so konnte sie den Schrei ersticken, der in ihr aufstieg. In diesen Augen erkannte sie sich selbst. Sie kroch wieder ins Bett, hielt Shana im Arm und wiegte sie und tröstete so das Kind, welches sie selbst gewesen war. »Wir müssen die Polizei anrufen. Und wir müssen Daddy anrufen.«

»Nein«, schrie Shana wieder. »Ich glaube, ich muß kotzen.« Sie rannte ins Badezimmer und übergab sich auf den Fliesen. Lily ließ sich auf dem Boden neben ihr nieder und wischte ihr Gesicht mit einem feuchten Handtuch ab. Dann ging sie zum Tablettenschrank und nahm das Röhrchen Valium heraus, das ihr der Arzt vor kurzem gegen Schlaflosigkeit verschrieben hatte. Ihre Hände zitterten, als sie zwei Tabletten herausnahm, eine für sich und eine für Shana. »Nimm das«, sagte sie und reichte Shana die Tablette und ein Glas Wasser. »Es wird dich beruhigen.«

Shana schluckte die Tablette und sah mit erstaunten Augen zu, wie ihre Mutter auch eine hinunterschluckte. Sie ließ sich von Lily wieder ins Bett bringen. Wieder lag sie in ihren Armen.

»Wir rufen Daddy an und gehen dann nach Hause, weg aus diesem Haus. Ich rufe die Polizei nicht an, aber wir müssen Daddy alles erzählen. Wir haben keine andere Wahl, Shana.«

Lily wußte genau, welche Konsequenzen es für ihre Tochter hatte, wenn sie das Verbrechen der Polizei melden würde. Die Polizisten würden sie stundenlang verhören und sie dazu zwingen, alle Einzelheiten des Alptraums neu zu durchleben, bis sie sich für alle Zeiten in ihr Gedächtnis eingegraben hatten. Dann kam das Krankenhaus und die gerichtsmedizinische Untersuchung. Sie würden in Shanas geschändetem Körper und in ihrem Schamhaar nach Beweismaterial suchen. Sie würden Speichelproben entnehmen. Und wenn sie ihn wirklich faßten, würde ihr Leben monatelang aus Zeugenaussagen und Gerichtsterminen bestehen. Shana würde in den Zeugenstand treten und die grausigen Ereignisse jener Nacht vor fremden Menschen wiederholen müssen – eine Aussage, die sie noch dazu mit dem Staatsanwalt vorher geprobt hätte wie einen Auftritt in einem Theaterstück. Im selben Raum würde auch er sitzen und dieselbe Luft atmen wie sie. Die Greueltat würde an die Öffentlichkeit dringen, und niemand konnte verhindern, daß ihre Schulkameradinnen davon erfahren würden.

Das Schlimmste aber war etwas, das nur Lily klar vor Augen stand. Die Qualen, die ihnen noch bevorstanden, die Alpträume, aus denen sie schreiend und schwitzend hochfahren würden, all das wäre noch nicht überwunden, da würde er schon wieder in Freiheit sein – lange bevor sie wieder ihr normales Leben führen konnten. Die Höchststrafe für Vergewaltigung in einem schweren Fall war acht Jahre, Entlassung nach vier Jahren. Die Zeit in Untersuchungshaft würde ihm wahrscheinlich angerechnet werden, so daß er, während er auf dem Weg in seine Zelle war, nur noch drei Jahre bis zu seiner Entlassung absitzen mußte. Nein, korrigierte sie sich in Gedanken, er würde möglicherweise eine Zusatzstrafe für erzwungenen oralen Sex bekommen, so daß er etwas länger sitzen müßte. Es war nicht genug. Es konnte niemals genug sein. Aber sie war sich sicher, daß er andere Gewalttaten begangen hatte, denn sie erinnerte sich an den Geschmack von altem, verkrustetem Blut an seinem Messer. Vielleicht sogar Mord. Dieses Verbrechen war ein Mord gewesen: die Vernichtung kindlicher Unschuld.

Sie mußte auch ihre Karriere berücksichtigen, ihr Lebenswerk, denn Tatsache war, daß sie zwar in Fällen mit Vergewaltigung die Anklage führen, dem Gericht aber nie mehr ohne Befangenheit als Richterin vorsitzen könnte. So verschloß sich eine Tür vor ihr. Mit jedem Gedanken war sie weiter davon entfernt, das Verbrechen den Behörden zu melden.

Sie sah sein Gesicht immer wieder vor ihrem geistigen Auge, und sie hatte eine vage Ahnung, daß sie ihn schon einmal gesehen hatte. Die frische Erinnerung an das Geschehene verdeckte die Vergangenheit, und sie konnte Wirklichkeit und Phantasie kaum noch auseinanderhalten. Aber dieses Gesicht ...

Shana hatte sich etwas beruhigt, die Tablette tat ihre Wirkung. Lily griff nach dem Telefon auf dem Nachttisch und rief John an. Er hatte offensichtlich tief geschlafen und meldete sich mit einem undeutlichen und verärgerten »Hallo«, als erwartete er, daß jemand sich verwählt hatte.

»John, du mußt sofort zu mir kommen.« Sie sprach leise und schnell. »Es ist etwas geschehen.«

»Um Gottes willen, wie spät ist es? Ist Shana krank?«

»Es geht uns beiden gut. Komm einfach her. Stell jetzt keine Fragen, sondern komm. Shana liegt direkt neben mir.« Ihre Stimme wurde unsicher; sie wußte nicht, wie lange sie noch die Fassung bewahren konnte. »Komm bitte. Wir brauchen dich.«

Sie legte auf und sah auf die Uhr – erst ein Uhr. Nur einige Minuten hatte es gebraucht, um ihr Leben zu zerstören und ihnen das Glück zu rauben, das wieder möglich erschienen war – zwei Stunden war das nun her. Sie dachte an John und wie er reagieren würde. Shana war sein Leben, seine Sonne, sein beschütztes und verhätscheltes kleines Mädchen. Als Shana geboren wurde, hatte er Lily beiseite gedrängt und dem

Kind all seine Zuneigung geschenkt; er hatte sie gehalten und gestreichelt und geküßt, nachdem er aufgehört hatte, seine Frau zu küssen. Lily fing an zu zittern und versuchte, sich selbst zu wärmen. Sie mußte jetzt stark sein.

Als sie John durch den Flur gehen hörte, kam es ihr vor, als seien nur Minuten seit dem Anruf vergangen. Die Zeit war stillgestanden und hatte wie eine dunkle Wolke, die sich nicht verziehen wollte, über ihnen gegangen. Plötzlich stand er in der Tür zum Schlafzimmer. »Was um Himmels willen ist hier los? Die Haustür steht sperrangelweit offen.« Er sprach in anklagendem Ton und ließ seine Verärgerung an Lily aus.

Shanas Körper hatte sich in Lilys Armen entspannt, ihr Atem ging ruhig, und sie lag ganz still. Als sie seine Stimme hörte, rief sie: »Daddy, o Daddy.« Er eilte zu ihr, und Lily gab sie aus ihrer Umarmung frei. Als John sie mit seinen kräftigen Armen umfing, schmiegte sie sich an seine Brust und schluchzte. »Oh, Daddy.«

Er blickte Lily an, und in seinen dunklen Augen blitzte Wut auf, aber darunter stieg Furcht hoch. »Was ist passiert?« brüllte er. »Sag mir, was heute abend passiert ist.«

»Shana, Daddy und ich gehen ins Nebenzimmer, um über alles zu reden«, sagte Lily sanft zu ihrer Tochter. »Du kannst unsere Stimmen hören und weißt, daß wir da sind. Wir sind ganz in der Nähe.« Sie gab John ein Zeichen, ihr zu folgen.

Das Valium hatte auch sie etwas beruhigt, und sie erzählte John, was sich zugetragen hatte. Es war eine emotionslose Aufreihung der Fakten. Wenn sie nur eine Träne zuließ, das wußte sie, war es mit ihrer Beherrschung vorbei. Sie saßen auf dem neuen Sofa; das bernsteinfarbene Licht aus einer Tiffany-Lampe schaffte eine fast surreale Atmosphäre. Auf dem Boden lagen noch die aufgeschlagenen Fotoalben herum. Er beugte sich vor und berührte die feinen Schnitte in ihren Mundwinkeln mit den Fingern, aber es war keine Geste der Anteilnahme oder Zuneigung; es war eher eine Prüfung, um sich den Wahrheitsgehalt dessen, was sie erzählt hatte, zu bestätigen. Seine Augen sagten ihr deutlich, daß er sie für alles verantwortlich machte, egal, wie die Situation wirklich gewesen war. Sie hätte die Kraft aufbringen müssen, den Kerl aufzuhalten. So hat er mich immer gesehen, dachte Lily. Als Ausbund an Kraft, unbesiegbar.

Plötzlich begann er zu weinen. Sein athletischer Körper schüttelte sich. Ungewohnte und mitleiderregende Laute drangen aus seiner Kehle. Er schrie nicht, er brüllte nicht, er drohte nicht mit Rache. Er war ganz einfach verzweifelt, und sein Schmerz ließ keinen Platz für Zorn.

»Möchtest du, daß wir es der Polizei melden? Du bist ihr Vater, und ich kann diese Entscheidung nicht ohne dich treffen«, sagte sie. »Wir müssen uns aber nicht festlegen. Wenn wir wollen, können wir auch noch zu einem späteren Zeitpunkt Anzeige erstatten.« Während sie sprach, wanderte ihr Blick in Richtung Küche; sie überlegte, ob es Beweismaterial geben könnte, vielleicht Fingerabdrücke an der Tür.

»Nein, ich finde, du hast recht. Es würde alles nur noch schlimmer für sie machen«, antwortete er schließlich. Tränen liefen über seine Wangen, er wischte sie mit dem Handrücken weg. »Hat die Polizei eine Chance, den Dreckskerl zu schnappen?«

»Wie soll ich das wissen, John? Das kann keiner wissen. Wir wissen nicht mal, wie sein Wagen aussieht.« Sie ärgerte sich jetzt, daß sie bei Shana geblieben war, statt ihm hinterherzurennen. »Lieber Gott, vielleicht machen wir genau das Verkehrte, wenn wir es nicht melden. Himmel, ich weiß es nicht.« In ihrem Kopf ging alles drunter und drüber, in ihr tobte eine Wut, die sich kaum mehr bändigen ließ. Die Erinnerung an die Vergangenheit und die Jahre voller unausgesprochener Geheimnisse verdunkelten ihren Verstand. Etwas in ihr glitt weg, versank, stürzte ab. Sie durfte das nicht zulassen. Sie mußte das Band zurückspulen und es löschen. Johns Stimme drang aus großer Ferne an ihr Ohr. Sie richtete den Blick auf ihn und versuchte, ihn wahrzunehmen.

»Ich möchte Shana mit nach Hause nehmen, weg von hier.« Seine Stimme war ein unterdrücktes Schluchzen. »Mir ist alles andere egal. Ich will nur bei meinem Kind sein.«

»Ich weiß«, schrie sie ihn an; dann senkte sie ihre Stimme, damit Shana sie nicht hören konnte: »Sie ist unser Kind, nicht deins. Meinst du nicht, ich will auch bei ihr sein? Ich will nicht, daß ihr Schmerz zugefügt wird. Ich konnte das heute abend nicht verhindern. Ich habe es versucht, aber konnte es nicht. Ich habe ihr ein Beruhigungsmittel gegeben. Wir packen sie jetzt ins Auto und fahren nach Hause. Ich packe schnell ein paar Sachen zusammen und komme dann nach.«

Er erhob sich, blieb dann aber wie angewurzelt stehen. In seinen Augen stand das blanke Entsetzen. Er hatte sich die Haare nicht über die kahle Stelle gekämmt, und eine lange Strähne hing ihm von der Schläfe herab. Er sah entsetzlich alt und verbraucht aus. »Kann sie schwanger werden? Meine Kleine, mein Mädchen.«

Sie wollte gerade antworten, aber ihr Abscheu vor seiner Schwäche war zu groß. Das war es, weswegen sie im Laufe der Jahre jeglichen Respekt vor ihm verloren hatte. Sie hatte sich gezwungen, ihre Ängste zu überwinden und sich mit der Welt, in der sie lebten, auseinanderzusetzen, während er sich in eine Phantasiewelt zurückgezogen hatte, in der es keine wirkliche Bedrohung gab. Warum konnte er nicht einmal im Leben die Entscheidungen treffen, die von ihm verlangt wurden? Sie konnte nicht aufhören, an Richard zu denken und sich zu wünschen, daß er da wäre statt John. Zum ersten Mal in ihrem Leben hatte sie das Glück erahnt und den zarten Beginn von Lust gekostet. Lust, dachte sie. Der Mann hatte Lust in ihrer und Shanas Angst gefunden, in ihrer Erniedrigung. So wie ihr Großvater Lust in den verbotenen Nischen ihres jungen Körpers gefunden hatte.

»Er hatte keinen Samenerguß. Die Polizeisirene hat ihn vorher vertrieben. Wir können morgen mit ihr zum Arzt gehen und sie untersuchen lassen. Der kann ihr auch ein Antibiotikum zur Vorbeugung gegen Krankheiten geben. Es besteht natürlich eine entfernte Gefahr, daß sie durch Sperma, das vor der Ejakulation ausgetreten ist, schwanger werden kann. Wir müssen einfach hoffen, daß das nicht der Fall ist.«

»Wird sie das jemals verwinden, Lily? Wird unser kleines Mädchen je wieder so sein wie vorher?«

»Wenn wir ihr helfen und ihr all die Liebe und Zuneigung geben, derer wir fähig sind, dann wird sie es bewältigen, das weiß ich. Ich hoffe, daß sie es kann.« Als sie die abgegriffenen Worte des Trostes aussprach, die sie schon Dutzenden von Opfern mitgegeben hatte, wurde ihr schlagartig bewußt, wie hohl sie klangen. Shana war stark, war immer stark gewesen. Lily hatte versucht, sie stark zu machen, und hatte sich geweigert, sie zu verhätscheln, wie John es tat. Und wenn die Prozedur bei den Behörden sich in Grenzen hielt, würde sie sich vielleicht eines Tages an das Ereignis wie an einen schlechten Traum erinnern. Wie ihre eigenen schlechten Träume. Sie hatte es schließlich auch geschafft. Was blieb ihr auch übrig? Die Alternative war, zu einem emotionalen Krüppel zu werden. Aber das würde sie nicht zulassen, daß ihr Kind in diesen Abgrund stürzte. Das nicht.

Nachdem sie Shana in die neue Steppdecke gehüllt hatten, führte John sie zur Tür. Dort drehte sie sich zu Lily um; sie blickten sich an, und ihre Augen versanken ineinander. Lily hatte ihr immer eine Freundin und Vertraute sein wollen. Nun waren sie zusammen in die Hölle hinabgestiegen; das Band zwischen ihnen war in Todesangst geschmiedet.

»Daddy fährt dich jetzt nach Hause, und du schläfst in deinem Bett. Er schläft auf dem Boden neben dir.« Sie umarmte ihr Kind. »Morgen früh, wenn du aufwachst, bin ich auch da.«

»Kommt er wieder, Mom?«

»Nein, Shana, er kommt nicht wieder. Morgen ziehe ich hier aus. Er wird nie mehr kommen. Und wir können bald vergessen, daß es diesen Abend je gegeben hat.« Sie wußte, daß das eine Lüge war.

KAPITEL 10

Nachdem John und Shana gegangen waren, warf Lily hastig ein paar Sachen in eine Tragetasche. Das Haus lag wieder totenstill, es herrschte dieselbe unheilschwangere Stille wie zuvor, und sie zitterte. Das Gesicht des Angreifers trat immer wieder vor ihr geistiges Auge, und jedesmal blieb sie wie angewurzelt stehen und versuchte zu ergründen, was sie mit diesem Gesicht in Verbindung brachte. Plötzlich erschien das Bild wieder, aber nicht so, wie sie es vor sich gesehen hatte. Sie wußte, es gehörte zu einem Polizeifoto.

Lily hastete ins Wohnzimmer, stolperte über ihren Bademantel, der nach Shanas Erbrochenem roch, und fiel hin. Sie sah ihren Aktenkoffer und kroch auf Händen und Füßen dahin. Ihre Finger zitterten, als sie das Kombinationsschloß zu öffnen versuchte. Beim dritten Mal sprang es auf. Sie entleerte den Inhalt auf den Boden und suchte nach der Akte, die ganz sicher das Foto enthielt. Papiere flogen durch den Raum.

Plötzlich hielt sie es in der Hand und starrte in sein Gesicht. Es war derselbe Mann, der versucht hatte, die Prostituierte zu vergewaltigen. Clintons Fall, zu dem sie gestern das Verfahren eingestellt hatten. Der Mann trug sogar dasselbe rote Sweatshirt. Er war damit verhaftet und fotografiert worden. Mit diesem selbstgefälligen Lächeln auf dem Gesicht. Er mußte gerade entlassen worden sein, als sie aus dem Gebäude gekommen war; sein privater Besitz war ihm zuvor ausgehändigt worden. Entweder hatte ihn jemand abgeholt, oder sein Auto war zuvor beim Gefängnis abgestellt worden. Als sie das Gerichtsgebäude verlassen hatte, war er ihr offensichtlich gefolgt.

Sie betrachtete sein Gesicht erneut und hatte nicht den geringsten Zweifel. Sie war sich absolut sicher. Er war es.

Ihr Atem ging schnell und heftig. Die beruhigende Wirkung der Valiumtablette, wenn sie denn eine besessen hatte, war verflogen. Adrenalin pulsierte in ihren Blutbahnen. Sie blätterte die Akte hastig durch und suchte den Polizeibericht. Da stand, was sie suchte: Seine Adresse war mit 254 So. 3rd Street, Oxnard, angegeben. Sein Name war Bobby Hernandez, und obwohl er spanischer Abstammung war, hatte er Fresno, Kalifornien, als seinen Geburtsort angegeben. Lily riß das Blatt mit der Adresse aus der Akte und steckte es in die Tasche ihres Bademantels. Sie ging ins Schlafzimmer und zog Jeans und einen Pullover an; das Blatt mit der Adresse steckte sie in die Hosentasche. Sie kramte ganz hinten in ihrem Kleiderschrank, bis sie ihre fellgefütterten Winterstiefel in einem Karton fand. John hatte darauf bestanden, daß sie ihre gesamte Habe mitnahm, als sie auszog, als ob er sie aus seinem Leben auslöschen wollte; alles, außer den Möbeln. Die wollte er behalten. In demselben Karton war auch eine blaue Skimütze. Sie setzte sie auf und stopfte ihre Haare darunter.

Sie lief in die Garage. In einer Ecke, hinter mehreren Kisten, stand die Schrotflinte ihres Vaters, eine halbautomatische Browning Kaliber 12, mit der er auf Rotwildjagd gegangen war. Sie gehörte zu den merkwürdigen Gegenständen, die seine Mutter ihr nach seinem Tod gegeben hatte. Sie hatte den gußeisernen Grill, einen Füller und diese Flinte bekommen. Sonst nichts.

Als sie in der dunklen Garage über den Lauf der Waffe strich, fühlte sie seine Gegenwart und hörte seine dröhnende, schnarrende Stimme. »Guter Schuß, Lily-Mädel. Könnte kein Junge besser machen.« Am Samstag nachmittag hatte er sie immer zum Dosenschießen mitgenommen. Natürlich hatte er sich einen Sohn gewünscht. Als ihr Großvater starb, sie war damals dreizehn, wünschte sich Lily, wie ihr Vater, daß sie ein Junge wäre.

Als ihr Blick auf den kleinen Karton mit den Patronen fiel, hörte sie wieder seine Stimme klar und deutlich neben sich. »Das sind Flintenlaufgeschosse, Lily-Mädel.« Sie lud das Magazin damit und steckte sich noch ein paar in die engen Taschen ihrer Jeans. »Mit denen schießt man ein Loch, das so groß ist, daß man eine Katze hindurchwerfen kann. Darauf kannst du wetten. Wenn du damit jemanden triffst, sagt er keinen Piep mehr.« Sie zögerte nicht einen Moment; seine Stimme wies ihr den Weg, drängte sie förmlich. »Wenn du deine Beute im Visier hast und schießen willst, dann schieß. Du darfst nicht warten, sonst schießt du daneben.« Er hatte sie auf die Rotwildjagd mitgenommen und war stolz auf seine Tochter. Er wollte seinen Jagdkumpanen – stolze Väter von Söhnen – beweisen, was für ein guter Schütze sie war. »Es ist einfach Fleisch«, hatte er ihr auf der Fahrt dahingesagt, »Wildbret.« Später dann, im Wald, kam ihr ein sanftes, schönes Reh vor das Visier. Sie zögerte einen Moment; mit zusammengepreßten Zähnen und schwitzenden Händen versagte sie und konnte nicht abdrücken. Er war enttäuscht. Sie hatte seine Erwartungen nicht erfüllt. Sie schwor, daß sie nie wieder versagen würde.

Sie verließ die Garage, die Gewehrmündung nach unten gerichtet. Ihr Schritt war fest und entschlossen geworden, selbst als sie wieder im Haus war und auf dem Teppich lief. Sie fühlte sich ganz ruhig, als ob sie sich in einer anderen Dimension bewegte. Plötzlich läutete das Telefon schrill durch das einsame Haus. Es war John.

»Shana schläft. Ich mach mir Sorgen um dich. Kommst du bald?«

»Ich komme in ein paar Stunden. Mach dir keine Sorgen. Ich kann jetzt sowieso nicht schlafen. Ich möchte mich in die Badewanne legen und versuchen, mich zu entspannen. Der kommt heute nacht nicht mehr hierher zurück. Kümmere du dich um Shana.« Tu das, was du am besten kannst, dachte sie ohne jede Verachtung, sich in ihre Rolle schickend, und ich tue, was getan werden muß.

Sie wollte schon die Haustür abschließen, als ihr noch etwas einfiel. Sie lief in die Küche zurück und durchwühlte die Schubladen, bis ihr der dicke, schwarze Filzstift in die Hände fiel, den sie benutzt hatte, um ihre Umzugskartons zu beschriften. Sie schob ihn in die andere Hosentasche und ging.

Der Mond stand am Himmel, es war eine klare Nacht. Die Straßenlaternen warfen helle Halbkreise auf die sauber gepflegten Vorgärten. Sie hatte ihre beiden Nachbarn nur kurz am Tag des Einzugs gesehen. Es waren ältere Ehepaare, und an diesem Abend hatten sie ihre Fernseher schon am frühen Abend bei voller Lautstärke laufen lassen. Die Straße lag ruhig und friedlich da, als ob nichts geschehen sei, aber die Stille war hörbar, sie hatte ihren eigenen Klang.

Sie kniete sich vor das Heck ihres Wagens und fing an, mit dem Stift das Nummernschild zu übermalen. Aus dem Kennzeichen FP 0322 machte sie auf diese Weise EB 0822 – keine große Veränderung, aber besser ging es nicht. Das Gewehr warf sie auf den Rücksitz und wollte es schon zudecken, entschied dann aber, daß es keine Rolle spielte. Ihr Zorn trieb sie an, der Haß in ihr brannte lichterloh und blendete sie. Immer wieder sah sie ihn über Shana, das Messer auf ihrem Bauchnabel, sah, wie sein Körper sich auf ihrem kostbaren Kind hob und senkte.

Sie fuhr in Richtung Oxnard. Auf den Straßen war kaum Verkehr. Sie kurbelte das Fenster herunter und ließ sich den Fahrtwind ins Gesicht wehen. Als sie an den Feldern von Oxnard vorbeifuhr, stieg ihr der Geruch von Dünger in die Nase, der sie an seine säuerlichen Ausdünstungen erinnerte. Lily hatte den Geschmack von seinem ekelhaften Penis im Mund – sie spuckte zum Fenster hinaus. Ihre Mundwinkel brannten dort, wo sein Messer sie geritzt hatte. Sie stellte sich vor, was er mit dem Messer vorher gemacht hatte, und bei dem Gedanken an den Geschmack der getrockneten Kruste mußte sie an sich halten, um sich nicht zu übergeben.

Langsam rollte ihr Wagen durch die dunklen Straßen, eine Straßenlaterne nach der anderen ließ sie hinter sich. Die Ampeln erschienen ihr wie Lichter, die ihren Abstieg in die Hölle erleuchteten. Ab und zu überholten andere Autos sie. Paare, die von einer Party, einer Verabredung, einem Essen nach Hause fuhren; Verliebte, die aus irgendwelchen Betten krochen, um in andere Betten zurückzukehren. An einer Ampel stand ein Wagen neben ihr. Sie blickte hinüber; eine Frau starrte sie an, mit müden, glanzlosen Augen und Falten im Gesicht. Vielleicht eine Kellnerin, die von der Spätschicht heimfuhr. »Paß gut auf dich auf«, warnte Lily sie in Gedanken, »du könntest die nächste sein.«

Sie versuchte, planmäßig vorzugehen. Sie brauchte nicht lange, um das Haus zu finden. Es befand sich in einer der Durchgangsstraßen von Oxnard, und sie folgte einfach den Hausnummern. Das Viertel hieß Colonia und war ihr bekannt als eine Gegend, in der es von Drogendealern und Verbrechern wimmelte. Das Haus stand inmitten einer Reihe von kleinen, verputzten Häusern. Direkt gegenüber war eine Baulücke. Sie hielt an. Der Vorgarten war von Unkraut überwuchert, der Boden ausgetrocknet und voller Risse. Neben dem Eingang rostete ein alter Eisschrank mit einer dicken Kette und einem Vorhängeschloß vor sich hin. In der Auffahrt erkannte sie einen verstaubten Plymouth älteren Baujahrs und einen Ford Pickup, an dem die Lackierung zum Teil übersprüht war. Vergeblich hielt sie nach einem Kleinbus Ausschau. Bei der versuchten Vergewaltigung und Entführung der Prostituierten hatte er einen Kleinbus gefahren. Das Fliegengitter vor der Haustür hing lose im Scharnier. Ein Fenster im Erdgeschoß war mit Pappe zugeklebt, bei einem anderen waren die Vorhänge zugezogen. Kein Fenster war erleuchtet.

Wie ein Einbrecher blickte sie um sich und stellte fest, daß die nächste Laterne einen Häuserblock entfernt an der Ecke stand. Sie war mit einem festen Vorsatz hierhergekommen, die geladene Schrotflinte auf dem Rücksitz, aber sie hatte keinen genauen Plan. Sie wußte, daß sie nicht einfach in sein Haus gehen und ihn erschießen konnte. Das war Selbstmord. Sie wußte nicht einmal, ob er im Haus war. Es blieb ihr nur eine Möglichkeit: Sie mußte warten, bis er das Haus betrat oder es verließ. Das konnte am hellen Tag geschehen, wenn sich Dutzende von Menschen auf der Straße befanden. In manchen dieser Häuser lebten fünf oder sechs Familien zusammen. Ein Blick auf die parkenden Autos am Straßenrand zeigte ihr, daß die Marke Honda in dieser Gegend eher selten vorkam.

Langsam fuhr sie weiter, schlug einen Bogen und fuhr zurück zu den Feldern, an denen sie auf dem Hinweg vorbeigekommen war. Sie steuerte den Wagen in einen Feldweg und trat das Gaspedal durch, so daß die Räder durchdrehten. Sie hatte das Auto erst vor ein paar Tagen durch die Waschanlage gefahren, und jetzt setzte sich der Staub, den sie mit den Rädern aufwirbelte, auf ihm nieder. Zu beiden Seiten, soweit das Auge reichte, stand hohes Getreide. Sie schaltete den Motor aus und nahm die Flinte vom Rücksitz, richtete sie auf das Feld und drückte ab. Der Schuß zerriß die Stille, und der Kolben schlug gegen ihre Schulter. Ihr Vater war jetzt seit zehn Jahren tot. Sie wollte sichergehen, daß ihre Waffe auch funktionierte. Sie warf die Flinte wieder auf den Rücksitz, ließ den Wagen an und schlug wieder die Richtung zur Hauptstraße ein. Rasch erreichte sie die hell erleuchteten Straßen von Ventura, wo sie arbeitete.

Sie fuhr am Gerichtskomplex vorbei und rollte auf den Parkplatz. In den Gängen des Gefängnisses brannte zwar Licht, aber die Fenster waren dunkel. Sie ließ ihren Blick über die Fassade schweifen und sah ihn vor sich, wie er sie von diesen Fenstern aus beobachtet hatte, wie er ihr zugesehen hatte, während sie nach dem Autoschlüssel suchte, den sie nie zur Hand hatte. Wenn es um ihre Sicherheit ging, war sie immer eher leichtsinnig gewesen; wahrscheinlich glaubte sie selbst, daß sie unnahbar und unbesiegbar sei. Sie verbrachte so viel Zeit mit Verbrechern, daß sie das Gefühl für die konkrete Gefahr verloren hatte. Jetzt erinnerte sie sich daran, wie oft ihr kleines rotes Auto allein auf dem Parkplatz gestanden hatte. Ein Gefühl, das stärker war als Wut, beschlich sie: Schuld. Durch ihr Handeln hatte sie ausgelöst, was mit ihrer Tochter geschehen war. Alles hatte an dem Abend angefangen, als sie zum ersten Mal mit Richard schlief – eine verheiratete Frau, die sich herumtrieb, während ihr Mann und ihr Kind zu Hause auf sie warteten.

Aber das stimmte nicht: John war gar nicht zu Hause gewesen. Er hatte ihr nachspioniert, hatte darauf gewartet, daß er sie bei etwas ertappen würde, was er ihr in den letzten Jahren immer wieder ohne jeden Grund vorgeworfen hatte. Sie hatten sich furchtbar gestritten. Sie haßte ihn wegen seines Mißtrauens und hatte sogar gedroht, ihn einfach nur so zu betrügen, weil er ihr sowieso nicht glaubte, egal, was sie tat oder sagte. Von Anfang an hatte er ihr immer wieder unbewußt demonstriert, daß er fürchtete, sie zu verlieren. Auch hatte er ihr vorgeworfen, daß sie ihn nicht liebe, ihn nie geliebt habe und in der Ehe mit ihm nur Sicherheit und Schutz suchen würde. Sie hatte die Worte im Laufe der Jahre so oft gehört, daß sie ihm schließlich glaubte.

Vielleicht hatte er recht. Am College hatte sie sich von ihren Kommilitonen, jenen aggressiven und selbstgefälligen Studenten, die mit ihr ausgehen wollten, ferngehalten. Statt dessen hatte sie sich an die schüchternen und ruhigeren Männer gehalten und die Beziehungen immer beendet, bevor sich irgend etwas entwickeln konnte. Zufällig hatten sie sich getroffen, in einem Drugstore mit Imbißtheke. Er war nicht ganz aufrichtig, als er von seiner Arbeit bei einem Arbeitsvermittlungsbüro und seinem Einkommen sprach, und umwarb sie mit Blumen und Karten. Aber es waren seine Achtung vor Frauen und sein fürsorgliches Wesen, die sie für ihn einnahmen und deretwegen sie sich bei ihm sicher fühlte. »Männer benutzen dich nur als Gefäß«, hatte er ihr erklärt, »sie glauben, daß Frauen lediglich für Sex da sind.« Er sagte, er wolle erst mit ihr schlafen, wenn sie seine Frau sei, die Mutter ihrer ungeborenen Kinder, »so wie es sein sollte.« Lily war es, die schließlich sexuell aktiv wurde; sie merkte, daß ihr Körper nach Sex verlangte, daß es ihr Spaß machte. Je mehr sie es wollte, desto mehr wich er zurück. Es fing nach Shanas Geburt an. Schließlich wollte sie auch nicht mehr mit ihm schlafen.

Sie fuhr quer über den Parkplatz und dann wieder auf die Straße, die Hände hielten das Steuerrad umklammert, sie saß kerzengerade. Langsam wich die Dunkelheit einem verhangenen Grau. Es dämmerte. Sie konnte die Vögel in den Bäumen zwitschern hören, als sie die Allee entlang nach Oxnard fuhr. Die Welt erwachte zu einem neuen Tag.

Sie mußte auf die Toilette, wollte aber nicht anhalten, unterdrückte den Drang und vergaß ihn schließlich. Als sie an einer Ampel halten mußte und in den Rückspiegel sah, erblickte sie ihr Gesicht; es war aschfahl, die Augen blutunterlaufen. Mit der gestrickten Mütze, die sie tief in die Stirn gezogen hatte, sah sie alt und verbraucht aus. Sie bemerkte, daß sein Gestank noch immer an ihrem Körper haftete und inzwischen eine groteske Verbindung mit ihrem eigenen Geruch eingegangen war. Eine Woge des Ekels schlug über ihr zusammen. Sie biß sich auf die Unterlippe und schmeckte ihr eigenes Blut.

Langsam lenkte sie den Honda in seine Straße und sah einen dunkelgrünen Bus, der mit offener Ladetür am Straßenrand stand. Ihr Blick glitt sofort zum Gewehr auf dem Rücksitz, während ihr Puls raste und ihr Magen sich zusammenkrampfte. Dann suchte sie die Straße ab, sah aber keine Menschenseele. Sie hörte gedämpfte Radiomusik aus einem offenen Fenster, wahrscheinlich ein spanisches Lied. Fünf oder sechs Häuser vorher hielt sie an und wischte ihre feuchten Hände, mit denen sie das Lenkrad umklammert gehalten hatte, an den Hosenbeinen ab. Dann legte sie die Flinte neben sich auf den Vordersitz, mit der Mündung nach unten.

Als plötzlich ein Hund ganz in der Nähe zu bellen anfing, zuckte sie zusammen und nahm den Fuß vom Bremspedal. Die Automatik stand bei laufendem Motor immer noch auf »Drive«, und der Wagen machte einen Satz nach vorn.

So lange hatte sie ihren Blick unverwandt auf das Haus gerichtet, daß alles vor ihren Augen verschwamm; jetzt aber glaubte sie plötzlich etwas Rotes zu sehen. Sie trat das Gaspedal ganz durch und hatte in Sekundenschnelle die Strecke bis zu seinem Haus zurückgelegt. Mit beiden Füßen trat sie auf die Bremse, schob den Automatikhebel, ohne zu denken, auf die Park-Stellung, griff nach dem Gewehr und stieg aus. Als sie den Lauf der Waffe auf das Autodach fallen ließ, war der Lärm in der morgendlichen Stille ohrenbetäubend. Er kam aus dem Haus, erreichte den Bürgersteig und ging auf den Kleinbus zu. Als er sie sah, blieb er wie angewurzelt stehen. Auf seinem Gesicht zeichneten sich Überraschung und Verwirrung ab.

Im Bruchteil einer Sekunde, während ihre Augen das Ziel fixierten und ihr Finger den Abzug suchte, durchzuckte sie ein Gedanke wie ein Blitz. Sie bewegte sich um etwas zurück, aber das Licht war verschwunden, das Ziel ein gerahmtes Portrait roten Stoffes, unter dem sein Herz schlug. In ihrer Nase spürte sie den Geruch von Old Spice Aftershave. Schmirgelpapierfinger gruben sich in ihre Vagina. Der Mann vor ihr war nicht mehr der Mann, der ihre Tochter vergewaltigt hatte, es war der alte Puppenspieler, ihr Großvater.

Sie feuerte.

Der Schuß riß ihn um; Arme und Beine flogen in die Luft.

Die Patronenhülse wurde auf den Asphalt ausgeworfen. In ihrem Kopf dröhnte der Widerhall der Explosion. Ein riesiges Loch erschien in der Mitte des roten Sweatshirts, aus dem Blut spritzte. Sie ertrank in einem Meer von Blut: Shanas Blut, jungfräuliches Blut, Opferblut. Ihre Kehle zog sich zusammen, Schleim rann ihr aus der Nase, und wieder krümmte sich ihr Finger, mechanisch und ohne ihr Zutun. Die Kugel traf ihn an der Schulter und fetzte den Arm vom Rumpf.

Ihre Knie gaben nach, die Schrotflinte fiel mit dem Kolben zuerst auf die Straße. Sie erbrach Hühnerteilchen auf den schwarzen Asphalt, die ihr wie brodelndes Fleisch erschienen. Durch die offene Autotür zog sie sich in den Wagen, in der einen Hand das Gewehr. Alles um sie herum war in Aufruhr, zitterte, blutete, schrie. Die Dinge schienen durch die Luft zu fliegen, die Welt war aus den Fugen geraten.

Weg, befahl sie ihrem Körper, der sich nicht rührte, weg von hier. Sie ließ die Schrotflinte los und packte das Steuer. Sieh nicht hin, fahr. Ihr Fuß gehorchte, und das Auto schoß vorwärts. In Sekunden war sie an der Kreuzung. Bieg ab. Atme. Es war kein Mensch, den sie umgebracht hatte. Bieg ab. Fahr. Bieg ab. Die Sonne schien, aber sie sah nur einen schwarzen Tunnel vor sich. Sie wußte, daß sie in der Hölle war, aus der es keinen Ausweg gab. »Bitte, Gott«, betete sie. »Im Namen des Vaters, des Sohnes und des Heiligen Geistes.« Sie schrie. »Zeig mir, wo es rausgeht.«

Ihr Körper fühlte sich an wie Eis, aber sie war schweißgebadet. Auf dem Schild stand Alameda Street. Die Sonne stach vom Himmel, auf den Straßen herrschte reges Treiben. Sie sah ein Stoppzeichen und bremste: Drei Schulkinder gingen vor ihr über die Straße. Seit über einer Stunde war sie ziellos durch die Gegend gefahren. Das Schrotgewehr lag am Boden und war gegen ihre Füße gerutscht. Sie schob es zur Seite und fuhr weiter.

Sie hatte das Gefühl, als befände sie sich außerhalb ihres

eigenen Körpers und betrachte sich selbst aus weiter Entfernung. Es schien keine Verbindung mehr zu bestehen zwischen ihr und der Person am Steuer des Wagens. Die Häuser waren jetzt größer und die Gärten gepflegter. Sie war nicht mehr in Colonia.

Vor ihrem geistigen Auge sah sie den Ort des Verbrechens: die Polizeiwagen mit Blaulicht, der Krankenwagen und die Sanitäter, die Menge der Schaulustigen, die von der Polizei zurückgedrängt wurden. Wenn er noch lebte, würde man ihn zum nächsten Krankenhaus transportieren, wo die Schwestern und Ärzte in der Notaufnahme versuchen würden, die Blutungen zu stoppen und das Ausmaß der Wunden zu beurteilen. Vielleicht war er sogar schon im Operationssaal, wo ein Chirurg sich bemühte, sein Leben zu retten. Aber sie zwang sich, seinen ekligen, zutiefst abstoßenden Körper unter einer groben, schwarzen Decke zu sehen, leblos.

Als sie zu einer größeren Querstraße kam, schlug sie die Richtung nach Hause ein. Zu Shana, dachte sie, ich muß zu Shana. »Er wird dir nie wieder weh tun, mein Kleines. Er wird dir nie wieder weh tun«, flüsterte sie. Als sie die Worte sagte, war es nicht ihre Stimme, sondern die ihrer Mutter, mit Worten, nach denen sie sich gesehnt hatte, die ihr sagten, daß der perverse Mißbrauch ihres Körpers durch ihren Großvater vorüber war. Die Worte wurden niemals gesprochen. Erst sein Tod hatte sie befreit.

Sie zog sich die Strickmütze vom Kopf und warf sie aus dem Fenster, als sie in die Auffahrt nach Camarillo einbog. Sie fühlte sich überraschend ruhig und beherrscht, voller Entsetzen, aber in Frieden mit sich. Der Zorn hatte sich Bahn gebrochen, hatte seine ihm eigene Form annehmen dürfen und war, eingeschlossen in eine Patronenhülse, auf das Ziel abgefeuert worden. Das Böse war zu dem Menschen zurückgekehrt, der es entfesselt hatte.

Statt links in Richtung auf ihr Haus zu fahren, bog sie nach rechts ab. Ihr Ziel war eine alte Kirche, zu der ein steiler, mit

Unmengen von Avocadobäumen bewachsener Abhang gehörte. Sie kam jeden Tag auf ihrem Weg zur Arbeit dort vorbei. Der Parkplatz davor war leer. Große Bäume schützten ihn vor Einblicken von der Straße her. Sie stieg aus, das Gewehr in der Hand, und wischte es mit dem Zipfel ihres Hemdes ab. Sie warf die Waffe den Abhang hinab und flüsterte: »Ich habe einen tollwütigen Hund umgelegt, Dad. Du wärst stolz auf mich gewesen.«

Als sie in ihre Straße einbog, fiel ihr Blick auf das Armaturenbrett. Die Nadel der Benzinanzeige rührte sich nicht mehr vom roten Feld. Eine Sekunde später sah sie das Polizeiauto vor ihrem Haus.

Kapitel 11

Lily wußte, als sich ihr Auto prustend und stotternd, von den letzten Tropfen Benzin angetrieben, auf ihr Haus zu bewegte, daß sie keine andere Wahl hatte, als hineinzugehen und sich der Polizei zu zeigen. Sie betätigte den Knopf für die automatische Garagentoröffnung. Als sie den Honda neben Johns weißem Jeep geparkt hatte, sackte sie hinter dem Steuer zusammen, in ihrem Kopf herrschte Chaos. Sie bemühte sich um einen klaren Gedanken und wollte zugleich die Kraft ihres Zorns, der ihr solche Überzeugung gegeben hatte, wiederbeleben – vergebens. Klar sah sie die Tat vor sich, die sie begangen hatte; ohne Schutz war sie jetzt dem Schrecken ausgesetzt. Vielleicht war noch etwas Benzin im Tank übrig, und wenn keiner von denen, die im Haus waren, den laufenden Motor hörte, bestand die Chance, daß sie sich mit den tödlichen Gasen vergiftet hatte und alles vorbei war, ehe man sie bemerkte.

Sie schaltete die Zündung ab. Ihr Selbstmord würde die Qualen, denen Shana ausgesetzt war, nur noch vergrößern. Wie hatten sie es herausgefunden und sie so schnell mit dem Verbrechen in Verbindung gebracht? Über die Autonummer? Aber die hatte sie ja geändert. Und wenn er überlebt und sie trotz der blauen Strickmütze erkannt hatte? Vielleicht hatte er den Honda gesehen? Das war's. Er war ihr ja gefolgt. Vielleicht kannte er ihren Namen nicht, aber er wußte ja, wo sie wohnte. Aber auch das ergab keinen Sinn. Das Haus war gemietet, und es würde Stunden dauern, den Namen des Mieters herauszubekommen. Auch daß er sich in einer Aussage – die er im Sterben oder auf dem Operationstisch hätte machen müssen – an ihre genaue Adresse und Hausnummer erinnerte, erschien ihr zweifelhaft.

Ihr Leben war vorbei. Das Gefängnis wartete auf sie. Ihr würde die Zulassung entzogen werden. Für ihr Verbrechen gab es keine Rechtfertigung. Gleichgültig, was er ihr und Shana angetan hatte, sie hatte ihn nicht in Notwehr erschossen; sie hatte ihn aufgespürt und ihn kaltblütig, mit Vorsatz, umgebracht. Verschiedene Verteidigungsstrategien gingen ihr durch den Kopf: verminderte Schuldfähigkeit, zeitweilige Unzurechnungsfähigkeit. Wußte sie zum Zeitpunkt der Tat, daß ihr Handeln falsch war? War sie sich des Unrechts zur Tatzeit bewußt? Die Antwort war ein klares und unmißverständliches Ja.

Die Betätigung des Türgriffs erforderte alle Kraft und allen Mut, deren sie fähig war. Fast wäre sie auf den Boden der Garage gefallen, als die Tür aufging, weil ihre Hand den Griff nicht loslassen wollte.

John öffnete die Tür zur Garage in dem Moment, als sie die vier Stufen erreichte, die ins Haus führten. »Wo um Himmels willen warst du? Ich war außer mir. Ich habe immer wieder in deinem Haus angerufen. Dann muß ich eingenickt sein. Als ich um 6 Uhr herum wach geworden bin und du immer noch nicht hier warst, habe ich die Polizei geholt.« Er rieb sich mit der Hand über die Stirn. »Du hast den Polizeiwagen wahrscheinlich gesehen.«

Als er weitersprach, schwang Unsicherheit in seiner Stimme mit.

»Ich habe ihnen alles erzählt. Sie sind gerade im Wohnzimmer und sprechen mit Shana.«

Lilys Hand fuhr instinktiv an ihren Hals. Die Schlinge, die sich darum gelegt hatte, löste sich, aber nur für einen Moment.

»Was hast du ihnen erzählt? Du meinst, von der Vergewaltigung? Du hast also beschlossen, es doch zu melden?«

»Ja. Und sie haben gesagt, wir hätten es gestern abend schon melden sollen. Sie hätten ihn vielleicht gleich geschnappt, da in der Gegend. Sie konnten gar nicht verstehen, daß wir keine Anzeige erstattet haben, wo du doch Staatsanwältin bist.« Er sprach jetzt mit größerer Selbstsicherheit, da seine Vorgehensweise von der Polizei gutgeheißen wurde. Er drehte sich um und ging durchs Haus in die Küche, von der man auch ins Wohnzimmer kam.

Lily folgte ihm und erfaßte die Szene mit einem Blick. Zwei uniformierte Beamte waren im Raum: eine Polizistin, die neben Shana auf dem beigefarbenen Ledersofa saß, und ein Polizist, der mit dem Rücken an der Küchentheke lehnte. Obwohl sie eine Menge Polizisten kannte, hatte sie diese beiden noch nie gesehen. Alle Augen richteten sich auf sie, als sie den Raum betrat, aber sie sprach mit gesenkter Stimme, als ob sie ein Privatgespräch mit John führte.

»Es tut mir leid, daß du dir Sorgen um mich gemacht hast.« Sie blickte auf den Boden und dann wieder in sein Gesicht. »Ich war so durcheinander. Ich bin direkt nach unserem Telefongespräch losgefahren, dann war ich auf der Schnellstraße und stellte plötzlich fest, daß ich schon fast in Los Angeles war; also bin ich wieder runter von der Schnellstraße und habe mich dann auf den Nebenstraßen verfahren. Als ich endlich wieder auf die Schnellstraße zurückgefunden hatte, steckte ich mitten im Berufsverkehr.«

Sie fühlte die Blicke der anderen auf sich ruhen und umarmte ihn unbeholfen. »Ich wollte anrufen, aber ich hatte Angst, aus dem Auto auszusteigen; es war eine etwas heruntergekommene Gegend. Außerdem wollte ich dich und Shana nicht wecken.«

Sie nickte den Polizeibeamten flüchtig zu und eilte zu Shana, die blaß und mit dunklen Ringen unter den Augen auf dem Sofa saß, eingehüllt in eine Decke. Ein Schluchzen stieg in ihr auf, als Lily sie in den Arm nahm und ihren Kopf auf ihre Schulter legte. Shana rückte, so eng es ging, an ihre Mutter heran und versuchte, ihren Kopf unter Lilys Arm zu stecken, wie sie es als kleines Kind immer getan hatte.

Die Polizistin war blond und ein bißchen untersetzt, was die Uniform noch unterstrich. Ihre Haare hatte sie im Nacken zu einem Knoten gebunden, ihre Augen drückten Anteilnahme und Freundlichkeit aus, aber auf ihrem Gesicht lag die erprobte Maske der Autorität. »Ich bin Officer Talkington, Mrs. Forrester, und dies ist Officer Travis.«

Der Polizist war einige Schritte zurückgetreten und wollte soeben in das Funkgerät sprechen, das er in der Hand hielt; dann überlegte er es sich anders. »Entschuldigen Sie, kann ich wohl telefonieren? Wir haben eine Suchmeldung für Ihr Auto herausgegeben, und die muß ich jetzt zurückrufen.« Er wollte Lily zeigen, wie professionell er die Sache anpackte, und erklärte: »Alle Mitteilungen in dieser Angelegenheit sind verschlüsselt, Sie brauchen sich also keine Sorgen zu machen, daß Ihre Adresse oder Ihr Name erwähnt wird. Deswegen muß ich telefonieren, weil wir mit dem Funkgerät keine verschlüsselten Nachrichten übermitteln können.«

Während sie äußerlich ruhig dasaß und Shanas Haar streichelte, arbeiteten ihre Gedanken fieberhaft. Die Polizei würde den Tatort besichtigen wollen, um Beweismaterial zu sammeln und Fotos zu machen. Sie fing in Gedanken an der Haustür an und sah den Inhalt der Akte über den Boden verstreut. Wieder legte sich die Schlinge um ihren Hals. Clinton wußte, daß sie die Akte an sich genommen hatte, und der mit der Bearbeitung des Mordes beauftragte Beamte könnte Clinton anrufen, vielleicht sogar die Akte anfordern. Sie mußte an die Akte kommen und sie wieder so herstellen, wie Clinton sie ihr übergeben hatte. Das hieß, die herausgerissene Seite aus dem Polizeibericht kopieren und wieder einheften. Sie mußte jeden Hinweis vernichten, der ihn mit der Vergewaltigung in Verbindung brachte, denn das würde sie als Verdächtige in den Vordergrund schieben. Eine Verdächtige mit Motiv, aber ohne Alibi.

Und sie mußte sich um die Fingerabdrücke kümmern. Bevor sie die Polizei ins Haus lassen konnte, mußte sie überall die Fingerabdrücke wegwischen. Wie lange war er im Haus gewesen? Was hatte er berührt? Außer den Augenzeugenberichten waren Fingerabdrücke die wichtigsten Hinweise darauf, daß sie mit dem Mord irgend etwas zu tun hatte.

Die Polizistin hatte etwas gesagt, aber Lily hatte nicht zugehört. Ein weiterer Gedanke ließ sie aufschrecken – die Patronenhülse. Sie hatte die Hülse, die am Tatort ausgeworfen worden war, angefaßt, als sie das Gewehr lud. Eigentlich müßten sämtliche Fingerabdrücke mit der Explosion des Treibsatzes der Patrone vernichtet worden sein. Aber beim heutigen Stand der Kriminalistik ...?

»... außer der Beschreibung, und wir wollten auf Sie warten, Mrs. Forrester, um erst dann über die Einzelheiten des Verbrechens zu sprechen«, wiederholte die Polizistin bestimmt und versuchte, Lilys Aufmerksamkeit zu wecken.

»Es tut mir leid«, entschuldigte sich Lily. »Ich habe Ihnen nicht zugehört. Ich ... Ich habe die ganze Nacht kein Auge zugetan. John, könntest du mir einen Kaffee geben?« Das Aroma von frisch aufgebrühtem Kaffee lag in der Luft, und sie fragte sich kurz, warum es John nicht eingefallen war, ihr eine Tasse anzubieten.

»Nein, Mrs. Forrester, sicherlich wissen Sie, daß Sie damit wichtiges Beweismaterial zerstören. Ihr Mann hat uns in groben Zügen erzählt, was sich zugetragen hat.«

Lily erwiderte: »Ich habe im Auto einen Kaugummi gekaut, so daß es in meinem Mund sowieso kein Beweismaterial mehr gibt. Ich hab nicht dran gedacht.«

»Nun gut. Ich fasse noch einmal kurz zusammen: Shana hat uns praktisch eine Beschreibung des Angreifers gegeben, und wir haben auf der Basis dieser Informationen selbstverständlich eine Suchmeldung herausgegeben. Von Ihnen möchten wir jetzt eine vollständige Aussage aufnehmen. Dann werden wir mit Ihnen und Ihrer Tochter zum Pleasant Valley Hospital fahren, wo man Sie untersuchen wird.«

»Selbstverständlich«, sagte Lily.

Officer Travis schaltete sich in das Gespräch ein. Er kaute schmatzend auf einem Kaugummi. Vom Typ her war er groß und dunkel und wirkte arrogant. Lily fand ihn abstoßend. Er sah gelangweilt aus und schien möglichst schnell verschwinden zu wollen. Wahrscheinlich hatte er vor, seine Kollegin mit der Schreibarbeit allein zu lassen, während er frühstücken ging. »Wir brauchen die Schlüssel zu dem Haus, das Sie gemietet haben, damit wir die Kollegen von der Spurensicherung dorthin schicken können.«

Lily richtete sich auf dem Sofa auf und nahm ihre Staatsanwaltshaltung ein. »Es ist sinnvoller, wenn ich dabei bin. Ich könnte den Beamten die Stellen zeigen, wo sie meiner Ansicht nach Beweismaterial finden könnten. Wenn meine Tochter und ich die medizinische Untersuchung hinter uns haben, fahre ich zu dem Haus und melde mich bei der Polizei, damit sie jemanden dorthin schickt.« Mit einer deutlichen Spur von Sarkasmus wandte sie sich um: »Das macht doch Sinn, nicht wahr, Officer Travis?«

»Scheint ein guter Plan zu sein«, gab er laut schmatzend zurück. Ihren Versuch, seinem aufgeblasenen Selbstbewußtsein einen Dämpfer zu versetzen, nahm er genausowenig wahr wie ein Elefant eine Fliege auf seinem Rücken.

Travis gehörte zu der Sorte Polizisten, denen es auch egal wäre, wenn jemand Mutter Teresa vergewaltigt hätte. Er würde es nie zum Sergeanten bringen. Er arbeitete, um auf legale Art und Weise in den Arsch treten zu können. Ihr Blick wanderte zu seinen schwarzen Stiefeln, und sie war überzeugt, daß die Spitzen mit Eisen verstärkt waren. Sie hatte genug Gewaltdelikte bearbeitet, um die Typen erkennen zu können, die sich an der Grenze bewegten und die ohne ihre Dienstmarke im Knast landen würden.

»Officer Travis«, sagte sie jetzt, »ich wäre Ihnen dankbar, wenn Sie den Raum verlassen würden, damit meine Tochter und ich unsere Aussage machen können.«

Er sah sie an, ohne sich zu rühren, und schien protestieren zu wollen. Dies war wahrscheinlich der Teil, den er genoß. Dann drehte er sich um und erklärte seiner Kollegin, daß er im Streifenwagen warten werde.

Es dauerte eine Stunde, bis ihre Aussage aufgenommen war, und es war genauso schmerzhaft und peinlich für Shana, wie Lily es vorausgesehen hatte. Talkington handhabte die Situation sehr gut, und Lily nahm sich vor, sich bei ihrem Vorgesetzten für sie einzusetzen. Sie ließ sich Zeit, drängte Shana nicht und sprach mit sanfter und teilnahmsvoller Stimme. Schließlich erhob sie sich und rückte ihren Pistolengürtel und den Schlagstock zurecht. »Gut, mehr brauchen wir im Moment nicht. Die Ermittlungsbeamten werden sich morgen sicherlich melden, um Genaueres zu erfahren. Ich lasse Ihnen meine Karte da, falls Ihnen noch etwas Wichtiges einfällt.«

»Danke«, sagte Lily aufrichtig.

»Sind Sie bereit? Dann fahren wir jetzt ins Krankenhaus.«

»Wir fahren im eigenen Auto«, erwiderte Lily.

»Aber, Mrs. Forrester, bei der Untersuchung muß ein Beamter dabeisein wegen der lückenlosen Beweiskette. Es sind ja nur Vorschriften. Sicherlich ...«

»Richtig«, unterbrach Lily sie ungeduldig, »aber deswegen müssen wir ja nicht in einem Polizeiwagen fahren. Wir treffen uns dort. Meine Tochter hat genug durchgemacht. Ich möchte nicht, daß die Nachbarn von dem Fall erfahren. Wir werden ihnen erzählen, bei uns sei eingebrochen worden oder so etwas.«

John war die ganze Zeit in der Küche gewesen und hatte saubergemacht. Die Unordnung war ihm peinlich, als ob unerwarteter Besuch ihn überrascht hätte. Er begleitete die Polizistin zur Tür und kam dann zu Lily.

»Ich komme mit euch. Hilfst du Shana beim Anziehen?«

Sie drehte sich zu ihrer Tochter um und fragte: »Soll ich dir beim Anziehen helfen?«

»Nein, es geht schon. Ich würde gerne baden, aber die Polizistin hat gesagt, ich darf nicht baden. Wieso kann sie mir sagen, was ich tun darf?«

Lily war nach Weinen zumute. »Weil es vielleicht Beweise an deinem Körper gibt. Deswegen kannst du nicht baden. Außerdem müssen wir die Sachen, die du letzte Nacht getragen hast, mit ins Krankenhaus nehmen. Sie wollen unsere Kleider untersuchen.« Lily sah an sich herab auf die alten Wanderschuhe. »Ich konnte letzte Nacht meine Tennisschuhe nicht finden und bin auf diese hier in einem alten Karton gestoßen.«

Sie starrte John wütend an, bemüht, seine Aufmerksamkeit von den Stiefeln und ihrem Aussehen insgesamt abzulenken. »Es war nett von dir, darauf zu bestehen, daß ich alle meine Sachen von hier mitnehme. Danke, John. Jetzt habe ich hier keine Kleider zum Wechseln.«

Als Shana, die Decke hinter sich herschleppend, den Flur entlangging, drehte Lily sich zu John um. Sie wollte ihn schlagen, ihn in ihrer Hilflosigkeit anschreien, aber als sie den zerknirschten Blick in seinem Gesicht sah, ließ sie es bleiben.

»Du bist böse auf mich, stimmt's?« sagte er. »Weil ich die Polizei gerufen habe, ohne dich zu fragen, nachdem wir beschlossen hatten, es nicht zu tun.«

Sie seufzte. »Du hast getan, was du für richtig gehalten hast. Was auch in meinen Augen das Richtige war. Ich bin nicht böse, John, ich bin ... ich bin ...« Sie fühlte sich schwach; Sterne flimmerten ihr vor den Augen, dann wurde alles schwarz, und sie sackte in sich zusammen. Er fing sie auf. »Es geht schon«, sagte sie mit schwacher Stimme und entzog sich ihm. »Mir ist einfach schwindlig geworden. Warum duschst du nicht schnell, während ich ein paar Anrufe erledige? Du siehst auch ganz elend aus.«

»Soll ich dir was zu essen machen? Ich kann dir schnell einen Toast machen, wenn du willst.«

Sie warf ihm einen kalten Blick zu. »Geh du duschen, John. Laß mich meine Sachen erledigen.«

Wie ein gescholtener Hund zog er ab, mit hängenden Schultern. Die Uhr in der Küche zeigte neun Uhr fünfundvierzig, als Lily zum Telefon ging und im Büro anrief. Erst wollte sie sich zu Butlers Büro durchstellen lassen, aber dann bat sie die Zentrale, sie mit Richard zu verbinden.

»Richard Fowler«, meldete er sich; er hatte auf Lautsprecher gestellt.

»Ich bin's, Lily. Stell den Lautsprecher ab.«

Als seine Stimme nicht mehr klang, als käme sie aus einem Brunnen, sprach sie mit sanfter Stimme.

»Sag Butler bitte, daß es bei mir einen Notfall gegeben hat und daß ich nicht ins Büro kommen kann. Ich rufe ihn später noch an und bin morgen wieder da. Du müßtest ein paar Fälle für mich durchgehen und zuweisen. Sie liegen auf meinem Tisch, einige auch auf dem Bücherbord. Alles, was dringend ist.«

»Geht in Ordnung. Klappt es mit heute abend?«

»Ich kann jetzt nicht reden. Ich verspreche, daß ich dir später alles erklären werde. Wenn du mich einfach vertreten könntest?«

»Hast du das von Attenberg gehört?«

Benjamin Attenberg war Ende Sechzig und Richter am Superior Court. Er hatte Lily einmal Gewissenlosigkeit beim Verhör einer Zeugin vorgeworfen, und seitdem kamen sie nicht besonders gut miteinander aus.

»Das kannst du mir ja morgen erzählen.« Sie wollte schon auflegen.

Er ließ aber nicht locker. »Er ist tot – der alte Bock ist gestern an Herzversagen gestorben. Ich bin heute schon früh ins Büro gekommen und habe Butler getroffen. Dann hat er mich in sein Büro gerufen, und wir haben bis jetzt miteinander gesprochen. Und weißt du was, Lily? Butler hat schon mit dem Gouverneur über Attenbergs Nachfolger gesprochen.«

Lily lehnte sich, innerlich gefaßt, an die Küchentheke. Sie sagte nichts.

»Bist du noch dran?« Seine Stimme war tief und verschwörerisch. »Du bist in der engeren Wahl, Lily. Ob du's glaubst oder nicht, Butler hat mich um meine Meinung gebeten. Sie wollen den Platz mit einer Frau besetzen. Die Entscheidung fällt also zwischen dir und Carol Abrams. Vielleicht ruft dich der Gouverneur heute noch an. Ich an deiner Stelle würde auf jeden Fall noch ins Büro kommen, egal, was passiert ist. Es sei denn, du liegst auf dem Sterbebett.« Er lachte.

»Oder so etwas ...«, ergänzte sie laut, ohne es zu wollen. In ihrem Kopf ging alles so durcheinander, daß sie keines klaren Gedankens mehr fähig war. »Meine Tochter und ich sind gestern nacht vergewaltigt worden«, platzte sie heraus. »Wir sind gerade auf dem Weg ins Krankenhaus zur gerichtsmedizinischen Untersuchung.«

»Lieber Himmel. Warum hast du das nicht gleich gesagt? Seid ihr verletzt? Wo seid ihr? Ich komme ...«

»Bin ich jetzt auch noch in der engeren Wahl?« fragte sie mit dünner, brüchiger Stimme. Sie wanderte mit dem Telefon zum Spülbecken und spritzte sich kaltes Wasser ins Gesicht.

»Es tut mir so leid, Lily. Gott, ich weiß gar nicht, was ich sagen soll.«

»Richard, antworte mir bitte. Bin ich immer noch in der engeren Wahl für den Richterstuhl, jetzt, da ich Opfer einer Vergewaltigung bin?«

»Sie werden dich in Betracht ziehen, das ist ja klar. Aber du weißt genausogut wie ich, daß das ein Problem ist. Himmel, es heißt aber nicht, daß du ausscheiden mußt. Der Vorsitzende Richter müßte alle Fälle mit Sexualdelikten anderen Richtern zuweisen. Du könntest in solchen Fällen ja unmöglich ohne Befangenheit die Verhandlung führen.« Er senkte die Stimme und sprach zärtlich weiter. »Du bist es, um die ich mir Sorgen mache, Lily. Kannst du sprechen? Was ist denn geschehen?«

»Du weißt sehr gut, daß ich keine Chance habe. Warum sagst du es nicht? Wir haben drei oder vier Anwälte, die zur Zeit Dienst als Richter tun, und zwei pensionierte Richter. Sie haben alle nicht genug Erfahrung mit den neuen komplizierten Gesetzen zu Sexualdelikten, um die Verhandlung zu führen. Wie nützlich wäre ich dann, wenn ich mein Fachwissen nicht in die Verhandlungen einbringen kann? Der Terminkalender ist voll mit diesen Fällen.« Sie hielt inne und atmete tief. »Ich habe keine Chance.«

Er wollte sie beschwichtigen. »Sei nicht voreilig. Laß uns erst einmal abwarten. Ich finde aber, du solltest mir gestatten, Butler über diese Wendung zu informieren. Es wird einige Telefonate und Beratungen geben müssen, wenn sie ...«

»Geh nur und erzähl ihnen von der Vergewaltigung«, unterbrach sie ihn und fühlte sich geschlagen, »und sag ihnen, daß ich ablehnen werde, wenn sie mir den Posten anbieten. Du brauchst dich nicht für mich einzusetzen. So will ich ihn gar nicht.« Das Blut. Sie konnte das Blut sehen. Der Schauplatz des Verbrechens kam ihr wieder vor Augen; sie mußte dem Einhalt gebieten. »Sollen sie doch Abrams ernennen.« Die perfekte und adrette Carol, dachte sie. An ihren weißen Händen klebte kein Blut.

»Wann kann ich dich sehen?« fragte er. »Ich kann sofort kommen, wenn es dir recht ist.«

»Nein«, sagte sie. »Das will ich nicht. Ich bin zu Hause bei meinem Mann. Kümmere dich um meine Fälle. Wenn du mir helfen willst, dann tu das für mich. Ich rufe später wieder an.«

Sie legte auf und mußte sich sehr zusammenreißen, um die Fassung zu wahren. Sie ging ins Schlafzimmer und war erleichtert, daß die Badezimmertür noch geschlossen und das Plätschern von Wasser zu hören war. Die schwarzen Markierungen waren immer noch auf dem Nummernschild, und wenn man bei Tageslicht an das Auto heranging, würde man sie sehen können. Sie schnappte sich eine Flasche Nagellackentferner, fand auf der Küchentheke eine Rolle Küchenpapier und machte sich auf den Weg in die Garage. Eine Minute später öffnete Shana die Tür und war schon die vier Stufen zur Garage hinunter, bevor Lily sie bemerkte. Sie kniete hinter dem Honda und hielt ein schwarzverschmiertes Papiertuch in der Hand. Shana kam auf ihre Mutter zu, nahm den merkwürdigen Geruch wahr und sah Lily fragend an.

»Was machst du denn da?« fragte sie.

Lily fiel keine Antwort ein. »Nichts. Bist du fertig? Ist Dad auch fertig?« Sie warf die Papiertücher in den Abfalleimer an der Garagenwand.

»Was riecht hier so? Was machst du da?« Shana war neugierig und hartnäckig. Sie trug Jeans und eine hellblaue Bluse; ihre Augen suchten die Garage ab, als erwarte sie, daß jemand sie jeden Moment anspringen würde.

»Komm, wir gehen. Hol Dad. Es wird nicht lange dauern, und wenn wir zurückkommen, kannst du schlafen. Im Krankenhaus geben sie dir bestimmt etwas, damit du einschlafen kannst.« Lily folgte ihr ins Haus. In der Küche nahm sie Shana fest in den Arm.

»Möchtest du über letzte Nacht sprechen? Ich meine, liegt dir etwas auf dem Herzen? Wie fühlst du dich?«

»Ich weiß nicht. Ich fühl mich schmutzig und eklig und müde, und ich hab Angst. Ich denke immer, daß er uns hier finden wird und es noch einmal tut.«

Nebenan mähte jemand den Rasen – ein störendes Geräusch, nicht weil es laut, sondern weil es normal war. In ihrem Leben war nichts mehr normal. In der Schule schlugen die Kinder die Türen ihrer Schließfächer zu, riefen wild durcheinander und lachten. Im Gericht war jetzt gerade Sitzungspause, und die Anwälte gingen in die Cafeteria, um sich eine Tasse Kaffee zu holen.

»Er kommt nicht zurück. Bitte glaube mir. Ich kenne diesen Typ Mensch. Er hat Angst, gefaßt zu werden. Er ist jetzt ganz weit weg. Und, Kleines, er weiß nicht, wo wir wohnen; dieses Haus kennt er nicht.«

»Im Film kommen die bösen Menschen immer wieder zurück. Selbst wenn man denkt, man hat sie umgelegt, stehen sie wieder auf.« Shana schob einen Finger in den Mund und kaute am Nagel. Ihr Vater kam herein und wollte sie in den Arm nehmen, doch sie wich aus und machte sich steif, ihre Arme hingen bewegungslos herab.

»Ich fahre den Jeep aus der Garage«, sagte er sanft. Shanas Zurückweisung hatte ihn sichtlich getroffen; er konnte nicht nachvollziehen, wie sie sich fühlte.

Sie fuhren schweigend ins Krankenhaus. In der Empfangshalle wartete die Polizistin auf sie. Sie zog Lily zur Seite und erklärte, daß leider keine Ärztin Dienst habe, die die Untersuchung durchführen könnte. Sie zuckte mit den Schultern und sah Lily verständnisvoll und mitfühlend an. Es war ein Blick von Frau zu Frau. »Es tut mir leid«, sagte sie, »aber wir können nicht länger warten.«

In Gegenwart der Schwester bereitete Lily Shana auf die Untersuchung vor und erklärte ihr, was der Arzt machen würde. Das Kind hörte unbewegt zu. Ihr Mund stand offen, sie starrte dumpf vor sich hin und nahm Lilys Worte nicht wahr; sie war völlig erschöpft. Als sie auf dem gynäkologischen Stuhl saß und der Arzt das Spekulum einführen wollte, bäumte sie sich wild auf und trat um sich, sie schrie vor Entrüstung und beschimpfte den Arzt als »Scheißkerl« und »Arschloch«. Ihr Kopf lief rot an, die Halsader trat beängstigend hervor, und sie preßte die Kiefer aufeinander, so daß ihr hübsches Gesicht völlig entstellt war. Schließlich gab die Schwester ihr eine Beruhigungsspritze, und sie entspannte sich so weit, daß die Untersuchung beendet werden konnte. Für Lily war es so, als ob Shana eine zweite Vergewaltigung erleiden müßte. Tränen stiegen in ihr auf, und sie mußte das Untersuchungszimmer verlassen. Es war nicht schwer zu verstehen, warum unzählige dieser Verbrechen auch weiterhin nicht der Polizei gemeldet wurden.

Sie wurden beide fotografiert. Shanas Hals zeigte eine leichte Verfärbung da, wo seine Hände sie gepackt hatten, und auch am Gesäß hatte sie kleinere blaue Flecken. Sie stand unter dem Einfluß der Beruhigungsmittel, war aber wach, während Talkington sie nackt fotografierte. Lily beugte sich zu ihr herab und nahm ihren Kopf in ihre Arme. Sie wischte ihr die Tränen ab und streichelte ihr Haar. »Ich hab dich lieb«, sagte sie mit tränenerstickter Stimme. »Gleich ist es vorbei.«

Lily hatte die feinen Schnitte in ihren Mundwinkeln und eine dunkle Prellung an ihrer rechten Schulter, von der sie vermutete, daß sie vom Rückstoß der Flinte stammte und ihr nicht bei der Vergewaltigung zugefügt wurde. An ihrem Handgelenk fand sich eine weitere deutliche Prellung. Ihr war klar, daß die Bilder von dem Bluterguß an der Schulter gegen sie verwendet werden konnten, sollte je etwas ans Licht kommen. Sie konnte nichts dagegen tun. Wenn die Wahrheit herauskäme, wäre sowieso alles zu spät. Für alle Fälle erwähnte sie aber, daß sie sich die Prellung auch beim Einrichten von Shanas Zimmer zugezogen haben könnte.

Die Schnitte wurden mit Desinfektionsmittel behandelt. Dann mußten sie sich Tests wegen Geschlechtskrankheiten unterziehen und bekamen eine Penizillinspritze verabreicht. In Sachen Aids sagte man Lily unter vier Augen, daß sie in einigen Wochen einen weiteren Test machen sollten, um sicherzugehen.

Bei der Untersuchung entdeckte der Arzt eine Kette von Bläschen, die sich um ihren Oberkörper zogen. »Wie lange haben Sie das schon?« fragte er sie. »Haben Sie in letzter Zeit Schmerzen in der Brust oder in der Rippengegend verpürt?«

Lily hatte die Bläschen auf ihrem Rücken noch nie gesehen, aber die Schmerzen in der Brust hatte sie deutlich wahrgenommen. »Ich dachte, ich stünde kurz vor einem Herzinfarkt. Es hat vor ein paar Wochen angefangen.«

»Sie haben Herpes zoster. Gürtelrose. Das ist sehr schmerzhaft. Ich bin überrascht, daß Sie Ihren Hausarzt nicht schon längst aufgesucht haben.« Er streifte die Plastikhandschuhe ab und warf sie in den Abfalleimer.

»Ich habe Herpes? Wie bin ich denn an Herpes gekommen?« fragte Lily mit angsterfüllter schriller Stimme; ihre Fassung geriet rapide ins Wanken.

Er lächelte. »Es ist kein Geschlechtsherpes. Die erste gute Nachricht heute, wie? Es handelt sich um ein Virus und ist gewöhnlich nervös bedingt, gehört aber zur selben Familie.«

»Na toll«, sagte Lily. »Verschreiben Sie mir was dagegen.«

»Ich kann Ihnen eine Salbe geben, aber es gibt kein Heilmittel. Wahrscheinlich wird es erst einmal schlimmer, bevor es anfängt abzuklingen. Es werden noch mehr Bläschen auftauchen. Aber sie gehen wieder weg. Es ist nichts Ernstes.« Er war jung, jünger als Lily. Er berührte sie an der Schulter. »Ich gebe Ihnen ein paar Beruhigungspillen und natürlich auch etwas für Ihre Tochter. Staatsanwältin«, sagte er, »viel Streß.«

Sie erwiderte nichts, und er ging. Es gab eine Menge Sachen, die viel mehr Streß hervorriefen als die Arbeit einer Bezirksstaatsanwältin, beispielsweise vergewaltigt werden ... oder jemanden umbringen. Sie saß vornübergebeugt auf dem Tisch, der Krankenhauskittel war am Rücken offen, und ihre Füße baumelten in der Luft wie die eines Kindes, ihre Haare waren strähnig und ungekämmt. Sie hob einen Arm und roch unter der Achselhöhle. Sie fühlte sich schmutzig, widerwärtig und kaum mehr wie ein Mensch.

Dann zog sie sich an. Als sie in ihre Jeans stieg, dachte sie, daß jeden Moment jemand hereinkommen würde, um ihr mitzuteilen, daß ihre Blutwerte den Verdacht auf Krebs nahelegten. Das war es doch, was das Leben letztlich darstellte: ein Test, wieviel ein Mensch aushalten konnte, oder? Bis gestern hatte sie sich in der Schule des Lebens auf der Seite derjenigen gesehen, die das Klassenziel erreichten. Sie war vielleicht nicht unter den ersten dreißig Prozent der Schüler und vielleicht nicht die perfekte Mutter. Und andere hatten gegen viel mehr Widrigkeiten anzukämpfen oder hatten mehr erreicht, aber sie hatte nicht aufgegeben. Sie hatte ihre mittelmäßige Intelligenz eingesetzt, ihren Fleiß und ihren starken Willen, hatte das Jurastudium durchgezogen und war gleichzeitig Mutter und Ehefrau. Sie hatte zum Wohle des Kindes an ihrer Ehe festgehalten und war trotz fortgesetzter Anschuldigungen treu geblieben. Ihrem Beruf widmete sie sich hingebungsvoll und wich der Verantwortung, die er mit sich brachte, nicht aus. Aber sie hatte nicht alles erduldet. Sie hatte Gewalt mit Gewalt erwidert und dadurch ihre Überzeugungen verraten. Viele der Männer und Frauen, die sie ins Gefängnis schickte, waren Opfer von Mißbrauch und Gewalt. Jetzt war sie eine von ihnen.

Draußen auf dem Flur gab sie Talkington Shanas Nachthemd, das sie am Abend zuvor getragen hatte. »Mein Bademantel ist noch im Haus«, sagte sie, »ich gebe ihn den Leuten von der Spurensicherung.«

Auf der kurzen Fahrt nach Hause fielen Shana die Augen zu, und ihr Kopf war schwer, aber sie war immer noch wütend. »Du hast mir nicht gesagt, daß sie das machen würden, mir da so ein Metallstück reinstecken, und alle anderen gucken zu. Auch diese Polizistin mit dem Hundegesicht. Und sie haben mich nackt fotografiert.« Sie fing an zu schreien. »Du hast sie gelassen. Ich hasse dich. Ich hasse euch alle. Ich hasse die ganze Welt.«

John hielt seinen Blick auf die Straße gerichtet. Er wußte nicht, was er sagen sollte.

»Du hast so recht, wütend zu sein, Shana«, sagte Lily. »Außerdem tut es gut, seine Wut und seine Gefühle rauszulassen. Du kannst zu mir sagen, was du willst.«

Sie drehte sich halb um und lehnte sich zu Shana, die auf

dem Rücksitz saß. »Hier«, sagte sie, »zieh mich an den Haaren. Zieh, so fest du kannst. Ich halte das schon aus. Zieh, mach schon, Shana.«

Shana griff in ihr Haar und zog so heftig daran, daß Lilys Kopf nach vorne gerissen wurde. Lily verzog keine Miene. Shana ließ los und fiel in ihren Sitz zurück. Sie kämpfte gegen die Wirkung der Medikamente und bemühte sich, wach zu bleiben. »Sehr witzig, Mom«, sagte sie ohne ein Lächeln. »Haben sie mit dir dasselbe gemacht?«

»Ja, mehr oder weniger. Und ich fand es genauso schlimm wie du.«

Ein dünnes Lächeln umspielte Shanas Mundwinkel gerade so weit, daß es sichtbar war. »Willst du mich an den Haaren ziehen, Mom?«

»Nein, danke, kleines Fräulein.« Sie griff nach Shanas Hand und lächelte ihr zu. »Vielleicht würdest du so wild nach mir treten, wie du es bei dem Doktor gemacht hast.«

Sie verschränkten ihre Finger ineinander, und ihre Blicke trafen sich. Die Sonne schickte einen Strahl zwischen sie. Lily sah, wie die winzigen Staubpartikel um ihre Hände tanzten. Sie lehnte immer noch etwas unbequem über der Rückenlehne, und in jeder Kurve drohten sie auseinandergerissen zu werden. Shana öffnete ihre Hand, bis ihre Handflächen aneinanderlagen, preßte die Innenseite ihrer Hand ganz leicht gegen die Lilys und spreizte ihre Finger, so daß Lilys Finger die Bewegung mitmachten. In dieser Geste lag soviel Zuneigung und Zärtlichkeit; es war einer dieser seltenen Momente, in dem zwei Menschen wirklich den Schmerz des anderen erfaßten und das reinste aller Gefühle empfanden: Mitleid.

KAPITEL 12

Detective Sergeant Bruce Cunningham öffnete die Tür seines zivilen Einsatzwagens und warf eine Akte und seinen Kassettenrecorder hinein. Sein Blick fiel auf seine abgestoßenen schwarzen Schuhe, und er überlegte, ob er sie putzen sollte. Eigentlich brauchte er dringend ein Paar neue Schuhe, aber bei drei Kindern und einer Frau, die ihren Beruf aufgegeben hatte, waren ein Paar neue Schuhe eine größere Anschaffung, die wohl überlegt sein mußte. Mit seinen zweiundvierzig Jahren war er durchaus noch attraktiv; er war groß, sonnengebräunt und maskulin, doch dort, wo sich sein Anzug früher über Muskeln gespannt hatte, war jetzt nur noch eine Masse weichen Fleisches vorhanden. Sein buschiger Schnauzbart war eine Spur dunkler als sein blondes Haar, und er hatte die Angewohnheit, ihn wachsen zu lassen, bis er die Oberlippe fast ganz bedeckte.

Er warf einen Blick auf seine Uhr. Es war fast fünf Uhr, und er würde sich durch den Feierabendverkehr in die Stadt zum Leichenschauhaus kämpfen müssen, um sich den Toten des Tages anzusehen. Die Kollegen von der Tagschicht hatten den Fall nach einer flüchtigen Tatortbegehung auf seinen Tisch geknallt, ohne auch nur ein Wort dazu zu sagen. So hatte man in Omaha nicht gearbeitet, wo er siebzehn Jahre lang Polizist gewesen war, bevor er vor fünf Jahren nach Oxnard gekommen war. In Omaha liefen die Dinge anders. Die Menschen waren freundlich und ehrlich – einfache, hart arbeitende Menschen des Mittleren Westens. Und Polizisten waren Polizisten. Sie waren keine Diebe oder Killer oder brutale außer Kontrolle geratene Tiere. Sie waren die Guten. Nicht mehr und nicht weniger. Auf der Polizeiwache arbeiteten alle für dasselbe Ziel und unterstützten sich gegenseitig, wo immer sie konnten. Hier in Oxnard hatte er erlebt, daß Polizisten mehr Zeit damit verbrachten, einen Fall an einen Kollegen abzuschieben, als die verdammte Sache schlicht und einfach zu erledigen. Das war die Mentalität, die in Kalifornien herrschte. An diese Art von Faulheit und Inkompetenz hatte er sich gewöhnen müssen, und auch wenn es ihm nicht gefiel, so litt er doch nicht mehr übermäßig darunter. Aber was er in den letzten zwei Monaten gesehen hatte, war mehr, als er vertragen konnte.

Er stand da und starrte auf den Parkplatz; mit einer Hand zwirbelte er ein Schnurrbartende. Plötzlich knallte er die Autotür ins Schloß und ging wieder ins Gebäude. Seine Wut wurde mit jedem Schritt größer, als er den engen Flur der Abteilung für Interne Angelegenheiten entlangging. Die beiden Männer an den Tischen sprangen auf und waren drauf und dran, ihre Waffen zu zücken, als Cunningham durch die Tür stürmte. »Ihr inkompetenten Arschlöcher«, brüllte er. »Der Fall war glasklar, und ihr habt ihn trotzdem verbockt. Diese Typen sind so dreckig wie der Viehhof von Omaha.«

Detective Stanley Haddock lehnte sich auf seinem Stuhl zurück und lachte. Dann verschwand das Lachen von seinem Gesicht, er beugte sich vor und fixierte den großen Mann mit einem eisigen Blick. »Verschwinde aus unserem Büro, Cunningham. Wir haben zu arbeiten.«

»Arbeiten? Was ihr mit diesem Fall gemacht habt, nennt ihr arbeiten? Eine verdammte Katastrophe war das. Eine nationale Katastrophe. Und die Menschen in dieser Stadt zahlen euch eure Gehälter. Wenn ich ihr wäre, würde ich mein Gesicht nach diesem Fiasko nicht mehr in der Öffentlichkeit zeigen.«

Der andere Detective kam hinter seinem Tisch hervor und packte Cunningham beim Arm. Er zog ihn aus dem Büro in den Flur, während Cunningham immer wieder über die Schulter zurückblickte. Haddocks Gesicht sah aus, als sei es aus Stein gemeißelt; im Gegensatz dazu war das von Rutherford so rund wie ein Wasserball.

»Paß auf«, sagte er mit erregter Stimme, »wir haben getan, was man uns aufgetragen hatte. Kapierst du? Das waren altgediente Cops, die seit Jahren im Dienst waren. Wir hatten Anweisungen von oben.«

»Diebe und Mörder sind sie«, gab Cunningham wütend zurück, »keine Polizisten. Ich will nicht mit denen im selben Atemzug genannt werden. Schlimm genug, zugeben zu müssen, daß ich in derselben Abteilung arbeite.« Er griff in die Jackentasche nach seinen Zigaretten. Nachdem er dem anderen eine angeboten hatte, steckte er sich selbst eine in den Mund, zündete sie aber nicht an, sondern ließ sie aus dem Mundwinkel baumeln und sprach dann weiter. »Erst prügeln diese Tiere in L.A. einen Kerl zu Hackfleisch, was als Video um die ganze Welt geht, und dann haben wir hier unsere eigenen Leute, die Drogenhändler umlegen und deren Geld kassieren.«

»Es gab keine Beweise. Dein Bericht war reine Spekulation.«

»Beweise«, sagte er. Er zündete seine Zigarette an, zog den Rauch tief ein und lehnte sich gegen die Wand. »Der Mann hatte fünf Kugeln im Leib, und die Knarre, mit der er angeblich die Polizisten bedroht hatte – also, die Leute aus der forensischen Abteilung haben gesagt, das Ding war so alt, daß der Schlagbolzen herausgefallen ist, als sie auf dem Schießstand ein Probeschießen damit machen wollten. Die Pistole wurde ihm untergeschoben, das wißt ihr genau.«

Der andere schüttelte seinen Kopf langsam von rechts nach links und senkte seinen Blick. »Laß es gut sein, Bruce.«

»Hör mal zu, Rutherford, dieser Typ da, der Drogenhändler, der hatte drei brandneue Neun-Millimeter Rugers. Die Quittungen haben wir in unseren Unterlagen. Warum sollte ein Dealer zu einer Transaktion, bei der es um zwanzigtausend Dollar geht, eine uralte, rostige Achtunddreißiger mitnehmen, wenn er ein Arsenal voll mit den feinsten Waffen hat? Wenn du mir das beantworten kannst, laß ich es gut sein.«

»Die Geschichte ist nach dem klassischen Muster abgelaufen: Franks und Silver haben die Verbindung hergestellt, und unser V-Mann hat den Kauf vorbereitet. Er sollte am vereinbarten Ort zur verabredeten Zeit mit der Kohle erscheinen. Statt dessen ist er mit einer Schußwaffe aufgekreuzt, hat versucht, sie auszunehmen und mit dem Rauschgift abzuhauen. Ein ganz gewöhnlicher Drogenhandel, der in die Hose gegangen ist. Der Fall ist abgeschlossen.«

Cunningham starrte sein Gegenüber an und bellte dann: »Beantworte meine Frage.«

»Es geht ja wohl nicht um die neuesten Schußwaffenmodelle, oder? Demnächst muß ich mir von dir noch anhören, daß eine Pistole das Sportjacket eines Verdächtigen ausbeult und er deshalb unmöglich eine bei sich gehabt haben konnte und so unschuldig wie ein neugeborenes Baby ist. Hör doch auf. Laß es gut sein. Denk einfach, daß es einen Drogendealer weniger gibt, um den wir uns kümmern müssen.«

»Sicher«, sagte Cunningham angewidert und fügte dann hinzu: »Herrgott noch mal, Rutherford, mit ein paar Maschinenpistolen könnten wir die ganze Stadt in kürzester Zeit säubern. Was für eine wunderbare Idee.« Er ließ seine Kippe auf das Linoleum fallen und drückte sie mit der Hacke aus. Dann stemmte er sich von der Wand weg und rückte seine Krawatte zurecht. »Nur weiter so mit den guten Taten. Wenn ich mal etwas Kleingeld brauche, weiß ich ja, wie ich mir welches besorge.« Er wandte sich ab und machte sich auf den Weg.

»He, Bruce«, rief der andere, »ich hab gehört, du hast in

dem Fall Owen endlich eine Verurteilung erreicht. Ganze Arbeit, Kollege.«

Er blickte sich nicht um, sondern ging den Korridor entlang und verließ das Gebäude. Sein Zorn verrauchte. Allein, daß der Fall Owen erwähnt worden war, hatte eine beruhigende Wirkung auf ihn und machte die Tatsache, daß zwei seiner Kollegen nichts anderes als gewöhnliche Straßengangster waren, ein bißchen leichter verdaulich. Es gab auch gute Tage bei seiner Arbeit, dann nämlich, wenn er das Gefühl hatte, daß er in dieser Jauchegrube, als die ihm die Welt erschien, wirken konnte und das tat, wozu die Guten da waren, nämlich die Bösen aus dem Verkehr zu ziehen.

Auf den Erfolg im Fall Owen konnte er stolz sein, kein Zweifel. Es war ein wichtiger Fall, und er hatte über drei Jahre daran gearbeitet. Arme Ethel Owens, dachte er, als er wieder auf dem Parkplatz war und auf sein Auto zuging. Ihre Leiche war zwar in all den Jahren nicht aufgetaucht, aber es war ihm gelungen, so viele Beweise beizubringen, daß es vor ein paar Tagen endlich zu einem Urteil wegen Mord zweiten Grades gereicht hatte. Der erste Mordfall im Bezirk Ventura, in dem es keine Leiche gab, und er war der Mann, der das geschafft hatte. Auf so etwas kann ein Mann stolz sein, dachte er, als er zu seinem Auto kam.

Er setzte sich hinter das Steuerrad und beugte sich aus dem Fenster. Es sah nach Regen aus. Er vermißte die Jahreszeiten, war die Eintönigkeit des kalifornischen Sommers leid und hatte eine Heidenangst vor Erdbeben. Wenn ein Flugzeug vorüberflog oder ein großer Sattelschlepper auf der Straße entlangdonnerte und die Erde leicht vibrierte, brachte er sich sofort in der nächsten Toreinfahrt oder dem nächsten Türrahmen in Sicherheit. Er hatte mehr Leichen gesehen, als er zählen konnte, und ein gutes dutzendmal in den Lauf einer Waffe geblickt, aber er haßte es, wenn die Erde unter ihm bebte. Alle machten sich darüber lustig, sogar seine Frau und seine Kinder. Aber Sharon, seine Frau, behauptete, daß er nicht wegen der Erdbeben davon träumte, wieder nach Omaha zurückzukehren, sondern wegen der Banden, der Gewalt und der Sinnlosigkeit von allem. Nachts, wenn seine Familie schlief, saß er manchmal stundenlang am Küchentisch und rechnete die gemeinsamen Finanzen durch. Es reichte einfach nicht, um wieder zurückzugehen, und er bereute es, daß sie Omaha verlassen hatten; es hatte sich letztlich nicht gelohnt. Dann, am nächsten Morgen, wurde er möglicherweise gerufen, um sich einen leblosen Kinderkörper auf der Straße anzusehen, ein Opfer, das im Vorbeifahren von Unbekannten erschossen worden war, und fragte sich, ob er eines Tages eines seiner eigenen Kinder auf dem Bürgersteig finden würde, erschossen auf dem Weg zur Schule.

Er schlug den Weg zum Leichenschauhaus ein, während seine Gedanken wieder zum Fall Owen wanderten. Er hatte vom ersten Tag an gewußt, daß Ethel Owens aalglatter, jugendlicher Freund sie getötet hatte. Beweise für eine Mordtat hatte die Polizei in ihrem Haus sichergestellt: Blut und deutliche Zeichen eines Kampfes. Der Freund hatte einen Auslandsflug gebucht, nachdem er Ethels Bankkonto ausgeräumt und ihren fabrikneuen Cadillac verkauft hatte, indem er ihre Unterschrift gefälscht hatte. Als die Geschworenen den Schuldspruch verkündeten, trat Cunningham aus dem Gerichtsgebäude und hätte schwören mögen, daß er Ethel vom Himmel auf sich herablächeln sah. Vielleicht blieb er bei der Polizei, weil es Leute wie Ethel gab, dachte er, als er auf den Parkplatz des Leichenschauhauses fuhr.

Drinnen zeigte er seine Dienstmarke, fragte nach dem Fall Hernandez und folgte dem mageren, weibisch wirkenden Wärter zu einem der gekachelten Obduktionsräume. Er überprüfte Namen und Nummer auf dem Schild, das am Fuß des Toten wie ein Preisschild an einer Ware im Kaufhaus befestigt war, und ließ Cunningham dann allein, während er zum anderen Ende des Raumes tänzelte und sich an einer Tabelle zu schaffen machte.

Cunningham zog das weiße Laken zurück und stellte fest, daß die Beschreibung des Opfers auf achtzig Prozent der Mordopfer in Oxnard paßte und auf fünfzig Prozent der Verdächtigen: spanische Abstammung, Alter Anfang bis Ende Zwanzig, ein Meter fünfundsiebzig groß, vorbestraft. Cunningham sah über die Schulter und vergewisserte sich, daß der Wärter nicht in seine Richtung blickte. Dann nahm er ein Fläschchen Kampfer aus seiner Jackentasche und tupfte etwas von dem Inhalt unter seine Nase. Tote Menschen anzusehen machte ihm nichts aus, aber er haßte ihren Geruch.

Die Todesursache war eindeutig: ein riesiges Loch in der Brust, wo einmal sein Herz war. Ein Funkeln des Obduktionstischs aus rostfreiem Stahl erweckte den Eindruck, daß sich ein Fremdkörper in der Leiche befand. Er beugte sich tief hinunter, um besser sehen zu können. Der magere Wärter drehte sich um und zwitscherte: »Die fehlenden Teile haben wir in einem Glas aufbewahrt, wenn Sie sie sehen wollen.« Cunningham feixte nur. Er fragte sich immer, was für eine Art Krankheit Leute veranlaßte, sich Arbeit bei den Toten zu suchen, besonders, wenn sie dafür ein städtisches Gehalt bezogen. Am merkwürdigsten fand er, daß sie immer so fröhlich waren und den Eindruck erweckten, als ob sie jeden Moment ein Liedchen trällern würden.

Er hatte das Tuch nur ein bißchen heruntergezogen, als es am Oberkörper festhakte. Als er fester daran zerrte, erkannte er den Grund: Ein Arm des Toten hing nur noch an gummihaften, nackten Sehnen am Körper. Das Wort *overkill* kam ihm in den Sinn. »Liegen die Werte der Blutuntersuchung schon vor?« fragte er den Wärter.

»Mal sehen.« Der Mann klappte ein Buch auf und guckte nach. »Nicht vollständig, aber es sieht so aus, als habe er einen Blutalkoholspiegel von 0,7 Promille gehabt. Keine Drogen. Sie haben es aber eilig. Der Typ hier hat erst heute morgen gebucht, und es sind viel mehr Gäste angekommen als abgereist.«

»Niedlich«, erwiderte Cunningham, ohne zu lachen. »Scheiße, der Kerl war vor dem Gesetz noch nicht mal betrunken.« Kaum hatte er das gesagt, da fiel ihm ein, daß das Verbrechen am frühen Morgen begangen worden war. Er nahm den Kassettenrecorder aus der Tasche und fing an, die Verletzungen des Toten zu beschreiben und auf Band zu sprechen. Als er fertig war, drückte er auf »Stop« und zog das Tuch wieder über die Leiche. Er hatte alles gesehen, was er sehen wollte. Auf seinem Weg nach draußen schürzte er die Lippen und machte ein Schmatzgeräusch. »Halt dich von der Ware fern, Süßer«, sagte er zu dem Wärter.

In seinem Streifenwagen funkte er die Wache an: »Sechs-fünf-vier, Wache eins.«

»Wache eins, was gibt's, 654?«

Normalerweise kam die Antwort nicht sofort, und er blätterte noch in dem Bericht: »Moment noch.« Da stand's ja: Der einzige Augenzeuge war der Bruder des Opfers. »Wache, rufen Sie die Nummer 495-3618 an, und veranlassen Sie, daß ein Manny Hernandez sich in einer halben Stunde vor seinem Haus einfindet.«

Cunningham ging in so einem Fall nicht einfach an die Tür und klingelte wie ein Anfänger. Er wollte noch ein bißchen länger leben.

Er hielt an einem Kiosk und kaufte ein paar Packungen Zigaretten und eine Tüte Dorito-Chips. Er stellte die offene Tüte neben sich auf den Sitz und bediente sich daraus, während er fuhr. Einige Regentropfen fielen auf die Windschutzscheibe, dann war es wieder trocken. Typischer kalifornischer Regenguß – dauerte höchstens fünf Minuten.

Er schob die Chipstüte zur Seite und las sich noch einmal die Adresse durch. Ein Mann spanischer Abstammung, der dem Opfer ähnlich sah, stand mit den Händen in den Taschen seiner ausgebeulten Jeans am Straßenrand. Sieht ganz gut aus, dachte Cunningham. Bruder war auch ganz attraktiv gewesen, als er noch heil war. Der Mann trug ein rotes Hemd, eine

L.A.-Raiders-Baseballmütze und eine dunkle Sonnenbrille. Der Detective winkte ihm aus dem Fenster zu. »Steig ein«, befahl er.

Hernandez kletterte in den Wagen. Eine Frau mit einem Baby im Arm stand im Hof und unterhielt sich angeregt mit einer älteren Frau. Wahrscheinlich sprachen sie über den Mord. Das Ereignis des Tages, dachte er, im echten Colonia-Stil. Cunningham fuhr die Straße entlang und hielt unter einer großen Eiche.

»Chips gefällig?« Er hielt Manny die offene Tüte hin.

»Nein, Mann, ich will keine Scheißchips. Scheiße, sie haben meinen Bruder umgelegt.« Er rutschte unruhig auf dem Sitz hin und her, trommelte mit den Füßen auf den Boden und rieb seine Handflächen immer wieder an den Hosenbeinen.

»Bist du high, Hernandez? Was nimmst du?«

»Nichts, Mann. Ich nehme nichts.«

Cunningham schob drei, vier Chips in seinen Mund und zermalmte sie geräuschvoll. Ein Krümel blieb in seinem buschigen Schnauzbart hängen. Er öffnete eine Schachtel Marlboro. »Zigarette?« Manny nahm eine mit seiner mageren Hand. An den Innenseiten der Finger war er tätowiert. »Gehörst du zu einer Bande, Manny?«

»Nein, ich bin in keiner Bande«, erwiderte Manny und zog so heftig an seiner Zigarette, daß sein Gesicht ganz schmal wurde. Beim Sprechen blickte er den Kommissar trotzig an, wobei er nervös mit den Augen zwinkerte.

Nach Cunninghams Theorie taten Menschen das immer dann, wenn sie logen oder wenn sie unter Drogeneinfluß standen. Vielleicht von beidem etwas in diesem Fall, dachte er bei sich. Er fuhr sich mit den Fingern durch den Schnauzer; der Kartoffelchipkrümel verschwand. »Erzähl mir mal, was du heute morgen gesehen hast.«

»Ich hab schon alles erzählt, Mann. Ich weiß doch nicht mehr.«

»Erzähl's mir noch einmal«, knurrte Cunningham. »Ich bin dumm, ich kann nicht lesen.«

»Ich war im Halbschlaf ... dann hab ich einen Schuß gehört, dann noch einen ... peng. Ich bin zur Tür gerannt und sah meinen Bruder auf dem Boden liegen ... er blutete aus einem riesigen Loch in der Brust.« Manny stieß die Worte atemlos hervor, und seine Brust ging erregt auf und ab; er sprach schneller. »Mann, da war überall Blut auf dem Bürgersteig, überall. Sein Arm hing weg. Aber – aber dieser Typ ... dieser Typ war wie ein Gespenst.« Seine Augen waren vor Schreck weit geöffnet. »Er war ein Monster ... ein großer weißer Typ ... dünn. Er sah aus wie ein Typ mit Aids. Glatze. Mehr weiß ich nicht.«

Cunningham zog die Augenbrauen fragend hoch. »Glatze? Heute morgen hast du den Beamten erzählt, er hätte eine blaue Strickmütze getragen. Du hast nichts davon gesagt, daß er eine Glatze hatte.«

»Er hatte eine Mütze auf, Mann ... aber irgendwie ... ich glaube, er war unter der Mütze kahl. Totale Glatze. Ich muß raus, Mann.« Er faßte nach dem Türgriff, aber Cunningham packte ihn am Hemdzipfel und zog ihn wieder auf den Sitz zurück.

»Was war mit dem Wagen? Hast du dir die Marke und die Nummer gemerkt?«

»Das Monster stand hinter dem Wagen ... rot ... viereckig ... Nissan, Toyota ... Volkswagen ... weiß ich nicht. Die Nummer hab ich mir nicht gemerkt. Ich bin abgetaucht, Mann ... als ich den Gewehrlauf gesehen hab, bin ich abgetaucht.« Er warf seine Kippe aus dem offenen Fenster. »Ich muß raus.« Diesmal warf er die Tür auf und schoß hinaus. Cunningham versuchte ihn zu packen, schaffte es aber nicht. Er rutschte auf den Beifahrersitz, wobei er die Chipstüte und die Akte auf den Boden warf, und war schon fast zur Beifahrertür hinaus, als er sah, wie Manny sich in die Hose griff und einen Strahl Urin an einen Baumstamm entlud. Dann kam er wieder zum Wagen. »Hab doch gesagt, ich muß raus.«

Cunningham brüllte ihn an: »Du rührst dich nicht vom

Fleck, auch wenn du scheißen mußt, sonst leg ich dir Handschellen an. *Comprende?*«

»Wache eins, 654«, sagte er ins Mikrophon, ohne seine Augen von Manny abzuwenden. »Der Gerichtszeichner soll sich bereithalten. Ich komme jetzt mit einem Zeugen vorbei, um ein Phantombild zu erstellen.« Er erhielt nicht gleich eine Antwort, andere Funkmeldungen waren zu hören. Dann: »10-98, 654, in Ordnung. Er wollte gerade nach Hause gehen. Er wartet auf Sie.«

Manny blickte die Straße rauf und runter und duckte sich, als sie losfuhren. Cunningham fuhr mit der Befragung fort. Langsam gefiel ihm dieser Fall.

»Du bist also sicher, daß du den Täter nicht kennst?«

»Wie oft soll ich es denn noch sagen ... keiner von uns homeboys ... gar kein Typ ... ein Scheißgespenst.«

»Dein Bruder war gerade entlassen worden. Hat er im Knast Ärger gehabt? Hatte er mit Drogen, Deals oder Raubüberfällen zu tun?«

»Er hat vom Knast aus angerufen. Ich sollte ihm den Wagen bringen. Ich konnte nicht auf ihn warten. Die Schlüssel hab ich beim Pförtner abgegeben. Mußte noch was erledigen. Ich hab nicht gewußt, daß er draußen war, bis ich ihn da liegen gesehen hab. Er hatte mit nichts was zu tun.«

Cunningham setzte Manny beim Gerichtszeichner ab, ging zum Archiv und füllte für das Opfer und Manny je eine Karte aus. »Ich will alles sehen, was Sie haben«, erklärte er der rotwangigen Sachbearbeiterin, »F.I.s, Anzeigen, in denen diese Männer oder ihre Adresse schon einmal aufgetaucht sind, nachrichtendienstliche Erkenntnisse – alles.«

F.I.s, »Field Intelligence«, waren Karteikarten, die die Beamten ausfüllten, wenn ihnen jemand über den Weg lief, der ihnen verdächtig erschien, aber keine Gründe für eine Verhaftung vorlagen. Man konnte mehrere Namen eintragen, so daß die Polizei Personen identifizieren konnte, die mit anderen Personen zum Zeitpunkt und am Ort der Kontaktaufnahme zusammen waren. Die Karten waren eine ausgezeichnete Informationsquelle und hatten manches Verbrechen aufgeklärt.

An den Tischen im Ermittlungsbüro saß niemand mehr. Cunningham trug eine Tasse lauwarmen Kaffee, den er aus der Funkzentrale geschnorrt hatte, und einen Schokoladenriegel aus dem Automaten zu einem der Tische. Er verstaute den Schokoladenriegel in der Schublade, zündete sich eine Zigarette an und fing an, seine anderen Fälle durchzuarbeiten.

Er liebte die Spätschicht, wenn die Vorgesetzten heimgegangen waren und die Telefone stillstanden. Dann herrschte eine angenehme Ruhe, und er konnte nachdenken. Die Blonde aus der Dokumentation stampfte in den Raum. Sie war immer sauer bei der Arbeit und knallte jetzt die Informationen, um die er gebeten hatte, vor ihm auf den Tisch. »Haben Sie schon die Nachrichten gehört?« fragte sie. »Die Geschworenen haben die Beamten in L.A., die im Fall Rodney King, für *nicht schuldig* befunden. Daraufhin sind im Zentrum von L.A. Krawalle ausgebrochen. Angeblich brennen ganze Häuser. Häuser! Können Sie sich das vorstellen? Die brennen die ganze Stadt nieder.«

Er hatte keine Nachrichten gehört, aber es überraschte ihn nicht. Wie die Geschworenen ignorieren konnten, was deutlich auf dem Video zu sehen war, überstieg seine Vorstellungskraft. Er hatte das Video selbst gesehen. Die halbe Welt hatte es gesehen. Sie hätten den Kerl nur festnehmen müssen, droschen statt dessen aber so lange auf ihn ein, bis sie ihn fast totgeschlagen hatten. Cunningham war froh, daß er in Zivil war und nicht in Uniform und daß er in Oxnard arbeitete und nicht in L.A.

Er konzentrierte sich auf das, was ihm die Frau aus der Dokumentation gebracht hatte. Tatsächlich schienen die Hernandez-Brüder nicht allzuviel auf dem Kerbholz zu haben. Bobbys Verfahren wegen versuchter Vergewaltigung mit

Entführung war eingestellt worden; davor war er einmal wegen Einbruchs verurteilt worden. Manny war mehrfach unter Kokaineinfluß festgenommen worden, doch das lag auch schon einige Jahre zurück. Jetzt war natürlich Crack die Billigdroge des Tages, aber es gab keine Hinweise darauf, daß die Brüder in irgend etwas verwickelt waren. Da war wohl nicht viel zu holen, dachte er und nahm den Schokoriegel aus der Schublade. Er wollte um neun Uhr zum Essen nach Hause gehen, aber das war erst in einer Stunde.

Er nahm sich den Stapel F.I.s vor. Nach den ersten fünf oder sechs hatte er genug – nur eine Aneinanderreihung von Namen und Orten. Dann las er sich die sechste noch einmal durch. Eine Streife hatte die Personalien der Brüder vor ungefähr zwei Monaten festgehalten, weil sie sich an einem offenen Container zu schaffen gemacht hatten. Der Beamte hatte sie lediglich verwarnt. Bobby Hernandez war am Steuer seines Kleinbusses gesessen, Manny daneben; die Karteikarte führte aber auch noch die Namen der übrigen Wageninsassen auf: Carmen Lopez, Jesus Valdez und Richard Navarro. Cunningham richtete sich auf und spürte, wie eine Woge der Erregung durch seinen Körper lief. Carmen Lopez war vor einem Monat in Ventura zusammen mit ihrem weißen Freund, Peter McDonald, brutal ermordet worden. Valdez und Navarro saßen als zwei der fünf Verdächtigen in Untersuchungshaft und warteten auf ihren Prozeß. Bingo! Ein Volltreffer. Heute war sein Glückstag; jetzt mußte er am Mittwoch wirklich in die katholische Kirche gehen und dort sein Glück versuchen. Der erste Treffer war nur klein gewesen – die Tätowierungen an Mannys Hand, die auf seine Bandenzugehörigkeit schließen ließen. Der zweite war viel größer.

Er holte Manny ab. Das Phantombild war jetzt fertig. Wenn dies der Mann war, den Manny gesehen hatte, nannte er ihn zu Recht gespenstisch. Sein Mund war klein und perfekt geformt, die Wangen sanft gerundet, und insgesamt machte das

Bild einen seltsamen Eindruck. Nach der Zeichnung – die übrigens mit Hilfe des Computers hergestellt worden war – war die Mütze tief in die Stirn hineingezogen worden und saß hoch am Hinterkopf. Um die Ohren und an dem langen Hals waren keine Haare. Deswegen hatte Manny sicherlich den Eindruck gehabt, der Mann sei kahl.

»Machen Sie Kopien von dem Bild, und faxen Sie es an alle Polizeistationen in Kalifornien. Sorgen Sie dafür, daß jeder Beamte in dieser Abteilung eine Kopie bekommt«, bellte er den Zeichner an. »Und vergessen Sie nicht zu erwähnen, daß er bewaffnet und gefährlich ist und wegen Mordes gesucht wird.«

Der Gerichtszeichner war ein gepflegter junger Mann, groß und dunkelhaarig und relativ neu in der Abteilung. »He, ich habe jetzt Dienstschluß und will heute abend mit meiner Frau ausgehen. Die im Archiv sollen das machen. Es ist sowieso deren Aufgabe. Ich mache nur Bilder auf meinem Computer, das wissen Sie doch.«

»Scheiß auf das Archiv. Die legen das einfach für die Tagschicht hin. Sie machen die Kopien und bleiben dabei, während es gefaxt wird. Tun Sie, was ich Ihnen sage, oder ich laß mir Ihren Arsch zum Abendessen kommen statt Hühnchen.« Er schubste Manny vor sich her und sagte: »Los jetzt. Wir beide werden uns heute miteinander anfreunden und uns einmal richtig aussprechen. Wir haben die ganze Nacht dafür Zeit.«

KAPITEL 13

Nachdem Lily sich zwei Stunden im Schlaf unruhig hin und her gewälzt hatte, geplagt von Träumen, in denen Männer in roten Gewändern mit Messern und gezackten Löchern in ihrer Brust erschienen, fuhr sie zu ihrem Haus. Shana, die nach den Medikamenten in einen tiefen Schlaf gefallen war, ließ sie bei ihrem Vater. Als sie das Haus betrat, schlug ihr der ekelerregende Geruch von Erbrochenem entgegen. Sie mußte gegen ihre Übelkeit ankämpfen, als sie ein Scheuermittel aus der Küche holte. Zunächst reinigte sie das Badezimmer, dann nahm sie ein Staubtuch und wischte alle Flächen und Gegenstände ab, die der Vergewaltiger berührt haben konnte. Das Blatt mit seiner Adresse, das sie in der Nacht aus der Akte gerissen hatte, klebte sie sorgfältig mit einem Klebestreifen wieder in die Akte ein. Wenn die Polizei dagewesen war, würde sie mit der Akte in einen Kopierladen gehen, eine Kopie ziehen und sie dann in den Ordner heften. Sie rief die Spurensicherung an und sank erschöpft auf dem Küchenfußboden zusammen. Die Fliegentür war geöffnet, der Himmel hatte sich bewölkt, und es waren sogar ein paar Regentropfen gefallen, die jetzt auf den Rosenbüschen glitzerten.

Die düstere Atmosphäre schien ihr passend für diesen Tag. Sie erinnerte sich daran, daß es in ihrer Kindheit immer am Karfreitag geregnet hatte, an dem Tag, an dem Christus gekreuzigt worden war. Ihre Mutter hatte ihr erzählt, daß sich der Himmel gegen drei Uhr, dem Zeitpunkt seines Todes, verdunkeln würde, und häufig war es auch so, zumindest in ihrer Erinnerung. Damals träumte sie davon, Nonne zu werden, hüllte sich in weiße Laken und streifte durch das Haus, während alle anderen draußen waren. Das war noch vor dem Vorfall mit ihrem Großvater in jenem Sommer. Da hatte Lily auch gebetet, aber keiner hatte ihre Gebete erhört. Bald darauf hörte sie auf zu beten und träumte davon, ein Mensch zu sein, der andere Menschen bestrafen konnte.

Für das erste Mal konnte sie ihm bis heute keine rechte Schuld geben. Schließlich war sie in sein Bett gekrochen, nachdem er einiges von dem Weinbrand zu sich genommen hatte, den Großmutter ihm nicht mehr gestattete, weil er Diabetes hatte. Die Großmutter war klein wie ein Kind, kaum ein Meter fünfzig, und er hatte sie in seinem beschwipsten Zustand verwechselt und war durch seine Erinnerung erregt gewesen. Danach hatte er neben dem Bett gekniet und gebetet und sie gewaschen und gebettelt, sie möge ihr »Geheimnis« für sich behalten. Er erklärte ihr, daß er mit seinem Ellbogen ausgerutscht sei und ihr weh getan habe. Sie war erst acht Jahre alt und verstand nicht, was geschehen war. Der nächste Tag war ihr Geburtstag, und er hatte ihr ein wunderschönes braunes Pony gekauft.

Aber die perversen Spiele dauerten noch fünf weitere Sommer an. Er wollte sie streicheln, sie befühlen und seine Finger in sie hineinstecken. Jedesmal, wenn sie es ihm erlaubte, belohnte er sie mit einem teuren Geschenk. Das Gefummel war gar nicht so schlimm; manchmal fühlte es sich sogar gut an. Sie machte einfach die Augen ganz fest zu und stellte sich vor, was er ihr als nächstes kaufen mußte: eine neue Puppe vielleicht oder einen neuen Sattel für Bay Boy, ihr Pony, oder ein hübsches neues Kleid. Im Laufe der Jahre erkannte sie, daß ihr »Geheimnis« ihr etwas gab, was die meisten Kinder niemals haben: Macht. Sie konnte ihn zum Weinen bringen, wenn sie es wollte, indem sie drohte, sie würde etwas sagen. Es war wie ein grausames Spiel, was sie mit ihm spielte, und sie spielte es häufig. Für alle anderen war er ein Held: reich und freigebig, Vizegouverneur von Oklahoma, ehemaliger Präsident der Rotarier, Vorstandsmitglied verschiedener Wohltätigkeitsvereine. Wenn ihre Mutter von ihm sprach, leuchteten ihre Augen, und ihr Vater bewunderte ihn. Er und Großmutter kamen in ihrem großen Lincoln Continental, vollgepackt mit Geschenken für die Familie, in die Stadt, und jeder Besuch war wie Weihnachten. Während Lily ihre Gedanken schweifen ließ, zog sie ihre Knie an die Brust und wiegte sich auf dem Küchenboden hin und her.

Eines Tages war Lily den ganzen Morgen auf ihrem Rad immer um den Block gefahren, hatte am Gartenzaun gespielt und sich mit dem Gartenschlauch abgespritzt. Die großen Ferien hatten vor zwei Tagen begonnen. Das ganze Jahr über war sie von Alpträumen geplagt worden und hatte häufig ins Bett gemacht, aber sie hatte das schreckliche »Geheimnis« für sich behalten. Sie kam ins Haus, um ihre nassen Kleider zu wechseln, und fand ihre Mutter vor dem geöffneten Koffer in ihrem Zimmer.

»Ich packe diesmal nicht viel ein«, sagte sie. »Du kommst immer mit so vielen neuen Sachen zurück.« Dann erst merkte sie, daß Lily völlig naß war. »Zieh dir die nassen Sachen aus, bevor du dich erkältest. Guck mal, du tropfst ja auf den Teppich.« Ihre Stimme wurde schrill. Lily rührte sich nicht. Sie konnte nicht.

»Was ist los? Zieh dich um ... sofort. Hörst du mich, mein Fräulein?«

»Ich fahre nicht«, schrie Lily. »Ich fahre nicht ... ich fahre nicht.« Trotzig stemmte sie die Hände in die Hüften und schüttelte den nassen Kopf so heftig, daß Wasser bis an die Wände spritzte. Wütend stieß sie den Koffer vom Bett, und ihre gefaltete Unterwäsche und die zusammengerollten Socken verstreuten sich über den Fußboden.

»Was machst du denn? Du ziehst dich jetzt auf der Stelle um und legst dann alles wieder so in den Koffer, wie es war.

Ich hole den Gürtel und versohle dir den Hintern, wenn du nicht sofort aufhörst. Was ist denn mit dir los?« Sie starrte das Kind mit bebender Brust an.

»Ich will nicht fahren. Ich mag Großvater nicht. Er ist unheimlich. Er ist nicht wie Daddy. Ich möchte hierbleiben.«

Ihre Mutter saß auf der Bettkante, strich sich eine lange Locke ihres kastanienroten Haars aus der Stirn und seufzte. »Du solltest dich schämen, Lillian. Nach allem, was dein Großvater für dich getan hat ... für uns. Er vergöttert dich. Er wäre tief unglücklich, wenn er wüßte, wie du über ihn sprichst. Ich hab dir doch immer gesagt, daß man ältere Leute respektieren muß. Wenn Menschen älter werden, verhalten sie sich anders, aber sie sind nicht unheimlich, sondern einfach alt.«

»Er hat mir weh getan.« So, jetzt war es heraus. Sie konnte sein »Geheimnis« nicht länger für sich behalten, egal, was er ihr kaufte. Sie hatte immer so ein komisches Gefühl in sich, ein schlechtes Gefühl, als wenn sie krank wäre und sich übergeben müßte.

Das sanfte Gesicht ihrer Mutter wurde wütend, aber sie versuchte sich zu beherrschen. »Und wie hat er dir weh getan? Hat er dich geschlagen? Er darf dich bestrafen, wenn du böse bist. Während des Sommers ist er wie dein Dad, und dein Dad verhaut dich auch. Du bist selber daran schuld, Lily, du mit deinen Wutausbrüchen.«

Lily fing an zu zittern, die nassen Sachen klebten an ihrem Körper, und sie bekam eine Gänsehaut. »Sein Ellbogen ist ausgerutscht, und er hat mir ganz doll weh getan.«

Ihre Mutter stand auf und stellte den Koffer wieder auf das Bett. »Ach, und das ist alles? Du bist eine richtige kleine Schauspielerin, machst um alles ein Riesentheater.« Sie ging zur Kommode und nahm einen Arm voller Kleider heraus. Dann drehte sie sich wieder zu Lily: »Hat er sich entschuldigt?«

»Ja«, gab sie zur Antwort und hielt sich selbst für böse, weil

sie erkannte, welches Bild sich ihre Mutter von ihr machen mußte. Sie näßte ins Bett, hatte Wutausbrüche und machte ihre Mutter ganz nervös und traurig. Deshalb mußte sie zu Großvater, damit ihre Mutter sich erholen konnte. Sie sagten zwar, der Grund sei, daß es im Sommer in Dallas so unerträglich heiß war, während im Sommerhaus angenehme Temperaturen herrschten, aber sie wußte, daß das nicht stimmte. Dabei hatte sie sich dieses Jahr so große Mühe gegeben, brav zu sein, aber sie war nicht brav. »Wenn er mich mit seinen verschrumpelten Händen anfaßt, hasse ich ihn.«
Ihre Mutter nahm sie bei den Schultern, drehte sie in Richtung Badezimmer und gab ihr einen leichten Schubs. Die Unterhaltung war beendet. »Er ist einfach alt, Lily. Du mußt Mitleid mit ihm haben. Er will nur gut zu dir sein. Du bist sein kleiner Engel. Außerdem haßt du ihn nicht, wenn er dir die neuen Kleider und Puppen kauft. Und dein Pony steht auch bei ihm. Los jetzt, zieh dich um.«
Jedes Jahr, wenn die Koffer herausgeholt wurden, betrachtete Lily sie mit Schrecken. Sie sah sich selbst in den Koffern begraben – wie eine Puppe, die dem alten Puppenspieler überbracht wurde. Der steckte seine Hände hinein, und die Puppe mußte machen, was der Puppenspieler wollte; sie hatte keine Wahl und keine Stimme, weil keiner ihr zuhörte. Wenn der alte Puppenspieler die Puppen wieder in den Koffer legte und den Deckel zuschlug, weinten sie, das wußte Lily.
Als sie das nächste Mal respektlos von ihrem Großvater sprach, holte ihre Mutter den Gürtel und schlug sie, bis ihre dünnen Beinchen von knallroten Streifen übersät waren. Sie sagte nie wieder etwas Freches über ihn. Als Lily dreizehn Jahre alt war, starb er an einem Herzinfarkt. Bei seiner Beerdigung trug sie ihr bestes Kleid – eines, das sie sich in seinen Händen verdient hatte – und kämmte und frisierte ihr Haar wie zu einem Geburtstagsfest. Hinter ihrer hysterisch weinenden Mutter und ihrem ernsten und traurigen Vater schritt sie neben dem offenen Sarg her, aufrecht, mit erhobenem

Kopf. Sie hielt sich mit einer Hand am Rand des Sarges fest und blickte auf sein wächsernes Gesicht und bot den Trauergästen in der Kirche, die zu Hunderten gekommen waren, um dem alten Mann die letzte Ehre zu erweisen, ein anrührendes Bild. »Jetzt bist du in der Kiste«, flüsterte sie lächelnd, »und ich wette, du weinst, wenn sie den Deckel zumachen.«

Als sie einige Tage später allein zu Hause war, räumte sie jedes Kleidungsstück und jedes Spielzeug, das er ihr je geschenkt hatte, aus und trug es zu der großen Mülltonne hinter dem Haus. Es waren so viele Kleider mit steifem Petticoat, daß sie in die Mülltonne klettern und die Kleider festtreten mußte, damit sie hineinpaßten. Darauf warf sie die Schuhe, die Haarspangen, die alten Puppen, Holzperlen und Armbänder; sie warf alles hinein und schlug den Deckel mit einem lauten, endgültigen Knall zu, der ihr ein tiefes Gefühl der Zufriedenheit schenkte.

Sie konnte den Klang des Metalldeckels bis heute hören, glaubte sie, bis in die Küche des unseligen Hauses hinein. Aber dann merkte sie, daß es die Haustürklingel war. Die Leute von der Spurensicherung standen vor der Tür. Es war bereits vier Uhr, sie hatte über eine Stunde auf dem Boden gesessen. Nachdem die Beamten die Wohnung nach Beweismaterial untersucht hatten und wieder gegangen waren, verspürte sie den überwältigenden Drang, die Polizei von Oxnard oder die Krankenhäuser in der Gegend anzurufen, um zu erfahren, ob der Vergewaltiger tot war, aber sie wagte es nicht. In zwei Stunden würde der lokale Fernsehsender darüber berichten.

Ihre Gedanken wanderten zu Fällen, die sie bisher bearbeitet hatte, und zu den Vorschriften des Judicial Council, die festlegten, welche Umstände bei der Festsetzung des Strafmaßes berücksichtigt werden mußten und zu einer Milderung oder Verschärfung führten. Lily ging eine entscheidende Klausel durch den Kopf: Bereut der oder die Angeklagte die Tat? Sie erinnerte sich an Tage im Gerichtssaal, an denen sie voller Engagement für die Höchststrafe plädiert und dies mit der offensichtlichen Kaltblütigkeit und mangelnden Reue der Angeklagten begründet hatte, mit zornigem Blick, den anklagenden Finger auf die leeren, emotionslosen Gesichter der Angeklagten gerichtet. Jetzt erkannte sie, daß mangelnde Reue eine emotionale Schutzhaltung gegen das Aufkommen von Schuldgefühlen war. Lily mußte von ihrer Tat überzeugt sein. Das Messer hatte an ihrer Kehle gelegen, die Klinge ihre Haut geritzt. In seinen Augen hatte die Absicht gestanden, ihrer beider Leben zu beenden. Sie kannte diesen Blick; auf dem Weg nach Oxnard hatte sie ihn im Rückspiegel in ihren eigenen Augen gesehen.

Als sie Butler in seinem Büro anrief, teilte seine Sekretärin ihr mit, daß er in einer Besprechung sei, die jede Minute beendet sein müßte.

»Piepsen Sie ihn bitte an, es ist wichtig.«

Kurz darauf kam Butler an den Apparat: »Lily, warten Sie bitte einen Moment.« Im Hintergrund hörte sie männliche Stimmen. »Das wär's dann. Also, morgen um zehn.« Seine tiefe Stimme hatte einen teilnehmenden Klang. »Ich bin schockiert, Lily, ganz einfach schockiert ... es tut mir sehr leid. Wie geht es Ihrer Tochter?«

»Den Umständen entsprechend.« Sie atmete tief und hörbar ein und fuhr dann fort. »Ich würde lieber mit Ihnen persönlich sprechen, Paul. Ich kann in einer Dreiviertelstunde im Büro sein, wenn es Ihnen nichts ausmacht zu warten.«

»Lassen Sie sich Zeit. Ich bin da.«

Beinahe wäre sie unter der Dusche ausgerutscht, als das heiße Wasser über ihre aufgeschürften Waden lief. Ihr ganzer Körper schmerzte, sie fühlte sich wie erschlagen. Sie legte die Handflächen auf die Kacheln, die noch kühl waren, und merkte, daß sie weinte, aber die Tränen wurden mit dem Wasser fortgespült.

»Warum? Warum? Warum?« schluchzte sie und schlug bei jedem Wort mit den Handflächen auf die Kacheln. »Womit habe ich das verdient?« Sie hörte erst auf, als ihre Hände sich röteten und ihre Handgelenke schmerzten.

Sorgfältig legte sie Make-up auf. Es war ihre Maske. Sie wollte so aussehen wie immer, wenn sie Butler gegenübertrat. Es hat sich nichts geändert, sagte sie zu sich selbst. Es hat sich gar nichts geändert.

Aus dem Aufzug strömten die Menschen, die jetzt Feierabend hatten, und Lily lächelte automatisch und tauschte ein paar Freundlichkeiten aus. Die Empfangssekretärin ließ sie durch die elektronische Schranke passieren. »Wie geht es Ihnen?« fragte sie höflich. Lily sah sie überrascht an und fragte sich, wie viele im Büro wohl Bescheid wußten. Im nächsten Moment fiel ihr aber ein, daß die Sekretärin sicherlich annahm, sie sei krank gewesen. Es mußte ja einen Grund gegeben haben, warum sie den ganzen Tag nicht im Büro gewesen war.

»Wahrscheinlich so ein Vierundzwanzig-Stunden-Virus«, sagte sie und legte eine Hand auf den Magen. Sie ging ins Archiv, und da der verantwortliche Beamte schon Feierabend hatte, legte sie die Hernandez-Akte zusammen mit einigen anderen in den Rückgabekorb. Sie hatte das Blatt auf dem Weg kopiert.

Butlers Sekretärin hatte ebenfalls schon Feierabend gemacht, und so ging Lily direkt in sein geräumiges Büro. Der Raum wurde nicht wie alle anderen Büros durch Neonleuchten erhellt, sondern besaß richtige Lampen; er wirkte wie die gutbestückte Bibliothek eines gepflegten Landsitzes.

Butler erhob sich, kam um seinen Schreibtisch herum und reichte ihr beide Hände. »Meine Liebe«, sagte er und zog sie in einer flüchtigen Umarmung an sich. »Setzen Sie sich. Bitte, setzen Sie sich. Erzählen Sie mir alles.« Er deutete auf einen der hohen, lederbezogenen Stühle. Statt wieder hinter seinem Schreibtisch Platz zu nehmen, ließ er sich auf einem Stuhl neben ihr nieder.

»Es gibt nicht viel zu erzählen, Paul«, sagte sie ruhig und

beherrscht. »Ich hatte die Küchentür offengelassen, er kam herein und warf mir meinen Bademantel wie eine Wolldecke über den Kopf. Er hatte ein Messer. Dann stieß er uns beide auf das Bett, zwang mich zum Oralverkehr und vergewaltigte Shana.« Als sie Shanas Namen erwähnte, mußte sie tief durchatmen und richtete sich steif auf. »Als in der Nachbarschaft die Sirenen losgingen, ist er geflüchtet.«

»Aber wo war denn Ihr Mann währenddessen?«

»Wir haben uns vor einer Woche getrennt. Ich habe ein Haus in Ventura, nicht weit von hier, gemietet.«

Butlers Stirn war gefurcht, seine Lippen zusammengepreßt. »Haben Sie den Mann je zuvor gesehen? Sind Sie ihm in einem Ihrer Prozesse begegnet?«

»Nein, ich habe ihn nie zuvor gesehen. Shana hatte vor dem Haus auf mich gewartet. Vielleicht hat er sie gesehen und beschlossen, im Dunkeln wiederzukommen. Wer weiß? Er wollte uns vergewaltigen, nicht ausrauben. Nein, daran war er nicht interessiert.«

»Ihre Tochter? Wie verarbeitet sie das alles? Wie alt ist sie, Lily?« Butlers Stimme war ruhig.

»Sie ist dreizehn.« Lilys Stimme fing an zu zittern. Sie haßte das Mitgefühl in seiner Stimme, als ob sie ein kleines Mädchen wäre. »Sie hat ein Beruhigungsmittel bekommen und schläft jetzt.«

»Sie wissen, daß Sie sich ein paar Tage freinehmen können«, sagte er und ließ seinen Blick aus dem Fenster wandern. Sie spürte, daß er nicht ganz aufrichtig war. Die Staatsanwaltschaft war völlig überlastet, und ihr Fehlen würde riesige Probleme mit sich bringen.

Sie konnte nicht länger stillsitzen und fing an, im Zimmer auf und ab zu gehen. »Ich komme morgen wieder zur Arbeit. Wahrscheinlich schicke ich sogar meine Tochter wieder zur Schule.« Sie hatte beim Sprechen diese Entscheidung getroffen. »Je mehr wir zulassen, daß so etwas unser Leben durcheinanderbringt, desto furchtbarer wird es.« Sie hielt inne und sah ihn an. »Die Ernennung. Richard hat mir davon erzählt. Ist jemand ernannt worden?«

»Es tut mir leid«, sagte er und wich ihrem Blick aus. »Carol Abrams wurde vor wenigen Stunden ernannt und hat die Ernennung angenommen. Es war eine schwierige Situation. Attenberg mußte umgehend ersetzt werden. Sie waren in der engeren Wahl ...«

»War der entscheidende Faktor die Vergewaltigung? Seien Sie ehrlich, Paul. Ich muß es wissen.«

»Es war ein Faktor. Ich will nicht lügen und so tun, als ob es keine Rolle gespielt hätte, aber der entscheidende Faktor ...? Sie wollten eine Frau. Die Entscheidung mußte zwischen Ihnen und Abrams fallen, und Sie sind beide hochqualifiziert. Es wird noch andere Posten geben. Und wenn Ihnen der Posten jetzt nicht angeboten wurde, dann kommen Sie eben etwas später an die Reihe, das ist doch keine Frage.« Da das Gespräch jetzt ein offizielles Thema berührte, nahm Butler auf dem großen Sessel hinter seinem Schreibtisch Platz. Lily ging weiter auf und ab.

»Wer wird jetzt in dem Fall Lopez-McDonald die Anklage führen?« fragte sie, während ihre Enttäuschung in Wut überging. »Scheiße, ich bin bis über die Ohren mit Fällen überhäuft, und ich habe keinen, der erfahren genug wäre, einen Fall von dieser Komplexität zu übernehmen.«

»Lily, beruhigen Sie sich doch, und hören Sie mir zu; ich werde Ihnen erklären, wie wir das regeln. Es ist mir klar, daß Sie eine Menge durchgemacht haben. Vielleicht sollten wir das zurückstellen?«

Sie hatte einen Stift genommen und wirbelte ihn in der Hand umher. »Fahren Sie fort. Ich möchte wissen, woran ich bin.«

»Sie und Richard Fowler übernehmen den Bereich und den Fall. Ich werde Silverstein vorübergehend mit Richards Abteilung betrauen. Wir werden die Arbeit genau aufteilen.«

Als sie hörte, daß sie mit Richard arbeiten sollte, spannten sich ihre Muskeln an, und der Stift schnellte durch die Luft, knapp an Butlers Kopf vorbei. »Mist«, sagte sie, und fügte hastig hinzu: »Ich meine, wegen des Kugelschreibers. Wenn Sie das wollen ...«

»Fühlen Sie sich einem solchen Fall gewachsen?« fragte er.

Lily war empört. »Natürlich. Wie können Sie das fragen?«

Er betrachtete sie ruhig. »Ich meine emotional, nach dem, was Sie durchgemacht haben.«

Sie nahm ihre Aktentasche und Handtasche und erwiderte fest: »Ich bin Staatsanwältin wie ein tollwütiger Hund, der Blut geleckt hat. Sie verstehen mich. Vermutlich habe ich jetzt noch einen Grund mehr, gewinnen zu wollen.« Blut geleckt, dachte sie, wie passend. Je wirklicher und schrecklicher ihr Leben wurde, desto absurder erschien ihr das ganze Theater. Jedes kleine Wort, jede kleine Geste und jedes kleine Gefühl – alles reihte sich scheinbar unaufhaltsam aneinander, und sie fragte sich, was wohl am Ende dieser Kette auf sie warten würde.

»Gut.« Butler erhob sich. »Ich begleite Sie zu Ihrem Wagen.«

Als das Telefon klingelte, war Richard zu Hause gerade dabei, die Post durchzusehen.

»Kannst du sprechen? Ich bin's.« Sie rief von einer Tankstelle ganz in der Nähe an. Es nieselte wieder, und sie stand im Freien. Der Lärm der Schnellstraße machte eine Unterhaltung fast unmöglich. »Warte einen Moment. Gerade fährt ein Sattelschlepper vorbei. Ich kann nichts verstehen.«

Er brüllte: »Wo bist du. Wie geht es dir?«

»Ich bin an einer Tankstelle. Ich war gerade bei Butler. Er hat mir alles erzählt. Ich fahre jetzt nach Hause, um zu sehen, ob Shana wach ist. Ich weiß nicht, warum ich angerufen habe, aber ich habe gesagt, daß ich mich melden werde.«

»Hat er dir von der Ernennung erzählt?«

»Ja, er hat mir erzählt, daß du wieder zu uns kommst, daß

wir zusammenarbeiten werden und den Fall Lopez-McDonald gemeinsam übernehmen.«

»Und wie findest du das?« Er brüllte immer noch, obwohl sie ihn jetzt gut verstehen konnte.

»Schrei nicht so. Ich fühle mich völlig benommen. Ich hab nicht geschlafen und nichts.« Sie sprach nicht weiter. Der Regen hatte aufgehört, stellte sie fest.

»Es wird schon alles wieder ins Lot kommen. Ich brauche einen Freund und eine Menge Hilfe. Jetzt leg ich lieber auf. Ich will morgen zur Arbeit kommen. Wenn es nicht geht, rufe ich an.«

»Paß gut auf dich auf, Lily. Du brauchst dir keine Sorgen zu machen, daß ich mich dir aufdränge.«

Ihr letzter Satz war eine Untertreibung ersten Grades. »Das ist nicht meine größte Sorge. Bis morgen also.«

Auf dem Weg nach Hause hielt sie an einer Tierhandlung und kaufte einen niedlichen kleinen Hund für Shana. Das Leben schien sich im Kreise zu drehen. Hunde, Ponys. Es lief doch alles auf das gleiche hinaus.

KAPITEL 14

Lily war in Johns Jeep unterwegs gewesen und stellte ihn neben ihren Honda in die Garage. Sie trug das winzige Hundebaby, einen italienischen Windhund, im Arm, nahm einige Handtücher aus dem Wäschetrockner und legte sie in einen leeren Karton. Dann beugte sie sich hinunter, um den Hund in den Karton zu setzen. Als sie sich wieder aufrichtete, wurde ihr schwindelig; für einen Moment fürchtete sie, in Ohnmacht zu fallen. Genau vor ihren Augen befand sich die Garagenwand, an der das Gewehr ihres Vaters jahrelang, bis zu ihrem Umzug, gestanden hatte. Hätte John sie nicht gezwungen, es zusammen mit all ihren anderen Sachen mitzunehmen, wäre sie nicht zur Mörderin geworden. Sie ging zur Garagentür und schaute hinaus, ob ein ihr unbekanntes Auto auf der Straße parkte. Man könnte sie beobachten lassen. Als ihr nichts Ungewöhnliches auffiel, eilte sie beruhigt ins Haus.

John war in der Küche gerade dabei, ein Hähnchen in den Ofen zu schieben. Sein hellblaues Baumwollhemd war zerknittert, und unter den Achselhöhlen zeichneten sich Schweißränder ab. »Sie schläft noch«, sagte er.

Lily fühlte seinen Blick auf sich ruhen, als sie ins Wohnzimmer ging und sich auf das Sofa fallen ließ. Im Fernsehen liefen gerade die Nachrichten.

»Hast du mich gehört, Lily? Kannst du mir wenigstens eine Antwort geben?«

»Ich hab dich gehört. Ich will mir die Nachrichten ansehen.«

Sie saß kerzengerade auf dem Sofa, die Hände im Schoß, ihre Augen auf den Bildschirm geheftet. John machte den Backofen auf und schlug ihn wieder zu; dann nahm er einen kleinen Topf und knallte ihn geräuschvoll auf den Herd. Sie hörte das Schnalzen seines Feuerzeugs. Sie zeigten Aufnahmen von den Krawallen in Los Angeles. Zur Zeit wurden mindestens elf größere Brände, zahlreiche Verletzte, darunter zwei Feuerwehrleute, und ein Toter gemeldet. Nichts prägte sich ihr ein. Sie starrte auf den Bildschirm und wartete.

»Soll ich sie zum Abendessen aufwecken?«

Die Nachrichtensprecherin erschien auf dem Bildschirm und verlas weitere Meldungen. »Eine weitere sinnlose Gewalttat forderte das Leben eines achtundzwanzigjährigen Mannes, der am frühen Morgen in Oxnard erschossen wurde. Die Polizei vermutet Bandenrivalitäten hinter dem Mord. Während der Bruder des Opfers hilflos zusah ...«

»Lily.«

Sie schrie: »Sei still, John.«

»... eröffnete ein unbekannter Täter das Feuer und tötete den Mann vor seinem Haus im Bezirk Colonia.«

Die Sprecherin drehte sich mit einem künstlichen Lächeln zu dem Meteorologen im Studio um: »Es sieht also so aus, als sei der Regen schon wieder vorbei, Stu. Dabei könnten wir ruhig noch etwas Regen gebrauchen bei den vielen Bränden.« Lily schaltete den Apparat an der Fernbedienung aus, stand auf und ging in die Küche.

»Entschuldige, John.« Ihre Blicke trafen sich, und Lily forschte in seinen Augen. Ein Augenzeuge, der Bruder des Mannes, hatte sie beobachtet, während sie ihn erschossen hatte. Entschuldige, sagte sie zu dem Bruder des toten Mannes. Entschuldige, sagte sie zu John. Es tut mir leid, leid, leid. Die Worte kreisten in ihrem Kopf, während die in Blut getränkten Bilder vor ihren Augen tanzten. Sie wollte es ihm sagen, ihm erzählen, was sie getan hatte, damit er sie tröstete; aber er konnte keinen Trost spenden, das wußte sie doch längst. Seine Augen durchbohrten sie, aber sie konnte nicht sprechen. Auf ihn konnte sie sich nicht verlassen, er war zu schwach. Anfangs hatte sie ihn für einen sicheren, sturmgeschützten Hafen gehalten – aber er war nur jemand, an den man sich anlehnen konnte.

John zog an seiner Zigarette. In der Garage fing das Hundebaby an zu wimmern. John sah verwundert in die Richtung, aus der das Geräusch kam.

»Ich habe Shana einen kleinen Hund gekauft. Es war das einzige, das mir auf Anhieb einfiel. Und morgen lasse ich mir vom Sozialamt den Namen eines guten Therapeuten geben.« Lily holte den kleinen Hund aus der Garage. Auf dem Weg in Shanas Zimmer blieb sie stehen und drehte sich zu John um: »Ich wecke sie jetzt, dann kann sie heute nacht schlafen und morgen wieder zur Schule gehen.«

John blickte sie konsterniert an und drückte dann seine Zigarette in dem übervollen Aschenbecher aus. »Willst du mir sagen, daß du darauf bestehst, daß das Kind, nach alldem, was es durchgemacht hat, morgen schon wieder zur Schule geht? Das ist doch nicht dein Ernst, Lillian.«

»Nenn mich nicht so. Das tust du nur, um mich zu ärgern.« Sie atmete tief durch. »Ja, sie geht morgen zur Schule. Wenn du sie verhätschelst und nicht zur Arbeit gehst und den ganzen Tag mit ihr herumsitzt, wird sie so verängstigt sein, daß sie sich vor ihrem eigenen Schatten fürchtet. Laß sie wieder zur Tagesordnung übergehen, zu ihren Freunden und ihrer Schularbeit. Bitte hör auf mich.«

»Wie du meinst. Wie du meinst.« Er drehte sich um und fing an, Teller aus dem Schrank zu holen.

Lily ging den dunklen Flur zu Shanas Zimmer entlang und stellte sich vor, daß man sie abholen und verhaften würde. Sie sah die Polizeiwagen vor dem Haus, die Nachbarn auf der Straße, die neugierig schauten, und Shana, die weinte, während sie in Handschellen abgeführt wurde. Lily hielt den kleinen Hund so fest, daß er zu winseln begann und herunterzuspringen versuchte.

Sie schlich sich ins Zimmer und berührte Shana leicht an der Schulter. Unter der bis zu den Ohren hochgezogenen Decke sah das kleine Gesicht auf dem Kissen so jung, so zart und unberührt aus. Shana rollte sich auf den Rücken und schlug die Augen auf. Ihr Blick fiel auf ihre Mutter, und sie richtete sich im Bett auf. Lily setzte ihr den jungen Hund in den Schoß.

»Das ist dein neuer Freund. Wie gefällt er dir?«

»Oh, ist der niedlich. Was für eine Rasse ist das? Er ist so klein.« Sie hob den Hund hoch und hielt ihn sich vor das Gesicht, Nasenspitze an Nasenspitze. »Ist er nicht süß? Und ob er mir gefällt. Ist es ein Männchen oder ein Weibchen?«

Lily saß auf der Bettkante und gab Auskunft: »Es ist ein italienischer Windhund und weiblich, so wie du. Du mußt dir einen Namen für sie ausdenken. Aber zieh dich erst mal an, und komm zum Essen. Dad hat gekocht, und es riecht lecker.«

Lily und Shana aßen alles auf, was auf ihren Tellern war, und nahmen sich noch mal, so daß nur ganz wenig für John übrigblieb; der beteuerte, das mache gar nichts, da er mittags schon gegessen habe. Das Hundejunge sprang im Zimmer umher, hockte sich hin und machte ein Bächlein.

»Ich habe alle deine Sachen aus meinem Haus hierhergebracht. Sie sind im Auto«, sagte Lily nach dem Abendessen, als sie den Tisch abräumte, während John sich vor dem Fernseher niederließ. »Du kannst morgen was davon zur Schule anziehen, wenn du magst.«

Als sie sich zu Shana umwandte, um deren Reaktion zu sehen, war sie richtig schockiert. Das Kind räumte den Tisch ab und trug die Teller zum Spülbecken hinüber. Das hatte es bisher noch nie gegeben, zumindest nicht ohne Kampf und Theater.

»Okay«, sagte Shana mit einem Blick auf den Hund zu ihren Füßen. »Ich möchte sie Prinzessin Di nennen, nein, Lady Di. Weißt du, wie *Lady and the Tramp* und Princess Di. He, Di, komm her. Komm zu deiner Mamma. Komm, kleine Prinzessin.«

Als der Abwasch erledigt war, gingen Lily und Shana in Shanas Zimmer. Zuerst half Lily ihrer Tochter, die Kleidung für den nächsten Tag auszuwählen, dann bürstete sie Shanas langes Haar. Sie versuchte sich vorzustellen, was ihre Tochter jetzt empfand, legte die Bürste weg und schlang ihre Arme um Shanas Körper. Shana ließ ihren Kopf an die Schulter ihrer Mutter sinken. Lily zog mit ihrem Finger Shanas Brauen nach, fuhr über ihre Augenlider und ihre leicht nach oben gebogene Nase. »Als du klein warst«, flüsterte sie, »bist du so eingeschlafen. Weißt du das noch?«

»Ja«, antwortete Shana leise.

»Erinnerst du dich an Weihnachten, damals, als du alle Geschenke gefunden hast, die wir im Flur versteckt hatten? Du hast sie ausgepackt und mit ihnen gespielt und sie wieder weggepackt, ohne daß einer es gemerkt hat. Ich bin fast gestorben vor Lachen, als es herauskam. Du warst schon ein Luder.«

»Ja.«

»Oder damals, als wir Rollschuh laufen waren und aus Versehen in der Jungentoilette gelandet sind und die ganzen Jungen zu Tode erschrocken waren?«

»Ich weiß. Oder damals, als Grandma im Kino auf die Herrentoilette ging und wir uns nicht trauten, sie wieder herauszuholen. Die Platzanweiserin mußte nach ihr sehen, als Grandma nicht mehr auftauchte, weil sich ihr Strumpfhalter verhakt hatte und sie so nervös wurde, daß sie ihn nicht mehr hochbekam. Das war lustig.«

»Ja«, sagte Lily. Aber sie konnten nicht lachen. Das Lachen war zu weit weg. Selbst die Erinnerung an den Klang von Gelächter war verzerrt, wie eine fremde Sprache, die sie früher

fließend sprechen konnten und jetzt nicht mehr verstanden.
»Kannst du jetzt schlafen?«

»Nein.«

Lily stand auf und kam mit einer Schlaftablette zurück, die man ihr im Krankenhaus gegeben hatte, und einem Glas Wasser. »Möchtest du bei mir im großen Bett schlafen?«

Nachdem sie die Tablette hinuntergeschluckt hatte, legte sie das Hundejunge in ihre Armbeuge, rollte sich auf die Seite und sah zur Wand. »Ich schlafe hier.«

»Du mußt morgen nicht zur Schule gehen. Ich dachte nur, daß du so am leichtesten darüber hinwegkommst. Wenn du dich aber überfordert fühlst, bleibst du zu Hause.«

»Es wird schon gehen, Mom.«

Als Lily sie küßte, flüsterte sie ihr zu: »Das Leben geht weiter. Das ist vielleicht nicht das Tollste, was ich dir sagen kann, aber es ist eine grundlegende Wahrheit.«

Lily ging ins Schlafzimmer und ließ sich voll bekleidet mit dem Gesicht nach unten auf das Bett fallen. Sie rollte sich auf den Rücken und starrte an die Decke. Ihre Augen fielen zu, und sie spürte, wie ihr Körper in das Dunkel des Schlafes hinabsinken wollte, aber sie kämpfte dagegen an, versuchte, wach zu bleiben, und hielt sich an den vertrauten Gegenständen um sie herum fest. Sie stellte sich vor, daß sie ein Seil hätte, das sie am Nachttisch oder an dem grünen Sessel festbinden und dann um ihre Taille schlingen konnte. Dann könnte sie nicht ganz in den schwarzen Abgrund stürzen, sondern könnte sich wieder hochziehen. Er war tot, sie lebte. Doch in der finsteren Unterwelt der Träume würde er nie sterben. Die Tür zu Shanas Zimmer war offen, und sie hörte, wie John ihr mit gedämpfter Stimme eine gute Nacht wünschte.

Sie hatte die Augen auf die Decke gerichtet und hörte ihn hereinkommen und die Tür sanft hinter sich ins Schloß ziehen. »Laß die Tür offen«, sagte Lily, »falls Shana etwas braucht.«

»Ich mache sie gleich wieder auf. Ich möchte nur kurz mit dir reden, dann leg ich mich zum Schlafen auf das Sofa.« Er lehnte sich an die Tür, mit verschränkten Armen; seine Stimme war gedämpft. »Wie geht's jetzt weiter?«

Lily rollte sich auf die Seite und sah ihn an. »Wir leben weiter, John. Was sonst?«

»Ich meine mit der Polizei, mit Shana, mit uns.«

»Die Polizei wird ermitteln und versuchen, ihn zu finden. Bis sie ihn findet, wird nicht allzuviel passieren.«

»Ich weiß nicht, was ich ihr sagen soll, was ich tun soll.«

»Tu, was du sonst auch tust. Sei für sie da, und hör ihr zu, wenn sie reden möchte.« Lily stand auf, um ins Badezimmer zu gehen und sich auszuziehen. John folgte ihr.

»Ziehst du wieder ein? Was geschieht mit dem Haus, das du gemietet hast?«

Er war nah an sie herangetreten, und Lily wich zurück. Sein Atem, seine Kleider, selbst sein Haar – alles roch nach Zigarettenrauch. »In dem Haus kann ich nicht mehr wohnen, John. Shana würde sich dort nie wieder sicher fühlen. Ich werde ausziehen.« Sie trat ins Badezimmer und machte die Tür vor seiner Nase zu. Dann ließ sie ihre Kleider in einem Haufen auf den Boden fallen und zog seinen Bademantel an, der am Haken hing. Als sie die Tür öffnete, stand er immer noch da. »Du könntest doch auch ausziehen.«

Sein Gesicht verzog sich vor Wut. »Ich ziehe nicht aus«, zischte er. »Du bist an allem schuld. Du hast sogar die Küchentür offengelassen, durch die er hereingekommen ist.«

Sie wurde stocksteif und fühlte, wie die Wut in ihr aufstieg. »Hau ab«, fuhr sie ihn an und versuchte, nicht zu schreien. »Laß mich in Ruhe.«

»Ich ziehe nicht aus. Versuch nicht, die Situation auszunutzen. Ich bleibe mit meiner Tochter hier.«

»Dann bleib doch«, gab sie angewidert zurück. »Aber du kannst mich nicht zwingen auszuziehen. Ob du es merkst oder nicht, sie braucht mich. Sie braucht uns beide. Und was du brauchst, ist im Moment völlig egal, John. Nur sie ist jetzt wichtig.«

Er wandte sich ab. Sie ließ sich wieder auf das Bett im Schlafzimmer fallen, drehte sich auf den Bauch und zog mit beiden Händen am Laken, zerrte so lange daran, bis das Spanntuch die Matratze freigab. In der Mitte der Matratze war der rotbraune Fleck, den sie sehen wollte, der von jener Fehlgeburt herrührte, die sie erlitten hatte nur wenige Monate, nachdem Shana auf die Welt gekommen war. Mehr war nicht geblieben von dem, was ein Bruder oder eine Schwester für Shana hätte sein sollen. Es war ein Fleck des Todes, nur ein Fleck.

Sie warf das Laken auf den Boden und schlief auf der blanken Matratze ein, das Gesicht auf den Fleck gepreßt; die Nachttischlampe brannte.

Bald ging sie durch knietiefes, trübes Wasser. Sie bespritzte sich bei jedem Schritt, und sie marschierte mehr, als daß sie ging. Sie ging weiter, und das Wasser wurde tiefer und tiefer, aber sie konnte nicht umkehren. Weit vorne stand Shana und rief nach ihr, der Wind blies ihr Haar waagerecht nach hinten, ihre Stimme klang wie ein kristallklarer Sopran.

Lily schlug plötzlich die Augen auf, sie war schweißgebadet. Als sie aufblickte, sah sie Shana in der Tür stehen. »Um Himmels willen, ist was passiert? Was ist denn?«

»Ich kann nicht schlafen, Mommy. Ich hab solche Angst.« Ihre Stimme war klein und ängstlich, es war die Stimme eines kleinen Kindes. »Er kommt wieder. Ich weiß es, er kommt wieder.«

Lily wies auf den Platz neben sich, und Shana kam zu ihr. »Schlaf bei mir, Liebling.« Als Shana sich ins Bett gekuschelt hatte, machte Lily das Licht aus, und sie flüsterten im Dunkeln. »Shana, ich möchte, daß du mir zuhörst und versuchst, mir zu glauben. Ich weiß, daß es schwer ist, und ich weiß, daß du Angst hast, aber er kommt nie mehr wieder. Hörst du? Ich verspreche dir, er wird dir nie mehr weh tun.«

»Aber das kannst du doch nicht wissen – du kannst es nicht versprechen.«

Lily starrte in die Dunkelheit. Sie konnte nicht mehr sagen. Sie hatte ein Leben ausgelöscht, sie hatte eine Todsünde begangen, und trotzdem konnte sie nichts tun, um den Schmerz zu stillen.

KAPITEL 15

Lily wachte lange vor dem Klingeln des Weckers auf und erschrak: Shana lag nicht mehr neben ihr. Sie hastete in ihr Zimmer; die Tür stand offen, das Zimmer war leer, aber sie hörte Geräusche aus der Küche. Shana mußte schon lange auf sein, dachte Lily, als sie ihren Blick durch das Zimmer wandern ließ. Es war perfekt aufgeräumt; alles lag an seinem Platz, jedes Kleidungsstück war auf einen Bügel gehängt. Lily überlief es kalt. Sie hatte das Gefühl, vor einer Bühnenkulisse zu stehen. Die Requisiten gehörten alle Shana, aber sie waren tot und leblos. Das war nicht das Zimmer ihrer Tochter, so perfekt aufgeräumt.

Sie fand Shana angezogen am Küchentisch sitzend, den kleinen Hund im Schoß und ihre Hausaufgaben vor sich auf dem Tisch. Lily trat auf sie zu und strich ihr über das Haar. Sie legte ihr die Hände auf die Schultern und schaute auf die Bücher vor ihr. »Wann bist du denn aufgestanden?«

»So um vier. Ich konnte nicht schlafen.«

»Bist du sicher, daß du heute in die Schule gehen möchtest?«

»Ich bin sicher, daß ich nicht den ganzen Tag hierbleiben möchte. Aber ich möchte Di auch nicht alleine lassen.« Nach einer kurzen Pause fügte sie hinzu: »Ich gehe in die Schule.«

Als Lily Shana zur Schule brachte, versprach sie, die neue Schlafzimmereinrichtung mit dem Himmelbett, die sie gekauft hatte, in ein oder zwei Tagen in ihrem Zimmer aufstellen zu lassen. Das Bett, auf dem sie vergewaltigt worden waren, ihr eigenes Bett, wollte sie auf die Müllkippe werfen und verbrennen lassen.

Shana sah Lily aus sanften, verträumten Augen an. »Oh, gut, da freu ich mich, Mom. Ich fand es nämlich sehr schön.«

John war am Morgen vor Lily losgefahren, so daß Lily gezwungen war, den Honda zu nehmen. Als sie sich dem Gerichtsgebäude näherte, krampften sich ihre Finger um das Lenkrad. Vielleicht warteten sie schon mit einem Haftbefehl im Büro auf sie, würden ihr Handschellen anlegen und sie vor den Augen aller Mitarbeiter aus dem Gebäude führen. »Nehmt mich doch fest«, schrie sie laut. Wenn Shana nicht wäre, wäre ihr ein Ende des Wartens nur recht; sie würde die Konsequenzen ihrer Tat akzeptieren. Dann müßte sie nicht mehr allen etwas vorspielen und funktionieren, als sei nichts geschehen, ständig in Furcht vor einer Verhaftung. Dann würde sich der verworrene und verschlungene Knoten aus Angst und Schuld lösen.

Schweigend fuhr sie mit dem Aufzug nach oben, hastete durch die elektronischen Schranken zu ihrem Büro. Sie hielt den Blick gesenkt und hörte das Schwirren der Stimmen, das Klingeln der Telefone und das Summen der Kopierer nicht. Jemand rief sie bei ihrem Namen, aber sie ignorierte ihn und ging noch schneller; sie hörte, wie ihr Herz wild und unregelmäßig in den Tiefen ihres Körpers schlug. In ihrem Büro war es dunkel. Sie machte das Licht an und versuchte, Sicherheit in der vertrauten Umgebung zu finden. Ihr Blick flog über den Schreibtisch, um zu sehen, ob jemand ihre Papiere durchsucht hatte; aber sie fand alles so vor, wie sie es verlassen hatte. Sie ließ sich auf den gepolsterten Schreibtischstuhl sinken und beruhigte sich einen Augenblick lang. Sie liebte diesen Ort, sie lebte für diese Arbeit, hier war ihr Zufluchtsort. Hier brachte man ihr Respekt entgegen, hier war sie ein rechtschaffener Mensch.

»Guten Morgen.« Clinton kam voller Energie herein und

setzte sich auf einen Stuhl vor ihrem Tisch. »Wie geht's? Kleiner Grippeanfall, was?«

Er wußte von nichts. Gott sei Dank, dachte sie. Clinton gehörte zu denen, die ihr Wissen nie für sich behalten konnten. »Heute geht's mir wieder gut. Vielleicht noch ein bißchen schwach.« Sprich über was anderes, schrie sie innerlich. Einen verrückten Augenblick sah sie sich völlig nackt dastehen, während das Blut ihres Opfers von ihren Fingernägeln tropfte. »Es scheint sich ja eine ganz gute Chance für Sie aufgetan zu haben. Sie übernehmen zwar nur die Vertretung, aber es könnte ja eine echte Beförderung daraus werden. Sind Sie zufrieden?«

»Schon, aber jetzt habe ich wieder dieselben dummen Fälle, während ich hier etwas hatte, woran ich mir die Zähne ausbeißen konnte.« Er zog eine Grimasse, doch dann fiel ihm plötzlich etwas ein, und er beugte sich aufgeregt nach vorn. »Beinahe hätte ich es vergessen, weil es gestern passiert ist, als Sie nicht da waren. Hernandez hat's erwischt. Können Sie sich das vorstellen?«

Möglicherweise warf er einen Köder aus, dachte sie. Vielleicht war er sogar geschickt worden und nahm das Gespräch heimlich auf. »Hernandez? Welcher Fall war das noch einmal?«

»Der mit der Prostituierten. Der neulich eingestellt wurde. Die Polizei von Oxnard hat mich gestern angerufen und wollte alles über den Fall wissen. Sie vermuten, daß es eine Bandengeschichte war. Auf jeden Fall hat da jemand dem Steuerzahler eine Menge Geld gespart.«

Lily klammerte sich an den Armlehnen fest und versuchte Ruhe zu bewahren. Sie stellten also zum Fall Hernandez Fragen, dachte sie voller Panik. Clinton hatte ihnen bestimmt schon erzählt, daß sie die Akte mit nach Hause genommen und sie zu dem Zeitpunkt in Händen hatte, als Hernandez ermordet wurde. Was sollte sie sagen? In Gedanken schweifte sie ab und stellte sich vor, daß eine große Party gefeiert wurde, weil der Steuerzahler soviel Geld gespart hatte; Konfetti wurde in die Luft geworfen, während Hernandez' Leiche auf einer Steinplatte in der Mitte des Raumes lag. Sie erspähte ihre Brille unter einem Ordner, wo sie sie hingelegt hatte, setzte sie auf und fing an, die Papiere auf ihrem Tisch zu ordnen und von einer Seite zur anderen zu schieben.

»Die Ermittler suchen das Opfer, die Prostituierte. Sie wollten sie vernehmen, aber merkwürdigerweise ist sie immer noch nicht aufgetaucht.«

Während Clinton sprach, trommelte Lily wie wild mit einem Kugelschreiber auf den Tisch. Als sie ihn ansah, wurde es ihr bewußt, und sie hörte damit auf. »Was ist daran merkwürdig? Sie ist eine Prostituierte und ist weitergezogen. Das ist ja nichts Ungewöhnliches.« Sie spürte, daß ihre Stimme verärgert klang, gereizt und angespannt.

»Ist ja gut, ich weiß, daß Sie tausend Sachen zu erledigen haben.« Er stand auf und wollte gehen.

»Nein, nein, ich höre ... Fahren Sie fort.« Sie legte die Hände in den Schoß, damit er sie nicht sehen konnte.

»Also, offenbar hat sie zwei Kinder zurückgelassen, noch ziemlich kleine, und der Ermittlungsbeamte berichtet, daß sie nach Aussage ihrer Schwester eine recht gute Mutter war. Sie hatte keinerlei Ausbildung und ist auf die Straße gegangen, um Geld zu verdienen. Im Grunde genommen für die Kinder. Und bisher haben sie nichts von ihr gehört. Und außerdem, Hernandez wurde vier Tage, nachdem sie Anzeige erstattet hat, gefaßt. Seit seiner Festnahme wurde sie von niemandem mehr gesehen.«

Der Abend, an dem die Vergewaltigung stattgefunden hatte, drängte sich wieder in ihr Bewußtsein. Auf Lilys Oberlippe traten Schweißtropfen, als sie sich an das Messer erinnerte und an seine Worte: »Leck das Blut einer verdammten Hure.« Sie preßte ihre Hand an die Schläfe und hielt sie dort wie eine Kompresse. »Glauben die in Oxnard, daß er sie ermordet haben könnte, um ihre Zeugenaussage zu verhindern?

Ist seine Wohnung nach Beweismaterial durchsucht worden?« Sie sah die Straße, in der er gewohnt hatte, vor sich, den Bürgersteig rot von seinem Blut. Hatten Hunde ihr Erbrochenes aufgeleckt, oder hatten die Beamten von der Spurensicherung es abgekratzt und ins Labor geschickt? Vielleicht war die Leiche der Prostituierten zerstückelt worden, und die Körperteile lagen in dem großen Kühlschrank mit dem Vorhängeschloß, der vor dem Haus stand.

»Die arbeiten da ziemlich langsam bei durchschnittlich drei bis vier Morden im Monat, aber ich bin mir sicher, sie haben die Sache im Griff. Sie haben seinen Kleinbus sichergestellt und ermitteln in alle Richtungen. Bruce Cunningham hat den Fall übernommen. Sie haben bestimmt von ihm gehört. Heller Kopf.«

Lilys Telefon klingelte. Sie hörte es zwar, dachte aber, es sei im Nebenbüro. Sie blickte hoch und sah, daß Clinton sie anstarrte. Mit einer abrupten Handbewegung drückte sie auf den Knopf der Sprechanlage. »Stellen Sie bitte keine Gespräche für mich durch, Jan.«

»Wahrscheinlich hatten Sie von Anfang an recht mit dieser Sache, Lily, das muß ich ehrlich zugeben.«

»Halten Sie mich auf dem laufenden, Clinton. Besorgen Sie sich von Cunningham alle Unterlagen über den Fall und zeigen Sie sie mir.« Von allen Ermittlungsbeamten, die diesen Fall übernehmen konnten, mußte es natürlich Cunningham sein, dachte Lily, während Angst und Panik in ihr stärker wurden. Er war der beste Ermittlungsbeamte in Oxnard, wahrscheinlich sogar im ganzen County. Sie kannte ihn – wußte, wie er arbeitete. Schon mehrmals hatte sie mit ihm zusammengearbeitet. Der Mann hatte eine Liste von einwandfreien Erfolgen vorzuweisen. Wenn man in einem Fall, in dem Cunningham ermittelt hatte, die Anklage vor Gericht vertrat, konnte man so gut wie sicher sein, eine Verurteilung zu erreichen. Der Mann machte nie Fehler, ließ sich nicht zur Eile treiben und schloß keine faulen Kompromisse. Er war der Traum eines jeden Staatsanwaltes und der Alptraum jedes Verbrechers. Und jetzt war er ihr Gegner.

»Die Sache könnte sogar noch größer werden. Ich meine, ich will nicht, daß Sie sich wegen nichts und wieder nichts aufregen, aber ...«

Lilys Hände umklammerten die Tischkante, ihr Oberkörper lehnte sich angespannt nach vorn. »Spucken Sie's aus, Clinton.« Sie konnte die Spannung nicht länger ertragen.

»Also, Cunningham hält sich im Moment sehr bedeckt – nur ein Gefühl. Scheinbar wurden Hernandez und sein Bruder vor ein paar Monaten von der Polizei angehalten, und wer war wohl dabei? Carmen Lopez und, halten Sie sich fest, Navarro und Valdez.«

Lily sprang förmlich aus ihrem Stuhl hoch. Das könnte einen ersten Durchbruch im McDonald-Lopez-Massaker bedeuten, aber viel wichtiger war: Es könnte ihre Rettung sein. Wenn Hernandez die Prostituierte getötet und das Blutbad an den beiden Schülern inszeniert hatte, dann war er ein mehrfacher Mörder, ein gefährlicher Psychopath.

»Ich möchte, daß Cunningham jeden noch so kleinen Hinweis, den er in dieser Sache aufdeckt, meldet, egal, wie unwichtig er erscheint. Informieren Sie Butler und natürlich auch Fowler; und kein Sterbenswörtchen an die Presse. Ist das klar?«

»Geht in Ordnung, Boß«, erwiderte Clinton, der dieselbe Aufregung verspürte. An der Tür drehte er sich noch einmal zu Lily um. »Wissen Sie, ich wollte anfangs nicht unter Ihnen arbeiten. Ich dachte, Sie hätten zu hohe Ansprüche. Das war blöd von mir. Jetzt würde ich gerne wieder in Ihre Abteilung kommen, wenn die Personalsituation es erlaubt.«

Sie sah ihn über ihre Brillenränder an. »Hohe Ansprüche, wie? Nicht, weil ich eine Frau bin, sondern weil ich zu hohe Ansprüche habe. Das ist ja was ganz Neues. Sie können gerne zurückkommen, aber vergessen Sie den Haarfestiger nicht.«

Er lachte, und Lily lauschte sehnsüchtig dem goldenen Klang. Sie wollte ihn stehlen und in sich aufnehmen, aber nur ihre Mundwinkel hoben sich leicht.

»Er ist teuer. Zahlen Sie ihn mir?«

»Wohl kaum«, erwiderte sie und versuchte, ihr Gesicht zu einem breiteren Lächeln zu verziehen. Als er gegangen war, stand sie auf und fing an, um ihren Tisch herum zu laufen. Sie konnte nicht stillsitzen. Sie fühlte sich in dem kleinen Büro wie eingesperrt, aber sie fürchtete sich davor, draußen mit Kollegen über Belanglosigkeiten oder über ihre Fälle sprechen zu müssen. Sie konnte ihre Gedanken nicht von Cunningham lösen. Cunningham, Cunningham; sie wiederholte den Namen immer wieder. Er war fast eine Berühmtheit in Polizei- und Anwaltskreisen. Über den Fall Owen war in allen Tageszeitungen berichtet worden. Wie der Mann genug Beweismaterial zusammengetragen hatte, das ein Urteil wegen Mordes ermöglichte, ohne daß die Leiche gefunden wurde, überstieg Lilys Vorstellungsvermögen. Die Angst saß ihr im Nacken. Wenn er einen Fall wie diesen lösen konnte, dann würde er auch herausbekommen, wer Bobby Hernandez getötet hatte.

Hernandez' Bruder hatte sie gesehen. Wie hatte sie nur annehmen können, daß sie jemanden am hellen Tag erschießen könnte, ohne gesehen zu werden? Ihre Stunden in Freiheit waren gezählt. Sie hatte wie eine Geisteskranke gehandelt. Plötzlich stand Richard in der Tür, mit gefurchten Brauen beobachtete er sie besorgt bei ihrer rastlosen Wanderung.

»Ich habe den ganzen Morgen versucht, dich zu erreichen, aber Jan hat gesagt, du nimmst keine Anrufe entgegen, und dann rief Clinton an und hat mir über die neuesten Entwicklungen in dem Fall McDonald-Lopez berichtet. Ist alles in Ordnung, Lily?«

Sie brauchte eine sichere Distanz zu ihm und trat hinter ihren Schreibtisch. »Nein«, sagte sie, »wahrscheinlich nicht. Aber es wird schon wieder.« Er war ein Fremder aus einer anderen Zeit und einem anderen Land, ein Stück aus dem Leben von jemand anderem.

»Wollen wir nach der Arbeit zusammen ein Glas trinken gehen? Irgendwo, wo es ruhig ist.«

»Ich habe keine Zeit. Ich muß mit meiner Tochter zum Therapeuten.«

Er kam quer durch den Raum und nahm Lilys Hand in die seine. Sie überließ sie ihm, kalt und leblos. »Wann kann ich dich sehen? Ich möchte dich halten, dich berühren.«

Lily entzog ihm ihre Hand. »Ich weiß es nicht«, sagte sie. »Ich weiß es wirklich nicht.«

»Meinst du, du weißt nicht, wann wir uns sehen können, oder meinst du, du weißt nicht, ob du es willst?«

»Ich wohne zur Zeit zu Hause.« Sie sah ihm in die Augen. »Ich weiß nicht, wie es weitergeht. Im Moment weiß ich gar nichts.« Das Telefon klingelte, und Lily griff hastig nach dem Hörer. Jan sagte, Bruce Cunningham sei am Apparat. »Ich muß telefonieren, Richard. Ich melde mich bei dir.«

Als er gegangen war, atmete Lily tief durch und drückte auf den blinkenden Knopf. Der Beamte fing an zu reden, bevor Lily sich gemeldet hatte.

»Silverstein hat mich zu Hause angerufen und mir Anweisungen gegeben. Wer ist der Typ überhaupt, und warum glaubt ihr eigentlich, ihr könntet mir erzählen, wie man eine Ermittlung führt?«

»Es tut mir leid, Bruce. Ich möchte mich dafür entschuldigen. Ich weiß natürlich, daß Sie alles unter Kontrolle haben ... aber ...« Sie versuchte verzweifelt, Distanz zu wahren, sich nicht zu verraten, ihre Rolle zu spielen. Er würde ihre Angst wie ein Tier wittern. »Dieser Fall sorgt hier für allerhand Aufregung. Es ist so ein Fall, der einfach alle berührt.«

»Na gut«, beruhigte er sich. Sein Ärger war verraucht. »Also, ich melde mich bei Ihnen, sobald ich etwas habe. Die ganze Sache kann sich in Luft auflösen.«

Sie spürte, daß er auflegen wollte. Die Worte steckten ihr

in der Kehle und kamen nicht heraus. Endlich sagte sie: »Was liegt denn bisher vor?«

»Ich dachte, ich hätte eine Spur, aber sie hat sich zerschlagen. Eine Nachbarin hat sich eine Autonummer notiert. Sie schwört, daß sie sie richtig aufgeschrieben hat, aber es hat sich herausgestellt, daß die Nummer zu einem anderen Auto gehört, dessen Besitzer ein neunundsechzigjähriger Bewohner eines Altenheims ist.« Cunningham war anscheinend beim Essen; er schmatzte beim Sprechen, und im Hintergrund hörte man Küchengeräusche. »Wir haben ein Phantombild des Täters: weiß, männlich, einsfünfundsiebzig, dünn, helle Haut. Könnte ein Profikiller sein. Wer weiß. Sieht so aus, als ob uns einer einen Gefallen getan hätte.«

»Danke, Bruce«, sagte Lily. »Rufen Sie an, wenn sich etwas Neues ergibt.« Benommen legte sie den Hörer auf. Schöner Gefallen, dachte sie und fragte sich, ob die Leute sich im klaren über die Bedeutung ihrer dahingeworfenen Bemerkungen waren. Sie sah sich selbst mit anderen im Kreis sitzen, und der große Detektiv stand in der Mitte wie ein Lehrer. Er ließ seinen Blick über alle gleiten und fragte: »Nun, wer von euch hat uns denn den Gefallen getan und den bösen Mr. Hernandez ermordet?« Und Lily würde voller Stolz ihre Hand heben.

Sie hatte das Gefühl, verrückt zu werden.

Ohne den Filzstift wäre sie jetzt auf dem Weg ins Gefängnis. Die Polizei suchte nach einem Mann, einem professionellen Killer. So hatte er sich ausgedrückt. Aber Cunningham war schlau, und sie wußte sehr wohl, daß er sie möglicherweise in die Enge treiben wollte, sie beobachten ließ oder auf den Laborbericht wartete. Sie stützte den Kopf in die Hände, schlang ein paar Haarsträhnen um die Finger und zog daran, so heftig sie konnte. Sie wollte einen wirklichen Schmerz spüren, aber sie fand nur eine abstrakte Leere. Als sie die Hände vom Kopf wegnahm, hielt sie ein Büschel roter Haare zwischen den Fingern.

Kapitel 16

Während sie im Warteraum der Praxis saßen, studierte Lily die Akten des Falls, die sie mitgebracht hatte, während Shana in einer Zeitschrift blätterte. Eine Frau in Lilys Alter kam aus dem Sprechzimmer, und beide blickten auf in der Annahme, daß es die Therapeutin sei. Dann aber trat eine viel jüngere Frau ins Wartezimmer und bat sie zu sich. Sie hatte ein kleines, rundes Gesicht mit sanften, rehbraunen Augen und braunen Haaren, die ihr auf die Schultern fielen. Sie trug einen wadenlangen Rock mit Blumenmuster und einen grünen Pullover, dazu Mokassins und Söckchen. »Mrs. Forrester, ich bin Marsha Lindstrom. Und du mußt Shana sein.«

Lily stand auf und steckte die Akte schnell in ihre Mappe. »Ich hatte Sie mir älter vorgestellt«, sagte sie spontan.

»Das ist aber ein nettes Kompliment.« Sie lächelte Shana zu. »Läßt du mich kurz mit deiner Mutter reden, während du hier wartest? Es dauert nicht lange.«

Shana sprang auf: »Warum sprechen Sie nicht mit uns beiden? Wir sind beide betroffen. Wir waren beide da.«

»Das stimmt zwar, aber manchmal drückt man sich anders aus, wenn man allein ist. Es dauert nur wenige Minuten, einverstanden?«

Statt eines nüchternen Behandlungsraums betrat Lily ein Zimmer, in dem ein Sofa, ein Couchtisch und zwei dick gepolsterte Sessel standen. Lily hatte der Therapeutin von der Polizeiwache in Ventura den Bericht faxen lassen. Marsha

Lindstrom hielt ein Klemmbrett in der Hand und fing an, Lily über ihre Kindheit, ihre Eltern und ihre Ehe auszufragen.

»Ich glaube nicht, daß das hierhergehört«, begehrte Lily verärgert auf. »Ich möchte, daß Sie meiner Tochter helfen, nicht mir.«

»Sie glauben also nicht, daß Sie durch diesen Vorfall ein Trauma erlitten haben? Verstehe ich Sie da richtig?«

»Das habe ich nicht gesagt. Natürlich habe ich auch ein Trauma erlitten, aber das bin ich gewohnt.« Lily sprach nicht weiter, sie fühlte sich in die Enge getrieben und konnte nicht reagieren. Was sie auch sagte und was sie auch tat seit gestern, es erwies sich alles als falsch. Sie spürte, daß ihr die Kontrolle über sich und ihre Umwelt entglitt. »Ich meine ...«

»Sind Sie schon einmal vergewaltigt worden, Mrs. Forrester? Lily ... darf ich Sie Lily nennen?«

Die sanften braunen Augen ließen sich nicht beirren. Lily ließ ihren Blick zu den Mokassins und den Söckchen ihres Gegenübers wandern. Sie sah aus wie eine Studentin. Sie war zu jung.

»Das ist doch überhaupt nicht von Belang.« Das Licht im Raum war gedämpft, und aus einer versteckten Anlage erklang sanfte Gitarrenmusik. »Ich bin ein Inzestopfer. Gehört das in die Kategorie Vergewaltigung? Ich glaube schon. Wollten Sie das hören?«

»Können Sie mir sagen, was für Gefühle Sie dazu haben ... zu dem Inzest?«

Endlich hatte Lily die Worte zu einem Menschen außer John gesagt, und schon öffneten sich die Schleusen und gaben eine Sturzflut von Emotionen frei. Es erbrachte eine weitere Kategorie, einen weiteren Titel, dachte sie. Staatsanwältin, Inzestopfer, Mörderin. Was stand ihr noch bevor: Zelleninsasse, Gefangene, Knacki? Sie sah sich selbst mit einer Nummer auf dem Hemd, sie starrte in den Fotoapparat und hörte den Auslöser. »Was glauben Sie denn, was für Gefühle ich habe?« Lily stand auf und blickte die junge Frau zornig an. »Ich sage Ihnen, welche Gefühle ich habe. Wenn jemand behauptet, daß der Blitz nicht zweimal an derselben Stelle einschlägt, sagen Sie ihm, er soll sich verpissen. Jetzt rufen Sie meine Tochter herein, und versuchen Sie, ihr zu helfen. Für mich ist es zu spät.«

Lily ging, ohne sich umzusehen, zur Tür. Sie setzte sich hin und wartete. Sie hatte sich wie eine komplette Idiotin verhalten, schließlich wollte die Frau ihr helfen. Aber sie konnte mit der Inzestgeschichte im Moment nicht umgehen. Es machte sie fertig, brachte sie vollends durcheinander. Als Shana eine Stunde später herauskam, sprang Lily auf, und die Papiere, die auf ihrem Schoß lagen, fielen auf den Boden. »Kann ich Sie noch einen Moment sprechen?«

»Selbstverständlich«, erwiderte Dr. Lindstrom ruhig. »Allerdings habe ich bald den nächsten Termin.«

Als sie wieder in dem kleinen Zimmer saßen, entschuldigte Lily sich für ihr Verhalten. »Es tut mir leid, daß ich so aufgebraust bin. Es ist mir klar, daß Sie mir helfen wollen und das tun, wozu Sie da sind. Die Sache mit dem Inzest – also, das ist einfach zu schmerzhaft. Ich kann die Wunde nicht wieder aufreißen und hier auf Ihren Teppich mein Blut tropfen lassen. Können Sie das verstehen? Manchmal treibt man eine Sache zu weit. Vor einigen Jahren vielleicht. Aber jetzt? Jetzt muß ich all meine Stärke und Anteilnahme auf meine Tochter konzentrieren, und da will ich mich durch nichts stören lassen.«

Die Frau antwortete nicht. Das Schweigen hing schwer im Raum, und Lily hörte ihre eigenen Atemzüge. Vielleicht würde man diese Frau eines Tages vor Gericht laden, damit sie als Zeugin aussagte und den Geschworenen erklärte, daß Lily einen Mann getötet hatte, weil sie ein Inzestopfer war. Vielleicht würde sie aber auch angeben, daß Lily kalt und herzlos war, sich ihrer professionellen Hilfe verweigert hatte und aus ihrer Praxis gestürmt war? »Wie kommt meine Tochter Ihrer Meinung nach zurecht?«

»Erstaunlich gut, zumindest nach außen hin. Ihre größte Sorge scheint zu sein, daß andere von der Vergewaltigung erfahren könnten. Ihre Tochter ist eine junge, sehr starke Frau, sehr entschlossen und beherrscht.«

»Das ist es«, sagte Lily und lehnte sich vor, »Sie sagen, daß sie beherrscht ist. So kenne ich Shana nicht. Sie ist nie beherrscht gewesen. Sie war immer spontan, fast ein bißchen sprunghaft. Und jetzt ist sie plötzlich ordentlich, ruhig, höflich. Ich habe die Befürchtung, daß sie all das hier unterdrückt und über die Jahre einen Druck aufbaut, der sich vielleicht erst entlädt, wenn sie eine Frau ist.«

»War es bei Ihnen so?«

»Ich glaube«, sagte Lily mit der Stimme eines Kindes. »Meine größte Sorge ist die Sexualität meiner Tochter und die Wirkung, die das Erlebnis darauf hat. Sie ist eine attraktive junge Frau, und ich wünsche mir, daß sie ein erfülltes Leben führt.«

»Vielleicht sollten Sie Ihre Erfahrung mit ihr teilen. Erzählen Sie ihr, was Sie mir erzählt haben. Geben Sie ihr einen Grund, die Therapie ernst zu nehmen.«

»Das kann ich nicht«, sagte Lily und schaute zu Boden. Dann hob sie den Blick vorsichtig. »Und ich glaube, daß das falsch wäre. Bisher hat sie sich in der Welt sicher gefühlt, und das ist vorbei. Wenn ich ihr erzähle, was ich erlebt habe, dann wird sie überall noch mehr Gefahren und Bedrohungen sehen. Sie wird überall Böses vermuten. Aber sie soll das Gefühl haben, daß dies ein einzelner Vorfall war, der äußerst selten ist und sich nie mehr wiederholen wird. Ich möchte nicht, daß sie denkt, es kann zweimal im Leben eines Menschen passieren.«

»Aber es kann geschehen, und in Ihrem Fall ist es zweimal geschehen. Richtig?«

»Richtig.« Lily starrte sie an. »Ich werde es ihr nicht erzählen.«

»Das ist Ihre Entscheidung.«

»In letzter Zeit muß ich alle Entscheidungen selbst treffen.«

»Anscheinend wollen Sie es so. Das Leben hat manchmal viele Möglichkeiten für uns parat. Wissen Sie, manchmal hat man eine Rolle, die man nicht mag, aber man hat sie sich selbst ausgesucht. Sie müssen nicht alles allein entscheiden. Wenn Sie das Gefühl haben, mit mir nicht reden zu können, dann gibt es Therapiegruppen für Inzestopfer. Das aber müssen Sie tatsächlich selbst entscheiden.«

Als Lily das Zimmer verließ, sah sie sich wieder, die Schrotflinte auf Hernandez gerichtet, am Auto gelehnt stehen. War das auch eine Entscheidung, die sie getroffen hatte – zum Henker zu werden? Hatte sie all die Jahre auf diesen Moment gewartet, darauf, daß jemand eine imaginäre Grenze überschritt und ihren aufgestauten Zorn zur Entladung brachte? Oder war diese Rolle schon bei ihrer Geburt für sie bestimmt, und ihr ganzes Leben führte darauf zu? Hatte das Universum sie durch den Mißbrauch in ihrer Kindheit auf die Rolle des Vollstreckers vorbereitet, der die Bösen dezimierte? Nein, dachte sie, sie hatte sich über den Rand der Erde gewagt und war in die Tiefe gefallen, in die dunklen, stürmischen Wasser des Wahnsinns.

»Mom«, rief Shana, als ihre Mutter auf sie zutrat, »alles in Ordnung?«

Lily zitterte und hielt sich mit den Armen warm. »Alles in Ordnung«, sagte sie, »alles bestens.«

Kapitel 17

Der Rest der Woche verging wie in Zeitlupe. Die Tage mündeten in schlaflose Nächte, und die Nächte in nebelhafte Tage. Lily hatte ein Gefühl, wie wenn sie in den eisigen Gewässern des Ärmelkanals schwimmen würde: Sie zwang sich, die Erschöpfung zu überwinden und unter allen Umständen das rettende Ufer zu erreichen.

Sie mußte den Bericht der Polizei von Oxnard über den Mord an Bobby Hernandez irgendwie in die Hände bekommen. Nur so konnte sie mit Sicherheit feststellen, welche Beweise sie hatten und wo sie wirklich standen. Und sie wollte das Phantombild sehen. Sie hatte Clinton angewiesen, den Bericht anzufordern, aber er hatte ihn bislang nicht erhalten. Clinton hatte Richards Abteilung übernommen, und Richard war in Carol Abrams' Büro eingezogen. Alle waren mit Arbeit überhäuft. Der Hernandez-Mord war an sich unbedeutend und würde nur an Bedeutung gewinnen, wenn sich eine Verbindung mit dem Lopez-McDonald-Fall ergab. Was die verschwundene Prostituierte betraf, so lagen keine neuen Erkenntnisse vor. Alles war in der Schwebe. Aber sie konnte Clinton nicht bedrängen, ihr den Bericht zu beschaffen, oder Cunningham selbst anrufen. Damit würde sie eine große Dummheit begehen, und vielleicht war es gerade das, worauf der Detective wartete.

Jeden Tag, wenn sie aus der Garage fuhr, suchte sie die Straße nach einer möglichen Zivilstreife ab, die sie überwachte, und auf dem Weg zur Arbeit beobachtete sie den ihr nachfolgenden Verkehr im Rückspiegel. Abends saß sie zu Hause und überlegte, ob sich draußen jemand befände, der ihr Haus beschattete.

»Heute abend gehe ich aus«, erklärte John Samstag nachmittag um halb fünf. »Ich sage dir Bescheid, damit du dich darauf einrichtest.«

Er hatte Shana gerade zu einer Freundin gebracht, wo die Mädchen eine Nachthemdparty veranstalten wollten. Lily hatte ihre Akten über den Eßtisch ausgebreitet. Ihr Haar hatte sie im Nacken mit einem von Shanas Haargummis zu einem Pferdeschwanz zusammengebunden, sie trug kurze Sporthosen und ein Sweatshirt.

»Was soll das heißen – du gehst aus?« fragte sie, legte ihre Brille auf den Tisch und schob den Eßzimmerstuhl vom Tisch zurück. Da es im Haus kein Arbeitszimmer gab, hatte Lily es sich angewöhnt, im Eßzimmer zu arbeiten: hier fand sie sogar mehr Platz als auf einem Schreibtisch. Sie hatte eine Kassette mit klassischer Musik eingelegt: Tschaikowskis sechste Sinfonie. »Soll das heißen, daß du eine Verabredung hast?«

»Sagen wir einfach, ich gehe mit einer Arbeitskollegin aus. Schließlich wissen wir ja, daß du auch Arbeitskollegen hast, oder?« antwortete er mit beißendem Sarkasmus. »Sobald wir sicher sein können, daß sich Shana wieder einigermaßen stabilisiert hat, ziehst du wieder aus. Du weißt so gut wie ich, daß es für uns beide keine gemeinsame Zukunft gibt.«

Er ging zu der Stereoanlage und stellte die Musik leiser, als ob ihn die sanften Klänge Tschaikowskis irritierten. »Du kannst hierbleiben, solange du willst, aber ich will auch weiterleben. Ich habe auch ein Recht auf ein eigenes Leben.«

Sie sah tief in seine braunen Augen und wußte, daß er sie nicht mehr liebte. Seine Liebe war schon seit langem erloschen. Er brauchte jemanden, der ihm das Gefühl gab, wichtig zu sein, der ihm zuhörte, und der ihn als attraktiven und begehrenswerten Mann akzeptierte.

»Auf jeden Fall mußt du heute für dich selbst kochen«, beendete er das Gespräch mit einem triumphierenden Blick und verschwand durch das Wohnzimmer.

Lily blieb am Eßzimmertisch sitzen und versuchte, sich wieder zu konzentrieren, während er duschte und sich für seine Verabredung umzog. Die Situation wurde immer absurder. Eine halbe Stunde später kam er ins Wohnzimmer, ausgehfertig in einem seiner besseren Anzüge und in eine Duftwolke seines Drakkar-Rasierwassers eingehüllt. Er vergewisserte sich, daß sie ihn gesehen hatte, und verließ mit elastischem Schritt das Haus. So hatte sie ihn seit Jahren nicht mehr erlebt.

Ziemlich früh für eine Verabredung, wunderte sie sich und überlegte, wohin er wohl ging und mit wem. Ob sie sich küssen oder sogar miteinander schlafen würden? So viele Jahre hatte er sie gemieden und ihr das Gefühl gegeben, daß Sexualität etwas Schmutziges sei. Wer war die Frau? Etwa ein verletztes kleines Mädchen, das er trösten und beschützen konnte? Warum hatte er das Recht, sein Leben zu leben, wenn das ihre zerstört war? Sie hätte ihn aufhalten sollen, ihm erzählen, was sie getan hatte, um ihn mit in den Abgrund zu reißen. Es wäre seine Sache gewesen, die Vergewaltigung seiner Tochter zu rächen.

Sie stand auf und schob die Papiere auf den Boden. Selbstmitleid und Ärger erfüllten sie. Sie ging durch das leere Haus, von Zimmer zu Zimmer, und spähte durch die Jalousien und Vorhänge auf die Straße. Sie hatte vergessen, zu Mittag zu essen, und jetzt meldete sich ihr leerer Magen. Im Kühlschrank fand sie ein Stück Käse, zwei Scheiben Wurst und ein in Folie gewickeltes Stück Huhn, das vom letzten Mittagessen übriggeblieben war. Sie schlug die Kühlschranktür zu und griff nach ihrer Handtasche auf der Küchentheke. Nur noch drei Dollar Bargeld, stellte sie fest; seit der Vergewaltigung war sie nicht mehr auf die Bank gegangen. Sie kramte in den Fächern ihrer Handtasche in der Hoffnung, einige vergessene Dollarscheine zu finden, und stieß auf den Zettel mit Richards Telefonnummer. Ohne zu überlegen, wählte sie die Nummer. Es klingelte zweimal, dann schaltete sich der automatische Anrufbeantworter an. Eine weibliche Stimme meldete sich vom Band. Sofort legte sie den Hörer auf, obwohl sie sicher war, daß er nur vergessen hatte, die Ansage zu ändern, nachdem seine Frau ihn verlassen hatte.

Lily schaltete den Fernseher ein. Das Zentrum von Los Angeles war bei den Krawallen anscheinend dem Erdboden gleichgemacht worden. Tausende von Gebäuden waren zerstört, Hunderte von Menschen verletzt oder getötet worden. Die Stadt sah aus, wie wenn ein Krieg in ihr getobt hätte. Fünfzehn Minuten später wählte sie wieder Richards Nummer, hörte sich die Ansage seiner Frau an und wollte gerade wieder auflegen, als er abnahm.

»Einen Moment«, sagte er, »ich schalte die Maschine ab.«

»Ich bin's«, sagte Lily, »deine Arbeitskollegin. Was machst du gerade?«

»Also, du rufst zu einer denkbar ungünstigen Zeit an. Ich habe zwei neunzehnjährige Blondinen im Haus und wollte gerade mit ihnen ins Jacuzzi-Bad springen.«

»Oh, Entschuldigung. Wir sehen uns Montag im Büro. Viel Spaß.« Lily glaubte ihm und fühlte sich gedemütigt.

»Warte doch. Das war ein Witz. Wenn du's wissen willst, ich sitze hier mutterseelenallein vor der Speisekarte des Take-away-Restaurants und werde gleich eine große Entscheidung treffen. Und du?«

»Mein Mann ist zu einer Verabredung gegangen«, sagte sie tonlos. Sie wußte, wie dumm das klang, aber sie mußte mit jemandem reden.

»Na, wenn das kein Zeichen ist? Wenn du mich fragst, was Besseres hätte ihm gar nicht einfallen können. Warum setzt du dich nicht in dein kleines rotes Auto und machst dich auf den Weg zu mir? Findest du mein Haus, wenn ich dir die Adresse noch einmal sage?«

»Ich glaub schon«, erwiderte sie und verspürte den Wunsch, zur Tür hinauszurennen und das leere Haus hinter sich zu lassen.

»Du brauchst nur hier anzukommen. Ich kümmere mich um den Rest. Wie lange brauchst du etwa?« Er hatte es eilig und zeigte es auch.

»Ungefähr eine Stunde.«

»Da siehst du, wie leicht das Leben sein kann, wenn man es sich entsprechend einrichtet.«

Er war so unbeschwert, so locker. »Vielleicht sollte ich doch nicht vorbeikommen. Ich könnte dir deine gute Stimmung und den Abend verderben.«

Der lockere Klang schwand aus seiner Stimme, als er leise nur ein Wort sagte: »Komm.«

Die Sonne ging unter und warf lange Schatten ins leere Zimmer, die auf sie zukrochen. »Ich komme. Sofort.«

»Ich warte.«

Lily legte den Hörer auf, schlüpfte in den Parka, der über einem Küchenstuhl hing, und lief zum Auto. Sie hatte nicht geduscht, ihre Haare waren nicht gewaschen, und ihr Gesicht war ungeschminkt. Während der Fahrt beobachtete sie die Autos hinter sich und fuhr durch kleine Seitenstraßen, so daß keiner ihr folgen konnte. Als sie nach einer Irrfahrt durch die engen, steilen Straßen, die zu seinem Haus führten, endlich ankam und die achtzehn Stufen zu seiner Haustür hochgestiegen war, wollte sie gleich wieder gehen. Du bist verrückt, hierherzukommen, schalt sie sich. Sie stand auf dem Treppenabsatz, sah die Stufen hinunter und dann wieder zur Tür. Sie löste den Haargummi und schüttelte ihre Haare, nahm ihre Puderdose aus der Handtasche und betrachtete sich im Spiegel. Endlich läutete sie; sie stand da wie eine Bettlerin, ihre nackten Beine waren eiskalt.

Als er die Tür öffnete, erschrak er sichtlich bei ihrem Anblick. Dann nahm er sie in den Arm. »Um Himmels willen, warum läufst du so spät am Abend in Shorts herum? Du holst dir eine Lungenentzündung. Komm rein. Komm rein.« Er wies ihr den Weg ins Wohnzimmer und verbeugte sich leicht wie ein Oberkellner.

Das Haus war jetzt voll möbliert mit viel schwarzem Marmor und glänzenden, nicht überladenen Flächen. Gedämpftes Licht herrschte vor, und aus der Anlage erklangen Nat King and Natalie Cole mit »Unforgettable«. Vom Wohnzimmer aus sah man auf die Stadt mit ihren funkelnden Lichtern hinab. Der Tisch war gedeckt, zwei Kerzen in silbernen Haltern leuchteten.

»Ich habe Tequila und einen Mixer gekauft«, sagte er, »und ich habe hier eine ausgezeichnete Flasche Champagner. Was möchtest du lieber?«

Er war leger gekleidet in Hose und Pullover, und das vertraute Limonenrasierwasser stieg ihr in die Nase. Sie kam sich schmutzig und verschwitzt vor wie eine Obdachlose, die auf der Straße lebte. »Vielleicht ein Bad?«

»Kein Problem. Wir machen es so: Du duschst, und ich kümmere mich um das Abendessen.«

Lily ließ das heiße Wasser über ihren Kopf laufen. Sie wusch sich die Haare mit Richards Shampoo und trocknete sich mit Richards Handtuch ab. Sie benutzte Richards Deodorant. Dann entdeckte sie die Flasche mit Limonenwasser, goß sich etwas in die Hand und verteilte es auf ihrem Körper. Hier war sie in Sicherheit. Sie hüllte sich in seinen großen, flauschigen Bademantel und kam auf nackten Füßen ins Wohnzimmer.

Sie saßen nebeneinander auf dem Sofa und sahen aus dem Fenster, das vom Boden bis zur Decke reichte, auf die Stadt unter sich. Er zündete ein kleines Feuer im Kamin an. Lily rief die Familie an, wo Shana die Nacht verbrachte, und hinterließ Richards Nummer dort. Er erkundigte sich nach Shana.

»Es klingt zwar merkwürdig, aber es geht ihr gut. Sie war gestern wieder bei der Therapeutin, und die sagte, Shana verkraftet alles erstaunlich gut – wenigstens nach außen hin.«

»Kinder sind Überlebenskünstler, Lily. Sie sind viel stärker, als wir glauben.«

»Aber sie hat sich verändert. Sie ist ruhiger und ordentlicher geworden und hilft mehr im Haus. Ich weiß nicht, Richard. Etwas so Schreckliches kann doch nicht eine so positive Wirkung haben. Ich werde das Gefühl nicht los, daß das alles nur darauf hindeutet, daß sie einen viel tieferen Knacks hat, als wir annehmen.« Lily nahm einen Schluck Champagner und furchte sorgenvoll die Stirn.

»Wenn einem etwas Schlimmes zustößt, egal wie alt man ist, wird man sich des Werts des eigenen Lebens mehr bewußt. Vielleicht ist sie einfach nur reifer geworden.«

Lily antwortete nicht, sondern hing ihren Gedanken nach. Vielleicht dachte Shana, daß sie so etwas Schreckliches erlebt hatte, weil sie ein böser Mensch war, und jetzt bemühte sie sich, gut zu sein, um das Böse wiedergutzumachen. Lily nahm sich vor, diesen Gedanken nächste Woche mit der Therapeutin durchzusprechen. Erst dann fiel ihr auf, daß Richard einfach nur dagesessen hatte, und sie war auf einmal sehr dankbar für sein Schweigen.

»Soll ich das Essen auftragen, während du hier vor dem Feuer sitzen bleibst? Hast du überhaupt Hunger?«

»Ich bin halb verhungert«, erwiderte sie. »Du hast nicht selbst gekocht, oder?« Sie wünschte sich, daß Richard keine haushälterischen Fähigkeiten besaß wie John. Das könnte sie nicht ertragen.

»Nein, aber ich weiß, wie man etwas aufwärmt. Das Restaurant hat sogar eine kleine Karte mit Anweisungen beigelegt.« Er lächelte und ging hinaus.

Nach einem Abendessen bei Kerzenschein – es gab gebratene Ente in Orangensauce von ›Monique‹, einem der besseren französischen Restaurants in der Stadt – legte er eine Nat-King-Cole-Platte auf, und sie tanzten vor dem Kamin, ihre Füße bewegten sich kaum, und er hatte seine Arme lose um ihre Taille geschlungen.

»Hab ich dir schon gesagt, daß du heute wunderschön aussiehst? Ich hab dich so noch nie gesehen«, sagte er.

Lily wurde verlegen; sie wußte, daß er log, und wollte, daß sie sich gut fühlte. Ohne Make-up fühlte sie sich nackt und verletzlich. Er legte seine großen Hände auf ihren Rücken, ließ sie zu ihrem Gesäß hinuntergleiten und preßte sie an sich. Lily sah, wohin das führen würde, und ging auf Abstand. Sie nahm seine Hand und führte ihn zum Sofa.

»Erzähl mir was von dir«, forderte Lily ihn auf. »Ich meine, etwas Richtiges, nicht das, was ich schon weiß.«

»Also gut. Ich bin hier in Santa Barbara als verwöhntes, reiches Kind aufgewachsen. Meine Eltern hatten ein Haus direkt am Strand, aber wir gingen nur selten ans Meer. Komisch, wenn man so nah am Meer wohnt, ist es nicht mehr interessant. Mein Vater war Chirurg und sein Vater auch, aber ich hatte weder das Zeug zum Chirurgen noch Interesse an dem Beruf.«

»War er enttäuscht?« fragte sie und verglich ihre eigene Kindheit mit seiner. Sie fragte sich, wie es sein mußte, wenn das einzige Trauma, das man mit sich herumschleppte, darin bestand, daß man kein Talent für Chirurgie hatte.

»Bestimmt. Aber er konnte ganz gut damit umgehen. Ich war im Schwimmerteam der Schule und brachte gute Zensuren nach Hause. Er war nicht unbedingt unglücklich, als ich mit Jura anfing. In seinen Augen war es ein anständiger Beruf.« Er hielt inne; seine Augen wurden feucht. »Er ist vor zwei Jahren gestorben. Meine Mutter ist nach Florida gezogen. Ich habe einen Bruder; der wohnt in Pasadena und ist auch Chirurg. Mehr gibt's nicht zu erzählen.«

»Wie geht es deinem Sohn? Greg, oder?«

»Er surft immer noch. Sein Haar ist jetzt so lang, daß er wie ein Mädchen aussieht, aber wir kommen ganz gut miteinander aus. Wir sehen uns mehrmals in der Woche. Wer weiß, vielleicht zieht er ja irgendwann bei mir ein. Er ist ganz in Ordnung.«

Sie saßen jetzt nah beieinander und schauten ins Feuer. Plötzlich stand er auf und nahm ihre Hand. »Ich möchte mit dir ins Schlafzimmer gehen und dich im Arm halten. Ich erwarte nicht, daß du mit mir schläfst, aber ich möchte dich festhalten.«

Im Schlafzimmer ließ Lily den Bademantel auf den Boden gleiten. Er zog sich aus und warf seine Sachen über einen Stuhl. Sie krochen unter die Decke und hielten sich, ihre nackten Körper aneinandergepreßt, in den Armen, ohne zu sprechen. Sein warmer Körper und seine starken Arme um ihren Körper fühlten sich so gut an, daß sie einfach immer so liegenbleiben wollte.

Nach einer Weile begann er sie sanft zu streicheln; wie mit einer Feder fuhren seine Fingerspitzen über ihre Haut. Bald schon waren seine Hände zwischen ihren Beinen, aber ganz sanft, kaum, daß er sie berührte. Sie nahm seine Hand weg. »Bitte nicht, Richard«, sagte sie. Sein Atem ging heftig, er griff nach ihren Brüsten. Sie sprang aus dem Bett, nahm seinen Bademantel und hielt ihn vor sich. Sie ging rückwärts zur Wand und blieb neben seiner Kommode stehen.

»Lily«, sagte er, »was ist los?«

Ihre Brust hob und senkte sich, sie atmete heftig, aber sie konnte nicht sprechen. Ihre Haut fühlte sich kalt und klebrig an.

Er ging auf sie zu und schloß sie in die Arme.

»Nicht«, sagte sie und stieß ihn mit beiden Händen von sich. »Es tut mir leid.«

Mit hängenden Schultern saß er auf der Bettkante, den Kopf auf seine Hände gestützt. »Es ist meine Schuld«, sagte er, »ich wollte dich nur halten, aber es ist mit mir durchgegangen.«

Lily schlüpfte in den Bademantel und knotete die Kordel zu. Dann ging sie ins Wohnzimmer. Richard war in seine Hosen geschlüpft und folgte ihr. Sie saß auf dem Sofa, die Beine hochgezogen, und starrte ins Feuer. Er setzte sich neben sie, legte seine Hände auf ihre Schultern und drehte sie zu sich um.

»Es war falsch. Ich habe dich bedrängt. Bitte verzeih mir.«

Sie sah ihm in die Augen: »Es gibt nichts zu verzeihen.«

»Lily, ich kann warten. Verstehst du mich? Ich kann warten. Egal, wie lange es dauert, ich warte. Ich möchte, daß es wieder so ist wie am Anfang.«

»Es wird vielleicht nie wieder so, wie es am Anfang war.« Als sie das sagte, liefen ihr die Tränen über die Wangen.

Er nahm ihren Kopf und legte ihn auf seine Schulter. »Doch, Lily. Wir haben uns in der Hälfte des Lebens gefunden. Uns verbindet etwas Besonderes, nicht nur Sex. Es ist einfach noch zu früh. Ich hätte das wissen müssen.«

»Du kennst mich doch noch gar nicht.«

»Ich kenne dich gut genug, um zu wissen, daß ich dich heiraten möchte. Ich beobachte dich schon seit Jahren. Vielleicht bin ich auch schon seit Jahren in dich verliebt.«

Sie löste sich von ihm und stellte sich mit dem Rücken zu ihm neben den Kamin. »Weißt du, was es heißt, sexuell behindert zu sein?«

»Selbstverständlich weiß ich, was das heißt. Aber das trifft auf dich nicht zu. Von meiner Frau könnte man vielleicht sagen, daß sie sexuell behindert ist, aber du bist eine völlig normale Frau mit normalen Wünschen. Du hast gerade eine Vergewaltigung durchgemacht; es ist noch zu früh. Das ist alles.«

Sie drehte sich zu ihm um. »Vielleicht ist da mehr als nur die Vergewaltigung, Richard.« Jetzt, schrie eine innere Stimme. Erzähl es ihm jetzt. Er ist nicht so schwach wie John. Los, erzähl es. Aber die Worte blieben in ihr verschlossen. Sie hatte den Schlüssel verloren.

»Was willst du mir sagen? Sag mir einfach nur, ob du was für mich empfindest.«

»Ja.«

»Alles andere ist unwichtig. Ich möchte dich heiraten. Und dann wirst du glücklicher sein als je zuvor in deinem Leben.«

Wenn sie ihm nur glauben könnte, sich selbst vormachen könnte, daß es möglich wäre. Vielleicht käme es nie heraus, und sie könnte es unterdrücken, wie die Inzesterfahrung. Sie mußte wieder dorthin zurückfinden, wo sie schon einmal war, mußte den Weg finden. Mit leiser, kaum hörbarer Stimme sagte sie zu ihm: »Ich will dich.«

Sie ging wieder ins Schlafzimmer zurück. Niemand würde ihr das wegnehmen können. Sie öffnete den Bademantel und ließ ihn auf den Boden fallen. Es gab keine Vergangenheit, keine Erinnerung, keine Angst. Es gab nur diesen Moment. Morgen oder übermorgen kamen sie vielleicht schon, um sie zu verhaften. Sie wollte noch einmal leben und seine Liebe spüren. Sie war eine Verurteilte, die zu ihrer Henkersmahlzeit ging.

Als sie wieder unter der Bettdecke neben Richard lag, kam sie ganz nah an ihn heran. Er umarmte sie nicht und streichelte sie auch nicht, aber er war erregt. Sie drehten sich zueinander, und er drang in sie ein. Nur ihre miteinander verbundenen Hüften bewegten sich langsam und ohne Eile, es war mehr wie ein Tanz und nicht der gierige Sex, den sie am Anfang erlebt hatten. Lily spürte, wie die Lust irgendwo in ihren Zehen begann, sich zwischen ihren Beinen und dann zu ihren Brüsten hin ausbreitete und schließlich in ihrem Kopf ankam, wie ein Schuß Heroin, der den Schmerz wegwusch. Sie stöhnte, aber er hörte nicht auf und wurde auch nicht schneller. Dann legte er seine Hände auf ihr Gesäß und stieß zum ersten Mal ganz tief in sie hinein. Sein Körper bebte, aber er stöhnte nicht auf.

Seine Lippen wisperten an ihrem Ohr: »Ich liebe dich, Lily.«

Sie wußte, daß es die Wahrheit war, denn sie empfand dasselbe.

»Ich liebe dich auch, Richard«, flüsterte sie; Tränen und

eine unendliche Traurigkeit stiegen in ihr hoch. Es war alles eine trügerische Illusion.

»Ich werde dich für den Rest meines Lebens lieben. Und du kannst nichts tun, um mich daran zu hindern. Egal, wie lange es dauert und wie schwer es ist, wir werden glücklich miteinander.«

Sie nahm die Worte, die Gerüche und die Gefühle in sich auf und versuchte, sie in ihrem Kopf zu vergrößern. Sie sah sich mit einem Fotoalbum in der Hand, wie sie diese Bilder einklebte und damit das Album füllte. Als sie die letzte Seite aufschlug, fand sie das Bild einer blutüberströmten, entstellten Leiche; aber es war nicht das Foto des toten Hernandez, sie erkannte sich selbst auf dem Bild. Als Richard sich auf den Rücken drehte, setzte Lily sich auf, rannte plötzlich ins Bad und verschloß die Tür. Sie fiel auf die Knie und übergab sich in die Toilettenschüssel.

Richard klopfte an die verschlossene Tür. »Laß mich rein. Ich möchte dir helfen.« Es klang, als ob er an der Tür lehnte, nur Zentimeter entfernt.

»Bitte«, rief sie, »bitte komm nicht rein.« Sie zog die Spülung und wusch sich den Mund am Waschbecken aus. Auf dem Boden lagen ihre Kleider, die sie jetzt anzog. Als sie die Tür öffnete, saß er, noch nackt, auf dem Bett. Er stand auf, und sie bewegte sich rückwärts zur Tür. Als er auf sie zukam, wich sie vor ihm zurück. »Du darfst mich nicht lieben, Richard. Es gibt da nichts zu lieben. Gar nichts, hörst du?«

»Lily, bitte.«

Abrupt drehte sie sich um, rannte zur Tür hinaus und die Stufen hinab zu ihrem Wagen. Sie warf einen Blick zurück auf das Haus, als sie losfuhr, und raste durch die engen, kurvigen Straßen, als ob eine Meute wilder Hunde hinter ihr her wäre. Das Pflaster vor ihren Augen verschwamm, als die Tränen ihr in die Augen stiegen. Sie hatte kein Recht auf Glück, sagte sie sich, kein Recht auf Lust.

Nach dreißig Minuten wilder Fahrt erreichte sie die 3rd

Street in Oxnard und stoppte ihren Honda vor Hernandez' Haus. Sie starrte auf die Fassade und beobachtete die Vorhänge an dem Fenster mit der zerbrochenen Scheibe, die im Wind sich blähten. Sie sah sich selbst, wie sie das Haus betrat, sein Zimmer fand und sich in seinem Bett zum Schlafen niederlegte, wie sie aufstand und sein Zimmer durchsuchte, bis sie das rote Sweatshirt gefunden hatte und es sich über den Kopf streifte. Dann würde sie zur Haustür hinaus auf die Straße gehen und ihre Arme ausbreiten, während Patronenkugeln sie durchlöcherten und ihr Blut auf den Bürgersteig floß.

Sie waren in einem immerwährenden Tanz aneinandergekettet, dachte sie, Braut und Bräutigam. Als sie an jenem Morgen den Abzug betätigte, war das Gelübde abgelegt und der Handel besiegelt worden. Seine Seele war frei, seine Sünden waren von ihrem Blut fortgewaschen worden. Sie blieb zurück und trug auf ewig ihre Schuld.

KAPITEL 18

Das Telefon klingelte im verdunkelten Schlafzimmer, und im ersten Moment dachte Lily, es sei der Wecker. Sie hatte fest geschlafen, und die dicken Vorhänge ließen die Morgensonne nicht herein. Es war Shana.

»Kannst du mich abholen, Mom? Ich möchte nach Hause.«

Lily setzte sich im Bett auf und suchte nach John, aber er war nicht da, und seine Seite des Bettes sah unberührt aus. Einen Moment lang hatte sie vergessen, daß sie nicht mehr im gemeinsamen Bett schliefen, und alles, was geschehen war, schien wie ein Traum. Wahrscheinlich lag er auf dem Sofa und hatte das Telefon nicht gehört. »Wieviel Uhr ist es?« fragte sie.

»Es ist erst halb acht, aber ich möchte nach Hause. Entschuldige, daß ich dich geweckt habe. Wo ist Dad? Hat er Di schon was zu fressen gegeben?«

»Ich weiß nicht. Vielleicht ist er vor dem Frühstück weggegangen. Sag mir die Adresse und erklär mir kurz, wie ich dahin komme. Ich mache mich auf den Weg, sobald ich angezogen bin.« Kaum hatte sie aufgelegt, da fing sie an zu grübeln. Diese Nachthemdpartys dauerten meistens bis zehn oder elf Uhr morgens; die Mädchen blieben lange auf, schliefen dann lange und wurden von ihren Eltern mit Doghnuts und Milch geweckt. Früher war Shana immer die letzte gewesen, die bei solchen Veranstaltungen das Haus verließ, das war sie ihrem Status als Anführerin einfach schuldig.

Als Lily eine zerknitterte Jeans aus der hintersten Ecke ihres Kleiderschrankes fischte, wurde ihr bewußt, daß sie mit ihren Sachen jetzt unordentlicher umging als ihre Tochter. Sie suchte nach einem Oberteil, fand aber nur getragene Wäsche und beschloß, sich in Shanas Schrank zu bedienen.

Sie ging, nur mit Jeans und ihrem BH bekleidet, in Shanas Zimmer. Auf ihrem kleinen Bett lag John und schlief, Anzug, Hemd und die Krawatte von gestern achtlos über den Stuhl geworfen. Shanas kleiner Hund lag zusammengerollt am Fußende. So sieht es also aus, dachte sie. Selbst John ließ sich den Spaß am Leben nicht nehmen, während sie immer tiefer in einer abgrundtiefen Traurigkeit versank. Sie verkniff sich ihr Bedürfnis, ihn zu treten, ihm ein paar Haare auszureißen oder ihm sonst einen Schmerz zuzufügen. Sie nahm sein Hemd hoch und schnüffelte daran nach Parfum; sie meinte, sich dann die Frau vorstellen zu können, mit der er zusammengewesen war. Dann ließ sie es zu Boden fallen, denn es war sowieso egal. Sie griff sich ein Sweatshirt von dem Stapel frisch gewaschener und ordentlich zusammengelegter Wäsche, die Shana auf ihre Kommode gelegt hatte. Der Gedanke durchschoß sie, daß sie John in ihrer Ehe häufiger schlafend als wach gesehen hatte. Letztlich, so seufzte sie, hatte das keine Rolle gespielt; im wachen Zustand war er kaum anders als im Schlaf.

Als sie zu der angegebenen Adresse kam, saß Shana auf der Treppe vor dem Haus ihrer Freundin. Sie lief zum Auto, warf ihren Schlafsack auf den Rücksitz und setzte sich auf den Beifahrersitz. Ihre Haare waren nicht gekämmt, und sie sah müde aus.

»Stimmt etwas nicht?« fragte Lily. »Warum wolltest du so früh nach Hause?«

Shana holte ihre Bürste aus der Handtasche und fing an, sich im Spiegel der Sonnenblende die Haare zu bürsten. »Das ist doch alles Babykram. Sie tun nichts anderes, als blöd zu kichern und herumzualbern.« Sie nahm einen Lippenstift –

mandarinrot – aus ihrer Tasche und bemalte ihre Lippen. Als sie mit ihrem Werk zufrieden war, klappte sie die Blende wieder hoch und sah ihre Mutter an.

»Ich möchte die Schule wechseln. Ich bin die Schule leid, und auch die Schüler. Ich kenne sie alle seit der ersten Klasse.«

»Shana, es gibt in Camarillo nur eine Junior High School, das weißt du. Wenn du es noch ein Jahr durchhältst, kannst du auf die High School gehen, so wie andere Schüler aus anderen Junior High. Dort siehst du viele neue Gesichter.«

Lily überlegte, ob etwas von der Vergewaltigung bekannt geworden war. Der Gedanke daran machte ihr ebenfalls Angst. »Shana, hat irgend jemand was zu dir gesagt? Ich meine ... über das, was passiert ist?«

»Nein«, erwiderte Shana, und ihr Blick verdunkelte sich.

Sie mußten an einer Ampel halten, und Lily blickte Shana in die Augen: »Sagst du auch die Wahrheit?«

»Natürlich, Mom. Keiner hat was gesagt, und ich habe keinem etwas erzählt.« Sie zeigte keinen Ärger darüber, daß Lily ihre Aussage angezweifelt hatte, was auch nicht typisch für sie war. »Ich habe viel nachgedacht, und ich weiß, daß du wieder auszieht.« Lily wollte schon einwenden, daß sie nicht daran dachte, sie zu verlassen, aber Shana ließ sie gar nicht erst zu Wort kommen. »Hör einfach zu, okay? Ich möchte mit dir zusammen ausziehen. Wir könnten ein Haus in Ventura mieten, nicht dasselbe Haus, das ist ja klar, aber ein anderes, und dann könnte ich zur High School in Ventura gehen. Das wäre super.«

Lily holte tief Luft, sie traute ihren Ohren nicht. Darauf hatte sie immer gehofft, das hatte sie sich immer gewünscht. »Was ist mit Dad? Ich dachte, du wolltest nicht weg von ihm.«

»Ach, das wird schon gehen. Er hat ja jetzt eine Freundin.« Sie unterbrach sich und hielt sich die Hand vor den Mund. »Das ist mir so rausgerutscht. Ich mußte ihm versprechen, nichts zu verraten.«

Sie kamen zu Hause an. Lily öffnete das Garagentor. Johns weißer Jeep stand nicht mehr in der Garage. »Ich wußte es sowieso. Er ist gestern mit ihr ausgegangen.« Sie dachte an ihre Beziehung zu Richard, überlegte, wie sie ihm nach der letzten Nacht nächste Woche im Büro gegenübertreten sollte, und wußte, daß sie kein Recht hatte, John zu kritisieren. »Es ist sein gutes Recht, mit anderen Frauen auszugehen. Wir haben uns getrennt und wollen uns scheiden lassen, daher ...«

Shana beförderte ihren Schlafsack mit einer Geste, die Nachthemdpartys für alle Zeiten ausschloß, in eine Ecke der Garage und folgte ihrer Mutter in die Küche. Sie nahm sich eine Banane und schälte sie, während sie mit der anderen Hand Essensreste zwischen den Kacheln auf der Theke herauskratzte. Dann holte sie Di aus ihrem Zimmer. Shana behielt den Hund auf dem Arm, während sie mit ihrer Mutter sprach.

»Er hat diese Freundin schon lange, Mom. Ich weiß, daß er oft mit ihr telefoniert hat, wenn du spät abends noch im Büro warst. Manchmal hat sie auch hier angerufen, und ich habe abgenommen. Vor ein paar Tagen hat er es mir dann erzählt.« Sie biß in die Banane; ihre Augen leuchteten hell und klar. »Ich kann mir einfach nicht vorstellen, daß Dad mit einer anderen Frau zusammenlebt. Wenn du auszieht und ich bleibe hier, dann ist diese Frau bestimmt ständig da. Das ertrage ich nicht.« Sie setzte die Welpe auf den Boden und beobachtete, wie sie davontrottete.

Lily hatte die Kaffeemaschine angestellt, aber es dauerte ihr zu lange, bis das ganze Wasser durchgelaufen war. Sie nahm die Kanne weg und stellte ihre Tasse unter den Filter. Kaffee tropfte auf die Theke. Shana warf die Bananenschale in den Abfalleimer unter der Spüle und fing an, die Theke mit einem Schwamm abzuwischen.

»Aber wenn ich mich nun mit jemandem treffen will ... ich meine, mit einem Mann. Kannst du das dann auch nicht ertragen?« Lily sprach zwar davon, glaubte aber nicht, daß es nach der vergangenen Nacht noch einmal dazu kommen würde. Außerdem bedauerte sie, John heute morgen nicht doch einen Tritt gegeben zu haben, nachdem er schon so lange fremdging. Er hatte sie mit Schuldgefühlen überhäuft und selbst hinter ihrem Rücken eine Beziehung begonnen. Sie nahm sich vor, ihm das nächste Mal, wenn er ausging, nachzuspionieren und Gleiches mit Gleichem zu vergelten.

Shana warf das Schwammtuch ins Spülbecken und hob die Hände. »Dad hat eine Freundin ... du hast demnächst einen Freund ... Scheiße ... dann werde ich mir wohl auch einen Freund zulegen müssen. Dann haben wir alle jemand, mit dem wir ausgehen.«

Shana hatte nie geflucht, deshalb glaubte Lily, sie sei verärgert, und sagte: »Wir sind alle nur Menschen. Jeder braucht einen Menschen in seinem Leben, und sei es nur als Freund.«

»Ich bin nicht sauer, Mom«, sage Shana lächelnd. Dann ging sie sogar auf Lily zu und legte ihr von hinten die Arme um die Taille. »Du bist hübsch, Mom, echt hübsch, und du bist viel jünger als Dad.« Lily drehte sich zu ihr um. Shana hob die Augenbrauen, und ihre Augen funkelten. »Alle werden mit dir ausgehen wollen. Aber ich weiß, daß Dad irgendeine langweilige alte Tante nach Hause bringen wird, die mich bemuttern will. Außerdem behandelt er mich wie ein Baby. Ständig hängt er an mir rum und küßt mich ab, als ob ich sein Puppchen bin.« Sie zog eine Grimasse. »Ich ertrag das nicht. Ich bin kein Baby mehr.«

Sie sah Lily in die Augen. Dieser Blick erzählte Lily mehr als alle Worte. Sie wußte genau, was Shana fühlte und daß es lange dauern würde, bis das Mädchen wieder einem Mann vertrauen konnte, und sei er ihr Vater. Obwohl sie sicher war, daß Johns Verhalten einfach nur Ausdruck väterlicher Liebe war und ihm nichts Verwerfliches anhaftete, wußte sie, daß es Shana unerträglich war. »Nein, du bist wahrlich kein Baby mehr, Shana. Du bist eine junge Frau.« Lily spürte die Tränen in sich hochsteigen und legte die Zeigefinger unter beide Augen, um zu verhindern, daß sie weinen mußte. »Ich bin sehr, sehr glücklich darüber, daß du bei mir leben willst, und ich werde mir die allergrößte Mühe geben, dich glücklich zu machen.«

»Ventura ist so toll, Mom, mit dem Strand und so. Laß uns doch heute mal hinfahren und gucken, wo wir am liebsten wohnen würden, ja?«

Bei dem Gedanken an Richard und an die kühle Brise, an die schattigen Bäume in den Hügeln und dem angenehmen Gefühl, das sich dort jedesmal einstellte, weit weg von der Stadt da unten, wußte Lily sofort, wo sie suchen wollte.

»Dein Vater wird dieses Haus verkaufen müssen. Ich glaube nicht, daß er es sich ohne mein Gehalt leisten kann.«

»Wozu braucht er auch so ein großes Haus? Was will er denn damit? Seine Freundin kann ja einziehen. Ich will hier nie wieder wohnen, nie wieder.«

Lily breitete ihre Arme aus, und Shana kam zu ihr. »Ich hab dich so lieb«, sagte sie und drückte Shana fest an sich. »Daß du mit mir leben möchtest – wie sehr habe ich mir gewünscht, daß du das sagst. Du kannst dir nicht vorstellen, wie gut es mir getan hat, das von dir zu hören.«

Shana beugte sich zurück und strich Lilys Haar aus ihrem Gesicht. »Ich weiß viel mehr, als du denkst, Mom. Es wird alles gut werden. Du wirst schon sehen.«

Kapitel 19

Sonntag war Besuchstag im Bezirksgefängnis von Ventura, und Manny Hernandez wartete in einer langen Schlange darauf, daß ein Wärter ihm mit dem Metalldetektor über den Körper fahren und ihn abtasten würde. Am Donnerstag war sein Bruder beerdigt worden. Ein schlichtes Begräbnis, aber selbst das war so teuer, daß sein Vater in seiner Firma um ein Darlehen bitten mußte. Ihre Mutter hatte sie schon vor Jahren verlassen; damals war Manny ein Baby und Bobby sechs Jahre alt gewesen.

Endlich kam er in den Besucherraum, wo er sich in einer Kabine auf den Stuhl setzte und nach dem Hörer griff, um mit seinem Gegenüber zu sprechen. Sie konnten sich durch eine dicke Glasscheibe sehen. Der Gefangene fing an, auf spanisch auf ihn einzureden.

»Ich hab keine Ahnung, wovon du sprichst, Bruder«, sagte Manny. Der Mann wußte, daß er kein Spanisch sprach, vergaß es aber immer wieder. Auch Mannys Vater konnte nur ganz wenig Spanisch, da er in den Staaten aufgewachsen war.

»Du solltest mich nicht besuchen. Sie überprüfen doch das Besucherbuch und gucken nach, wer wen besucht hat.«

»Mein Bruder ist tot, verdammt, und die Cops kleben mir am Arsch. Irgendwie haben sie was über Carmen rausbekommen. Wir sitzen in der Scheiße, Mann. Voll in der Scheiße. Hörst du?«

»Ich höre.« Das Gesicht des Mannes verzog sich vor Wut

und Ärger. »Ich hab auch gehört, daß du mit den Bullen schläfst, Mann. Sie machen dich kalt. Das hab ich gehört.«

Manny stand auf, um zu gehen. »Ich laß mir von niemand solche Scheiße erzählen«, kreischte er. Der Mann hinter der Glasscheibe stand auf und drückte beide Handflächen an die Glasscheibe. Mit dem Kopf gab er Manny das Zeichen zurückzukommen. Manny ließ sich Zeit und schlurfte zum Stuhl. Dann nahm er den Hörer wieder in die Hand.

»Du hast noch nicht gehört, was ich zu sagen habe. Das ist keine Scheiße, Mann. Keine Scheiße. Ihr sitzt im Bau, nicht ich. Hör dich um. Irgendein dünner Weißer hat Bobby abgeknallt, und ich will seinen Arsch, hörst du? Wenn ich ihn finde, ist er ein toter Mann. Tot, kapierst du? Ich will ihn haben, oder du erlebst etwas.«

Manny warf den Hörer in den Metallbehälter, in dem man Geschenke für die Gefangenen abgeben konnte. Der Lärm reichte aus, um einen der Wärter aufmerksam zu machen. Er schoß um die Ecke.

»Ist mir runtergefallen, Mann«, sagte Manny und hielt seine Hände hoch wie bei einer Verhaftung, um zu zeigen, daß er nichts zu verbergen hatte. «Einfach nur runtergefallen, Mann.« Dann ging er.

Als er zu Hause ankam, sah er schon von weitem eine Zivilstreife vor der Haustür stehen. Cunningham winkte ihn herbei. »Dieser Arschficker von einem Detective«, schrie Manny und umklammerte das Lenkrad so heftig, daß seine Knöchel weiß wurden. »Der geht mir auf den Geist. Wenn ich weggehe, wenn ich pissen gehe, dauernd hängt dieser Arsch herum.«

Er knallte die Autotür zu, ging zu dem Polizeiwagen und steckte seinen Kopf durch das Beifahrerfenster. »Was wollen Sie? Es ist Sonntag, Mann. Ich war gerade bei der Messe für meinen Bruder. Sie gehen mir auf die Nerven, Sie belästigen mich.«

Cunningham grinste höhnisch und zwirbelte die Enden seines Schnauzers. »Und bei wem willst du dich beschweren, Manny, mein Junge? Wem, meinst du, wird es zu Herzen gehen, daß ich dich belästige? Dem Polizeichef vielleicht, oder dem Bürgermeister?«

»Also, was wollen Sie? An meinem Schwanz riechen und rauskriegen, ob ich heute schon pissen war?«

»Du hast mich angelogen wegen Carmen Lopez, und du kannst dir nicht vorstellen, wie sehr ich es Menschen übelnehme, wenn sie mich anlügen.« Cunningham griff in die Innentasche seiner Jacke und holte seine Achtunddreißiger Smith & Wesson heraus. Er hielt die Pistole in der Hand und spielte damit herum, überprüfte die Kammer, polierte sie. »Ich kann es, verdammt noch mal, nicht ausstehen, wenn Scheißtypen wie du mich anlügen. Du hast gesagt, daß du Carmen vor diesem Abend noch nie gesehen hast und ihr sie nur zu einer Spazierfahrt mitgenommen habt. Nun, das stimmt doch wohl nicht, oder?«

Manny fing an, mit den Augenlidern zu zwinkern. Der Schweiß stand ihm auf der Stirn. Er schlug mit der Hand auf das Dach des Streifenwagens. »Ich hab sie ein paarmal gesehen, bevor sie weggezogen ist. Viele Typen haben sie gekannt. Das ist ja wohl kein Verbrechen.«

»Ich hab gehört, daß Bobby scharf, richtig scharf auf sie war, und vielleicht war er stinksauer, als sie sich abgeseilt hat und anfing, mit einem Kerl von der High School zu gehen.« Cunningham ließ die Pistole wieder in sein Schulterhalfter gleiten.

»Fick dich«, sagte Manny. »Bobby ist tot, und sie ist tot. Die Jungs, die sie kaltgemacht haben, habt ihr geschnappt. Warum suchst du nicht einfach den Typ, der meinen Bruder abgeknallt hat? Scheißkerl!«

Manny drehte sich um und ging ins Haus. Er wußte, daß auch Cunningham seine Grenzen kannte und ihm nicht folgen würde. Die Sache wurde heiß, echt heiß, und Manny bekam Angst.

KAPITEL 20

In der Schlange vor dem Drive-thru standen mindestens zwölf Wagen, aber Cunningham ließ sich dadurch nicht beirren. Am Sonntagabend wurde zu Hause kalorienarm gekocht, und er hatte es sich zur Gewohnheit gemacht, unterwegs zu essen, statt nach Hause zu kommen, was er sonst immer tat. Sharon, seine Frau, und die drei Kinder nahmen schnell zu, deshalb bestand das Essen am Sonntag aus gegrillter Hühnerbrust mit Folienkartoffeln ohne Butter, dazu Salat. Allein bei dem Gedanken an diese trockenen Stückchen Fleisch mußte er würgen. Sein Magen knurrte nach einem Doppel-Whopper mit Käse und einer Riesenportion Pommes frites, und das Wasser lief ihm im Munde zusammen.

Während er in der Schlange wartete, ging er noch einmal die Informationen durch, die er bisher zusammengetragen hatte. Im Mordfall Bobby Hernandez besaß er so gut wie keine Hinweise. Zwar hatte eine ältere mexikanische Frau aus der Straße bei der Polizei angerufen und dem spanisch sprechenden Beamten die Nummer eines kleinen roten Autos mitgeteilt, das direkt vor ihrer Tür, wenige Häuser vom Tatort entfernt, geparkt hatte, aber er wußte sofort, daß das zu schön war, um wahr zu sein. Die Frau bestand darauf, daß sie die Nummer richtig aufgeschrieben habe; sie sei früh aufgestanden, um zur Arbeit zu gehen. Als sie das Auto mit laufendem Motor von ihrem Küchenfenster aus da stehen sah, kam ihr das verdächtig vor, und sie schrieb sich die Nummer für alle Fälle auf. Der Hinweis brachte aber nichts. Bisher hatte alles in eine Sackgasse geführt. Auch das National Crime Information Center in Washington, dem er das Phantombild gefaxt hatte, und das FBI hatten niemanden in ihren Akten, der dem Bild so ähnlich sah, daß man damit etwas anfangen konnte.

Sie hatten zwei Patronenhülsen am Tatort gefunden, aber keine Fingerabdrücke, und auch die Waffe war nicht auffindbar. Er hatte in Gedanken mit der Möglichkeit gespielt, daß es das Werk eines Profikillers war, aber es gab nichts, was diese Annahme stützte. Ein Profi hätte gewußt, daß der erste Schuß tödlich war; folglich hätte er sich den zweiten Schuß gespart und das damit verbundene Risiko, entdeckt zu werden. Außerdem hatten die Hernandez-Brüder nicht das entsprechende Format, und wenn man in Oxnard jemanden umlegen lassen wollte, konnte man das für fünfhundert Dollar haben. Dafür konnte man sich den Killer aussuchen; die Typen waren vielleicht keine Profis, aber sie würden sich um den Job reißen.

Ihm war dann noch der Junge eingefallen, der zusammen mit Carmen Lopez ermordet worden war – Peter McDonald. Wenn die Hernandez-Brüder dieses Verbrechen begangen hatten und seine Familie davon Wind gekriegt hätte, ohne die Polizei zu informieren, vielleicht hatte sie dann jemanden angeheuert, der Hernandez ermordete. Oder ein Familienmitglied hatte diesen Racheakt selbst erledigt. Das rote Auto mit Fließheck und die Tatsache, daß der Mörder auf jeden Fall ein Weißer gewesen war, sprachen für diese Theorie.

Mittlerweile war er mit der Autoschlange bis zum Ausgabeschalter vorgerückt und erhielt endlich seine Tüte mit dem Doppel-Whopper und den Pommes frites. Er parkte und riß den Verschluß von seiner Cola-Light, die er zuvor im Supermarkt gekauft hatte. Er kaufte gerne preisgünstig ein, wo immer es ging. Als er in seinen heißen Hamburger biß, nahm er sich vor, den Beamten, der in dem Lopez-McDonald-Fall ermittelte, am nächsten Tag anzurufen, um soviel wie möglich über die McDonald-Familie herauszukriegen.

Offiziell war es ja nicht sein Fall, weil er sich zwanzig Minuten entfernt in Ventura zugetragen hatte, aber keiner hatte etwas dagegen, wenn er etwas zu seiner Lösung beisteuerte. Manny Hernandez hatte Dreck am Stecken, und zwar nicht zu knapp. Aber damit nicht genug, dachte Cunningham, die Angst saß ihm im Nacken, das war klar. Cunningham hatte eine gute Nase für den Geruch von Angst, und er konnte Manny einen Häuserblock weit riechen.

Was das Verschwinden von Patricia Barnes, der fetten Nutte, anging, die Hernandez wegen versuchter Vergewaltigung und Entführung angezeigt hatte, so fehlte jeder Hinweis darauf, was mit ihr geschehen war. Ihre Leiche war nicht entdeckt worden. In Hernandez' Kleinbus hatten sie Haare gefunden, die identisch mit denen in der Bürste waren, die die Schwester abgegeben hatte, aber das bedeutete nichts, denn in diesem Kleinbus war sie damals mitgefahren. Weder im Haus noch im Bus gab es Blutspuren oder andere Indizien, die auf Mord hindeuten könnten. Höchstwahrscheinlich würde Barnes eines schönen Tages in einem Monat oder einem Jahr auftauchen und Anspruch auf ihre Kinder erheben. Andererseits konnte Hernandez sie auch irgendwo verscharrt haben, und man würde ihre Leiche niemals entdecken – so wie im Fall Ethel Owens. Man weiß nie, dachte er. Außerdem war das ein weiterer positiver Aspekt seiner Arbeit – Spannung. Sie spornte ihn an.

Auf seiner Dienststelle schlenderte er ins Archiv und freute sich, als er Melissa sah; offenbar hatte ihre Kollegin, die dumme Ziege, heute frei.

»Gucken Sie mal, Melissa«, sagte er über die Theke hinweg, »ich bin vollgefressen wie ein Schwein.« Er knöpfte sein Jackett auf und blähte den Bauch auf, um es zu beweisen. »Soll ich Ihnen was zu essen holen?«

Melissa legte ihre Zigarette auf den Aschenbecher und

grinste spöttisch. »Nein, danke«, sagte sie, beugte sich wieder über ihre Arbeit und ignorierte ihn. Sie war eindeutig die beste Sachbearbeiterin in der Abteilung. Das einzige Problem lag darin, daß sie nur knappe vierzig Kilo wog, splitternackt. Entweder war sie magersüchtig oder nahm Speed. Keiner wußte, was es war, aber jeder machte sich seine Gedanken.

Melissas Vater war ein uralter ehemaliger Hell's Angel und saß im Rollstuhl wegen einer seltenen Krankheit, die ihm der jahrelange Drogenmißbrauch eingebracht hatte. Trotz ihres ärmlichen Elternhauses gab sich die junge Frau große Mühe, elegant zu erscheinen. Sie kaufte preiswerte, aber geschmackvolle Kleidung und trug ihr Haar in einem glatten Knoten im Nacken. In letzter Zeit war sie so sehr abgemagert, daß sie bei der Arbeit auf einem Kissen sitzen mußte; absolut keine Polsterung auf ihrem Steißbein.

»Melissa, mein Schatz«, sagte er, »ich habe ein kleines Projekt für Sie, und nur für Sie. Sie wissen, daß Sie in meinen Augen die beste sind.«

Sie lächelte nicht, stand aber auf und kam zur Theke, während ihre Zigarette im Aschenbecher qualmte. Mit ihr Süßholz zu raspeln war vergeudete Zeit, da sie für die Hälfte der Beamten in der Abteilung zusätzliche Arbeiten übernahm. Ihre Hände waren schwielig von den Berichten, die sie für die Streifenbeamten nach deren hingekritzelten Notizen schrieb, wenn diese selbst zu faul dazu waren.

»Ich habe hier diesen Mordfall ohne jeden Hinweis, absolut gar nichts«, sagte er. »Ich habe lediglich diese Autonummer, und die stimmt nicht.«

Sie sah ihn aus großen traurigen Augen an und wartete darauf, daß er die Autonummer aus seiner Akte fischte. »Ich soll also alle möglichen Kombinationen durchspielen. Wonach suchen wir genau?«

»Wir suchen ein Auto mit Fließheck, rot, und ich interessiere mich für alle Wagen im Radius von, sagen wir, fünfzig

Meilen. Dann kontaktieren Sie die Zulassungsstelle und überprüfen die Besitzer, und bei der geringsten Wahrscheinlichkeit geben Sie mir Bescheid. Überprüfen Sie außerdem alle Nummern und Marken der Wagen, die in der letzten Woche gestohlen wurden.«

»Bis Weihnachten dann, Bruce. So lange werde ich nämlich für diesen kleinen Job brauchen.«

Sie nahm den Zettel, ging wieder zu ihrem Schreibtisch und ließ ihn da unter ihre Schreibtischunterlage gleiten. Sie tat leicht verärgert, aber er wußte, daß sie diese kleinen Sonderaufgaben liebte.

Schade, dachte er auf dem Weg zu seinem Büro, wahrscheinlich wäre sie der beste Cop gewesen, den das Department je gesehen hätte, aber es gab nicht so viele, die nur vierzig Kilo wogen, bis jetzt jedenfalls noch nicht.

Genau in dem Moment ging ein kleiner Mann in Uniform an ihm vorbei. Cunningham schüttelte den Kopf. Sosehr er sich auch bemühte, er konnte sich an diese Schlaffis, wie er sie insgeheim nannte, nicht gewöhnen. Als er zur Polizei ging, hatte er eine Welt von Riesen mit Suspensorien betreten, Männer, die wirklich Mumm hatten. Damals waren sie alle groß und tapfer, die Helden der Stadt. Jetzt waren es Zwerge, und das nicht nur in körperlicher Hinsicht, Männer und Frauen, die sich nur mit Gewalt oder brutalen Methoden ein Gefühl der Überlegenheit verschafften. Wegen einer Handvoll Polizisten in L.A. und einer Bevölkerung, deren moralischer Ausverkauf in vollem Gange war, war die halbe Stadt bei den Krawallen niedergebrannt worden, und Tausende von Menschen waren obdachlos und arbeitslos.

In Omaha passierte so etwas nicht. Dort gab es natürlich auch Verbrechen, aber was hier passierte, war der Wahnsinn, der moralische Zusammenbruch, die Endstation. Die Leute waren verzweifelt. Es gab keine Helden, keine Krieger, keine Beschützer mehr, es gab niemanden, der alldem noch Einhalt gebieten konnte. Wenn selbst die Cops nicht mehr wußten, wer die Guten waren, dann war es wahrlich weit gekommen.

Tja, dachte er, als er sich in seinen Stuhl fallen ließ und die Füße auf den Tisch schwang, es war einfach nicht mehr wie früher. War vermutlich höchste Zeit, daß er Papier und Bleistift nahm und einen Weg aus diesem Chaos suchte, bevor es zu spät war und er mit allen anderen Ratten absoff.

Kapitel 21

Nachdem sie sich den ganzen Nachmittag Häuser in Ventura angesehen hatten, lud Lily Shana zum Essen und danach, weil sie darauf bestand, ins Kino ein. Im Dunkel des Kinos starrte Lily mit leerem Blick auf die Leinwand, unfähig, dem Film zu folgen. Sobald sie zu Hause waren und Shana sich in ihr Zimmer zurückgezogen hatte, bat sie John, mit ihr in den Garten hinauszugehen, um etwas zu besprechen.

Die Tür quietschte, als John sie öffnete. Lily erwartete ihn schon im Dunkeln. Es herrschte Vollmond, und sie folgte ihm mit den Augen, bis er sich bequem niedergelassen hatte.

»Also, worüber willst du mit mir sprechen?« fragte er, streckte sich und gähnte.

Sie sprang von ihrem Stuhl auf, stellte sich vor ihn hin und schlug ihm mit der Hand, so fest sie konnte, ins Gesicht. Sie horchte dem Geräusch des Schlages nach. »Du hattest die Stirn, mich zu schlagen und mich aus diesem Haus zu werfen, obwohl du es bist ... du, der mich hinter meinem Rücken betrogen hat. Wenn Shana nicht wäre, würde ich eine gerichtliche Verfügung erwirken und dich vor die Tür setzen lassen. Hast du mich verstanden?«

»Ich habe verstanden«, sagte er, stand auf und wollte ins Haus zurückgehen.

Lily hielt ihn hinten am Hemd fest. »Laß es dir nicht einfallen, einfach abzuhauen ... wag es nicht. Wenn du mich nicht gezwungen hättest auszuziehen, wäre Shana nie vergewaltigt worden, und ich müßte nicht in diesem Alptraum leben. – Du bist verantwortlich, nicht ich.«

Als sie sein Hemd losließ, drehte er sich zu ihr um. Das Mondlicht blitzte im Weiß seiner Augen. »Und du, du wirst mir wohl kaum in die Augen blicken und behaupten können, daß es neulich abends das erste Mal war, daß du mich betrogen hast. Wofür hältst du mich eigentlich? Für einen Idioten? Du bist ein Luder. Du bist immer eins gewesen. Du bist vielleicht eine Top-Anwältin, aber auf jeden Fall bist du ein Luder.«

Im Nachbarhaus öffnete sich die Tür zum Garten, und Lily und John drehten sich beide um. Er stellte sich dicht vor sie und senkte seine Stimme. »Jetzt erfährt die ganze Nachbarschaft, was in diesem Hause vorgeht.«

Lily spürte seinen warmen Atem auf ihrem Gesicht. »Sag mir eins, John. Wie kann ich ein Luder sein, wenn ich nur mit wenigen Männern geschlafen habe, und einer von ihnen hat mich vergewaltigt?«

»Weißt du, was ich glaube? Ich glaube, daß du die ganze, bescheuerte Geschichte mit deinem Großvater erfunden hast, um die Tatsache zu verschleiern, daß du keine Jungfrau mehr warst. Das habe ich von Anfang an geglaubt.«

Sie war wie versteinert. Sie sank auf den Gartenstuhl und fuhr sich mit den Fingern durch die Haare, den Blick zu Boden gesenkt. Sie konnte mit diesem Mann unmöglich jemals verheiratet gewesen sein. Niemals konnte sie all diese Jahre mit ihm gelebt haben, in seinem Bett geschlafen, sein Leben mit ihm geteilt, sein Kind zur Welt gebracht haben. Sie hörte ihn ins Haus gehen und die Tür hinter sich zumachen. Der Zug war endgültig entgleist, und alle Waggons waren umgestürzt. Alles, was zurückblieb, war das Gepäck.

Regungslos blieb sie so lange sitzen, bis sie in der kühlen Nachtluft zu frieren begann. Sie sah zum Himmel hinauf, zum Mond und zu den Sternen und versuchte sich vorzustellen, wie sie dort oben heiter und unbeschwert in der Dunkelheit schwebte. Dann stand sie auf und wollte in das Haus zurück. Als sie einige Sekunden an der Tür gerüttelt hatte, stellte sie fest, daß sie verschlossen war; sie fing an, die Tür mit Fäusten und Füßen zu bearbeiten.

»Kann ich Ihnen helfen?« fragte die Nachbarin, die über den Zaun guckte. »Nein danke, Ruth«, entgegnete sie rasch, »die Tür klemmt. Ich gehe nach vorn zur Haustür. Danke.«

Sie wartete, bis die Nachbarin im Haus verschwunden war, und ging dann durch das feuchte Gras zur Haustür, die aber ebenfalls verschlossen war. Schließlich fand sie ein offenstehendes Fenster, löste das Fliegengitter davor und kletterte hinein. Alle Lichter waren aus, und die Tür zum Schlafzimmer war von innen verschlossen. Sie hatte keine Energie mehr weiterzukämpfen. Sie fühlte sich klein und zerbrechlich, unsichtbar, ausgelöscht. Aus dem Wäscheschrank nahm sie ein Kissen und eine Decke und legte sich auf das Sofa. »Einundzwanzig, zweiundzwanzig, dreiundzwanzig«, zählte sie.

Lily wollte heute eigentlich früher aufbrechen, da sie noch bei der Polizeiwache von Ventura vorbeikommen sollte, um sich eine Reihe von Fotos mit möglichen Vergewaltigern anzusehen. Als das Telefon klingelte, drückte Lily den Freisprechknopf; das, beschloß sie, ist das letzte Telefongespräch für diesen Tag. Sie war erst am späten Vormittag ins Büro gekommen, nachdem sie auf dem Sofa verschlafen hatte, und jetzt arbeitete sie sich durch den hohen Aktenstapel auf ihrem Schreibtisch und war gerade dabei, sich eine letzte Akte vorzunehmen. Sie erkannte die tiefe Stimme von Bruce Cunningham, ohne daß er sich vorstellte.

»Ich dachte, ich sage Ihnen Bescheid.« Seine Stimme klang aufgeregt und eilig. »Ich bin auf dem Weg nach Moorpark, wo soeben eine Leiche ausgegraben wird, auf die die Beschreibung von Patricia Barnes paßt. Offensichtlich heben sie da eine Baugrube für einen neuen Häuserblock aus, und die Arbeiter sind auf ein Bein oder so was gestoßen.«

Lily ließ sich mit solcher Wucht in ihren Stuhl fallen, daß er auf dem glatten Boden rückwärts rollte. Sie stemmte sich wieder nach vorne und griff nach dem Hörer. »Ich schicke einen von unseren Leuten hin«, sagte sie. »Ich möchte, daß einer von uns dabei ist, wenn die Leiche exhumiert wird.« Dann fügte sie schnell hinzu: »Wenn Sie vor unserem Ermittlungsbeamten da sind, sorgen Sie dafür, daß der Fundort nicht angerührt wird.«

Am liebsten hätte sie ihn gebeten, sie auf der Polizeiwache anzurufen, aber da sie ihm nicht sagen wollte, warum sie da einen Termin hatte, zögerte sie. »Ich gebe Ihnen meine Privatnummer. Rufen Sie mich dort gegen halb sieben, sieben an. Bis dahin müßte ich zu Hause sein.«

Sie nannte ihm die Nummer und legte auf. Bei nächster Gelegenheit würde sie sich ein Funktelefon zulegen, schwor sie sich. Ihr Herz klopfte wild, und ihre Gedanken überschlugen sich. Am liebsten wäre sie in ihr Auto gesprungen und nach Moorpark gefahren. Sie wollte sich den Anblick eines Menschen gönnen, den Hernandez umgebracht hatte. Sie wollte den dumpfen Verwesungsgeruch einsaugen, sich über das Grab lehnen, die kalte, leblose Hand ergreifen und den Bund besiegeln, der zwischen ihnen, als Schwestern und Opfer, bestand. Dann könnte sie sich vielleicht freisprechen von der Schuld, vielleicht dem Alptraum entrinnen. Aber Shana wartete zu Hause, und ob Hernandez tatsächlich Patricia Barnes ermordet hatte, war zur Zeit reine Spekulation. Und vielleicht war die Leiche gar nicht die der Prostituierten.

Sie rief die Ermittlungsabteilung an und schickte einen Beamten los. Dann wählte sie die Nummer von Clinton.

Der war völlig außer Atem, als er den Hörer abnahm. »Hat Cunningham mit Ihnen gesprochen?« fragte sie ihn.

»Nein, ich bin eben erst ins Büro gekommen. Was gibt es?«

»Sie haben eine Leiche in Moorpark entdeckt. Es könnte die von Patricia Barnes sein. Er fährt gerade zum Fundort, und ich habe noch einen unserer Leute hingeschickt.«

»Scheiße ...«, sagte er langsam und bedächtig. »Sie hatten den Kerl von Anfang an im Verdacht.«

»Seien Sie nicht voreilig, Clinton. Vielleicht ist sie es gar nicht. Das Gelände ist ja geradezu eine Müllkippe für Mordopfer aus dem ganzen Staat.« Sie schwieg und versuchte, seine Gedanken zu lesen. Sie wußte, wie sie sich in seiner Haut fühlen würde. »Wenn sie es ist, dann war sie schon tot, als Sie die Ermittlungen eingestellt haben. Sie konnten also nichts tun. Und Hernandez ist sowieso tot.«

»Aber wir hatten ihn hinter Schloß und Riegel, und ich habe ihn entlassen.«

»Alles Schnee von gestern«, sagte sie und sah auf die Uhr. »Es war ja nur so ein Gefühl von mir; weibliche Intuition, wenn es so etwas gibt. Hören Sie zu«, sagte sie, »informieren Sie Richard, wenn er vom Gericht kommt. Ich gehe jetzt.«

»Man darf gar nicht daran denken, welche Verbrechen er noch begangen hätte, wenn ihn nicht jemand umgebracht hätte.« Clinton dachte laut, machte sich Vorwürfe.

Nachdem sie ihm versichert hatte, daß sie ihn in dieser Angelegenheit auf dem laufenden halten würde, legte sie auf und hastete aus dem Büro, um Shana abzuholen. Wenn er wüßte, dachte sie.

KAPITEL 22

»Shana«. Lily ließ die Haustür offen, der Wagen stand vor der Garage. »Beeil dich. Wir sind spät dran.«
John hatte Tatar auf der Küchentheke liegen und verrührte es mit Ketchup, rohem Ei und gehackten Zwiebeln. Er bereitete einen Hackbraten zu, sein Lieblingsessen nach gebratenem Hähnchen. Als sie durch die Tür trat, wischte er seine rot beschmierten Hände an einem Papiertuch ab, und sofort dachte Lily an Blut und abgerissene Arme. Shana kam in die Küche; sie trug eine Bluse mit Button-down-Kragen, einen schwarzen Rock und die Schuhe mit den niedrigen Absätzen, die sie zu ihrem letzten Schulball bekommen hatte; eine Spange hielt ihre Haare im Nacken zusammen. Damit und mit ihrem ernsten Blick wirkte sie sehr viel älter, als sie mit ihren dreizehn Jahren tatsächlich war. »Du kannst dich schon mal ins Auto setzen, Schatz«, sagte Lily. »Du siehst nett aus. Ich muß schnell noch auf die Toilette.«

»Ist sie nicht wunderhübsch?« rief John, faßte seine Tochter um die Taille und umarmte sie.

Er wollte ihr einen Kuß geben, als sie ihr Gesicht wegdrehte und ihn wütend anfauchte. »Laß das. Ich habe dir gesagt, daß ich das nicht will. Ich bin zu alt für so was.«

John ließ sie los, sein Mund stand vor Erstaunen offen; er war sichtbar verletzt. Lily wechselte nur einen flüchtigen Blick mit ihm, als er in ihren Augen eine Erklärung suchte, dann schloß sie sich im Badezimmer ein und nahm ein

Fläschchen aus dem Medizinschrank. Sie kniete sich vor die Kloschüssel, weil ihr übel war, aber sie mußte sich nicht übergeben. Ihr Kind durchlebte denselben Schmerz und dieselbe Verwirrung, die auch sie erlitten hatte, und es wußte nicht, warum es so fühlte oder wem es vertrauen konnte. Deshalb isolierte es sich von seinen Altersgenossen. Sie nahm eine der kleinen rosafarbenen Valiumtabletten aus dem Fläschchen und schluckte sie mit Leitungswasser hinunter. Es war nur noch eine Tablette da. Morgen würde sie sich Nachschub besorgen müssen.

Die Polizeiwache von Ventura hatte ihr Quartier in einem neuen Haus in Dowell Drive, einer Straße, die nach einem im Dienst erschossenen Polizisten benannt war. Lily erinnerte sich an die Zeit, als die Wache noch in zwei Bürocontainern untergebracht war, die neben einem alten, heruntergekommenen Gebäude standen. Jetzt waren die Räume mit Teppichboden ausgelegt, und auf jedem Schreibtisch stand ein Computer. Die Beamtin kam ihnen in der Empfangshalle entgegen. Lily kannte sie schon lange.

Detective Margie Thomas stand kurz vor der Pensionierung – oder hatte den Zeitpunkt schon überschritten, denn sicherlich war sie schon seit über zwanzig Jahren im Dienst und hatte sich vorgenommen dabeizubleiben, solange sie den Gesundheitstest bestand. Es gab keinen Zweifel, daß dies hier ihr Leben war und sie nach ihrer Pensionierung Probleme mit der Umstellung haben würde. Sie war die erste Polizeibeamtin in Ventura gewesen, die erste Frau, die es zum Detective gebracht hatte, und die erste Frau, die sich die Achtung ihrer männlichen Kollegen erworben hatte. Ihr Haar war für ihren Typ ein wenig zu dunkel gefärbt, und ihr Unterkörper war etwas aus der Form geraten, so daß es aussah, als trüge sie ein Gesäßpolster unter ihrem marineblauen Baumwollkleid. Mit ihren balkenartig nachgezeichneten Augenbrauen und dem dick aufgetragenen, fliederfarbenen Lidschatten erinnerte sie Lily an Elizabeth Taylor in ihrer trinkfreudigen Periode.

Margie nahm Shanas Hand, setzte sich mit ihr auf das Sofa in der Eingangshalle und musterte sie. »Wie geht es dir, Herzchen?« fragte sie. »Du bist aber ein hübsches Ding. Die Haare hast du deiner Mom zu verdanken, das steht fest.«

Shana lächelte nicht und entzog der Beamtin ihre Hand. »Es geht mir gut«, antwortete sie höflich. »Aber es würde mir um vieles besser gehen, wenn Sie ihn schnappen würden.«

Lily wurde sich bewußt, daß sie mit Shana noch nicht über diesen Punkt gesprochen hatte, und sie fragte sich, ob sie oft daran dachte, vielleicht abends, wenn sie im Bett lag, oder früh am Morgen, wenn sie vor allen anderen aufstand. Wenn sie ihr nur klarmachen könnte, daß die Polizei den Täter nie fassen konnte und er niemandem mehr weh tun konnte.

»Okay, genau deswegen bist du ja heute hier«, sagte Margie locker und frohgemut, als ob sie etwas Schönes unternehmen würden. »Ich habe ein paar Bilder von Männern vorbereitet, die dem Mann ähneln, den du und deine Mom beschrieben haben, und die von ihrer Vorgeschichte her als Täter in Frage kommen. Du kannst dir an meinem Schreibtisch die eine Hälfte der Bilder ansehen, während deine Mom in einem anderen Zimmer sitzt und sich den anderen Teil der Bilder ansieht. Wenn du einen siehst, der dem Mann ähnlich sieht, der euch überfallen hat, dann schreibst du dir die Nummer neben dem Namen auf. Vielleicht denkst du bei mehreren Bildern, daß er es sein könnte, aber das macht nichts. Du mußt einfach nur alle Nummern notieren.« Sie hielt inne und konzentrierte ihren Blick auf Shana, da sie wußte, daß Lily sich mit der Prozedur nur zu gut auskannte. »Wenn du glaubst, jemanden zu erkennen, dann können wir ihn zu einer Gegenüberstellung auf die Wache holen, damit du dich überzeugen kannst.« Sie stand auf und fügte hinzu: »Wenn du Fragen hast – ich bin immer in der Nähe. Okay?«

Lily ging die Fotos durch und erkannte einige Männer, die sie vor Jahren auf der Anklagebank gesehen hatte. Sie war erstaunt, daß sie wieder frei herumliefen, und versuchte, sich die Einzelheiten des jeweiligen Falles ins Gedächtnis zu rufen. Ein bekanntes Gesicht fiel ihr auf, das beträchtlich gealtert war, und sie erinnerte sich daran, daß der Mann wegen mehrfacher Erregung öffentlichen Ärgernisses vor Gericht gestanden hatte. Sie hatte als Anklagevertreterin in Abmachung mit der Verteidigung für eine Strafe von neunzig Tagen Gefängnis plädiert. Im Haus nannten sie diese Männer »Pimmelwedler«, und sie begingen, folgte man der Statistik, nur in seltenen Fällen ein ernsteres Verbrechen. Eigentlich gehörte das Foto des Mannes nicht hierher.

Nach ungefähr zehn Minuten drängte es sie, zum Telefon in dem von Glaswänden umgebenen kleinen Büro zu greifen und die Polizeiwache in Oxnard anzurufen, um mit Cunningham zu sprechen. Aber dazu ist es noch zu früh, dachte sie, blätterte die Fotos um, ohne sie anzusehen, und ließ ihre Gedanken schweifen. Die Fotos und ihre Aufmachung erinnerten sie an die Muster, die Fotografen ihren Kunden für Portraitfotos vorlegten. Dabei fiel ihr ein, daß es über ein Jahr her war, daß sie ein Foto von Shana hatte machen lassen. In einem Monat würde sie wieder eins machen lassen müssen. Sie blickte durch die Scheibe und sah Shana, die an Margies Schreibtisch konzentriert jedes Bild betrachtete. In diesem Augenblick war sie froh, daß John die Polizei gerufen hatte; vielleicht trug diese ganze Aktion dazu bei, daß Shana das furchtbare Erlebnis bewältigen konnte. So wie die Dinge sich entwickelten und weil das, was sie getan hatte, sich nun mal nicht mehr rückgängig machen ließ, würde auch sie sich vielleicht eines Tages von jenem schrecklichen Morgen in Oxnard freimachen können.

Wenn er Patricia Barnes ermordet hatte, um zu verhindern, daß sie gegen ihn aussagen konnte, was er nach Lilys Ansicht von Anfang an hatte tun wollen, dann hätte er bei ihr und ihrer Tochter ebenso handeln können. Vielleicht hatte Gott sich eingeschaltet und ihre Hand in jener Nacht geführt. Es war seine Stimme, die Lily vernommen hatte, nicht die ihres

Vaters. Der religiöse Eifer ihrer Kindheit wallte noch einmal in ihr auf, und sie gelobte, an einem Sonntag mit Shana in den katholischen Gottesdienst zu gehen. – Sie war so tief in Gedanken versunken, daß sie aufsprang, als sich die Tür öffnete und Margie mit Shana erschien. Die Polizistin hielt ein Foto in der Hand und setzte sich neben Lily. Shana war aschfahl, ihre Augen waren weit geöffnet, und sie war sichtlich erregt. Margie wollte gerade etwas sagen, aber Shana platzte heraus: »Ich hab ihn gefunden. Ich weiß, daß er es ist. Ich bin sicher. Zeigen Sie es ihr«, forderte sie Margie auf und schüttelte sie an der Schulter. »Zeigen Sie es ihr. Sie erkennt ihn bestimmt auch.« – Lily spürte, wie aus jeder Pore ihres Körpers der Schweiß ausbrach, und wußte, daß sie in wenigen Sekunden klitschnaß sein würde. Sie erwartete den jähen Schmerz in der Brust, der einem Herzanfall vorausging, und fühlte, wie das Blut aus ihrem Gesicht wich. – Margie erkannte, wie schlecht es ihr ging. »Mein Gott, wie sehen Sie denn aus?« sagte sie und drehte sich aufgeregt zu Shana um. »Bring deiner Mutter schnell ein Glas Wasser aus dem Kaltwasserbehälter, ganz hinten in dem Raum, in dem du gerade warst. Und nimm ein paar feuchte Papiertücher aus der Toilette mit. Beeil dich.« Shana rannte aus dem Zimmer.

»Soll ich einen Krankenwagen rufen?« fragte Margie, als sie sah, wie Schweißflecken auf Lilys hellgrüner Bluse erschienen und ihr Gesicht plötzlich schweißüberströmt war. »Haben Sie Schmerzen in der Brust?«

Lily versuchte, kontrolliert zu atmen und sich zu beruhigen. Sie hatte das Gefühl, als ob sich ein enges Band um ihre Brust legte, und plötzlich fiel ihr die Gürtelrose ein. Es war einfach nur ein Anfall von Panik, der längst überfällig war. Shana hatte ein Bild von einem Mann gesehen, der Hernandez ähnelte, und sie würde erkennen, daß dies der falsche war, sobald sie ihn bei der Gegenüberstellung sah. »Es geht schon. Es ist einfach zuviel, denke ich. Ich habe sogar eine Gürtelrose bekommen, deshalb ...«

»Ich hatte das auch einmal«, sagte Margie voller Mitgefühl. »Junge, waren das Schmerzen. Nerven. Man sagt, daß es daher kommt.«

Shana kam zurück; ihre Lippen waren vor Sorge zusammengepreßt. Sie brachte feuchte Papiertücher und einen Becher mit eisgekühltem Wasser. Sie gab beides ihrer Mutter und trat zurück, während sie Lily beobachtete, die sich mit den Tüchern über das Gesicht fuhr, ihren Nacken betupfte und einen Schluck Wasser aus dem Styroporbecher nahm. Die nassen Papiertücher legte sie sich in den Nacken. »Es geht schon wieder«, beruhigte sie Shana. »Vielleicht ist es auch ein Anflug von Grippe oder so etwas.« Sie legte sich die Hand auf die Stirn, als ob sie überprüfen wollte, ob sie Fieber habe. »Ich bin gleich bereit. Gleich sehe ich mir das Foto an.«

»Entspannen Sie sich«, sagte Margie. »Sie können auch nach Hause gehen und morgen wiederkommen. Ein Tag mehr oder weniger ...«

»Nein«, sagte Shana, ihre Stimme lauter als sonst, voller Drängen, »zeigen Sie es ihr jetzt. Dann können Sie ihn ins Gefängnis stecken.«

Die Beamtin wandte sich zu Shana und nahm ihre Hand. »Warte noch einen Moment, Schätzchen. Für deine Mutter ist das auch eine schwierige Zeit. Wenn sie ebenfalls der Meinung ist, daß dieser Mann so aussieht wie der, der euch überfallen hat, können wir trotzdem nicht einfach hingehen und ihn festnehmen. Erst müßt ihr ihn bei einer richtigen Gegenüberstellung erkennen, und dann muß uns ein Richter einen Haftbefehl ausstellen, damit wir ihn festnehmen können. So funktioniert das hier.«

Shana blickte Lily ungeduldig an. Es war ihr egal, wie ihre Mutter sich fühlte; sie wollte nur, daß Lily ihre eigene Aussage bestätigte. Lily bemerkte Shanas Erregung; ihr Atem ging hastig.

»Gut«, sagte Lily. »Wo sind die Fotos?«

Die Beamtin forderte Shana auf, wieder an den Schreibtisch

in dem anderen Zimmer zu gehen, und reichte Lily einen neuen Stapel Fotos, der sich von dem ersten nicht unterschied.

»Sehen Sie sich die Aufnahmen genau an, und machen Sie nicht einfach eine Angabe, nur weil Shana gesagt hat, sie hätte jemanden erkannt. Ich hatte ihr gesagt, sie solle draußen bleiben, aber sie ist mir gefolgt. Wenn Sie auf jemanden tippen, dann muß das völlig unabhängig sein.« Sie überzeugte sich, daß Lily ihre Fassung wiedergewonnen hatte, und sagte: »Ich warte draußen. Kommen Sie heraus, wenn Sie fertig sind.«

Diesmal betrachtete sie jedes Bild mit großer Aufmerksamkeit. Sie wollte den Mann sehen, den Shana erkannt hatte. Sie war sicher, daß er Hernandez ähnlich sah, denn schließlich sah die halbe Einwohnerschaft von Oxnard Hernandez ähnlich. Ab und zu schaute sie durch die Glasscheibe, aber Shana saß außerhalb ihres Blickfelds. Wahrscheinlich hatte Margie sie in den Ruheraum gebracht oder ihr den Getränkeautomaten gezeigt. Es war etwa das zwanzigste Foto, von dem er ihr plötzlich entgegenstarrte.

Mein Gott, dachte sie. Ein Doppelgänger. Kein Wunder, daß Shana so aufgeregt war. Auch wenn er nicht der richtige war, so versetzte sie der Anblick des Gesichts wieder in jene Nacht zurück, ließ sie das Gefühl der Furcht und der Erniedrigung erneut erleben. Der Schmerz angesichts dessen, was ihre Tochter erlitten hatte, war überwältigend. Das Gesicht glich dem Täter aufs genaueste: seine Augen, seine Nase und sein Mund waren fast identisch, selbst der Haarschnitt war ähnlich. Allerdings sah er jünger aus, und Lily wußte, daß es nicht der Täter war. Er konnte es nicht sein: Der Täter war tot.

Sie ließ sich Zeit und studierte sein Gesicht genau. Fotos, das wußte sie, verfälschten die Wirklichkeit. Sie waren zweidimensional, so argumentierte sie für sich, und dieser Mann konnte in Wirklichkeit, wenn man ihn von der Seite oder wenn man seinen ganzen Körper sah, ganz anders aussehen. Sie nahm die Papiertücher von ihrem Nacken; die Krise war vorüber. Spiel das Spielchen einfach mit, sagte sie sich, sag, daß er dem Täter ähnlich sieht, denn es zu leugnen wäre absurd. Und wenn er jetzt zu einer Gegenüberstellung herbeizitiert wurde? Irgendwann hatte er etwas getan, weshalb er in diese Sammlung geraten war. Aber jetzt war nicht der Zeitpunkt, um sich Sorgen zu machen um einen Unbekannten mit einer kriminellen Vergangenheit. Nach einer Gegenüberstellung, bei der Lily ihn nicht als Täter identifizieren würde, konnte der Mann unbescholten von dannen gehen.

Sie nahm den Stapel Fotos und verließ das Büro. Im Vorraum standen sechs Schreibtische, an jeder Seite drei. Es war halb sieben, und nur ein Beamter arbeitete noch: Akten waren auf dem Tisch verteilt, er hatte die Füße hochgelegt und sprach am Telefon. Neben Margie stand Shana mit einer Cola in der Hand. Sie wirkte ruhiger, aber immer noch angespannt.

Sie trafen sich in der Mitte des Raumes. »Ich muß zugeben, daß einer dabei ist, der es sein könnte, aber ich bin mir ziemlich sicher, daß er es nicht ist«, sagte Lily ohne Regung. Sie sah die Enttäuschung in Shanas Augen und fügte schnell hinzu: »Aber er könnte es sein. Vielleicht sollte man weiter nachforschen.«

Sie legte den Stapel auf Margies Tisch ab und zeigte mit dem Finger auf sein Gesicht. »Nummer sechsunddreißig.« Sie blickte fragend auf, mußte aber auf eine Reaktion nicht lange warten.

»Das ist er«, sagte Shana und wandte sich an die Beamtin. »Ich hab's Ihnen gesagt. Das ist er. Nummer sechsunddreißig.«

»Shana, ich bin mir nicht so sicher wie du, das muß ich dir gleich sagen. Außerdem habe ich ihn mir genau angesehen, als er weglief. Du warst ja völlig außer dir in diesem Moment.«

Sie sah ihn im Lichtstrahl vom Badezimmer stehen: das rote Sweatshirt, das Profil – seinen Kopf, als er sich vorbeugte, um den Reißverschluß seiner Hose zu schließen. Sie blickte wieder auf das Foto und dann auf die anderen Bilder. Von sechs Männern trugen zwei rote T-Shirts oder Sweatshirts. Rot war eine Bandenfarbe. Das wußte sie – jeder zweite Latino in Oxnard trug diese Farbe und dazu noch diese dummen Baseballmützen auf dem Kopf. Dann blätterte sie noch einmal die Seiten durch und sah noch mehr rote Hemden. Ein Mann trug eine goldene Kette mit einem Kreuz. Sie blätterte um und sah noch eine Kette mit Kreuz, nur kleiner. Wenn sie ihrer Phantasie freien Lauf ließ, würde sie wahrscheinlich in der Irrenanstalt landen. Der Mann, den sie erschossen hatte, war der Täter. Das war das Ende, fertig.

»*Mom*, du hattest doch deine Brille nicht auf, und jetzt trägst du sie auch nicht«, empörte sich Shana. »Er hat mich vergewaltigt, und ich kann sehr gut sehen.« Sie drehte sich zu Margie um und sagte schnippisch: »Sie soll die Brille auch beim Autofahren tragen, aber das tut sie nie.«

»Ich brauche sie eigentlich nur zum Lesen – ich bin ein bißchen weitsichtig«, stellte Lily die Sache richtig. »Ist ja auch egal, es bringt uns nicht weiter, wenn wir jetzt darüber streiten. Können Sie den Mann zu einer Gegenüberstellung vorladen?«

»Ich kümmere mich sofort darum und rufe Sie an, sobald es sich einrichten läßt. Am besten gehen Sie jetzt nach Hause und denken nicht mehr daran.« Als Shana zur Tür ging, warf Margie Lily aus ihren Liz-Taylor-Augen einen Blick zu und zuckte mit den Achseln. »Das Leben ist ganz schön grausam, wie?« sagte sie.

»Da haben Sie recht«, erwiderte Lily und beeilte sich, Shana einzuholen.

Margies Stimme hallte in dem großen Raum wider, als sie ihnen nachrief: »Ach, es ist sicher unnötig, das zu sagen, aber es wäre vielleicht nicht schlecht, wenn Sie ihre Brille zu der Gegenüberstellung mitbringen könnten.« Sie ging zu ihrem Schreibtisch, setzte sich und rutschte hin und her, bis sie eine bequeme Stellung gefunden hatte. Dann wandte sie sich anderen Dingen zu.

Als Lily aus dem Gebäude trat, wartete Shana schon an der Beifahrertür des Honda. Lily ließ den Wagen an und erklärte betont sachlich: »Sie bringen ihn zu einer Gegenüberstellung her, und dann werden wir ja weitersehen, okay?«

Das Mädchen starrte aus der Windschutzscheibe. Eine Weile fuhren sie schweigend. »Dreh doch das Radio an«, schlug Lily vor.

»Er ist immer noch da, jetzt weiß ich es. Ich dachte, er würde weglaufen. Hat er aber nicht getan. Er ist immer noch da. Du hast mir gesagt, daß er weit weggehen und nie wieder zurückkommen würde, damit man ihn nicht fassen könnte.«

Lily zögerte; sie war unsicher und wußte nicht, was sie antworten sollte. Vielleicht sollte sie die Therapeutin anrufen und um einen Termin für Shana bitten, morgen gleich. Ihr Gefühl sagte ihr, daß es richtig war, Shanas aufsteigende Angst zu beschwichtigen, auch wenn sie wütend wurde. »Ich glaube wirklich, daß er schon lange weg ist, Schatz, und ich habe ja schon gesagt, daß ich nicht glaube, daß er es ist. Ich kann die Dinge, die weiter weg sind, viel besser sehen als die nah vor mir – das bedeutet ja, weitsichtig sein. Als er nah war, war es dunkel, und als er weglief, war er weiter weg und im Licht.« Sie griff nach Shanas Hand und drückte sie fest. »Ich glaube, daß der Mann auf dem Foto nicht der Täter ist. Er ist nicht mehr da. Du bist doch ein kluges Mädchen. Du weißt, daß viele Menschen sich ähnlich sehen. Wir sehen uns auch ähnlich, außer, daß ich natürlich viel älter bin. Wenn wir gleichaltrig wären, würden uns die Leute vielleicht auch verwechseln. Verstehst du?«

Shana drehte das Radio an und stellte es auf einen Sender mit Rockmusik. Dann sagte sie über die Musik hinweg: »Er war es, Mom. Wenn du deine Brille aufsetzt, wirst du ihn erkennen.«

KAPITEL 23

Auf der Fahrt nach Moorpark beschleunigte Cunningham seine zwei Jahre alte Chrysler-Limousine auf achtzig und fühlte, wie das Fahrgestell unter ihm vibrierte; aber die Maschine würde locker auch über hundert Meilen schaffen. Manchmal hatte er Sehnsucht nach den Zeiten, als er hinter dem Steuer eines kreischenden, schwarzweißen Streifenwagens saß, das Funkgerät bis zum Anschlag aufgedreht, damit er den Fahrdienstleiter trotz des Lärms der Polizeisirene verstehen konnte; in Sekundenschnelle raste man auf die Kreuzungen zu, jedesmal darauf gefaßt, in einem gewaltigen Blechknäuel zu enden. Und kam man dann am Ort des Geschehens an, sah man sich möglicherweise einem Verrückten mit einer Schrotflinte gegenüber, der nur darauf wartete, einen ins Jenseits zu befördern. Das waren Zeiten, als Muskelkraft und gesunde Reflexe noch zählten. Heute kam er mit Kopfschmerzen nach Hause, statt mit einem blauen Auge oder einer Nierenquetschung. Heute mußte er seinen Grips bemühen.

Aber er konnte sich keine andere Arbeit vorstellen, egal, wie sehr er sich beschwerte und woran er sich auch störte. Eigentlich liebte er seine Arbeit. Wenn man ein Dutzend ungelöster Fälle auf einmal bearbeitete, hatte man immer etwas, womit man sich beschäftigen konnte. Die fehlenden Teile in einem Mordfall zu finden und einzusetzen war für Cunningham ungefähr so, wie das Kreuzworträtsel in der

New York Times in Tinte auszufüllen: Das Rätsel steckte immer in seiner Hosentasche, damit er damit spielen konnte. Er mußte nur das richtige Wort finden und sich vergewissern, daß es genau paßte, bevor er die leeren Felder ausfüllte. Er war nicht der Typ, der Fehler machte. Fehler führten dazu, daß Menschen, die ein Verbrechen begangen hatten, frei herumliefen und den Gesetzesvertretern, die hastig und schlampig arbeiteten, eine lange Nase zeigten.

Er wandte sich in Gedanken dem gegenwärtigen Fall zu und war sicher, daß der Sheriff nur allzu froh wäre, den Fall auf die andere Seite des Zaunes schieben zu können – wenn die Leiche tatsächlich die von Patricia Barnes war. Das Opfer war zuletzt in Oxnard gesehen und dort als vermißt gemeldet worden, und der Hauptverdächtige war jetzt Opfer eines Verbrechens in Oxnard, in dem noch ermittelt wurde. In diesem kleinen Puzzle kam Oxnard viel zu häufig vor und Moorpark viel zu selten. Obwohl die Leiche noch nicht identifiziert war, behandelte das Büro des Sheriffs diesen Fall vermutlich wie alles andere, was auf der heißen Herdplatte stand, nach dem Motto: schnell weiterreichen, bevor man sich die Finger verbrennt. Und das führte zu Fehlern.

Er nahm den Fuß vom Gaspedal und bog in eine Seitenstraße ein, zunächst noch unschlüssig, ob er auch auf Anhieb die richtige Zufahrt gefunden hatte. Zwei Straßenecken weiter sah er sie dann. In einer unbefestigten Straße, in der ein neuer Häuserblock gebaut wurde, standen drei Polizeiwagen: der weiße Wagen des Gerichtsmediziners, ein ziviler Streifenwagen und der schwarzweiße Wagen der Spurensicherung. Zwei Bulldozer und einige Baugeräte standen herum, aber ansonsten schienen keine Zivilpersonen anwesend zu sein und auch – Gott sei Dank, dachte er – keine Reporter oder Fernsehteams, wenigstens bis jetzt nicht. Reporter und Schaulustige waren der Alptraum eines Ermittlungsbeamten, denn sie zertrampelten und zerstörten häufig wichtiges Beweismaterial.

Er öffnete die Tür seines Wagens mit Schwung, holte seine Dienstmarke aus der Gesäßtasche, schnippte einmal dagegen und hängte sie an seinen Gürtel. »Scheiße«, entfuhr es ihm, als er mit dem Fuß in den weichen Boden einsank. Erst am Tag zuvor hatte er Zeit gefunden, seine ausgetretenen schwarzen Schuhe putzen zu lassen, während er sich die Haare schneiden ließ. Jetzt waren sie wieder verdreckt und sahen schlimmer aus als zuvor. Geldverschwendung, dachte er, als er sich auf die uniformierten Beamten zubewegte, aber er wußte, daß er sich mit seinen verschmutzten Schuhen nur selbst ablenken wollte. Er konnte sich einfach nicht daran gewöhnen, die verwesenden Überreste von Menschen zu finden, die man wie Müll weggeworfen hatte.

Charlie Daniels, der Gerichtsmediziner, kniete über eine flache Grube gebeugt und hielt einen lehmverkrusteten Arm mit seiner behandschuhten Hand hoch. Er ließ los, als er Cunningham erblickte, und fragte: »Ihr Fall, mein Lieber? Kommen Sie. Schauen Sie sich um. Noch ein paar Fotos, dann holen wir sie raus.«

»Wer ist von der Spurensicherung hier?« rief Cunningham zu der Gruppe Männer hinüber, und ein Mann vom Büro des Sheriffs in weißem Hemd und schwarzer Hose trat vor.

Die beiden Männer setzten sich von der Gruppe ab, die Köpfe gesenkt. Der Beamte von der Spurensicherung schilderte Cunningham, was bisher passiert war. »Mein Kollege legt gerade im Wagen einen neuen Film ein. Als wir ankamen, haben wir das ganze Gelände abgesucht, bevor wir jemanden raufgelassen haben. Auch der Bauarbeiter war sehr vernünftig. Sobald er den Verdacht hatte, daß es sich um eine Leiche handelt, hat er uns gerufen und das Gelände nicht wieder betreten. Wir haben eine Menge Zeug aufgelesen und verpackt. Die Tüten liegen im Wagen.« Auf dem Hemd des Beamten stand sein Name: TOM STAFFORD.

»Okay, Stafford«, sagte Cunningham. Ein Bulldozer hatte das ganze Gelände umgewühlt und wichtiges Beweismaterial wie Reifen- oder Schleifspuren vernichtet, die vielleicht verraten hätten, ob und wo das Opfer aus einem Auto und über den Boden gezogen worden war. Das Gebiet, das nach Beweismaterial abgesucht werden mußte, würde im Laufe der Ermittlungen erweitert werden, und obwohl verschiedene Gegenstände gefunden worden waren, konnte die Spurensicherung noch wenig sagen, bis die Forensikexperten sich der Sache angenommen hatten. »Ich nehme an, Sie hätten mich davon unterrichtet, wenn Sie eine Waffe oder etwas Ähnliches gefunden hätten, richtig?«

»Leider nichts dergleichen. Es sei denn, Sie glauben, sie wurde mit ein paar Bierdosen, einem Schokoladenpapier oder einem Kadaver, der wie der einer Katze aussieht, umgebracht.«

Nachdem er sich vergewissert hatte, daß die Spurensicherung nicht mehr tun konnte, trat er an den Rand der Grube und warf einen Blick auf die Leiche. Er hatte kaum Zweifel, daß es Patricia Barnes war. Mit Sicherheit war es nicht Ethel Owens. Ethel war eine kleine Person, was man von dieser Leiche einfach nicht sagen konnte.

»Wir haben sie ein bißchen gereinigt, damit Sie ihr Gesicht sehen können«, sagte der Gerichtsmediziner. »Ganz schöner Brocken, wie?«

Fast jede Gesichtsöffnung war lehmgefüllt, und ihr Mund stand weit offen, vermutlich noch vom letzten Schreckensschrei. Auch die Augen waren offen, aber Kleingetier hatte sich daran schon gütlich getan, so daß wenig von ihnen übrig war. Während Cunningham in die Tasche griff und drei Fotos herausholte, die Patricias Schwester ihm überlassen hatte, entfernte Daniels noch ein bißchen Lehm aus ihrem Gesicht. Mit einem gummibehandschuhten Finger fuhr er ihr in den Mund und legte eine purpurfarbene Zunge frei, die er bis zur Unterlippe vorzog. An ihrem Hals waren deutliche Verfärbungen zu sehen, darüber hinaus schien sie keine Verletzungen aufzuweisen.

»Erdrosselt?« fragte Cunningham. Die hervortretende Zunge und die Flecken am Hals waren klassische Merkmale.

»Naja, wir haben sie noch nicht umgedreht. Sie könnte auch ein Messer in ihrem Rücken stecken haben, aber aus dieser Perspektive bin ich Ihrer Meinung.« Damit stand der Gerichtsmediziner auf, streckte sich und wischte sich mit einem weißen Taschentuch den Schweiß von der Stirn. »Sobald Sie das Zeichen geben, nehmen wir sie heraus und drehen sie um.« Bevor Cunningham antworten konnte, gingen der Assistent des Gerichtsmediziners und einer der Ermittlungsbeamten auf die Leiche zu. Cunningham räusperte sich. »Also los«, sagte er.

Es war sein Mädchen. Der kurze schwarze Rock und der pinkfarbene Pullover, den sie bei ihrem Verschwinden getragen haben sollte, räumten den letzten Zweifel aus. Er schaute zu, als sie aus der Grube gehoben wurde: drei kräftige Männer, und trotzdem keuchten sie unter der Last. Sie war zwar fett, und ihre Figur war völlig aus der Form geraten, aber auf den Fotos hatte er ihr hübsches Gesicht und ein freundliches Lächeln gesehen. Manche Männer mochten fette Frauen, sagte er sich und überlegte, wieviel sie wohl für eine Nummer bekommen hatte. Sicherlich nicht viel. Und hübsch war sie jetzt nicht mehr.

Sie legten sie auf eine Plastikplane und drehten sie auf den Bauch. Der Gerichtsmediziner wischte den Dreck mit der Hand weg, hob ihren Pullover hoch und überprüfte ihren Rücken. »Naja, mein Lieber. Wir müssen sie nicht hier ausziehen. Im Moment kann ich nichts sehen. Wir schneiden den Rock später auf und legen ihn zu den anderen Sachen.« Sie trug etwas, das wie eine Strumpfhose aussah. Der Gerichtsmediziner fuhr mit seiner Hand unter ihren Rock. »Keine Anzeichen von sexueller Nötigung, der Zwickel ist an Ort und Stelle – es sei denn, er hat sie vergewaltigt und gezwungen, sich anzuziehen, dann hergebracht und hier erdrosselt.« Er erhob sich. »Glauben Sie mir, niemand als die Lady selbst könnte diese Strumpfhose über diesen Arsch ziehen, ohne sie zu zerreißen. Scheinen sowieso Stahlträger eingezogen zu sein.« Er brach in Gelächter aus, das sich in der Gruppe fortsetzte. Es löste die Spannung. Selbst unter freiem Himmel war der Geruch von verwesendem Fleisch überwältigend, und viele hatten sich abgedreht. Der Gerichtsmediziner verscheuchte eine Fliege mit der Hand.

Cunningham schaute auf die Fleischmassen, die einst ein menschliches Wesen waren: eine Mutter, eine Tochter und eine Schwester, die von ihren Angehörigen geliebt wurde. Und die von Fremden verachtet worden war, aber das war jetzt vorbei; nie wieder mußte sie sich wegen ihres Gewichts verspotten lassen, nie wieder mußte sie es einem Typen mit dem Mund besorgen, um ihre beiden Kinder satt zu bekommen. Ihre Mühsal war vorbei. Vielleicht gab es so etwas wie Wiedergeburt, und dieses armselige Leben hatte ihr ein neues Leben als reiche, schlanke Schönheit in Beverly Hills beschert. Wiedergeburt. Das war in seinen Augen das einzig Gute am Tod: Keiner wußte, wer im Jenseits die Gewinner und die Verlierer waren. Er war froh, daß man das nicht wußte.

Während von der Leiche und der leeren Grube noch Fotos gemacht wurden und Officer Stafford die Grube selbst nach Beweismaterial absuchte, erschien der Ermittlungsbeamte aus dem Büro des Staatsanwalts. Er trug keine Sonnenbrille, blinzelte in die Sonne und beklagte sich, daß er irgendwo falsch abgebogen sei und sich völlig verfahren habe. Cunningham unterrichtete ihn über den Stand der Dinge, erwähnte aber, daß er Lily Forrester anrufen würde, sobald er konnte.

Die Presse, darunter ein Fernsehteam, traf genau in dem Moment ein, als Patricia Barnes in einem Leichensack verstaut wurde. Die Baustelle verwandelte sich im Nu in einen Zirkus. Cunningham steckte seine Dienstmarke ein und wandte sich an den erstbesten uniformierten Beamten.

»Sobald die Leiche abtransportiert ist, ziehen Sie ab, schreiben Ihren Bericht und faxen ihn an mein Büro, mit meinem Namen drauf.«

»Es wird nicht viel drinstehen«, sagte der junge Officer, »nur die Meldung des Bauarbeiters, und wen ich alles informiert habe. Mein Sergeant sagt, daß er mit Ihnen gesprochen hätte und daß Sie den Fall übernehmen könnten, wenn Sie darauf bestehen. Wegen der Krawalle sind eine Menge unserer Leute nach L.A. abgestellt worden, die Arbeit steht uns bis zum Hals.«

Bevor er sich offiziell dazu äußern konnte, mußte er die Schwester von Patricia Barnes ins Leichenschauhaus bestellen, um eine eindeutige Identifizierung zu erhalten, und es mit seinem Captain abklären.

»Für die Presse – und für alle anderen auch, natürlich – ist sie ein bisher nicht identifiziertes Opfer eines Gewaltverbrechens. Ist das klar?« wies er den Officer an. »Schreiben Sie den Bericht am besten so, als ob es Ihr Fall wäre, und teilen Sie Ihrem Sergeant mit, ich hätte das angeordnet. Ich rufe ihn später an.«

Er tippte Daniels auf die Schulter, während der zu seinem Wagen ging und die Leiche aufgeladen wurde. »Ich werde mir die Schwester des Opfers für heute abend bestellen, wenn ich sie erreiche. Sind Sie dann noch da, Charlie?«

»Heute abend nicht, mein Lieber. Feierabend für heute. Rufen Sie morgen gegen drei Uhr nachmittag an, oder kommen Sie vorbei«, brüllte er, um den Lärm eines vorüberfliegenden Flugzeugs zu übertönen.

Zwei Stunden später trat Cunningham mit Anita Ramirez aus dem Leichenschauhaus; sie hatte in der Leiche ihre Schwester erkannt. Die Frau weinte, erzählte von den Kindern und redete in einem fort, sagte, daß sie drei eigene habe und nicht wisse, wie sie zwei weitere durchfüttern sollte. Zum Glück war sie mit anderen Familienmitgliedern gekommen und sank in deren Arme, so daß er sich absetzen konnte. Er ging zu einer Telefonzelle und rief seinen Captain an.

Nachdem er von diesem die Erlaubnis erhalten hatte, den Fall zu übernehmen, wollte er schon auflegen und Lily Forrester anrufen, als der Captain weitersprach: »Bruce, ich habe schlechte Nachrichten im Fall Owen.«

Er wurde stocksteif. Der Fall war abgeschlossen, der Angeklagte zu einer Gefängnisstrafe verurteilt. Er hielt die Luft an und wartete. Er stellte sich vor, wie Ethel Owen plötzlich von einem längeren Europaaufenthalt zurückkehren und sie alle – aber vor allem ihn – bis auf die Knochen blamieren würde.

»Es kam ein Anruf, als Sie weg waren. Franco Andrade ist heute gegen Kaution entlassen worden, während die Berufung gegen sein Urteil läuft.«

»Was soll der Scheiß ...?«

»Hören Sie zu, Bruce, es war ein reiner Indizienprozeß. Man muß es schon als kleines Wunder sehen, daß die Geschworenen überhaupt zu einem Schuldspruch gekommen sind. Sie wußten, daß er Berufung eingelegt hatte. Nun, der Richter der Berufungsinstanz hat die Indizien für so schwach erachtet, daß er einer Entlassung gegen Kaution zugestimmt hat. Was soll ich sagen? Man kann nicht immer gewinnen.«

Cunningham legte auf und trat gegen die Wand der Telefonzelle, wobei er sich beinahe den Zeh gebrochen und ein großes Loch in seinen Schuh gerissen hätte. Noch ein Mörder, der frei herumlief. Die ganze Arbeit umsonst. Die Berufung konnte sich über Jahre hinziehen, und dieser schmierige Lackaffe würde einfach eine andere alte Frau finden, die er ausnehmen und dann umlegen konnte. Er war rasend vor Wut. Sie taten nichts weiter, als immer im Kreis herumzurennen und wie eine Horde räudiger Hunde ihren eigenen Schwänzen nachzujagen.

»Man kann nicht immer gewinnen.« Er wiederholte die Worte seines Captains höhnisch durch seine zusammengepreßten Zähne, als er den Hörer abhob, um Lily Forrester anzurufen. »Man kann nicht gewinnen, so müßte es heißen. Eine Schande ist das. Was für eine Scheiße. Der Richter sollte mal sehen, wie ihm das gefallen würde, wenn seine eigene Mutter auf diesen Franco treffen würde.« Bevor er die Münze in den Schlitz steckte, schaute er zum Himmel. Die Sonne ging unter, und die Dämmerung senkte sich über die Stadt. In der Luft lag immer noch die Asche von den Feuern in South Central L.A., und sein Hemd war mit feinen Körnchen bedeckt. »Wir haben uns bemüht, Ethel. Mehr können wir nicht tun. Wir können uns nur bemühen.«

Kapitel 24

Als Cunningham anrief, saß Lily im Schlafzimmer neben dem Telefon. Sie hatte auf seinen Anruf gewartet. Seine tiefe, dröhnende Stimme stellte für sie eine Verbindung zur Realität dar. Sobald sie seine Stimme hörte, vergaß sie, daß er ihr Widersacher war. Sogar die Erinnerung an sein Gesicht verschwand, und es blieb nur die körperlose Stimme, die durch die Telefonleitung zu ihr drang.

»Keinerlei Stichwunden oder andere Verletzungen?« Lily ließ nicht locker; sie dachte an das verkrustete Messer, aber auch an den Fall McDonald-Lopez, in dem eine Kleinkaliberpistole benutzt worden war. »Was haben wir denn auf der Hand, das Bobby Hernandez mit diesem Fall in Verbindung bringt, außer der Tatsache, daß sie kurz vor seiner Verhaftung verschwunden ist?«

Sie war sicher, daß er der Vergewaltiger war und daß er die Prostituierte ermordet hatte.

»Nicht das Geringste. Jeder hätte sie erdrosseln können, so wie sie gearbeitet hat. Wir werden uns den Kleinbus noch einmal vornehmen, aber selbst wenn er sie im Wagen umgebracht und dann transportiert hat, werden wir kaum Hinweise finden, nicht bei Tod durch Erdrosseln.«

Er schwieg. Nur leise Atemgeräusche drangen aus dem Telefon. Es war, als seien sie beide in demselben Raum, nur ein paar Meter voneinander entfernt, und beide tief in Gedanken.

»Fest steht, daß der Fall nicht abgeschlossen ist«, sagte er und beendete das merkwürdige Schweigen.

»Und was ist mit Hernandez? Gibt es da irgendwelche Hinweise?« Lily stellte die Frage in sachlichem Ton und fügte dann hinzu: »Sie wissen, ich denke da an seinen Bruder Manny und ob die beiden mit dem Fall McDonald-Lopez in Zusammenhang gebracht werden können.«

»Keine Hinweise in der Sache mit Bobby und auch keine überwältigenden Erkenntnisse in der anderen Angelegenheit, außer den bekannten Tatsachen. Wir könnten Manny observieren lassen, wenn Sie darauf bestehen würden. Ich denke, es ließe sich rechtfertigen.«

»Das machen wir«, sagte sie. »Ich telefoniere gleich morgen früh.« Bevor sie auflegte, fügte sie noch hinzu: »Bruce, wir müssen mit dem Fall McDonald-Lopez weiterkommen, und zwar rasch. Möglicherweise haben wir zwei unschuldige junge Männer unter Mordanklage vor Gericht.«

»Hab verstanden, mein Engel. Wissen Sie was? Ich bewundere Sie. Ich wette, es gibt sonst keinen Staatsanwalt da drüben bei Ihnen, der sich darum kümmert, wer auf der Anklagebank sitzt, Hauptsache, er kriegt seine Verurteilung.« Die Leitung war still. Cunningham hatte aufgehängt.

John kam ins Schlafzimmer. »Also, was meinst du«, fragte er, »war das der Kerl? Dieses Tier ... ich mache ihn kalt.«

Lily saß auf der Bettkante neben dem Nachttisch mit dem Telefon; das Licht der Lampe legte einen hellen Kranz um ihr rotes Haar. Sie drehte sich zu John und blitzte ihn aus schmalen, katzenähnlichen Augen an. »Das hab ich schon getan«, sagte sie.

»Was hast du getan?«

»Du hast mich schon verstanden.«

»Nein, hab ich nicht. Was hast du getan?«

»Ihn umgebracht.«

»Du hast ihn umgebracht?«

»Nein, natürlich nicht.«

John griff in seine Tasche, holte eine Zigarette heraus und fingerte an ihr herum. Er war offenbar verwirrt.

»Shana hat erzählt, daß dir auf der Wache schlecht geworden ist. Ihr hättet beinahe einen Krankenwagen geholt. Jetzt redest du wie eine Wahnsinnige. Was zum Teufel willst du mir sagen?«

Lily saß immer noch mit dem Körper zur Wand und drehte den Kopf zu John. »Ich will sagen, ich wünsche mir, daß ich ihn umbringen könnte.«

»Klar, verstanden. Ich wünsche mir auch, daß ich ihn umbringen könnte. Aber warum hast du zu Shana gesagt, daß er es nicht war?«

»Weil er es nicht war. Laß mich in Ruhe, John.« Lily stierte immer noch vor sich hin.

John wollte sich auf den Stuhl setzen, den Blick auf Lily geheftet, ein sorgenvoller Ausdruck stand auf seinem Gesicht.

»Du sollst dich nicht hinsetzen, John. Ich hab gesagt, laß mich in Ruhe, und das habe ich auch so gemeint.«

Ihr Blick stoppte ihn, die Worte waren fast überflüssig. Er stand mit hilflos herabhängenden Armen in der Mitte des Zimmers, unschlüssig, was er tun sollte.

»Weißt du, was mit der Welt nicht in Ordnung ist, John? Die Menschen hören einander nicht zu. Das ist es. Sie hören einfach nicht zu.«

Er drehte sich um und ging hinaus. Lily ging ins Badezimmer, sah in den Spiegel und nahm die letzte Valium aus dem Fläschchen. Dann sah sie die Schlaftabletten, die der Arzt für Shana verschrieben hatte, und nahm eine davon. Sie hielt ihren Kopf unter den Wasserhahn und ließ das Wasser in ihren offenen Mund laufen. Im Spiegel betrachtete sie sich so lange, bis das Bewußtsein, daß es ihr Gesicht war, schwand. Sie sah ihre flatternden Augenlider, ihre leicht zitternden Nasenflügel, die Wassertropfen an ihrem offenen Mund. Sie wollte sich hinter dem Spiegel in Sicherheit bringen, wo das kalte Glas sie von der Außenwelt abschotten würde und wo sie sehen und gesehen werden konnte, aber geschützt war.

In dieser Nacht machte sie sich nicht einmal die Mühe, sich auszuziehen. Sie mußte immer an das Gesicht denken, das sie gesehen hatte, an den Mann, der Hernandez so ähnlich war, daß er sein Bruder sein könnte. Dann sah sie wieder die Fotos von den Männern vor sich; jeder von ihnen trug ein rotes T-Shirt und ein Kreuz um den Hals. »Nein«, sagte sie und versuchte, ihre rasenden Gedanken zu stoppen. Sie wartete auf die Wirkung der Tabletten. Es war nur ein Zufall, ein wahnsinniger Zufall. Es konnte nicht anders sein. Irgendwann schwebte sie in einer betäubten, traumlosen Leere, auf ihrer grünen Bluse dunkle Schweißflecken, immer noch in Rock und Strumpfhose, und der BH schnürte ihr die Brust ab.

Kapitel 25

Lily duschte und machte sich für die Arbeit fertig. Sie war noch benommen von den Tabletten und nahm das erstbeste Kleid aus dem Schrank. Vor dem Spiegel fiel ihr jedoch auf, daß sie das Kostüm schon vor zwei Tagen getragen hatte. Sie zog sich wieder aus, und plötzlich fand sie ihr Lieblingskleid, das schwarzweiß gestreifte mit den seitlichen Knöpfen. Das Oberteil hing gereinigt in ihrem Schrank. Der Rest ihrer Sachen war auch gewaschen und sauber zusammengefaltet in die Plastikkörbe in ihrem Schrank geräumt worden. Sie knöpfte den Rock an der Seite zu und zupfte das Oberteil zurecht, als sie sich über den losen Sitz des Kostüms wunderte und sich auf die Waage stellte. Sie hatte fast vier Kilo abgenommen, seit sie sich das letzte Mal gewogen hatte. Wenn sie ihr Haar zurückstrich, wirkten ihre Wangen eingefallen und ihr Gesicht mager. Sie nahm die Spange aus dem Haar und bürstete es. Morgen würde sie zum Friseur gehen, beschloß sie. Ein modischer Schnitt, bei dem sich die Haare weich um ihr Gesicht legten – etwas mit Pep. Aber was sie eigentlich wollte, war, in den Spiegel zu schauen und ein anderes Gesicht darin zu sehen.

Als sie in die Küche kam, saß Shana bereits angezogen am Frühstückstisch vor einem Schälchen Corn-flakes, zu ihren Füßen Di mit einer Schüssel Hundefutter.

Shana sprang auf, goß ihrer Mutter eine Tasse Kaffee ein und reichte sie ihr.

»Du hast meine Wäsche gemacht, nicht wahr?« fragte Lily sanft. »Das war lieb von dir, Shana. Sehr lieb, danke.«

Shana stellte ihr Schälchen in den Geschirrspüler, nahm ein Schwammtuch und wischte um das Spülbecken herum. »Das mach ich doch gerne.« Sie drehte sich zu Lily um. »Du arbeitest viel und bist in letzter Zeit so müde. Ich mache mir Sorgen um dich.«

»Komm mal her«, sagte Lily und breitete ihre Arme aus. Shana kam zu ihr und umschlang ihre Taille. »Und du, mein Schatz? Wie geht es dir?«

Shana löste sich aus der Umarmung und versuchte ein Lächeln. »Mir geht es gut. Weißt du ...« – sie sah Lily an, als ob sie genau wissen müßte, was Shana meinte – »manche Tage sind in Ordnung, und manche Tage sind einfach schrecklich. Dann packt es mich, und ich muß die ganze Zeit daran denken. Aber ich versuche, nicht daran zu denken.« Sie trug den kleinen Hund in ihr Zimmer, legte Zeitungspapier auf dem Boden aus und schloß die Tür.

Lily brachte sie zur Schule und sah zu, wie sie auf eine Gruppe junger Leute zuging. Aber nach nur wenigen Schritten ließ sie die Schultern sinken, und Lily mußte ihren Blick abwenden. Sie hatte das anziehende Wesen ihrer Tochter nie richtig verstanden. Shana war nicht damit geboren worden, sondern hatte hart daran gearbeitet und es sich aufgebaut, so wie ein Athlet seine Kraft oder ein Pianist seine Kunst. Aber nach der Vergewaltigung war das Lachen und der Optimismus verschwunden, und Lily fragte sich, ob sie je wieder so werden könnte, wie sie einmal war.

Richard stand im Flur und wartete auf sie; er hielt eine Tasse heißen Kaffee in der Hand, lächelte zaghaft und verströmte den vertrauten Limonengeruch. »Einen wunderschönen guten Morgen«, begrüßte er sie; das Lächeln wurde etwas dünner, als er ihr ernstes Gesicht sah. »Du siehst großartig aus. Tolles Kostüm. Aber mir scheint, wir haben heute miserable Laune, stimmt's?«

Lily hielt einen rosafarbenen Zettel in der Hand, den ihr eine der Sekretärinnen gegeben hatte. Es war die Mitteilung, daß Detective Margie Thomas angerufen hatte. Richard folgte Lily in ihr Büro und setzte sich. Lily warf einen Blick auf den Stapel Fälle in ihrer Ablage, und ihr Blick verfinsterte sich noch mehr. »Entschuldigung«, sagte sie, »wahrscheinlich nur ein prämenstruelles Syndrom. Du verstehst schon.« Das Lächeln fiel ihr schwer, und wenn sie sich noch so bemühte.

Richard zog seinen Stuhl näher an den Schreibtisch heran, hob den Stapel Akten aus der Ablage und legte ihn auf den Fußboden neben sich. »Jetzt geht's dir doch bestimmt besser, oder? Ich war um halb sieben im Büro und habe meinen Schreibtisch schon freigeräumt. Jetzt erzähl mir, wie es gestern mit Shana ging.«

»Zunächst einmal, Richard, ich möchte nicht, daß du es dir zur Gewohnheit machst, für mich einzuspringen und die gesamte Arbeit unserer Abteilung zu erledigen.« Lilys Stimme klang viel strenger als beabsichtigt.

»Meinst du nicht, daß Arbeitsteilung manchmal auch den Sinn haben kann, sich wechselseitig den Rücken freizuhalten, wenn man in Schwierigkeiten steckt? Du hättest dir ein paar Tage freinehmen sollen, das weißt du genau. Und Butler weiß das auch.«

Durch ihren emotionalen Ausbruch am Samstag hatte sie in seinen Augen an Wert verloren, das war ihr klar. Darauf zu bestehen, daß er ihre Fälle wieder zurücklegte, war sinnlos. »Danke, Richard. Die Leiche, die sie in Moorpark gefunden haben, war Patricia Barnes. Cunningham hat mich gestern abend angerufen, nachdem ihre Schwester sie identifiziert hatte.«

»Und ...?« fragte er.

»Sie wurde erdrosselt, und es gibt keine Hinweise, die auf Hernandez deuten. Aber wir bleiben weiter an dem Fall dran. Cunningham möchte, daß wir uns dafür einsetzen, daß

Manny Hernandez beschattet wird. Vielleicht finden wir auf diesem Weg Anhaltspunkte dafür, ob er und sein Bruder an dem Mord an McDonald und Lopez beteiligt waren.«

»Wie war es, als ihr euch die Fotos angesehen habt?« fragte er mit besorgtem Blick.

»Es gibt einen Verdächtigen. Sie ist sich sicher, aber mir geht es nicht so. Er sieht zwar aus wie der Typ, ist es aber nicht.« Lily sah ihre Brille auf dem Tisch, wo sie sie jeden Tag liegenließ, und setzte sie auf. »Weil ich meine blöde Brille nicht aufhatte, meint Shana, hätte ich ihn nicht erkennen können. Aber ich bin nur ganz schwach weitsichtig, und ich schwöre dir, ich habe den Kerl genau gesehen.«

»Aber vielleicht hat sie recht, und du hast unrecht. Hast du daran schon mal gedacht? Wie sieht's aus? Laden sie ihn vor?« Richard saß kerzengerade auf dem Stuhl und sprach durch zusammengepreßte Zähne.

Lily sträubten sich die Haare. »Halt dich da raus, Richard.« Sie bereute, so scharf gewesen zu sein, und schloß schnell die Tür zu ihrem Büro, damit niemand ihre Unterhaltung hören konnte. Sie setzte sich wieder hinter ihren Schreibtisch, beugte sich vor und sprach mit gedämpfter Stimme: »Es tut mir leid, daß ich so reagiert habe ... Ich weiß, daß du mich gern hast, und es ist nur natürlich, daß du wissen willst, wie die Sache steht, aber wenn ich zulasse, daß ... daß ... du weißt schon ... wenn wir jeden Tag im Büro darüber sprechen ... ich meine, ich kann damit nicht umgehen.«

»Du hast recht«, sagte er und berührte ihre Hand flüchtig. »Ich verstehe. Erzähl mir nur, was du mir wirklich erzählen möchtest. Ich werde nicht wieder davon anfangen. Und laß uns heute abend zusammen essen gehen.«

Lily seufzte tief und wollte schon ablehnen, da fiel ihr ein, daß Shana am Abend Softballtraining hatte und sie ganz allein zu Hause sein würde. Wenn sie für Shana nach dem Training einen Termin bei der Therapeutin vereinbarte und John bat, sie hinzufahren ...? »Ich sage dir später Bescheid. Es könnte klappen«, sagte sie. »Es tut mir leid wegen Samstag abend.« Statt ihn anzusehen, schaute sie auf die gläserne Trennwand und verfolgte mit ihrem Blick eine der Sekretärinnen, die mit dem Arm voller Akten vorbeiging.

»Das war meine Schuld, Lily. Ich war völlig unsensibel. Nachdem du weg warst, kam ich mir wie ein gefühlloser Trottel vor.«

Sie versuchte sich an das erste Mal mit ihm zu erinnern, und an den Tag danach, im Vernehmungszimmer. War sie wirklich noch dieselbe Person? Es war alles so weit weg, wie in einem anderen Leben. »Ich ruf dich später an«, sagte sie leise.

Während er den Stapel Akten wieder vom Fußboden aufhob, wählte sie Butlers Nummer und besprach mit ihm die Möglichkeit, Manny Hernandez überwachen zu lassen. Richard lehnte sich über den Schreibtisch und berührte zum Abschied ihren Nacken, so daß ihr ein Schauer den Rücken hinablief.

Nachdem Butler zugesagt hatte, die Polizeiwache in Oxnard anzurufen und in dieser Sache Druck zu machen, versuchte Lily, Margie Thomas zu erreichen. Die Beamtin war gerade im Einsatz. Bei der Therapeutin hatte sie mehr Glück; sie konnte für Shana einen Termin um acht Uhr vereinbaren. Shana und John konnten nach dem Training irgendwo eine Kleinigkeit essen, und sie wäre frei, um sich mit Richard zu treffen.

»Kommen Sie auch vorbei?« fragte die Therapeutin.

»Ich habe meine Tochter letzte Woche begleitet«, erwiderte Lily.

»Ich meine, zu einer Sitzung. Ich finde, Sie müssen dieses Trauma genauso verarbeiten wie Ihre Tochter.«

Lily wußte, daß sie sich niemals zu dieser Frau setzen konnte, um sich zu offenbaren. Da gab es viel zuviel, das sie nie mit einem anderen Menschen besprechen würde. Bei dem Gedanken an die Turnschuhe und die weißen Socken der

Therapeutin hatte sie das Gefühl, als ob sie ihre Lebensgeschichte mit all den dunklen Geheimnissen einer Schulfreundin von Shana anvertrauen müßte. »Es geht mir eigentlich eher um meine Tochter. Außerdem habe ich keine Zeit.« Die Therapeutin räusperte sich, als ob sie andeuten wollte, daß sie diesen Satz jeden Tag hörte. Lily fuhr fort: »Ich möchte, daß Sie mit ihr darüber sprechen, warum sie beschlossen hat, die Schule zu wechseln, und warum sie mit mir zusammenziehen will. Es würde viele Probleme für mich lösen.« Lily merkte, daß das sehr egoistisch klang, und verbesserte sich. »Ich meine, mein Mann und ich wollen uns scheiden lassen. Sie wissen ja, daß ich wegen der Vergewaltigung vorübergehend wieder eingezogen bin. Also, ich möchte in Shanas Nähe sein, und ich möchte ausziehen. Aber ich möchte nicht, daß sie etwas tut, was ihr schadet und was sie vielleicht bereuen könnte.«

»Das ist natürlich eine zweischneidige Sache«, antwortete die Therapeutin. »Wenn sie mit zwei Menschen zusammenlebt, die ganz offensichtlich ihretwegen zusammenbleiben, und das vor allem wegen ihrer Vergewaltigung, ist das nicht gesund, vor allem, wenn man bedenkt, welche Spannungen in der Familie bestehen. Andererseits ist eine radikale Veränderung der Lebenssituation durch einen Schulwechsel, wodurch sie alle ihre Freunde verlieren würde, im Moment nicht ratsam.«

»Gut«, entgegnete Lily – sie hatte diese Einschätzung erwartet, schließlich liebten alle Therapeuten es, das Für und Wider einer Sache zu erwägen. »Könnten Sie wenigstens herausfinden, warum sie die Schule wechseln möchte? Und fragen Sie bitte noch einmal nach, ob sie wirklich bei mir leben möchte.«

»Das kann ich tun«, sagte die Frau. Dann fuhr sie mit fester Stimme fort: »Mrs. Forrester, ich weiß, daß Sie Staatsanwältin sind und es gewöhnt sind, daß man Ihnen die gewünschte Information liefert, aber die Gespräche zwischen mir und Ihrer Tochter sind vertraulich. Es mag nützlich für mich sein, wenn Sie mich auf bestimmte Problemstellungen hinweisen, aber ich kann Ihnen keine Einzelheiten aus meinen Gesprächen mit Ihrer Tochter mitteilen.«

Lily spürte, wie die Muskeln in ihrem Gesicht anfingen zu zucken, und wußte, daß ihre Beherrschung dahin war. »Wir sprechen über meine Tochter, und es handelt sich um eine wichtige Angelegenheit, die mich betrifft. Entweder helfen Sie mir, oder ich suche mir eine andere Therapeutin.«

In dem Moment trat Jan, ihre Sekretärin, ein, aber Lily wies sie mit einer Handbewegung so unwirsch zurück, daß sie hastig den Rückzug antrat. Lily drehte ihren Stuhl so, daß sie zur Wand blickte.

»Sie haben keinen Grund, sich aufzuregen«, sagte Dr. Lindstrom in einem beschwichtigenden Ton. »Ich habe nicht gesagt, daß ich diese Fragen nicht mit Shana besprechen werde. Im Gegenteil, ich werde darüber sprechen. Ich kann Ihnen nur keinen Bericht darüber erstatten.« Nach einer kurzen Pause fuhr sie fort: »Sie brauchen einfach nur selbst mit ihr zu sprechen. Sie scheint Ihnen im Moment sehr nahe zu sein. Tatsache ist auch, daß sie sich große Sorgen um Sie macht. Das schönste Geschenk, das Sie ihr machen könnten, wäre, wenn Sie selber eine Therapie anfangen würden. Es ist vielleicht noch zu früh, aber ich habe den Eindruck, daß sie die Sache ganz gut in den Griff bekommen wird.«

»Es gibt noch einen anderen Grund, warum ich Sie angerufen habe. Shana hat auf den Fotos einen Mann gesehen, den sie für den Täter hält. Ich bin da anderer Meinung. Ich glaube, sie wird selbst erkennen, daß sie auf den Falschen getippt hat, wenn sie ihn vor sich sieht, aber es wäre hilfreich, wenn Sie sie auf diese Möglichkeit vorbereiten.«

»Das kann ich tun«, erwiderte sie und sagte dann: »Bevor Sie auflegen, möchte ich Ihnen gerne die Nummer von der Gruppe geben, von der ich Ihnen erzählt habe – die für Inzestopfer. Haben Sie etwas zum Schreiben zur Hand?«

Lily malte auf einem Blatt Papier Kreise in Dreiecken, den Kopf tief über den Schreibtisch gesenkt, und ohne nachzudenken schrieb sie die Telefonnummer auf und daneben das Wort *Inzest* in so kleinen Druckbuchstaben, daß es kaum lesbar war.

»Vielleicht sehen wir uns da. Wir treffen uns jeden Donnerstagabend.«

Mit einer Stimme, die genauso klein wie die Buchstaben war, fragte Lily: »Sie leiten die Gruppe also?«

»Nein, Lily, ich nicht. Ich bin ein Mitglied der Gruppe. Ich bin auch ein Inzestopfer. Wahrscheinlich hätte ich Ihnen das neulich im Büro schon sagen sollen. Sie sind nicht allein.«

Nachdem Lily das Gespräch beendet hatte, meldete sich Margie Thomas und informierte sie, daß die Gegenüberstellung am nächsten Tag um halb sechs Uhr abends stattfinden konnte. Als Lily sie über den möglichen Tatverdächtigen ausfragen wollte, verweigerte sie jegliche Auskunft. Plötzlich hatte Lily das Gefühl, daß sie außen vor stand – sie fühlte sich als Opfer. Sie sah sich selbst in einer langen Reihe von Frauen, die mit schweren Stahlketten aneinandergefesselt waren, wie Kriegsgefangene; sie schlurften durch den Dreck, die Rücken von der Last der Vergangenheit gebeugt.

Das Telefon klingelte, und Lily sprang auf. Sie drückte wild auf verschiedene Knöpfe, nahm aber den Hörer nicht ab, und dann hörte das Telefon auf zu klingeln.

Die Akten lagen immer noch unberührt in der Ablage, während sie sich wieder tief über den Tisch beugte und ihre Kritzeleien fortsetzte. Sie strich das Wort *Inzest* durch und schrieb so oft das Wort *Mörderin* auf das Blatt, bis es ganz davon bedeckt war. Dann zerknäulte sie es und warf es in den Papierkorb. Kurz darauf nahm sie es wieder heraus und zerriß es in viele kleine Stückchen.

KAPITEL 26

Cunninghams Motor war den ganzen Tag nur von Adrenalin und Zucker angetrieben worden. Vergangene Nacht war er neben seiner schlafenden Frau ins Bett gefallen und hatte sein Abendessen, das ihn auf einem Teller in der Mikrowelle erwartete, stehenlassen. Zum Frühstück hatte er drei Doghnuts mit Schokoladenguß und zum Mittagessen einen Schokoriegel verdrückt, jetzt machte er sich über eine Tüte Dorito-Chips her und spülte sie mit einer Dose Cola-Light hinunter. Nebenbei rief er Charlie Daniels an, den Gerichtsmediziner.

»Es ist noch nicht einmal drei Uhr, Cunningham. Hatte ich nicht gesagt, Sie sollten um drei Uhr anrufen?«

»Ja, klar, aber ich hab's eilig.« Er lachte. »Und jetzt ist es zwei Uhr. Das ist ja schon ganz nah dran.«

»Sie haben es eilig«, sagte Daniels, »das habe ich doch schon mal gehört.« Dann brüllte er mit aller Kraft in den Hörer: »Als ob es sonst niemand eilig hätte, verdammt noch mal. Alle machen beim Wettrennen in die Ewigkeit mit, Sie Arschloch.«

Cunningham stopfte sich ein paar Chips in den Mund und hielt den Hörer von seinem Ohr weg. Charlie mußte immer erst fünf Minuten lang brüllen und rückte dann mit den Informationen heraus. Er mochte es, wenn die Leute ihn anbettelten.

»Charlie, bitte«, sagte Cunningham mit Gefühl, »ich würde alles für Sie tun, Baby.«

Er hörte das Klicken und wußte, daß Charlie die Wartetaste gedrückt hatte; ein gutes Zeichen. Als er sich wieder meldete, hörte Cunningham das Rascheln von Papier, »Tod durch Strangulieren ... ungefähr zwei Wochen ... kein Sperma oder Anzeichen für gewaltsame Penetration. Allerdings muß ich Ihnen sagen, in dem kleinen Tunnel hat eine Menge Verkehr stattgefunden, insofern würde ich an Ihrer Stelle keine Risse oder Verletzungen erwarten.«

»Machen Sie schon, Charlie«, bettelte er, »kommen Sie zur Sache.«

»Wir haben Gewebepartikel unter ihren Fingernägeln gefunden und einige Haarpartikel, nicht von ihr. Mehr habe ich zur Zeit noch nicht. Ich war gerade dabei, ihren Brustkorb zu öffnen, als Sie anriefen.«

Cunningham nahm die Füße vom Tisch und riß dabei die Chipstüte zu Boden. Die Kollegen an den zwei Tischen neben ihm riefen empört: »Du bist ein Schwein, Cunningham.«

Er ignorierte sie und fragte Daniels: »Haben wir im Fall Hernandez Haar und Gewebe, das identisch mit dem ist, was Sie gefunden haben? Er ist der Tatverdächtige.«

Daniels fing wieder zu brüllen an: »Sie haben es eilig, und der Verdächtige ist eine Leiche, zum Teufel noch mal.«

»Charlie, hören Sie mir bitte zu. Hinter dem Fall steckt vielleicht noch viel mehr. Haben wir Proben?«

»Wir haben Gewebe, da bin ich mir sicher, aber Haare ... Das weiß ich nicht. Wurde er eingeäschert?«

»Erdbestattung«, erwiderte Cunningham.

»Na also. Was wir nicht haben, können wir uns holen. Ich rufe Sie später wieder an.«

Er schickte ein Stoßgebet zum Himmel, daß eine Haarprobe vorhanden war. Sonst mußte er eine richterliche Verfügung erwirken, um die Leiche exhumieren zu lassen, und das kostete Zeit.

Er erhielt einen Anruf vom Funkraum. Dort hatte man Informationen von dem Hubschrauber empfangen, der gerade das Gebiet in Moorpark überflog mit einem Polizisten, der das Gebiet mit einem Feldstecher absuchte. Sie hatten etwas entdeckt und einen Streifenwagen dorthin gelotst. Der Officer war mit Patricia Barnes' Plastikhandtasche auf dem Weg zur Wache. Sie enthielt ihren Ausweis und hatte, nach Ansicht des Beamten, die perfekte Oberfläche für Fingerabdrücke. Die Dinge ordneten sich, fand er. Nachdem er erfahren hatte, daß der Kerl, der Ethel Owen auf dem Gewissen hatte, als freier Mann herumlief, hatte er gestern abend seine Frau und seine Kinder ins Auto packen und direkt nach Omaha fahren wollen, nur raus aus dieser Hölle von einer Stadt. Aber dieser Fall hatte ihn in den Klauen. Zwei junge Leute waren tot. Sie waren abgeschlachtet worden wie Vieh. Und die mollige Patricia Barnes mit dem warmen Lächeln und den zwei kleinen Kindern wurde gerade obduziert, und der alte Charlie wühlte sich durch den Inhalt ihres Magens, während er, Cunningham, hier saß und Chips und Schokoriegel in sich hineinstopfte. »Keine Diät, Kleine«, sagte er in Gedanken zur Leiche. »Denk dran, Beverly Hills. Im nächsten Leben bist du so dünn wie die kleine Melissa hier.«

Er rief im Labor an, holte sich die Bestätigung, daß Hernandez' Fingerabdrücke dort auf dem supermodernen Computer gespeichert waren, und kündigte dann an, daß er persönlich mit der Handtasche des Opfers kommen und auf das Ergebnis der Fingerabdruckanalyse warten würde.

Er legte auf, holte die drei Fotos, die Patricias Schwester ihm gegeben hatte, hervor und stellte sie vor sich auf den Schreibtisch. Er wollte sich ihr Gesicht einprägen. »Wir sind auf dem Weg, Kleine. Und wenn der Mann, der dich auf dem Gewissen hat, der ist, den ich im Auge habe, dann brauchen wir uns keine Sorgen darüber zu machen, daß irgendein Richter ihn wieder auf die Straße schickt. Scheint, als hätte er schon seine gerechte Strafe bekommen. Siehst du, es gibt doch noch Gerechtigkeit auf dieser Welt, Patty. Nur nicht allzuviel.«

KAPITEL 27

Shana fuhr mit dem Schulbus nach Hause und stieg zwei Querstraßen vor ihrem Haus mit dem Arm voller Bücher aus. Sie war nur eine kurze Strecke gegangen, als sie sich erschöpft am Straßenrand niederließ. Jeden Morgen wachte sie zwischen vier und fünf Uhr auf, und was sie auch anstellte, sie konnte nicht wieder einschlafen. Dafür nickte sie in der Schule fortwährend ein und wurde erst von der Pausenklingel wieder wach.

Die Sonne schien hell und warm. Ein Auto fuhr vorbei, sie roch die Abgase. Eine Gruppe zehnjähriger Jungen, die sich gegenseitig mit viel Geschrei anrempelten, kam auf dem Gehsteig daher.

»He, wollt ihr die Titten von meiner Mutter sehen? Ich hab ein Bild davon«, schrie einer.

»Du hast bestimmt kein Bild mit den Titten von deiner Mutter. Du lügst.«

»Hab ich wohl. Sie hat sie sich nämlich größer machen lassen, und der Arzt hat Fotos davon gemacht, eins vorher und eins nachher. Ich hab sie in ihrem Zimmer gefunden. Wollt ihr sie sehen?«

Shana starrte die Jungen böse an, und sie liefen schnell weiter. Monster, dachte sie, abscheuliche, kleine Monster. Ihre ganze Schule war voll mit mageren, bekloppten Jungen und blöden Mädchen. Sie hatte von ihnen die Nase voll. Shana stand auf, klopfte sich den Hosenboden ab und hob ihre

Bücher auf. Dann fiel ihr Blick auf einen Vorgarten, der voll blühender Tulpen stand. Sie pflückte eine, roch daran und warf sie dann in den Rinnstein. Was sie noch mehr haßte als ihre Schule, war ihr Elternhaus. Sie haßte ihr Zimmer, das zur Straße hinausging, so daß jeder einfach durch das Fenster klettern konnte, sie haßte den furchtbaren Garten, haßte die häßlichen braunen Kacheln in der Küche, haßte die Streitereien ihrer Eltern. Aber am meisten haßte sie das, was sie im Gesicht ihrer Mutter sah.

Sie war vor der Vergewaltigung so dumm gewesen, so unreif, sagte sie sich, so egoistisch und verwöhnt. Deswegen war es wahrscheinlich passiert – als Strafe. Sie hätte ihrer Mutter von Anfang an erzählen sollen, daß ihr Vater eine Freundin hatte, hätte ihr sagen sollen, daß sie bei ihr wohnen möchte. Aber jetzt würde sie es wieder ins Lot bringen, koste es, was es wolle.

Daheim in ihrem Zimmer wartete Di auf sie. Obwohl das helle Sonnenlicht durch die Fenster strömte, ging sie von Zimmer zu Zimmer, Di immer hinter ihr her, und schaltete überall das Licht an, anschließend im Wohnzimmer den Fernseher und in ihrem Zimmer die Stereoanlage. Sie ging zur Haustür, um sich zu vergewissern, daß der Riegel vorgeschoben war, und sah nach, ob alle anderen Türen abgeschlossen waren. Jeden Tag dasselbe Ritual. Nicht weil ich Angst habe, sagte sie sich, denn ich habe keine Angst. Sie hatte sich in ihrem ganzen Leben noch nie gefürchtet. Sie wollte einfach nur sicher sein, das war alles.

Das Telefon klingelte. Es war Sally. »Kommst du zum Training?« fragte sie mit ihrer hohen Stimme.

»Natürlich«, sagte Shana und zog sich die Schuhe aus. »Ich komme immer zum Training. Schließlich ist mein Dad der Trainer.«

»Hast du schon gehört, was mit Heather Stanfield passiert ist? David Smith hat sie gefragt, ob sie mit ihm ausgeht, und eine Stunde später hat er es sich anders überlegt, aber da hatte sie es schon allen erzählt. Ist das nicht furchtbar? Du hättest sie sehen sollen. Sie hat geweint und ...«

Shana legte den Hörer auf das Bett und fing an, sich auszuziehen. David Smith war wahrscheinlich einer der Jungen, der Fotos von den Titten seiner Mutter oder vielleicht sogar seiner Schwester bei sich trug. Wenn sie sich nicht bewegte und den Atem anhielt, konnte sie ein leises Piepsen aus dem Telefonhörer hören. Sie stellte sich vor, daß Sally in geschrumpfter Form da drin steckte. Fast schien es ihr, als seien alle anderen Kinder geschrumpft und sie sei eine tolpatschige Riesin. Sie nahm den Hörer und hörte wieder zu.

»... und dann hat sie mir die Klamotten gekauft, die wir im Geschäft gesehen hatten, und ein Paar Schuhe, aber sie sind mir zu eng und kneifen ...«

»Ach, wirklich«, sagte Shana und legte den Hörer wieder auf das Bett. Sie ging ins Badezimmer und fing an, Wasser in die Wanne laufen zu lassen. Zum letzten Mal nahm sie den Hörer und sagte: »Ich muß jetzt Schluß machen. Tschüs.« Dann zog sie den Stecker aus der Dose.

Sie ließ sich in die Wanne gleiten, bis nur noch ihre Nasenspitze aus dem Wasser herausschaute. Sie lauschte dem Klopfen ihres Herzens. Wenn es ihr gelänge, ihre Mutter aus diesem Haus herauszubekommen, dann würde sie sie wieder zum Lachen bringen. Sie würden dann zusammen wohnen, wie ihre Mutter gesagt hatte. Das Haus wäre sauber und ordentlich, und sie würden nur Naturkost essen. Es würde keine Aschenbecher geben, die von den ekligen Zigaretten ihres Vaters überquollen, und keine albernen Gänse wie Sally, die dachten, ein neues Kleid oder neue Schuhe seien das Wichtigste auf der Welt.

Plötzlich ging das Licht im Badezimmer aus. Shana sprang aus der Wanne, Badewasser schwappte auf den Boden, und sie versuchte, ihren Körper mit dem Duschvorhang zu bedecken. Durch die heruntergelassenen Jalousien drang nur ein dünner Lichtstrahl. Ihr Herz klopfte wie eine riesige Trommel.

Er war hier, im Haus. Genau wie im Film hatte er den Strom abgestellt. Es herrschte eine tödliche Stille, und sie tastete sich zur Badezimmertür vor, um zu prüfen, ob sie verschlossen war. Diesmal würde er sie nicht ohne Kampf bekommen, dachte sie und riß verzweifelt die Tür des Badezimmerschränkchens auf. Sie suchte nach etwas, das als Waffe dienen könnte. Sie hörte ein Klicken, ein Wimmern und dann Musik. Sie sah ihr Bild durch den Dampf im Spiegel, als die Lichter wieder angingen. Sie stand da mit einem Gummistampfer in der Hand. Es war ein Stromausfall, ein ganz gewöhnlicher Stromausfall. Sie stieß mit dem Gummistampfer gegen den Spiegel und schnitt sich selbst eine Grimasse. Der Gummistampfer blieb am Spiegel kleben. Ihre Furcht löste sich in hysterisches Gelächter auf. Sie setzte sich auf den Toilettendeckel und hielt sich den Bauch vor Lachen. Tränen rollten über ihr Gesicht, und sie konnte nicht aufhören zu lachen. Alle waren so ernst, sahen sie mit merkwürdigen Blicken an, ihr Vater, ihre Mutter, die Therapeutin, ihre Freunde. Sie machten sie verrückt. Sie schienen nur darauf zu warten, daß sie ausrastete, als ob sie glaubten, ihr Kopf würde explodieren.

Das Lachen verebbte. Sie preßte die Hände auf ihre Schläfen, während sie sich das Bild des Mannes auf dem Foto ins Gedächtnis rief. In ihrem Kopf schien sich etwas auszudehnen und wieder zusammenzuziehen. Sie wußte, daß er es war; nie würde sie es vergessen. Ihre Mutter konnte einfach nicht richtig sehen, ohne Brille. Die Polizistin hatte ihr gesagt, daß sie ihn finden und zu einer richtigen Gegenüberstellung vorladen würden. Dann würde ihn auch ihre Mutter erkennen. Sie stand auf und zog den Gummistampfer vom Spiegel ab. Sie stellte sich vor, daß der Mann nackt vor ihr stehen würde, mit seinem blöden Ding, das zwischen seinen Beinen hervorstand. Ihre Mutter und Margie würden ihn festhalten, während sie mit dem Gummistampfer genau dahin stieß, und wenn sie ihn abzog, würde sein Ding darankleben. Sie warf den Gummistampfer gegen die Wand, und er fiel auf die Fliesen. Vorsichtig schloß sie die Badezimmertür auf, öffnete sie einen Spalt und spähte auf den Flur. Dann rannte sie in ihr Zimmer, holte ihr Softballtrikot und schloß sich wieder im Badezimmer ein.

Shana war noch nicht fertig, als ihr Vater nach Hause kam. Sie war immer noch im Bad eingeschlossen und fönte sich die Haare.

Er mußte dreimal klopfen, bevor sie öffnete. »Wir kommen zu spät«, sagte er, als sie die Tür öffnete. »Mach zu. Du weißt, daß ich gerne pünktlich bin.«

Beim Training war sie verschlossen und unkonzentriert. Als ihre Freundinnen sich um sie scharten, ging sie einfach fort und ließ sie mit verwirrten Gesichtern stehen.

John forderte sie auf, sich zum Schlagen aufzustellen. »Ich möchte heute nicht Schlagen üben«, sagte sie. Sie spürte die Erschöpfung im ganzen Körper und hätte sich am liebsten auf dem Boden zusammengerollt und geschlafen. »Ich möchte lieber Werfen üben.«

John nahm sie am Arm und führte sie von den anderen Mädchen weg. »Das hier ist ein Mannschaftssport, Shana. Ich kann es nicht erlauben, daß du als einzige nur Werfen übst. Die anderen Mädchen müssen genauso trainieren wie du. Wir machen es so wie immer.«

Sie riß sich los und stellte sich in der Reihe auf. Seit der Vergewaltigung behandelte er sie anders, mied sie, als ob sie krank wäre und er sich anstecken könne. Aus den Augenwinkeln beobachtete sie, wie er ein anderes Mädchen auf den Rücken klopfte und es anlächelte. Nur weil sie nicht von ihm betatscht und abgeküßt werden wollte, als ob sie noch ein Baby sei, bedeutete das nicht, daß sie nicht von ihm geliebt werden wollte. Ihre Augen wurden noch schmaler, als sie sich vorstellte, daß er seine Freundin so anlächelte, daß er alle anderen anlächelte, nur sie nicht. Früher hatte er ihr immer nachgegeben, egal, was sie wollte. Aber jetzt, wo sie ihn wirklich brauchte und kaum die Schule schaffte, da schenkte er allen anderen seine Aufmerksamkeit, nur ihr nicht.

Als sie an die Reihe kam, schlug sie den Ball in die Mitte des Feldes und rannte zum ersten Mal. Bei der nächsten Runde erwischte sie den Ball mit solcher Kraft, daß er über das Feld hinausflog. Mit derselben Wucht schleuderte sie den Schläger weg, so daß er ein anderes Mädchen, das sich gerade aufwärmte, am Bein traf.

Das Mädchen schrie vor Schmerz auf, hielt sich das Bein und fiel zu Boden. John lief sofort zu ihr, während Shana regungslos zusah. Die Hose des Mädchens war so eng, daß John zum Auto laufen und das Taschenmesser aus dem Handschuhfach holen mußte, um die Hose aufschneiden und die Verletzung begutachten zu können. Die Mädchen standen um die Verletzte herum, die Shana anschrie: »Das hast du mit Absicht gemacht. Ruf meine Mom an. Mein Bein ist gebrochen, das spüre ich.«

Man konnte eine Schwellung und einen blauen Fleck sehen. »Zum Glück ist es nicht gebrochen«, sagte John. Er schickte eines der Mädchen zum Telefon, um die Mutter der Verletzten anzurufen, und wandte sich dann wütend an Shana. »Man wirft den Schläger niemals durch die Gegend. Das weißt du genau. Nie«, schrie er.

Shana warf ihren Helm zu Boden, baute sich vor dem Mädchen auf und sah mit verächtlich herabgezogenen Mundwinkeln auf die Beule.

»Du bist einfach nur ein verwöhntes Ding, eine richtige Heulsuse. Was weißt du schon? Was würdest du denn tun, wenn jemand dir wirklich weh tun würde? Sterben, oder was?« Sie stampfte wütend davon, drehte sich um und schrie über die Schulter: »Ich höre auf. Du kannst dein blödes Team nehmen und es dir sonstwo hinstecken.«

Shana wartete im Auto. Nachdem die Mutter des verletzten Mädchens gekommen war, ordnete John an, daß die anderen sich den Ball gegenseitig zuwerfen sollten, bis ihre

Eltern sie abholten. Als er gehen wollte, kam Charlotte auf ihn zu und fragte: »Soll ich die Schläger mit nach Hause nehmen?«

»Das wäre nett, danke«, sagte er.

»Was ist mit Shana los? Will sie wirklich aufhören?« fragte sie und schüttelte den Kopf. »Sie ißt mittags auch nicht mehr mit uns.«

John blickte zu seinem Jeep hinüber und dann wieder zu Charlotte. »Mit wem ißt sie denn dann?«

»Ich weiß nicht. Ich glaube, sie ißt mittags überhaupt nicht.«

Auf dem Weg zu einem Restaurant ganz in der Nähe versuchte John, mit seiner Tochter zu reden. »Was ist nur in dich gefahren beim Training heute? Es sind doch alles Freundinnen von dir. Und wie kannst du das Mädchen so anschreien, wo sie doch verletzt war?«

»Sie hatte nur eine kleine Beule am Bein, und sie hat mich beschuldigt, daß ich es absichtlich getan hätte. Als ob ich es geplant hätte oder so. So eine blöde Zimperliese. Sie sind alle gleich. Ein Haufen Kleinkinder.«

»Aber sie sind seit Jahren deine Freundinnen. Sie haben dich alle gern.«

Shana starrte ihren Vater erbost an. »Was weißt du denn schon? Jetzt hassen mich alle. Ich bin nämlich nicht mehr *Miss Perfect*. Sie sind die ganze Zeit hinter mir her und machen mich wahnsinnig. Alle kommen zu mir und stellen dieselbe blöde Frage: ›Was ist los? Was ist los? Bist du sauer auf mich?‹ Ich ertrage es einfach nicht mehr. Warum können sie mich nicht einfach in Ruhe lassen?«

»Sie verstehen dich nicht, weil sie nicht wissen, was passiert ist. Das kannst du ihnen nicht vorwerfen.«

»Ihnen ist doch nichts passiert, oder? Und dir ist auch nichts passiert. Es ist mir und Mom passiert. So ist das nämlich. Und ich will dir noch was sagen: Mom geht es nicht gut.«

John stellte den Wagen in eine Parklücke vor dem Restaurant und wollte schon aussteigen. »Deine Mutter ist eine starke Frau. Sie wird das schon packen.«

»Darauf kannst du wetten. Sie wird es packen, weil ich nicht zulassen werde, daß sie es nicht packt. Ich will die Schule wechseln und mit Mom zusammenziehen.«

Er schlug die Autotür wieder zu, lehnte sich im Sitz zurück und sagte: »Shana, das kann ich nicht erlauben. Du siehst doch, was passiert ist, als du sie nur besucht hast. Außerdem ist deine Mutter viel zu sehr mit ihrer Karriere beschäftigt. Sie kann sich nicht auch noch um dich kümmern.«

Sie blickte ihn mit offenen Augen an. »Und du bist nicht völlig mit deiner Freundin beschäftigt, oder wie?« Sie ließ sich wieder in den Sitz fallen; die Zornesröte stieg ihr ins Gesicht. »Du redest immer davon, daß Mom zu beschäftigt ist und keine Zeit hat, sich um mich zu kümmern. Sie hat einfach einen wichtigen Job, Dad. Ich bin auch mit meinen Schularbeiten sehr beschäftigt. Aber deswegen bin ich doch keine schlechte Tochter. Ich hab dich lieb, aber ich will mir nicht mehr diesen Mist über Mom anhören.«

Damit stieg sie aus dem Auto und knallte die Tür zu.

KAPITEL 28

Richard hatte Lily vorgeschlagen, sich im Restaurant Amechi zu treffen. Als sie auf den Parkplatz einbog, sah sie bereits seinen weißen BMW. Er hatte einen Fensterplatz gewählt, und als sie an den Tisch trat, erhob er sich und küßte sie leicht auf beide Wangen. »Gefällt dir das Restaurant?« fragte er, nachdem sie sich gesetzt und umgesehen hatte.

Sie sah ihn aus klaren blauen Augen an; ihr Gesicht war noch durchsichtiger geworden, was ihre hohen Wangenknochen besonders betonte. »*Du* gefällst mir, Richard«, erwiderte sie.

Der Kellner servierte einen Salat und schenkte ihr ein Glas Wein ein. Das Restaurant war klein und besaß eine gemütliche Atmosphäre mit rotweiß karierten Tischdecken, den italienischen Wortfetzen, die aus der Küche drangen, und dem appetitanregenden Geruch von Knoblauch; aus den Lautsprechern erklang der volle Tenor von Luciano Pavarotti. Es war früh am Abend, und sie waren die einzigen Gäste. An einem anderen Tisch saßen einige Kellner, die etwas aßen, bevor das Restaurant sich füllte.

Er hob sein Weinglas, sie stießen miteinander an. »Auf uns«, sagte er.

»Ich will dir nur eine Sache erzählen, und dann hören wir auf, über unsere Arbeit zu sprechen«, sagte sie. Sie lehnte sich mit vor Aufregung blitzenden Augen über den Tisch. »Sie haben auf der Handtasche einen Fingerabdruck gefunden, der von Bobby Hernandez stammt. Cunningham hat mich vom Labor aus angerufen, gleich nachdem du gegangen warst.« Das war einer der Gründe, warum Lily das Gefühl hatte, sie könnte jetzt endlich etwas essen. Direkt nach Cunninghams Anruf hätte sie vor Erleichterung aus voller Kehle schreien mögen. Sie hatte einen Mörder umgebracht, nicht nur einen Vergewaltiger, sondern einen Mörder. Es gab keinerlei Zweifel mehr.

»Bravo«, sagte Richard, »wir machen Fortschritte.«

»Gegen Manny liegt bisher nichts vor. Er wird seit heute überwacht, aber wir haben nicht genügend Hinweise für einen Haftbefehl.« Sie schaufelte den Salat heißhungrig und wenig damenhaft in sich hinein. »Außerdem hat Cunningham herausgefunden, daß Manny kürzlich Navarro im Gefängnis besucht hat, nachdem sein Bruder gestorben war.«

»Wird Cunningham das benutzen, um ihn unter Druck zu setzen? Zum Beispiel, indem er andeutet, daß wir etwas haben, was ihn mit dem Mord an Patricia Barnes in Verbindung bringt?«

»Das weiß ich nicht«, sagte Lily und gab dem Kellner ein Zeichen, ihr Weinglas nachzufüllen. »Wir möchten ja, daß Manny uns zu der Waffe führt, mit der Carmen Lopez erschossen wurde. Die ist irgendwo versteckt, unter Verschluß. Leute wie er werfen eine Waffe nicht einfach weg, ins Meer oder so, nicht wenn sie völlig in Ordnung ist. Keine Verschwendung. Das wäre ja so, als ob man ein Pfund Heroin die Toilette hinunterspülen würde.«

Sie lehnte sich auf ihrem Stuhl zurück und nahm die Speisekarte. Zwar verschwammen die Worte vor ihren Augen, aber sie weigerte sich, ihre Brille aufzusetzen, obwohl sie sie dabei hatte. »Bestellst du für mich? Kein Wort mehr über die Arbeit. Bin ich hungrig.«

Richard bestellte für sie beide Tagliatelle mit einer phantastischen Marinara-Sauce mit Krabben und als Hauptgang Kalbfleisch in Weißwein mit Kapern. Sie beugte sich über den

Teller und sog das köstliche Aroma tief ein; jeden Bissen genoß sie ausgiebig. Es schien Jahre her zu sein, daß ihr etwas so gut geschmeckt hatte. Inzwischen war fast jeder Platz im Restaurant besetzt. Die Teller klirrten, die Stimmen der anderen Gäste füllten den Raum und umgaben sie. Alles war so hell, so schön. Sie hatte das Gefühl, als wäre sie durch einen langen, dunklen Tunnel geschritten und hätte jetzt einen in warmes Licht getauchten Raum erreicht. Lily aß alles auf, was auf ihrem Teller lag, dazu noch einige Scheiben Brot. Sie legte eine Hand auf ihren Magen, ließ sie über die ausgeprägte Rundung gleiten und glaubte, sie müsse wie ein äthiopisches Kind mit einem Blähbauch aussehen.

Als sie das Restaurant verließen, führte Richard sie zu seinem Wagen. »Es geht nicht, Richard. Bitte, bringe mich nicht in Versuchung. Ich möchte zu Hause sein, wenn Shana zurückkommt.«

»Aber es ist doch erst halb acht, und du hast gesagt, daß sie erst um acht einen Termin bei der Therapeutin hat.« Er zerrte an ihrer Hand wie ein verwöhntes Kind und zwang sie, ein paar Schritte weiter an sein Auto heranzugehen. »Ich habe dieses Restaurant ausgesucht, weil es nur wenige Meilen von meinem Haus entfernt liegt.«

Er drehte sich um und nahm sie in die Arme, mitten auf dem Parkplatz. »Claire hat der Vermögensregelung zugestimmt. Das heißt, daß ich in weniger als sechs Monaten frei sein werde. Heute abend gibt es einen Grund zum Feiern«, sagte er, indem er ihr das Haar zärtlich aus dem Gesicht strich. »Ich brauche dich.«

Durch den dünnen Stoff ihres Kleides fühlte sie seine großen, warmen, kräftigen Hände, mit denen er sie an sich drückte. Sie nahm den Duft von Limone flüchtig wahr, und als er sie küßte, schmeckte sie Wein und Knoblauch in seinem Mund.

Ein Paar ging an ihnen vorbei zum Eingang des Restaurants; die Frau sprach schnell und mit einem charakteristischen

Tonfall. Lily riß die Augen auf und machte sich in Richards Armen ganz steif.

»Schau nicht hin«, sagte er. »Sie haben uns nicht gesehen, aber ... das war Richterin Abrams, die gerade hier vorbeiging.«

Sie sprangen schnell in sein Auto und fuhren los. Lily schimpfte laut: »Mist, ausgerechnet Carol. Es wird nicht mehr lange dauern, und dann ...«

Richard unterbrach sie: »Eines nicht mehr allzu fernen Tages werden sie es sowieso wissen. Was ist also schon dabei? Du solltest mal hören, welche Gerüchte über Carol im Umlauf sind.«

Lily ignorierte seine Bemerkung: »Butler würde es bestimmt nicht gefallen, daß wir nicht nur in der Arbeit, sondern auch privat zusammen sind.«

Es war sinnlos, mit ihm darüber zu diskutieren, ob sie ihre Beziehung geheimhalten sollten. In diesem Punkt waren sie sich nicht einig. Da er praktisch geschieden war und sie sich getrennt hatte, fand er, daß sie völlig im Recht waren, sich zu treffen, und er hatte ihr gesagt, wie dumm es in seinen Augen war, so empfindlich zu sein. »Was sind das für Gerüchte über Carol?«

»Erstens, nenn sie niemals mehr Carol. Sie möchte mit Richterin Abrams angeredet werden. Ich wette, sie besteht selbst im Bett darauf, daß ihr Mann sie so nennt. Das Witzige ist, daß sie nicht lange stillsitzen kann – sie muß echt hyperaktiv sein –, und deshalb unterbricht sie die Sitzungen immer, was ihren Terminkalender ganz schön durcheinanderbringt.«

Es war meine Stelle, dachte Lily, aber sie sagte: »Sie ist eine kluge Frau und sehr fleißig. Sie wird es schon schaffen. Meinetwegen kann sie die Richterrobe behalten, ich bin ja nur auf den Parkplatz scharf.«

Als sie einen Häuserblock vom Restaurant entfernt an einer Ampel hielten, sagte sie zu Richard: »Fahr zurück, damit ich mein Auto holen kann. Ich fahr dann hinter dir her. Ich habe keine Lust, später hierher zurückzukommen und noch jemandem vom Büro in die Arme zu laufen.«

Vor der Eingangstür zu seiner Wohnung hob er sie hoch und trug sie über die Schwelle direkt ins Schlafzimmer. Er ließ seine Kleidung auf den Boden fallen und kroch unter die Decke; Lily bedeutete er, dasselbe zu tun. Zwischen frisch duftender Bettwäsche, bei Kerzenlicht und klassischer Musik im Hintergrund ließ sie es zu, daß er sie hielt und zärtlich streichelte, aber sie wollte sich nicht ausziehen, und er bedrängte sie nicht. Sie lagen auf der Seite, Lily mit dem Rücken zu ihm. Der Wein gab ihr ein Gefühl von Wärme, und sie fühlte sich wie von einer Schutzhülle umgeben, sicher und geborgen. »Das ist die Löffelstellung, weißt du«, flüsterte er ihr ins Ohr. »Wir passen wie zwei Löffel zusammen. Wußtest du das schon?«

»Irgendwie schon«, sagte Lily. Sein Atem kitzelte sie am Ohr, und sie fing an zu lachen. Er schloß seine Arme enger um ihre Taille und zog sie noch näher an sich heran. Dann legte er eine Hand auf ihre Schulter und drehte sie auf den Rücken. Er legte sich auf sie und preßte seinen erigierten Penis an ihren Bauch und gegen ihr Schambein, schob ihn zwischen ihre Beine. Plötzlich fühlte Lily sich gefangen, sie konnte sich nicht mehr bewegen. In dem gedämpften Licht erkannte sie kaum sein Gesicht, sie sah nur diese dunkle Gestalt, die drohend auf ihr lag und sie auf dem Bett festhielt. »Geh weg, Richard«, sagte sie. Er hörte sie nicht und küßte ihren Hals mit feuchten Lippen. »Laß mich los«, brachte sie mit panikerfüllter Stimme hervor. »Laß mich los.«

Richard ließ sich auf den Rücken rollen und gab sie frei. »Scheiße«, sagte er und starrte an die Decke. Er sah sie nicht an, und sein Penis wurde wieder schlaff. »Scheiße«, wiederholte er frustriert. Das Wort traf Lily wie ein Schlag ins Gesicht. Sie richtete sich auf und strich ihr Kleid glatt. Das Gefühl des Wohlbefindens war verflogen.

»Ich habe dir gesagt, daß es nie wieder so sein wird wie am

Anfang. Wenn du so auf mir liegst, dann erinnert mich das an die Vergewaltigung. Er hat mich, er hat uns beide so festgehalten.«

Richard schwieg. Er kam nicht auf sie zu, versuchte nicht, sie zu trösten. Seine Enttäuschung war im Zimmer spürbar.

»Vielleicht solltest du dir eine andere Frau suchen, Richard. Du mußt dein Leben leben.«

»Lily ...«, sagte er und drehte sich endlich zu ihr um.

»Nein, bitte. Hör mir zu. Du bist einfach nicht realistisch, was uns angeht. Willst du wirklich eine Beziehung mit jemandem haben, der so viele Probleme hat? Ich versuche immer wieder, dir das klarzumachen.«

Richard rollte sich auf die Seite, berührte ihre Hand und zog seine dann zurück. »Glaubst du wirklich, ich bin so oberflächlich, Lily? Wir alle haben unsere Probleme. Ich sehe das Leben ja nicht nur durch die Spitze meines Penis.«

Sie wich seinem Blick aus. Warum hatte sie den Abend nicht nach dem Essen beendet, als die Stimmung gut war. Er hatte darauf bestanden, daß sie mit zu ihm kam. Wenn Sex keine so große Rolle für ihn spielte, warum bedrängte er sie dann jedesmal, wenn sie zusammen waren?

»Haben wir dieses Gespräch nicht schon mal geführt? Du machst viel mehr daraus, als es tatsächlich ist.« Er hatte die Beine seitlich aus dem Bett geschwungen und klang verärgert.

Vergeblich versuchte sie, den Zorn zu unterdrücken, der in ihr aufstieg. »Ich mache viel mehr daraus, daß ich nicht lache«, sagte sie und sprang aus dem Bett. »Du hast nicht den leisesten Schimmer davon, was tatsächlich passiert ist. Kein Wunder, du bist ein Mann, Scheiße noch mal. Dich hat noch nie einer festgehalten und gezwungen, mit ihm zu schlafen. Vergiß es. Das ist es doch, was ihr alle findet. Was ist denn schon dabei. Mach nicht so ein Theater. Wasch dich gründlich und geh zum nächsten.« Sie lief vor dem Bett auf und ab und ruderte mit den Armen in der Luft.

Er stand langsam auf, nahm ihre Hände und zog sie zu sich heran. »Du hast mich mißverstanden. Was ich sagen wollte, war, daß du aus der Sexgeschichte zwischen uns zuviel machst, nicht aus der Vergewaltigung. Glaubst du wirklich, daß ich nicht verstehe, was das in dir angerichtet hat? Himmel Herrgott, ich habe seit Jahren mit Vergewaltigungsfällen zu tun. Vergewaltigung ist ein verheerendes Gewaltverbrechen, es bedeutet den Verlust des eigenen Willens. Ich bin ein Mann, klar, aber glaub mir, ich verstehe sehr wohl, wie du dich fühlst. Ich liebe dich.« Er schloß sie in die Arme. »Wenn man jemanden liebt, nimmt man das Gute mit dem Schlechten. Hast du gehört?« Er hob ihr Kinn, so daß sie ihn ansah. »Und es wird gut, Lily. Hab Vertrauen. Hör auf mich. Es wird wunderbar werden. Komm, wir setzen uns vor den Kamin im Wohnzimmer. Du hast heute abend so glücklich gewirkt, fast so wie früher. Ich dachte ... ich weiß nicht, was ich dachte ... daß du es ebenso wolltest wie ich.«

»Offenbar weiß ich im Moment nicht, was ich will«, gestand sie, als sie ihm ins Wohnzimmer folgte. Es war die Wahrheit.

Aus der Anlage erklang immer noch klassische Musik, und Richard ließ Lily im Wohnzimmer vor dem Feuer sitzen, ging in die Küche und kam mit einer Kristallschale voller Erdbeeren zurück. Das knisternde und züngelnde Feuer wärmte ihren Rücken. Er setzte sich im Schneidersitz vor sie und fütterte sie mit Erdbeeren, aber ihre Geschmacksnerven waren wieder empfindungslos, und die Früchte schmeckten wie fader Brei. Plötzlich stieß sie ihn um; die Erdbeeren kullerten über den Boden. Sie warf sich auf ihn, preßte seine Arme fest an den Boden und blickte auf ihn herab. »Wie gefällt dir das?« fragte sie und hielt ihn mit aller Kraft fest. Jetzt hatte sie die Kontrolle wieder.

Er sah ihr in die Augen und lächelte. »Mir gefällt es, wenn es dir gefällt.«

Sie drückte ihn weiter an den Boden, beugte sich zu ihm

hinunter und küßte ihn zärtlich auf den Mund. Dann ließ sie sich auf seinen Körper sinken. »Ich liebe dich wirklich«, flüsterte sie. »Ich wußte nicht, daß es Männer wie dich gibt. Ich habe nicht geglaubt, daß ich mich einem anderen Menschen je so nahe fühlen könnte.«

Er fuhr mit seinen Händen durch ihre langen Haare. Sie richtete sich auf. »Es ist schon fast neun Uhr. Ich muß gehen.«

Während Richard die Erdbeeren auflas, holte Lily ihre Handtasche, nahm ihr Schminktäschchen heraus und trug frischen Lippenstift auf. »Entschuldige die Ferkelei«, sagte sie und half ihm. Danach fing sie an, ihre Haare zu bürsten. Richard nahm ihr die Bürste aus der Hand und fuhr mit bedächtigen Bürstenstrichen durch ihr Haar. Sie spürte ein angenehmes Prickeln auf der Kopfhaut. »So ist es besser«, sagte sie und beugte sich vornüber, während er weiterbürstete. Dann warf sie die Haare zurück, umarmte Richard und preßte ihn an sich.

»Du mußt betteln«, sagte er mit einem Lächeln. »Von jetzt ab ist das meine Philosophie. Wenn du mich willst, mußt du betteln.« Sie gingen Arm in Arm zur Tür.

»Betteln, wie?« sagte Lily mit hochgezogenen Augenbrauen. »Und was ist, wenn ich es nicht tue?«

Das Lächeln verschwand aus seinem Gesicht; er lehnte sich an den Türrahmen und blieb dort stehen, während sie die Treppe hinunterging. Als sie unten ankam, blickte sie zurück, um zu winken, aber die Tür war zu, und er war verschwunden. Sie starrte fröstelnd hinauf. Der schrille Klang einer Sirene ertönte in der Ferne, und sie konnte die roten Lichter der Autos auf der Straße im Tal sehen. Wenn sich nichts änderte, stellte sie fest, und zwar bald, sehr bald, dann würde seine Tür ihr für immer verschlossen bleiben. Sie sah sich mit den Fäusten gegen die Tür hämmern, bis sie blutig waren, daß er sie hereinließ, während er sich im Haus auf einer gesichtslosen Frau auf und ab bewegte.

Kapitel 29

»Bruce.« Eine Stimme rief ihn aus großer Ferne, und er sah die rosigen Wangen seiner Mutter und roch ihre mit Kamillenseife gepflegte Haut, während sie sich niederbeugte, um seine Schnürsenkel zu binden. Er war in der Küche, wo er sich die Hände über dem offenen Herd wärmte, bevor er in die Kälte hinausmußte, um zur Schule zu gehen. »Wenn du jetzt sofort aufstehst, mache ich dir Rührei mit Speck, auch wenn es schon Mittag ist.« Die Stimme gehörte Sharon, seiner Frau. Sie stand in der Tür und sprach zu ihm. Er versuchte, in seinen Traum zurückzufinden, damit seine Mutter ihm den dicken feuchten Kuß geben konnte, wie jeden Morgen, aber es war vorbei.

Er drehte sich auf den Rücken und starrte zur Decke. Irgendwie war es ihm gelungen durchzuschlafen, ohne daß ihn das tägliche Türenschlagen, die Toilettengeräusche oder die üblichen Streitereien seiner Kinder, wenn sie sich zur Schule fertigmachten, aus dem Schlaf gerissen hatten. Normalerweise stand er auf, ging ins Bad zum Pinkeln, ohne seine Augen richtig zu öffnen, und verkroch sich wieder im Bett, wo er sich noch ein paar Stunden Schlaf gönnte, nachdem die Kinder gegangen waren und das Haus wieder still war. In seinen weißen Boxer-Shorts ging er durch den engen Flur in die Küche, wo der Speck in der Pfanne brutzelte. Der Duft stieg ihm in die Nase, und ihm lief das Wasser im Munde zusammen. Sharon wußte, daß er sich das Frühstück nicht entgehen lassen würde; nach zwanzig Jahren gab es kaum noch Überraschungen.

Sie trug einen ihrer Jogging-Anzüge, die völlig gleich aussahen und die sie in einem Korb in dem begehbaren Kleiderschrank aufbewahrte, so daß sie sich morgens anziehen konnte, ohne ihn zu wecken. Er hatte schon seit mindestens einem Jahr keine reguläre Tagschicht mehr gehabt und sah seine Kinder nur, wenn er zum Essen zwischendurch nach Hause kam, und an seinen freien Tagen. Doch seine Frau hatte sich daran gewöhnt. Sie war schon lange mit einem Polizisten verheiratet und erwartete nicht, daß er sich groß um die Erziehung der Kinder kümmerte, außer ab und zu ein Machtwort zu sprechen. Aber meistens reichte schon die Androhung des väterlichen Zorns, um das Ziel zu erreichen.

Der Speck war auf dem Teller, die Eier in der Pfanne, und sie setzte einen Becher mit schwarzem, heißem Kaffee vor ihn, bevor sie wieder an den Herd zurückkehrte. Die Jogging-Anzüge standen ihr nicht, überlegte er, besonders jetzt, da sie wieder zugenommen hatte. Ihr Hintern war so dick wie nach der Geburt ihres letzten Sohnes. Aber als sie den Teller mit Speck und Ei vor ihn auf den Tisch stellte, dazu zwei Scheiben getoastetes Weißbrot, mit genau der richtigen Menge Butter bestrichen, blickte er ohne Bedauern in ihre sanften braunen Augen und ihr hübsches Gesicht. Wenn er sich heute nochmals entscheiden müßte, würde er sie wieder heiraten, mit dickem Hintern und allem.

Sie setzte sich auf den Korbstuhl an den Tisch ihm gegenüber. »Tommy braucht bis morgen Geld für das Jahrbuch seiner Schule. Ich habe ihm erlaubt, eins zu kaufen, weil es sein letztes Jahr ist. Die Versicherung für das Auto ist fällig, wahrscheinlich sogar überfällig, und gestern hat der Kieferorthopäde gedroht, daß er Kelly nicht weiterbehandelt, wenn wir die noch ausstehenden letzten drei Raten nicht bezahlen. Ich habe dreihundertundsieben Dollar in meiner Brieftasche, und bis zum Zahltag sind es noch acht Tage.«

Cunningham löffelte sein Ei und sagte: »Hast du auch gute Nachrichten?«

»Ich bin schwanger«, sagte sie und blickte ihm direkt in die Augen

»Das kann nicht sein«, erwiderte er und verschluckte sich beinahe an einem Stück Speck.

»Doch, es stimmt«, sagte sie, ohne die Miene zu verziehen.

Cunningham ließ die Gabel auf den Teller fallen und überlegte, wann sie das letzte Mal miteinander geschlafen hatten. Er konnte sich nicht erinnern. Er wußte, daß es lange her war, denn sein Bedürfnis war stark. Vor ein paar Tagen hätte er sie beinahe um zwei Uhr morgens geweckt, als er von der Arbeit nach Hause kam. Er lächelte, schob den leeren Teller von sich weg und kippte den Rest des Kaffees in sich hinein.

Er stemmte seine Hände in die Seiten, zog den Bauch ein und spannte seine Bizeps an. »Komm mit«, sagte er und wackelte mit dem Gesäß wie ein Mädchen, »ich hab was, das ich dir im Schlafzimmer zeigen möchte.«

Ihr Jogging-Anzug landete auf dem Boden, seine Boxer-Shorts unter der Decke am Fußende. Er zog sie zu sich heran und fühlte ihre weichen Brüste auf seinem Oberkörper. Er drückte seine Nase gegen ihren Hals und flüsterte ihr ins Ohr: »Du bist nicht wirklich schwanger, oder?«

»Nein«, sagte sie, »aber es hat doch funktioniert, oder?«

»Ich zeig dir mal, was wirklich funktioniert«, sagte er und legte ihre Hand zwischen seine Beine. »Funktioniert jedesmal.«

Wenigstens das war etwas an seinem Körper, das heute genausogut klappte wie vor zwanzig Jahren, dachte er. Das war einer der Gründe, warum sie nicht dagegen war, wenn ihr Mann Nachtschicht hatte.

Bevor er ging, sagte er zu ihr: »Paß auf, daß die Kinder heute abend nicht die Nachrichten verpassen. Vielleicht sehen sie jemanden, den sie kennen.«

Cunningham war auf dem Weg zum Ermittlungsbüro, wo er mit dem Captain noch ein paar Sachen besprechen mußte, bevor er sich mit den Nachrichtenreportern von Channel 4 treffen konnte. In einer Stunde wollten sie auf der Wache aufkreuzen. Er kam am Archiv vorbei und sah Melissa an ihrem Schreibtisch, neben ihr im Aschenbecher qualmte die unvermeidliche Zigarette. »Ich gehe gleich zum Mittagessen: Hühnerfrikassee in Rahmsoße«, log er ihr vor. »Möchten Sie mitkommen?«

Sie sah auf, zog an ihrer Zigarette und blies den Rauch mit den Worten aus: »Sie sind einfach ein Arschloch, Cunningham.« Dann beugte sie sich wieder über ihre Arbeit.

Ihr Haar war streng zurückgekämmt, ihr Gesicht sorgfältig geschminkt, und aus dieser Entfernung sah sie auffallend attraktiv aus, fast wie eine Ballerina. Er blieb stehen und legte beide Hände auf die Theke. »Haben Sie was für mich, mein Engel?«

»Ich hab Herpes. Wie wär's damit?« sagte sie, ohne zu ihm aufzusehen.

Einen Augenblick später nahm sie einen Stapel Computer-Ausdrucke und kam zur Theke. Sie trug ein schwarzes, wadenlanges Rayonkleid mit einem Gürtel aus Lackleder um ihre winzige Taille. Die spitzen Hüftknochen zeichneten sich durch den Stoff ab, ihr Bauch bildete eine Kuhle. Cunningham erinnerte sich an den weichen, fülligen Körper seiner Frau und daran, wie gut sie sich am Morgen angefühlt hatte. Er überlegte, ob Melissa überhaupt Sex mit jemandem haben konnte. Sie sah aus, als ob ihr Körper wie ein trockener Zweig durchbrechen würde.

Sie sah ihn aus träumerischen, mit schwarzem Lidstrich umrahmten Augen an. »Ich habe die Anzahl auf fünfzig rote Autos mit Fließheck reduziert und warte noch auf die Angaben der Zulassungsstelle und des Archivs.« Sie nahm das oberste Blatt von den Ausdrucken, auf dem sie in ihrer steilen Handschrift die von der Zeugin angegebene Autonummer notiert hatte und darunter Zeile um Zeile mit Buchstaben- und Zahlenkombinationen, von denen viele durchgestrichen waren. Sie drehte das Blatt um, so daß er es sehen konnte, und sagte: »Hier, sehen Sie, ich probiere jetzt die Kombinationen durch, die ähnlich sind. Manche Leute haben Leseschwierigkeiten oder können nicht so gut sehen, wie sie selbst meinen.« Als Beispiel malte sie ihm eine Drei auf das Blatt und verwandelte sie in eine Acht. »Ein B kann auch als acht gelesen werden.«

»Melissa, mein Engel«, sagte er, »Wie oft soll ich Ihnen noch sagen, daß Sie die Beste sind? Wenn Sie nur ein bißchen auf Ihre Gesundheit achten und mehr essen würden – die nächste Prüfung wäre kein Problem für sie. Und Sie würden einen hervorragenden Officer abgeben.«

Sie senkte den Blick und fing plötzlich an zu husten; ein aus der Tiefe kommender, heiserer Husten, der ihren mageren Körper schüttelte und ihr die Tränen in die Augen trieb. Als der Ausbruch vorbei war, sagte sie: »Ich sage Ihnen Bescheid, wenn ich auf etwas Interessantes stoße.«

Dann ging sie zurück an ihren Schreibtisch, zündete sich eine neue Zigarette an, wobei sie das Feuerzeug zwischen ihren Fingern behielt, setzte sich auf ihr Kissen und beugte sich wieder tief über ihre Arbeit.

Er rief den Officer, der Manny überwachte, über dessen Funktelefon an, aber Manny war den ganzen Tag zu Hause geblieben und war nur einmal, mittags gegen ein Uhr, herausgekommen, in seinen Wagen gestiegen, zum Supermarkt gefahren und mit einer Tüte voller Lebensmittel zurückgekommen. Mannys Fingerabdrücke waren auf der Handtasche nicht gefunden worden, sonst wäre er schon in Untersuchungshaft, statt zu Hause herumzulungern, wahrscheinlich vollgepumpt mit Drogen. Er wußte noch nicht einmal, daß man seinem Bruder den Mord an Patricia Barnes nachgewiesen hatte, aber heute abend würde er es wissen, und dann würde die Temperatur in dem Haus um gute fünfzig Grad hochschnellen. Dann wäre es so heiß, daß er rauskommen und vielleicht eine Dummheit begehen würde.

Nachdem er die Pressemitteilung mit dem Captain abgesprochen hatte, lehnte Cunningham sich auf seinem Stuhl zurück, Füße auf dem Tisch, und nahm das nach Mannys Aussagen zusammengestellte Phantombild in die Hand. Er wartete darauf, daß ihm vom Empfang das Eintreffen der Reporter mitgeteilt würde. Er blickte auf die Zeichnung, legte den Kopf in den Nacken und betrachtete die Wasserflecken an der Decke und blickte wieder auf die Zeichnung. Phantombilder sahen nie besonders realistisch aus, aber das hier schoß den Vogel ab. Es erinnerte ihn an Zeichnungen, wie sie von Leuten gemacht wurden, die behaupteten, von Wesen aus dem All entführt worden zu sein.

Mist, dachte er, richtete sich auf und setzte die Füße auf den Boden, der kleine Scheißkerl könnte die ganze Geschichte erfunden haben. Vielleicht kannte er den Täter und plante jetzt seinen eigenen Vergeltungsakt, wenn ein bißchen Gras über die Sache gewachsen war. Er warf das Bild auf den Tisch und ging in die Herrentoilette, um Haare und Krawatte zu richten, bevor die Leute vom Fernsehen kamen. Er trug ein braunes Jackett, das er sich extra für Gerichtstermine gekauft hatte, und drehte sich rechts und links herum, um zu sehen, von welcher Seite er heute besser aussah. Zum Glück filmten sie nur von der Taille aufwärts, dachte er, so daß seine Schuhe nicht ins Bild kommen würden. Er hatte nicht einmal seine braunen Treter anziehen können. Sharon hatte sie letzte Woche weggeworfen.

Er setzte sich wieder an seinen Schreibtisch und nahm das beste von den drei Fotos von Patricia Barnes, die ihre Schwester ihm gegeben hatte. Es war mindestens vier Jahre alt und zeigte sie mit einem ihrer Kinder. Auf dem Foto sah sie richtig hübsch aus; sie hatte ihre Wange gegen die ihrer Tochter geschmiegt, und beide lächelten. Damals mußte sie gute fünfzig Pfund weniger gewogen haben, dachte er. Er hatte ihrer

Schwester versprochen, daß er vor der Presse kein Wort über ihre Tätigkeit als Prostituierte verlauten lassen würde. Das war das mindeste, was er für sie tun konnte – und für die Kinder.

Die Filmaufnahmen verliefen glatt. Cunningham machte keine Fehler mit seinem Text und fand, daß seine Abteilung stolz auf ihn sein konnte. Wenn dieser Beitrag gesendet war, konnten sie in der Moderation noch erwähnen, daß der Mord vermieden worden wäre, wenn man Hernandez sofort nach der versuchten Vergewaltigung verhaftet hätte; das warf zwar kein so gutes Licht auf die Abteilung, legte aber ein treffendes Zeugnis dafür ab, wie die Justiz arbeitete. Wenigstens rührte sich etwas in dieser Sache, dachte Cunningham und erinnerte sich an Ethel Owen. Dazu kam noch diese ironische Wendung der Geschichte, die dem Reporter sehr gut gefallen hatte, daß nämlich der Mörder selbst ermordet worden war. Cunningham gefiel das auch irgendwie. So kam wieder Ordnung in die Welt, wenigstens im Fall Barnes. Das einzige Problem bestand darin, daß er bei der Suche nach dem Verantwortlichen für Hernandez' Tod vorerst völlig im dunkeln tappte. Als er wieder an seinem Schreibtisch saß, zog er aus dem großen, grauen Aktenschrank die ungelösten Mordfälle heraus und zählte sie durch. Manche von ihnen waren so alt, daß er sie bald als ungelöst abschließen mußte. Es waren zwölf. In dem Moment klingelte das Telefon. Es war Sharon.

»Rate mal, was ich gerade mache«, sagte sie mit schleppender Stimme.

»Ich weiß es nicht, Schatz. Sag es mir.« Er blätterte in den Akten, um zu entscheiden, welche Fälle er ablegen würde und bei welchen noch eine entfernte Chance bestand, sie zu lösen.

»Ich bekiffe mich.« Sie kicherte.

Cunningham schaltete den Lautsprecher aus und nahm den Hörer in die Hand.

»Wovon, verdammt noch mal, redest du? Himmel, Sharon,

»Wovon, verdammt noch mal, redest du? Himmel, Sharon, das hier ist eine Polizeiwache. Über so was macht man keine Witze.«

»Naja, es gab auch Zeiten, da war ich nicht mit einem Cop verheiratet, weißt du? Als ich auf dem College war, hab ich ein paar wilde Sachen gemacht. Du weißt, was ich meine.«

»Sharon«, brauste er auf, »was um Himmels willen ist mit dir los?«

»Ich hab hier diese Zigarette in der Kommode deines ältesten Sohnes gefunden und dachte, ich rauch sie mal, um zu sehen, was es ist. Es ist Shit, kein Zweifel, und gar nicht mal so schlecht, das Zeug.«

»Du machst wohl Witze, Sharon. Das ist gar nicht lustig. Du hast *Marihuana in Tommys Kommode* gefunden?« Den letzten Satz sprach er im Flüsterton und sah sich dabei im Raum um, ob jemand zuhörte. Aber nur ein weiterer Detective war anwesend, und der telefonierte außer Hörweite.

»So sieht es aus. Ein Zug, und du bist völlig zu. Vielleicht solltest du nach Hause kommen, dann könnten wir da weitermachen, wo wir heute morgen aufgehört haben.«

Plötzlich war er verärgert. Er lockerte seine Krawatte. »Es reicht«, sagte er plötzlich, »wir gehen wieder nach Omaha zurück. Ich wußte, daß es so kommen würde. Diese Stadt ist eine einzige stinkende Müllkippe.«

»Reg dich ab, Daddy. So schlimm ist es auch nicht. Ich meine, bloß, weil er sich ein bißchen Shit besorgt hat, wird er sich wohl kaum nächste Woche die Nadel setzen. Er ist im letzten Schuljahr und will einfach ein paar Sachen ausprobieren.«

»Laß ihn nicht wieder weg, wenn er nachher nach Hause kommt. Ich regle das, sobald ich da bin. Und, Sharon ...«

Sie alberte immer noch rum und kicherte. »Ja?«

»Geh und mach dir einen Kaffee. Das ist nicht witzig. Es ist überhaupt nicht witzig.« Er knallte den Hörer auf die Gabel.

Das also stand ihm bevor, dachte er. Seine eigenen Kinder konnten in diesem Scheißloch von einer Stadt nicht überleben, ohne nach Drogen zu greifen. Bevor er wußte, wie ihm geschah, würden sie Crack rauchen und stehlen. Er schob alle Akten auf seinem Tisch zu einem großen Haufen zusammen, und statt sie wieder in den Aktenschrank zu legen, ließ er sie einfach neben seinem Schreibtisch auf den Boden fallen. Dann trampelte er auf dem Weg zur Tür achtlos drüber.

»Cunningham, Sie Arschloch«, sagte der andere Beamte. »Gucken Sie sich diese Schweinerei an, Mann. Was ist mit Ihnen los? Sind Sie übergeschnappt, oder was?«

»Übergeschnappt, Snyder, Sie haben es erfaßt. Ich bin total übergeschnappt. Wenn jemand wissen will, wo ich bin, sagen Sie ihm, er soll sich ins Knie ficken. Verstanden?« Er stieß die Türen mit aller Wucht auf und marschierte zu seinem Wagen. Er würde jetzt nach Hause fahren und sich mit seinem Sohn anlegen. Er würde es nicht zulassen, daß eines seiner Kinder Drogen nahm. Nicht, solange er da war, um das zu verhindern. Und er würde es zu verhindern wissen, verdammt noch mal, dachte er, während er den Motor des Chrysler aufheulen ließ und mit quietschenden Reifen davonfuhr.

Kapitel 30

Auf dem Weg zu ihrem Büro schaute Lily im Archiv vorbei und bat die Sachbearbeiterin um die Akte von Hernandez. Alle Aussagen und Informationen zum Fall Patricia Barnes mußten zusammengetragen werden, und eine Anhörung mußte stattfinden, bevor der Fall abgeschlossen werden konnte. Im Fall der versuchten Vergewaltigung und Entführung war die Anklage zurückgewiesen worden, weil das Opfer nicht erschienen war. Jetzt mußten beglaubigte Sterbeurkunden für beide Toten angefordert und zu den Akten genommen werden. Sie hielt ihre Tasche in der einen und die Akte in der anderen Hand. Sie wußte nicht, ob die Obduktionsfotos von Hernandez schon vom Gerichtsmediziner herübergeschickt worden waren, schreckte aber auch davor zurück, sie sich anzusehen. Besonders unangenehm war ihr der Gedanke, das Phantombild des Täters ansehen zu müssen.

Am Abend hatten sie und Shana einen Termin auf der Polizeiwache in Ventura; die Gegenüberstellung sollte stattfinden. Sie mußte sich das Foto von Hernandez in der Akte noch einmal ansehen. Sollte Shana denselben Verdächtigen oder einen anderen Mann zu erkennen glauben, mußte sie die Szene, die sich dann zweifellos abspielen würde, mit der Kraft ihres Wissens durchstehen. Auf dem Weg vom Archiv eilte sie den Korridor entlang zu ihrem Büro, als sie plötzlich etwas sah, das sie auf der Stelle erstarren ließ. Richard sprach mit einer der neuen Referendarinnen, einer jungen, gutaussehenden Blondine. Er kehrte ihr den Rücken zu und stützte sich mit einer Hand an der Wand neben dem Kopf der jungen Frau ab. Sie lachte. Lily drehte sich um und lief denselben Weg zurück. Sie hatte das Gefühl, in Flammen zu stehen. Als sie um eine Ecke bog, prallte sie mit Marshall Duffy zusammen. Der Inhalt ihrer Akte verteilte sich über den Flur.

»Welch sonderbare Begegnung«, grinste Duffy, während er sich bückte, um ihr beim Auflesen der verstreuten Papiere zu helfen.

»Lassen Sie nur«, sagte Lily. »Es war meine Schuld. Ich habe nicht aufgepaßt.« Mit zitternden Händen versuchte sie, die Papiere aufzusammeln, während Marshall ihr einige Blätter reichte. Auf dem obersten Blatt sah Lily ihr eigenes Ebenbild. Duffy hielt die Phantomzeichnung in der Hand!

»Also, was ist denn los mit Ihnen? Man sieht Sie gar nicht mehr. Hat man Sie da hinten mit Arbeit zugeschüttet?«

Lily sah gebannt, wie sich seine Hand, in der er die Papiere hielt, senkte. Sie wollte danach greifen, war aber wie erstarrt.

Als sie nicht antwortete, trat Marshall näher an sie heran und musterte sie. »Geht es Ihnen nicht gut?« fragte er.

»Nein ... ja ... ich meine, ich stehe ganz schön unter Druck.« Ihr Blick war immer noch auf das Phantombild geheftet, und schließlich konnte sie sich nicht länger beherrschen. Sie griff nach den Papieren in seiner Hand und stopfte sie wieder in ihre Akte. »Entschuldigung«, murmelte sie, »und danke.« Sie ging weiter; alle Augen schienen auf sie gerichtet zu sein, und die Akte mit dem Belastungsmaterial brannte heiß wie Feuer in ihrer Hand.

Ihre Sekretärin wollte ihr einen Stapel rosafarbener Zettel reichen, Mitteilungen über Anrufe und Benachrichtigungen, aber Lily ging stumm an ihr vorbei, ohne sie auch nur anzusehen. Aus dem Augenwinkel sah sie Richard in seinem Büro, wie er Aufnahmen von einem Tatort an seiner Pinnwand anbrachte. Sie drückte die Tür zu den Damentoiletten mit der

Schulter auf, betrat eine der Kabinen, verriegelte die Tür und öffnete, auf der Klobrille sitzend, die Akte. »O Gott«, entfuhr es ihr, und sie griff sich an die Brust. Vor sich sah sie ihre Augen, ihren Mund, ihre Nase und ihren langen Hals. »Nein«, flüsterte sie und schüttelte den Kopf. Sie versuchte zu schlucken, aber ihre Kehle war wie ausgetrocknet. Dennoch würde niemand entdecken, wie ähnlich sie diesem Bild sah. Die Augen wirkten zu drohend, der Mund zu eng zusammengepreßt, das Gesicht zu starr.

Aus der Akte lugte das Gesicht von Hernandez hervor. Lily wollte es hervorziehen, konnte sich aber doch nicht überwinden und stopfte das Phantombild hastig wieder in die Akte. Dann öffnete sie die Tür der Kabine. Im Spiegel sah sie einen Menschen, den sie nicht kannte, eine Fremde mit den Zügen des Gesichts auf der Zeichnung. Sie war Tausende von Meilen durch die Hölle gereist und stand jetzt ihrem schlimmsten Alptraum gegenüber – ihrem Ebenbild.

Nachdem sie zwei Valium geschluckt hatte, nahm Lily die Spange aus dem Haar und kämmte es so, daß es ihr Gesicht umrahmte. Sie erneuerte den Lippenstift, legte Rouge und Lidschatten frisch auf und betrachtete sich wieder. Zwar sah das Phantombild ihr ähnlich, aber keiner würde es mit ihr in Verbindung bringen. Wenn man sie tatsächlich verdächtigte, wäre sie inzwischen schon verhaftet worden. Cunningham würde sie nicht ständig anrufen, mit ihr zusammenarbeiten und dann eines Tages in ihr Büro spazieren und sie verhaften. In ihren Augen war er der Prototyp eines Helden, ein altmodischer Cowboy. Er wußte von nichts, versicherte sie ihrem Spiegelbild, als sie die Toilette verließ. Keiner wußte etwas.

Nachdem sie sich eine Tasse Kaffee aus der Kanne eingeschenkt hatte, die immer auf einem Tisch in der Nähe des Schreibbüros stand, steckte sie sich die Akte unter den Arm, sammelte die rosafarbenen Mitteilungen ein und legte alles auf ihren Schreibtisch, bevor sie sich bei Richard meldete. Ihre Hände zitterten immer noch. Valium und Kaffee, dachte sie, das Frühstück der Weltmeister. Sie nippte an dem Kaffee und ließ den Styroporbecher auf ihrem Schreibtisch stehen.

Richards Büro war vollgestellt mit einer Pinnwand und einer Tafel, und er war gerade dabei, die Fotos von dem Tatort im Fall McDonald-Lopez anzuheften, wobei er sich bei der Anordnung an den Bericht des Gerichtsmediziners hielt, der die zeitliche Abfolge der Verletzungen untersucht hatte. Sie sah den vergrößerten Hochglanzabdruck der verstümmelten Leiche der siebzehnjährigen Carmen Lopez, und der Gedanke, daß auch Shanas kleiner Körper auf einer Pinnwand hätte enden können, jagte ihr einen eisigen Schauer den Rücken hinab.

»Himmel, seit wann bist du denn schon im Büro«, fragte sie, als sie sah, was er schon alles erledigt hatte.

Er drehte sich um und lächelte. »Wie wär's mit ›Guten Morgen‹? Ist doch eine nette Begrüßung.« Er wartete, bis sie nah an die Pinnwand herangetreten war, an der er arbeitete, und fügte mit gedämpfter Stimme hinzu: »Besonders nach gestern abend ...«

»Guten Morgen«, erwiderte sie und versuchte, fröhlich zu klingen; vor ihrem geistigen Auge sah sie die blonde Referendarin in seinen Armen, in seinem Bett. Sie hatte ihn frustriert zurückgelassen, hatte versagt. Es war nur noch eine Frage der Zeit.

»Ich habe über das Problem mit der Waffe nachgedacht.« Er wirkte konzentriert. »Und über die Tatsache, daß man die Verdächtigen ohne Waffe aufgegriffen hatte, nur wenige Meilen vom Tatort entfernt. Das Gebiet ist wiederholt durchgekämmt worden, da wir zunächst vermuteten, daß sie die Waffe gleich nach dem Mord weggeworfen haben könnten. Wenn die Brüder Hernandez an dem Mord beteiligt waren, könnte das die Abwesenheit einer Waffe erklären.« Er nahm einen Schluck Kaffee aus seiner Tasse auf dem Schreibtisch, zog sein Jackett aus, lockerte die Krawatte und wirkte voller

Tatendrang, während Lily einfach nur mit ausdruckslosem Gesicht dasaß.

Ihre Gedanken wanderten zurück zu jenem Morgen, als sie die Schrotflinte ihres Vaters hinter der Kirche den Hügel hinabgeworfen hatte. Hatte jemand sie gefunden? War sie den Behörden übergeben worden, oder hatte jemand sie behalten? Hernandez hatte sie und Shana mit einem Messer bedroht. Wenn er die Waffe noch gehabt hätte, hätte er doch sicher ... Als sie Richards Blick auf sich fühlte und spürte, daß er auf ihre Reaktion wartete, sagte sie: »Ich denke nach. Warte eine Minute. Tut mir leid, ich bin es nicht gewöhnt, mit einem Partner zu arbeiten; deswegen stelle ich mich wahrscheinlich so umständlich an.«

»Wir werden das Kind schon schaukeln«, sagte er fröhlich, wandte sich wieder der Pinnwand zu und hängte weitere Fotos daran auf.

Hernandez hatte Patricia Barnes erdrosselt. Von wem stammte dann aber das Blut an dem Messer, das er ihr in den Mund gesteckt hatte – das »Blut einer Hure«, hatte er gekeucht.

»Rich, sind wir absolut sicher, daß keine der Wunden an den beiden Opfern von einem Messer stammt?« fragte sie. »Der Ast, der in ihre Vagina gerammt wurde, hat sie völlig zerrissen, ich weiß, aber könnten ihr nicht einige Wunden zuvor mit einem Messer zugefügt worden sein?«

Er ging zu seinem Tisch, nahm den Obduktionsbericht und reichte ihn ihr. »Meinetwegen kannst du ihn noch einmal lesen und bei den Gerichtsmedizinern anrufen, wenn du die Vermutung hast, eine weitere Waffe sei benutzt worden. Ich kann mich nur erinnern, daß von Rißwunden die Rede war; von Messerstichen weiß ich nichts.«

»Angenommen, Manny Hernandez hat die Waffe an sich genommen, während sein Bruder in Untersuchungshaft saß – die meisten übrigen Tatverdächtigen waren doch schon verhaftet. In Bobbys Wohnung und in seinem Bus haben wir jedenfalls nichts gefunden«, sagte sie. »Aber ist Mannys Auto eigentlich durchsucht worden?«

Er drehte sich erregt um und strich sich das dunkle Haar aus der Stirn. »Gute Frage, Lily. Verdammt gute Frage. Jede Wette, es ist nicht durchsucht worden, da Manny, was den Mord an seinem Bruder angeht, ja kein Tatverdächtiger ist.«

»Wir könnten ja Cunningham anrufen.« Sie griff zum Telefon; Cunningham, so erfuhr sie, trat seinen Dienst um drei Uhr nachmittags an, jetzt war es erst neun. »Dann verbinden Sie mich bitte mit der Mordkommission.« Einer der anderen Ermittler holte die Akte, die er auf Cunninghams Schreibtisch gefunden hatte.

»Einen Moment ... ich lese gerade.«

»Lassen Sie sich Zeit«, sagte Lily und stellte auf Lautsprecher um. Sie setzte sich wieder auf ihren Stuhl und nahm einen gelben Block und einen Stift aus ihrer Aktentasche.

Dann meldete der Beamte sich wieder: »Nur den Bus. Wir haben den Kleinbus sichergestellt und das Haus durchsucht. Sonst nichts.«

»Danke«, sagte Lily und legte auf. Sie sah Richard an. »Soll ich Schritte einleiten, um einen Durchsuchungsbefehl für das Auto zu bekommen? Ich kann jemanden anweisen, der das ganz schnell durchbringt. Dann hätten wir ihn heute nachmittag.«

»Gut«, meinte er. »Sobald Manny erfährt, daß man seinem Bruder den Mord an Patricia Barnes nachgewiesen hat, kannst du darauf wetten, daß die Waffe verschwindet.«

»Er wird allerdings überwacht, und wenn wir ihn dabei erwischen, wie er gerade die Waffe beseitigt, haben wir ihn viel besser am Wickel, als wenn wir sie nur im Wagen finden. Er könnte dann behaupten, daß sein Bruder sie dort ohne sein Wissen hingelegt habe. Bisher haben wir gegen ihn nicht viel in der Hand – diese eine Verbindung zu Carmen und den Besuch bei Navarro im Gefängnis.«

Sie beschlossen, daß Lily einen Durchsuchungsbefehl beantragen sollte, und sobald sie ihn in Händen hätten, könnten sie immer noch entscheiden, wann sie ihn durchführen würden.

Nachdem sie den Antrag diktiert hatte, nahm Lily die Hernandez-Akte zur Hand, legte sie dann aber wieder zur Seite, um die anderen Fälle in ihrer Ablage durchzusehen. Heute hatte Richard nichts von ihr übernommen, und sie beschloß, die Akte erst dann zu öffnen, wenn sie die andere Arbeit erledigt hatte.

Sie ging nicht zum Mittagessen und arbeitete durch, obwohl Richard protestierte. Einer der neuen Fälle war der einer mehrfachen Kindesmißhandlung, in dem die Opfer – drei Schwestern – mittlerweile bereits erwachsen waren. In dem Bericht hieß es, daß sie sich eines Abends unterhalten hatten und eine von ihnen im Laufe des Gesprächs gestand, daß ihr Vater, der inzwischen von ihrer Mutter geschieden war, sie als Kind mißbraucht hatte. Das führte dazu, daß die anderen Schwestern zugaben, daß sie ebenfalls mißbraucht worden waren. Alle drei waren entschlossen, das Verbrechen zu melden und ihren Vater strafrechtlich zu belangen. Der Mann war fünfzehn Jahre lang Schulbusfahrer gewesen, und Lily wußte, daß es bestimmt noch weitere Opfer gab, die sich nie getraut hatten, Anzeige zu erstatten. Solche Fälle waren ungewöhnlich, aber seitdem nach einem neuen Gesetz die Verjährungsfrist für manche Fälle von Kindesmißbrauch auf zehn Jahre verlängert und in anderen, genau definierten Verbrechen ganz abgeschafft worden war, traten sie hin und wieder auf. Das hier versprach ein wichtiger Fall zu werden, denn die psychologischen Langzeitschäden durch sexuellen Mißbrauch konnten in einem Prozeß dokumentiert und bezeugt werden.

Lily hatte Shana versprochen, sie um halb vier von der Schule abzuholen, und jetzt war es schon fast drei Uhr. Nachdem John ihr von Shanas Verhalten beim Softballtraining erzählt hatte und auch davon, daß sie sich sogar mittags von ihren

Freundinnen absonderte, hatte Lily beschlossen, mit ihr eine Kleinigkeit essen zu gehen, bevor sie zum Polizeirevier fuhren. Mit unsicheren Händen griff sie nach der Akte, die den ganzen Tag über bedrohlich vor ihr gelegen hatte und die sie nun nicht länger umgehen konnte.

Die Akte enthielt keine Obduktionsbilder, sondern nur mehrere Kopien des ursprünglichen Verbrecherfotos. Lily nahm eine heraus und rückte ihre Brille zurecht. Sie starrte auf das Bild, und es verwandelte sich sofort in das Bild des Mannes, der auf ihr gelegen hatte, sein Gesicht nur wenige Zentimeter von ihrem entfernt. Dann versuchte sie, ihn sich noch einmal danach vorzustellen, als er flüchtete und einige Sekunden noch unschlüssig im Schein des Badezimmerlichts im Flur gestanden hatte. Sie schluckte und bemühte sich, ruhig zu bleiben, während sie die Brille abnahm und sich das Bild noch einmal ansah. Sie stellte einen deutlichen Unterschied fest, da sie jetzt seine Züge weniger prägnant sah. Sie konnte sich da nichts vormachen.

Bevor sie ging, steckte sie die zweite Kopie des Verbrecherfotos in ihre Handtasche, nahm das Röhrchen mit den Valiumtabletten und schluckte zwei davon mit einem Schluck kalten Kaffee hinunter. Als sie aus dem Gebäude trat, hatte sie ihre Brille aufgesetzt; in ihrem Magen hatte sich ein fester Knoten gebildet.

Shana stand auf dem Bürgersteig vor der Schule, ihre Schulbücher unter den Arm geklemmt; sie wartete auf Lily. Schüler eilten aus dem Schulhaus, liefen an ihr vorbei und verschwanden in verschiedene Richtungen; einige standen in kleinen Gruppen zusammen, plauderten und lachten: Jugendliche, voller Energie und Lebenslust, die in den sonnigen kalifornischen Nachmittag entlassen wurden. Shana stand bewegungslos, wie eine Säule, mitten unter ihnen.

Die Szene kam Lily wie eine jener Doppelbelichtungen vor, in denen geisterhafte Schemen den geordneten und schönen

Aufbau eines Bildes zerstören. Würde der Zauber, den Shana ausgestrahlt hatte, je wieder zurückkehren, fragte sie sich und erinnerte sich an Shanas Lachen. Sie zum Lachen zu bringen war, als hätte man den ersten Preis in einer Show gewonnen. Shana trug die neuen Jeans, die sie erst vor einem Monat gekauft hatten; viel zu lose saßen sie um den Po. Sie mußte einen Gürtel tragen, um sie festzuhalten. Sie erblickte Lily und ging auf sie zu; ein paar Mädchen, die an ihr vorbeischlenderten und sie ansprachen, beachtete sie nicht.

»Junge, hab ich einen Hunger«, sagte Lily. »Ich habe heute nicht zu Mittag gegessen. Laß uns irgendwo hingehen und etwas Leckeres essen. Worauf hättest du Lust?«

»Nichts Besonderes«, erwiderte Shana und warf ihre Bücher auf den Rücksitz, von wo sie zu Boden fielen. »Ich habe heute eine Sechs in der Mathearbeit kassiert.«

»Das holst du wieder auf. Es ist doch klar, wo in letzter Zeit soviel passiert ist, daß du ... also, keiner erwartet, daß ...« Lily sprach nicht weiter, sie versuchte, die richtigen Worte zu finden. »Um ehrlich zu sein, ich habe in letzter Zeit auch nicht gerade Großartiges geleistet. Wie wär's mit ein paar Nachhilfestunden? Vielleicht solltest du für den Rest des Schuljahrs einfach ein paar Nachhilfestunden nehmen.«

»Ich möchte auf eine andere Schule gehen«, preßte Shana mit mühsam beherrschter Stimme hervor, »das hab ich dir schon einmal gesagt.«

»Aber, Shana, es wird irrsinnig schwer für dich, wenn du am Ende des Schuljahrs in eine neue Schule kommst. Du hättest keine Freunde, und ich weiß nicht, ob das jetzt für dich das Beste wäre. Warum ist es dir so wichtig?«

Das Mädchen strich sich die Haare hinter die Ohren und drehte sich zu ihrer Mutter. »Weil ich glaube, daß alle ständig hinter meinem Rücken über mich reden. Daß sie es wissen. Sie hassen mich sowieso alle.«

Lily fuhr auf den Parkplatz eines Sizzler-Restaurants, parkte und schaltete die Zündung ab. »Ich bin mir sicher, daß sie nichts wissen, aber ich kann verstehen, wie du dich fühlst. Mir ging es im Büro genauso, aber ich habe mich gezwungen, diese Gedanken zu verscheuchen.«

»Weißt du, wie du klingst, Mom? Du klingst wie die Therapeutin, und die kann ich nicht ausstehen.«

»Laß uns essen gehen, einverstanden? Ich meckere dich nicht an, und du meckerst mich nicht an. Abgemacht?«

Endlich erschien der Anflug eines Lächelns auf Shanas Gesicht. »Ist das so wie mit dem An-den-Haaren-Ziehen?«

Als sie das Restaurant betraten, legte Lily ihrer Tochter einen Arm um die Schulter und griff in Shanas Haare, hielt sie aber nur, ohne daran zu ziehen. »Da schuldest du mir noch was. Könnte sein, daß ich es mir eines Tages hole.«

»Du bist mir eine, Mom, weißt du.« Shana sah Lily aus leuchtenden, blauen Augen an. »Du bist wahrscheinlich die beste Freundin, die ich im Moment habe.«

»Dann wirst du also jetzt was essen, einverstanden?«

»Na klar esse ich was. Wir wollen mal sehen, wer mehr essen kann. Du bist auch ganz schön dünn geworden.« Shana lächelte und steckte ihre Finger in Lilys losen Rockbund.

Auf der Wache brachte Margie Thomas zuerst Shana zu der Gegenüberstellung, während Lily nervös draußen sitzen blieb. Einer der Ermittlungsbeamten, der mit dem Fall McDonald-Lopez befaßt war, kam vorbei, und sie sprach ihn auf neue Erkenntnisse an. Arnold Cross war jung, höchstens Ende Zwanzig, und war wahrscheinlich erst vor kurzem zum Detective befördert worden. Er sah sehr sauber aus, blond, frisch gestärkt und noch feucht hinter den Ohren.

»Vor einigen Tagen habe ich mich lange mit Carmens Bruder unterhalten. Er hat zugegeben, daß sie sich mit einer ziemlich üblen Clique herumgetrieben hat, bevor sie zur Ventura High School wechselte, aber er konnte mir keine Namen nennen. Himmel, der Kleine ist erst zwölf.« Cross sah sie an, wollte etwas sagen, unterließ es dann aber.

Lily machte sich klar, daß er von der Vergewaltigung ihrer dreizehnjährigen Tochter wissen mußte und weshalb sie hier auf der Wache saß. Eine Entschuldigung murmelnd stand sie auf, ging zu dem Wasserspender hinten im Zimmer und holte sich eine neue Valium aus der Handtasche. Sie fühlte die Augen des Detective in ihrem Rücken und hoffte, daß er nicht sehen konnte, wie sie die Tablette schluckte. Als sie zurückging, kamen Shana und Margie auf sie zu. Der junge Detective erfaßte die Situation und verschwand.

»Wir haben es geschafft. Jetzt sind Sie an der Reihe«, sagte Margie und wandte sich dann zu Shana: »Du kannst dir etwas zu trinken holen, wenn du möchtest. Es dauert ja nicht lange.«

»Mom, kannst du mir die Autoschlüssel geben? Dann kann ich schon mal mit den Hausaufgaben anfangen und im Auto auf dich warten.«

Lily wollte unbedingt wissen, was sich in dem Raum ereignet hatte, aber sie wußte, daß sie nicht fragen durfte, bis alles vorbei war. Sie versuchte, in Shanas Augen zu lesen, sie zu ergründen, aber Shana wirkte erstaunlich gelassen, viel ruhiger als zuvor. Wenn sie gerade den Mann vor sich gesehen hatte, der sie vergewaltigt hatte, würde sie doch nicht so gelassen dastehen? Es war sicherlich so, wie sie von Anfang an vermutet hatte – wenn Shana den Mann vor sich sehen würde, würde sie wissen, daß er es nicht war. Sie folgte Margie, die schon auf dem Weg zu dem Raum mit der Spiegelwand war, wo die Gegenüberstellungen stattfanden.

»Gibst du mir die Schlüssel, Mom«? fragte Shana noch einmal.

»Hier«, sagte Lily und reichte ihr die Handtasche, »sie sind da irgendwo drin.«

Als sie die Reihe Männer vor sich sah, dauerte es nur wenige Sekunden, bevor sie ihn erkannte. Danach konnte sie ihren Blick nicht wieder abwenden. Das Licht im Raum war gedämpft. »Sagen Sie ihnen, daß ich sie im Profil sehen will«, bat Lily die Beamtin und hörte dann zu, während Margie die Aufforderung an die Männer über ein Mikrophon weitergab. Sie ging auf das Glas zu, legte ihre Handflächen auf die Scheibe und starrte auf sein Profil. Er sah älter aus als auf dem Foto. »Wurde das Bild von Nummer drei, das wir neulich gesehen haben, erst kürzlich aufgenommen?«

»Ich dachte, er sei im Gefängnis, weil er gegen seine Bewährung verstoßen hatte, und das Foto sei da gemacht worden. Aber ich hatte mich geirrt. Das Bild war fünf Jahre alt und stammte von einer früheren Anzeige. Man hatte vergessen, die Fotos auszutauschen.«

»Sie sollen sich bücken, so, als ob sie sich die Schuhe zubinden wollten«, sagte Lily, und Margie gab die Anweisung weiter.

Schließlich trat Lily von der Scheibe zurück und ließ sich auf einen Stuhl sinken, den Kopf in die Hände vergraben. Immer wenn die Szene der Vergewaltigung in ihrem Kopf abgelaufen war, hatte sie das Gesicht von Bobby Hernandez vor sich gesehen. Jetzt aber fühlte sie sich unsicher, sie konnte keinen klaren Gedanken fassen. Der Mann in dem Raum war mehr als ein Gesicht auf einem Verbrecherfoto; eine Wirkung ging von ihm aus, die sie durch das Glas hindurch spürte und die sie mit Furcht erfüllte. Konnte es tatsächlich sein, daß sie den falschen Mann ermordet hatte? Sie blickte ihn noch einmal an und konnte das verkrustete Messer in ihrem Mund schmecken. Er war es! Shana hatte recht gehabt. Dann aber schob sich erneut das Gesicht von Hernandez vor ihre Augen. Wenn sie nur Hernandez als Person sehen könnte, dann wüßte sie es vielleicht endgültig. Sodbrennen stieg in ihr auf. Hernandez würde nie wieder als Person erscheinen. Dafür hatte sie gesorgt.

Sie nahm die Brille ab und suchte nach ihrer Handtasche, um erneut einen Blick auf das Foto von Hernandez zu werfen, das sie aus dem Büro mitgebracht hatte. Ihre Finger berührten den Teppich, dann das Stuhlbein. Shana hatte ihre Handtasche. In der Handtasche war das Bild von Hernandez. Sie sprang auf und rannte zur Tür hinaus, dicht gefolgt von Margie.

»Kommen Sie zurück«, schrie die Polizistin, die annahm, Lily würde erneut einen Panikanfall erleiden. »Wir müssen das hier zu Ende bringen, und dann können Sie gehen.«

Aber Lily war schon zur Tür hinaus. Sie stürmte durch den Aufenthaltsraum, am Archiv vorbei, wo sich alle Köpfe nach ihr umdrehten, als sie die Schwingtüren mit Wucht aufstieß und in die Eingangshalle rannte. Sie rang nach Atem und hielt sich den Bauch. Margie holte sie in dem Moment ein, als sie aus dem Gebäude stürzen wollte.

»Ich bitte Sie«, keuchte die Polizistin, die durch die Verfolgungsjagd außer Atem geraten war, »ich muß wissen, ob Sie ihn erkannt haben.« In ihren dunklen Augen blitzte Ärger auf. »Mein Gott, Sie sind Staatsanwältin. Reißen Sie sich doch zusammen.« Im gleichen Moment bereute sie ihre Worte. »Es tut mir leid, okay? Das war etwas hart, aber ich tue nur meine Pflicht.« Ihre Elizabeth-Taylor-Augen sahen müde und erschöpft aus, viel zu grell geschminkt; unter dem schwarzen Pony auf ihrer Stirn bildeten sich Schweißtropfen.

»Nummer drei ist es«, gab Lily scharf zurück. Sie nahm die Entschuldigung nicht an, obwohl sie wußte, daß Margie sich dadurch unmöglich fühlte. »Ich hole Shana, dann kommen wir zurück und machen unsere Aussage.« Die Frau hatte ihre Hand auf Lilys Arm gelegt, und Lily riß sich los. »Ich tue auch nur, was ich tun muß. Es handelt sich um meine Tochter.« Damit drehte sie sich um und verließ die Wache.

Sie ging direkt zur Beifahrertür des Honda und versuchte, die Tür zu öffnen. Sie war verschlossen. Shana kurbelte das Fenster hinunter. In der Hand hielt sie das Bild von Hernandez.

»Wer ist das?« wollte sie wissen. Ihre Gelassenheit war verschwunden; Verwirrung stand ihr ins Gesicht geschrieben.

»Er war Angeklagter in einem Fall, der einige Zeit zurückliegt. Jemand hat mir das Foto gegeben, weil er meinte, der Mann sähe so aus wie der, den ich beschrieben habe. Das ist alles.« Lily steckte die Hand durch das Fenster und wollte das Bild nehmen, doch Shana zog es von ihr weg.

»Nein! Er sieht genauso aus. Er soll zu einer Gegenüberstellung kommen. Ich dachte, es wäre der Typ da drinnen – die Nummer drei – ich war mir ganz sicher. Aber jetzt ...«

»Shana, gib mir bitte das Bild. Du hattest recht. Ich habe auch Nummer drei gesagt. Dieser Typ hier ist es nicht.« Lily versuchte, ihren rasenden Pulsschlag unter Kontrolle zu bringen, indem sie mehrfach tief durchatmete. Sie hoffte, daß das Valium seine Wirkung tun würde, und weigerte sich, die Konsequenzen dessen, was gerade geschah, in ihr Bewußtsein eindringen zu lassen. Sie mußte dem jetzt ein Ende bereiten. »Er ist tot. Es war ein Fehler. Das habe ich gerade erst herausgefunden.«

»Wie meinst du das, er ist tot? Weiß Margie von ihm?«

»Der Mann, der mir das Foto gegeben hat, wußte nicht, daß dieser Typ tot ist. Er ist bei irgendwelchen Bandenkämpfen erschossen worden, Monate vor der Vergewaltigung. Er ist für Margie und alle anderen völlig ohne Bedeutung. Ich habe ihr gesagt, daß wir gleich wieder reingehen und unsere Aussage machen würden. Sie wartet auf uns.«

»Sie sehen alle gleich aus. Vielleicht war es der Typ da drinnen auch nicht.« Tränen standen in Shanas Augen.

Lily entriegelte die Tür und öffnete sie. Sie beugte sich zu Shana hinunter. »Liebes, wir sind weder der Richter noch die Geschworenen. Wir sagen einfach nur die Wahrheit – daß der Mann da drinnen der zu sein scheint, der uns angegriffen hat – nichts weiter. Nachdem ich erfahren habe, daß der Mann auf dem Foto tot ist, habe ich einfach nur vergessen, es wieder wegzulegen.« Shana überließ ihr das Foto. Sein Name stand unter der Abbildung.

»Nimm meine Handtasche, dann gehen wir wieder hinein.

Danach können wir nach Hause gehen und das Ganze hier vergessen. Einverstanden?«

Nachdem sie das Bild wieder in ihrer Handtasche verstaut hatte und sie beide auf dem Weg ins Gebäude waren, sagte Lily: »Sag Margie nichts davon. Dann wären wir alle nur durcheinander, und es ist reine Zeitverschwendung. Ich hätte das Bild nicht aus dem Büro nehmen dürfen und würde nur Ärger bekommen.«

Shana sah ihre Mutter einen Moment lang ungläubig an. »Ich werde Margie nichts sagen«, erwiderte sie leise. »Er sieht ihm sowieso nicht besonders ähnlich. Sein Gesicht war dünner, und er sah häßlicher und niederträchtiger aus. Außerdem hatte er Pickel wie der Mann da drinnen. Der ist es.«

Als sie in der Eingangshalle standen und Lily nach Detective Thomas fragte, fügte Shana noch hinzu: »Ich wünschte, dieser Typ wäre auch tot.«

KAPITEL 31

Es war fünf Uhr. Cunningham zog es nach Hause, um dort die Lokalnachrichten anzusehen. Er sah sich gerne im Fernsehen und wußte, daß es Sharon und die Kinder beeindruckte. Er verdiente nicht genug Geld, um ihnen all die Dinge kaufen zu können, die sie haben wollten, aber er wußte, daß sie stolz auf ihn waren; und wenn sie ihn im Fernsehen sahen, waren sie ganz besonders stolz. Nach dem Streit mit Tommy vor ein paar Tagen über die Marihuana-Zigarette, die Sharon in seinem Zimmer gefunden hatte, hatte er sich vorgenommen, mehr Zeit zu Hause zu verbringen.

Die Observierung von Manny Hernandez hatte nichts Neues erbracht. Fowler hatte ihn angerufen und ihn über den Durchsuchungsbefehl informiert. Der lag bereits auf seinem Schreibtisch und konnte jederzeit vollstreckt werden. Sein Captain hatte ihm zugleich mitgeteilt, daß er einfach nicht genügend Leute habe, um die Observierung über die nächsten vierundzwanzig Stunden hinaus fortzusetzen, noch dazu in einem Fall, in dem das ursprüngliche Verbrechen außerhalb ihrer Gerichtsbarkeit stattgefunden hatte. Cunningham hoffte inständig, daß Manny, wenn er von der Rolle seines Bruders im Mordfall Barnes hörte, die Waffe verschwinden lassen würde – vorausgesetzt, er hatte sie. Dann konnten sie ihn auf der Stelle verhaften, mit dem Beweismaterial in der Hand. Wenn das alles so klappte, würde er sich auf jeden Fall ein neues Paar Schuhe kaufen. Er wäre dann in aller Augen ein wahrhaftiger Star, und die Fernsehleute würden ihn vielleicht nochmals interviewen.

Auf seinem Weg aus dem Gebäude begegnete er Melissa, die eben zu ihm wollte, den Arm voller Computerausdrucke. »Haben Sie etwas für mich, Süße, oder wollen Sie endlich meine Einladung zum Essen annehmen?«

Seine Anspielung überging sie einfach. »Ich habe hier etwas, aber ich weiß nicht, ob es Ihnen weiterhilft. Ich dachte mir, ich gebe es Ihnen einfach.«

»Na, dann lassen Sie mal sehen«, sagte er.

Ein uniformierter Beamter kam den Flur entlang. Er blieb stehen, schlug Cunningham auf die Schulter und knurrte: »Ganze Arbeit, Kollege.« Dann zwängte er sich an ihnen vorbei und ging weiter.

Melissa hielt den Stapel Papier an die Brust gedrückt. Er durfte das Archiv, wo sie arbeitete, nicht betreten, deswegen sagte sie: »Kann ich es Ihnen in Ihrem Büro zeigen? Ich muß dazu einiges erklären, um Ihnen zeigen zu können, wo wir stehen.«

Das klang interessant. So interessant, daß er dachte, er könnte sich ja auch in den Zehn-Uhr-Nachrichten sehen, wenn er die um sechs Uhr versäumte. »Folgen Sie mir, meine Gute ... für Sie habe ich immer Zeit.«

Das Büro war leer. Er ließ sich auf den Stuhl fallen, der unter seinem Gewicht quietschte und nach hinten rollte. Melissa setzte sich auf den Stuhl neben ihm und legte ihre Papiere auf dem Tisch ab. Er wollte nach den Ausdrucken greifen, aber sie schlug seine Hand wie die eines kleinen Jungen weg, der einen Keks stibitzen wollte. »Finger weg«, rief sie, »Sie bringen alles durcheinander.«

»Aber hallo!« Er war verblüfft. »Sie sind ja ganz schön streng, was?«

»Okay, das ist die Nummer, die die Zeugin aufgeschrieben hat: EB 0822. Ich habe damit herumgespielt, diese möglichen Kombinationen herausbekommen und mir alle roten Autos mit Fließheck geben lassen, deren Besitzer in der Gegend registriert sind.«

»Fahren Sie fort«, sagte Cunningham, »Sie haben meine ganze Aufmerksamkeit.«

»Gut, ich habe die Möglichkeiten auf zehn reduziert, wie Sie sehen. Ich dachte, ich gebe Ihnen erst mal die Namen und Adressen, um zu sehen, welche Ihrer Meinung nach ausscheiden. Dann lasse ich mir die Informationen über die Besitzer geben, was Vorstrafen, Verwarnungen und Bußgelder angeht.« Sie stand auf und wollte gehen.

»Kommen Sie, Melissa«, bettelte Cunningham, »wollen Sie nicht lieber alle überprüfen?«

Ihr Gesicht war angespannt, und sie hustete. »Ich mache jetzt Feierabend. Mein Vater ist heute ins Krankenhaus gekommen. Es sieht nicht gut aus.«

Sie tat ihm leid. Seit Jahren hatte sie sich um ihren Vater gekümmert und magerte von Tag zu Tag mehr ab. Vielleicht starb er jetzt, dann konnte sie endlich ihr eigenes Leben in die Hand nehmen. »Es tut mir leid, Süße. Danke. Ich seh mir die Sachen an und gebe Ihnen dann Bescheid.«

Er sah ihr nach, als sie das Büro verließ, und konzentrierte sich dann auf die vor ihm liegenden Papiere. Als er die Liste durchging, kam ihm keiner der Namen bekannt vor; die Möglichkeit, daß der Täter bereits einmal auffällig geworden war, erschien gering. Dann stieß er auf den achten Namen auf der Liste und erstarrte. Die Autonummer war sehr ähnlich: FP 0322, und hätte irrtümlicherweise als EB 0822 gelesen werden können. Aber als Besitzer waren John und Lillian Forrester angegeben. »Scheiße«, sagte er laut und lachte. Von allen möglichen Namen mußte natürlich ihrer hier auftauchen. Die Nummer war gesperrt. Weil Lily Bezirksstaatsanwältin war, gab die Zulassungsstelle ihre Adresse nicht heraus. Damit wollte man verhindern, daß irgendein Wahnsinniger, an dessen Prozeß sie beteiligt war, ihre Adresse ermitteln könnte. Er rief den Computerraum an und gab den Programmierern, nur zum Spaß, die Nummer, um Lilys Adresse zu erfahren. Sie meinten, es würde nur ein paar Minuten dauern. Er wartete an seinem Schreibtisch und dachte an sie – wie sie aussah und wer sie war.

Er hatte in der Vergangenheit häufig mit ihr zusammengearbeitet und besaß eine hohe Meinung von ihr, was er über ihre Partner nicht sagen konnte. Für ihn waren die meisten Staatsanwälte eingebildete Juristen, die sich mehr für die Anzahl der Verurteilungen interessierten als für die menschlichen Schicksale, die dahinter standen. Aber Lily war hartnäckig, arbeitete mit ganzem Einsatz, und mit jedem einzelnen Fall, bei dem sie die Anklage führte, verband sie ein echtes Anliegen. In vielerlei Hinsicht waren sie sich ähnlich. Wenn sie sich erst einmal in einen Fall verbissen hatte, ließ sie nicht mehr los, soweit das in ihrer Macht stand. Das Telefon klingelte; es war der Computerraum.

»Wir haben sie«, verkündete eine Stimme.

»Schießen Sie los.«

»Die Adresse lautet 1640 Overland, Camarillo. Ich bin durch die Unterlagen gegangen. Wir haben sie in den Akten als Opfer einer Vergewaltigung, begangen am 29. April dieses Jahres in Ventura. Ich kann Ihnen den Bericht faxen lassen, wenn Sie das möchten.«

Er war sprachlos. Das Verbrechen war erst vor kurzem begangen worden, und sie hatte es nicht mit einer Silbe erwähnt, hatte sich nichts anmerken lassen. Er hatte die Sachbearbeiterin im Archiv ja gar nicht gebeten, Lilys Akte zu überprüfen. Er hatte nur herumgespielt und seine Stellung benutzt, um seine Neugier zu befriedigen. Das machten viele Officer: sie ließen sich die Adresse von irgendeiner gutaussehenden Puppe geben, die sie auf der Straße im Auto gesehen hatten. Es war nicht erlaubt, aber sie taten es dennoch.

»He«, sagte die Stimme, »wollen Sie nun den Bericht oder nicht? Ich habe noch einen anderen Officer in der Leitung.«

»Schicken Sie ihn«, war seine Antwort. »Schreiben Sie

Mordkommission und meinen Namen drauf.« Er legte auf und holte die Hernandez-Akte hervor. Er wußte genau, was er finden würde, er mußte es sich nur bestätigen. Hier stand es: Bobby Hernandez war am Morgen des 30. April, am Tag, nachdem Lily vergewaltigt worden war, erschossen worden. Lily fuhr einen roten Wagen mit Fließheck. Die Nummer war so ähnlich, daß man sie leicht verwechseln konnte. Dem nächsten Punkt näherte er sich mit beträchtlichem Unbehagen: dem Phantombild. Bevor er es sich ansah, blickte er um sich; die anderen Beamten waren schon nach Hause gegangen. »Niemals«, murmelte er beim Anblick der Zeichnung, »das ist ja völlig hirnverbrannt, Cunningham.« So wie er Lily im Gedächtnis hatte, war sie einigermaßen attraktiv. Auf keinen Fall würde er sie aus seinem Bett werfen, aber dieser Typ hier auf dem Phantombild war nicht jemand, neben dem er morgens gerne aufwachen würde.

In diesem Moment meldete sich das Fax-Gerät in der Ecke. Seufzend stand er auf und ging hinüber. Er fing an zu lesen, während der Bericht aus der Maschine kroch. »Himmel Herrgott, ihre Tochter wurde vergewaltigt, ihre dreizehnjährige Tochter.« Er riß das letzte Blatt aus dem Fax-Gerät, trug alles zu seinem Schreibtisch und las alles noch einmal von vorne. Jede Einzelheit speicherte er in seinem Gedächtnis. Es paßte alles zusammen. Selbst die Beschreibung, die sie von dem Täter gegeben hatten, paßte exakt auf Hernandez. Im Geiste war er bereit, seinen Stift aus der Jackentasche zu holen und die leeren Felder in seinem kleinen Kreuzworträtsel auszufüllen, aber er bremste sich; er hoffte, daß es alles nur Zufälle waren. Das aber widersprach seiner Lebenserfahrung; er glaubte nicht an Zufälle, sonst hätte er die Hälfte seiner Fälle nie gelöst. Aber die meisten Menschen, die er verhaftete, behaupteten steif und fest, es sei alles nur ein Zufall.

Eine Stunde lang saß er über dem Bericht. Warum um alles in der Welt meldete eine Bezirksstaatsanwältin ein Verbrechen sechs Stunden lang nicht? Warum meldet ein Mann seine eigene Frau nach deren Vergewaltigung als vermißt? Sie war erst eine Stunde, nachdem Hernandez auf dem Bürgersteig vor seinem Haus zerfetzt worden war, nach Hause gekommen. Und in welchem Auto war sie nach Auskunft ihres Mannes unterwegs gewesen? In keinem anderen als in dem roten Honda. Das war offensichtlich ihr Auto und nicht das ihres Mannes. Sonst könnte Cunningham jetzt die Angelegenheit, die das Blut in seinen Schläfen zum Rauschen brachte, beiseite legen. Wenn ihr Mann mit der Tochter zu Hause war, mit dem roten Honda in der Garage, dann ...? Nein, das würde immer noch nicht jeden Verdacht ausräumen. Ihr Mann hätte das Haus verlassen können, um Hernandez zu erschießen, während das Kind schlief.

Er las noch einmal die Stelle in dem Bericht und sinnierte über den Abstand zwischen dem Zeitpunkt, zu dem John Forrester, beunruhigt über den Verbleib seiner Frau, die Polizei angerufen hatte, und dem Zeitpunkt, zu dem die Polizei in ihrem Haus in Camarillo eingetroffen war. Forrester hätte von einer Telefonzelle aus seine Frau als vermißt melden können, Hernandez erschießen und achtzehn Minuten später, noch vor Eintreffen der Polizei, wieder in Camarillo sein können. Das war zwar vorstellbar, aber Forrester müßte ein völliger Idiot sein, wenn er der Polizei die Beschreibung des Autos gegeben hätte, das er selber fuhr. Lily Forrester war dann in dem Honda vorgefahren, also hatte er sich mit diesen Gedanken ganz schön ins Abseits manövriert ... oder hatte sie ... hatten die Beamten ihr Auto ... überhaupt ein Auto gesehen? Hatten die beiden, Lily und John, gemeinsam beschlossen, Hernandez zu exekutieren?

Daß es eine Verbindung zwischen den Forresters und dem Fall Hernandez gab, war klar. Den Fall Patricia Barnes hatte Lily geleitet, und sie war es auch, die das Verfahren am Tag der Vergewaltigung eingestellt hatte. Wieder holte Cunningham das Phantombild hervor. Mit beiden Händen schob er die anderen Papiere auf seinem Schreibtisch zur Seite, so daß nur die Zeichnung in seinem Gesichtsfeld lag. Er nahm ein Blatt Papier und deckte den oberen Teil des Kopfes ab, so daß nur noch Nase, Mund und Kinn sichtbar waren, drehte das Bild mit der Rückseite nach oben und ließ es auf seinem Tisch liegen.

Im Archiv schnauzte er die pummelige Dunkelhaarige an, die er nicht leiden konnte: »Haben Sie Buntstifte hier?«

»Nein, ich habe keine Buntstifte«, erwiderte sie betont gleichgültig.

»Haben Sie so einen Stift für Ihren Mund? Sie wissen, was ich meine. Meine Frau hat so einen. Man malt erst den Umriß und trägt dann Lippenstift auf.«

Sie öffnete ihre große schwarze Handtasche, kramte einen kleinen Plastikbeutel heraus und hielt dann triumphierend einen rötlichen Konturenstift in die Höhe. »Meinen Sie so was hier?«

»Geben Sie ihn mir.«

»Warum sollte ich?« erwiderte sie, die Nase in die Luft gereckt. »Sie tun ja auch nie etwas für mich. Und außerdem hat mich dieser kleine Stift drei Dollar gekostet. Wenn Sie drei Dollar springen lassen, können Sie ihn haben«, sagte sie lächelnd. Sie dachte wohl, es handelte sich um ein Party-Spielchen.

Er griff in seine Hosentasche und holte einen Fünfer heraus, den er auf die Theke knallte. »Behalten Sie den Rest. Kaufen Sie sich ein paar Schlankheitspillen. Geben Sie das Scheißding her.«

An seinem Schreibtisch zog er die Lippen auf dem Phantombild nach und ließ sie ein bißchen voller wirken. Vorher war der Raum ganz leer gewesen, aber jetzt kam ein Detective von der Tagesschicht, der Überstunden schob, und ging zu seinem Schreibtisch. »Malen Sie Figuren aus, Cunningham? Wahrscheinlich machen Sie das die ganze Nacht hier, was? Was haben Sie denn da? Ein hübsches kleines Porno-Malbuch?«

Als Cunningham keine Reaktion zeigte, trollte sich der andere, setzte sich an seinen Schreibtisch und fing an zu schreiben. Nachdem er die Umrisse gezeichnet hatte, füllte Cunningham die Lippen mit dem roten Stift aus. Dann hielt er das Blatt von sich weg und betrachtete sein Werk. »Das ist es«, sagte er und lief aufgeregt vor seinem Tisch auf und ab, blieb stehen, um sich das Bild erneut anzusehen, war aber zu erregt, um sich wieder zu setzen. »Das ist es.«

Er schnappte sich seine Akten und sagte zu dem anderen Detective: »Ich hau jetzt ab. Tun Sie mir einen Gefallen, wenn was für die Mordkommission kommt, dann rufen Sie mich zu Hause an. Ich bin krank.«

Auf dem Heimweg stellte er sich auf den Parkplatz vor einem Schnellrestaurant, blieb im Wagen sitzen und beobachtete die Menschen, wie sie in das Restaurant gingen oder es verließen. In seinem Kopf bohrte der Schmerz. Eigentlich hatte er vorgehabt, nach Hause zu fahren, ein paar Aspirin zu nehmen und vielleicht etwas zu essen; statt dessen überlegte er jetzt, ob er sich einen Sechserpack Bier besorgen und es irgendwo allein trinken sollte. Es war noch früh, erst halb neun, und die Kinder würden ihm keine ruhige Minute lassen, wenn er nach Hause fuhr. Sich selbst in den Zehn-Uhr-Nachrichten zu sehen, war bedeutungslos geworden. Wenn sich sein Verdacht erhärtete, war die Hernandez-Geschichte wichtig genug, um die großen Fernsehstationen auf den Plan zu rufen; womöglich erschien der Fall noch als Beitrag in einer dieser Kriminalshows wie Hard Copy, echtes Reality-TV. Er entschied sich für den Sechserpack und machte sich auf den Weg zum Strand.

Er parkte den Wagen an einer einsamen Stelle in der Nähe der Kläranlage. Hier wurden häufig Leichen an Land gespült: tote Surfer, Leute von Booten oder Mordopfer, die ins Meer geworfen worden waren. Aus großer Entfernung trugen die Strömungen die leblosen Körper herbei und legten sie auf dem Sand direkt neben der Kläranlage ab; das Meer gab etwas ihm

Fremdes wieder zurück und deponierte es dort, wo menschliche Abwässer gereinigt wurden.

Nach der dritten Dose Bier flauten seine Kopfschmerzen allmählich ab. Er hatte Omaha nicht nur wegen der Kälte verlassen, und die Erinnerungen an seine Zeit dort kamen jetzt wieder hoch.

Als er noch Streife fuhr, waren Cunningham und sein Partner einmal zu einem Einbruch in einem Lebensmittel- und Drogeriemarkt gerufen worden. Sie hatten Verstärkung angefordert, als sie das zerbrochene Fenster im Hof sahen, und glaubten, im Gebäude Geräusche zu hören. Sein Partner bezog am Hintereingang Stellung, während Cunningham die Frontseite in Schach hielt. Bevor die Verstärkung eintraf, hörte er, wie Glas zerbarst, eine Pistole abgefeuert wurde und sein Partner über sein Funkgerät nach einem Krankenwagen rief. Er rannte zum Hintereingang. Auf dem Boden lag ein Junge, der aus einer riesigen Kopfwunde blutete.

Sein Partner stand über ihn gebeugt. »Es ist eine Socke ... eine Socke«, rief er immer wieder; seine Stimme überschlug sich und er wirkte völlig hysterisch.

Cunningham stieß ihn zur Seite und versuchte, den Jungen mit Mund-zu-Mund-Beatmung wiederzubeleben. Als er seine Brust auf und nieder preßte, sah er auf dem Asphalt neben sich eine klebrige Masse und erkannte, daß es die Gehirnmasse des Jungen war, die aus der Seite des Kopfes ausgetreten war. Weitere Wiederbelebungsversuche waren zwecklos. Er hörte auf und wischte sich seine blutigen Hände an den Hosen ab.

»Ich dachte, es wäre eine Waffe ... verstehst du ...?« Der Mann packte Cunninghams Hemd mit beiden Händen. In der Ferne heulten die Sirenen und kamen rasch näher. »Er kam durch das Fenster ... Ich habe etwas Weißes in seiner Hand gesehen ... Ich dachte, es sei ein Revolver mit Perlmuttgriff. Dann hab ich abgedrückt. Ich wußte nicht, daß es ein Kind ist ... Ich wußte es nicht.«

Cunningham sah, daß der Junge seine rechte Hand in eine weiße Sportsocke gesteckt hatte, um sich beim Zerschlagen des Fensterglases nicht zu schneiden.

Sein Partner griff in einen seiner Stiefel und holte eine 22er Pistole, die in Plastik eingewickelt war, heraus – eine unregistrierte, saubere Waffe. Viele Polizisten hatten so eine Pistole für solche Situationen wie diese bei sich – für den Fall, daß sie einen unbewaffneten Verdächtigen irrtümlicherweise erschossen. Cunningham stand sprachlos daneben, als sein Partner dem Jungen die blutbefleckte Socke abzog und damit die Waffe in die leblose Hand des Jungen legte. Dann ließ er die Hand zu Boden fallen.

»Ich muß wissen, daß du mich deckst«, bedrängte er Cunningham, während der Krankenwagen und weitere Streifenwagen am Tatort ankamen. »Ich habe fünf Kinder, so wahr mir Gott helfe. Ich soll nächste Woche zum Sergeanten befördert werden.«

Es stellte sich heraus, daß der Junge ein vierzehnjähriger Ausreißer war, der von seinen Eltern mißhandelt worden war. Er war in den Lebensmittel- und Drogeriemarkt eingestiegen, nicht um Medikamente oder Geld, sondern um Lebensmittel zu stehlen. Cunninghams Partner wurde in der Woche darauf zum Sergeanten befördert, er selbst zum Detective. Als derselbe Mann sich zum Deputy Chief hochgearbeitet hatte, verließ Cunningham die Abteilung.

Er öffnete den Verschluß von der letzten der sechs Dosen und blickte auf den dunklen Strand, der nur matt erleuchtet wurde von den Lichtern der Kläranlage und dem, was die neblige Nacht vom Mondlicht durchließ. Er suchte den Strand ab und stellte sich vor, er würde eine Leiche finden. Was würde er tun, wenn jemand seine Tochter vergewaltigte und er nicht nur wüßte, wer es war, sondern sich auch noch seine Adresse beschaffen konnte? Würde er die Verhängung der Strafe dem Gesetz überlassen, egal, welches Strafmaß vorgesehen war? Oder würde er sich von seiner ohnmächtigen Wut leiten lassen und die Sache selbst in die Hand nehmen? Lily Forrester war ein guter Mensch, eine Staatsanwältin, die mit ganzem Einsatz und harter Arbeit ihren Beruf ausübte. Und sie war Mutter. Sein Partner war in all den Jahren auch ein guter Mensch gewesen, auch ein Vater. Aber Cunningham hatte ihn gehaßt, weil er die Pistole in die Hand des toten Jungen gelegt hatte, und er hatte sich selbst gehaßt, weil er zum Mittäter wurde – eine Lüge, die für immer mit der Erinnerung an den armen Jungen verknüpft war.

Bobby Hernandez war einer von Gottes Fehlern gewesen, sagte er sich. Er war ein Mörder und ein Vergewaltiger gewesen – ein gewalttätiges und todbringendes Wesen, das seine Beute jagte wie ein Tier. Er dachte mit Abscheu an die unaussprechlichen Taten, die an Carmen Lopez verübt worden waren, ein Mädchen, dem es gelungen war, sich von der kriminellen Umgebung, in der es aufgewachsen war, abzusetzen, dem ein Stipendium und ein gutes Leben offenstanden. Ihr Freund, Peter McDonald, war in seinem kurzen Leben noch nicht einmal vorgeladen worden. Obwohl er immer noch nicht beweisen konnte, daß Hernandez mit diesem Verbrechen etwas zu tun hatte, sagte ihm sein Instinkt, daß es so war.

Er war Lily Forrester seit ungefähr sechs Wochen nicht mehr begegnet, sah sie aber deutlich vor sich. Sie war keine von diesen Staatsanwältinnen, die im Gerichtssaal eine Show abzogen und in den Klang ihrer eigenen Stimme verliebt waren, eine von denen, die hinter jeder Verurteilung her waren, weil es ein Sieg war, eine weitere Feder, mit der sie sich schmücken konnten. Er erinnerte sich an ihr gehetztes Gesicht, als sie das letzte Mal einen Mordfall zusammen bearbeitet hatten, ihr etwas zerknittertes Kostüm, ihr rotes Haar, das ihr über die Stirn fiel. Sie lebte für ihre Arbeit; die Arbeit zehrte sie auf. Sie waren einander ähnlich; eine Verwandtschaft, die aus der Überzeugung entsprang.

Als die letzte Dose leer war, fuhr er nach Hause.

Kapitel 32

Nachdem Lily und Shana auf der Polizeiwache von Ventura ihre Aussage unterschrieben hatten, daß Marco Curazon, ein in Amerika geborener Kubaner, nach ihrem besten Wissen und Gewissen der Mann war, der sie vergewaltigt hatte, fuhren sie nach Hause. Sein Vorstrafenregister umfaßte eine Anzeige wegen Einbruchs, mehrere Jugendstrafen und eine Gefängnisstrafe wegen Vergewaltigung, die fünf Jahre zurücklag. Da er aus eigenem Verschulden seinen Arbeitsplatz verloren hatte, hatte er gegen seine Bewährungsauflagen verstoßen und im April fünf Tage lang im Bezirksgefängnis gesessen.

Am Abend der Vergewaltigung war er entlassen worden.

Margie Thomas teilte ihnen mit, daß die aus Shanas Schamhaar entnommenen Haarpartikel, die zu dem bei der gerichtsmedizinischen Untersuchung sichergestellten Beweismaterial gehörten, demnächst mit Proben von Curazons Haar verglichen werden würden. Bevor Lily ihre Aussage unterschrieb, hatte sie darum gebeten, daß er ihr noch einmal gegenübergestellt würde und die Worte »leck das Blut einer Hure« von einem Zettel ablesen sollte, während sie über Lautsprecher zuhörte. Shana wartete draußen.

Für den nächsten Tag war ein Haftprüfungstermin anberaumt. Aber selbst wenn das Gericht ihn auf Kaution freilassen wollte, würde Curazons Bewährungshelfer seine Entlassung verhindern. Mit seiner früheren Verurteilung, die als Verschärfung bewertet werden konnte, einer zusätzlichen

Gefängnisstrafe für den Verstoß gegen die Bewährungsauflagen und den zu verhandelnden Verbrechen könnte sich das Strafmaß auf ungefähr zwanzig Jahre belaufen. Lily erwähnte Shana gegenüber nicht, daß er nur zehn Jahre absitzen würde; sie wollte, daß sich das Mädchen frei von Furcht bewegen konnte.

Lily, die unter dem Einfluß der Beruhigungsmittel stand, schwebte fassungslos und schockiert auf einer Woge der Benommenheit. Ihr einziger Trost war, daß Hernandez die Prostituierte ermordet hatte. Aber sie brauchte mehr. Sie mußte wissen, daß er an dem Mord an Lopez und McDonald beteiligt war. Nur dann würde ihr die Todesstrafe, die sie irrtümlicherweise über ihn verhängt hatte, weniger barbarisch erscheinen. Sie war immer noch nicht völlig überzeugt, daß Curazon der Vergewaltiger war, aber diesmal wollte sie es dem normalen Gang der Justiz und dem Gericht überlassen, seine Schuld festzustellen. Diesmal verspürte sie keine Wut – die einzige Empfindung, die sie bei seinem Anblick durch die Spiegelwand überkam, war Ekel.

Sie wachte aus ihren Gedanken auf und merkte, daß sie auf der Höhe des Gerichtsgebäudes waren. »Hast du Lust, dir mein Büro und das neue Gebäude anzusehen?« fragte sie Shana. »Ich bin heute früh gegangen und sollte noch ein paar Dinge regeln. Ich brauche nur ein paar Minuten.«

»Von mir aus, aber ich muß noch meine Geschichtsaufgaben machen.«

»Nimm deine Geschichtsbücher, dann kannst du an einem der Tische vor meinem Büro arbeiten, während ich ein paar Anrufe erledige. Ich rufe deinen Vater an und sage ihm, daß wir später kommen.«

»Ich habe ihn schon von der Wache aus angerufen und ihm erzählt, daß der Kerl im Gefängnis ist«, erwiderte Shana; in ihrem Gesicht stand Erleichterung. »Ich wollte ihm einfach Bescheid sagen.« Sie drehte sich zu Lily um.

Es war fast acht Uhr, und der riesige Parkplatz war bis auf

einige Autos leer. Genau vor dem Eingang, auf den Lily zusteuerte, stand ein weißer BMW, genau wie der von Richard, und als Lily näher kam, erkannte sie, daß es seiner war. Sie wollte schon wenden und weiterfahren, reagierte aber um Sekunden zu spät. Er hatte sie gesehen und winkte ihr zu, als er durch die Glastür trat.

»Wer ist das?« fragte Shana.

»Das ist einer meiner Kollegen, der in derselben Abteilung arbeitet. Er hat die Abteilung geleitet, bevor ich den Posten bekommen habe, und jetzt arbeiten wir zusammen.« Richard kam auf ihr Auto zu, als Lily und Shana im Begriff waren, auszusteigen. Er lächelte breit und zeigte keinerlei Überraschung, als er bemerkte, daß Lily nicht allein war.

»Du mußt Shana sein«, sagte er und reichte ihr die Hand, wie er es bei einem Erwachsenen tun würde. »Ich habe von deiner Mutter viel über dich gehört, und natürlich sehe ich jeden Tag dein Foto auf ihrem Tisch.«

Lily stellte ihn vor: »Shana, das ist Richard Fowler.« Als sie sich umdrehte, sah sie einen jungen Mann am Steuer des BMW und schloß daraus, daß es Richards Sohn sein mußte. Die Fenster waren hochgekurbelt und innen war das Radio offensichtlich voll aufgedreht, denn das Auto schien zu vibrieren. Lily war verlegen und versuchte, ihre Haare zu ordnen und sich zu strecken. Als sie den BMW bei ihrer Ankunft bemerkt hatte, hatte sie befürchtet, daß Richard gerade in diesem Moment mit der blonden Referendarin aus dem Gebäude kommen würde.

Richard wandte sich an Shana: »Warte hier einen Moment, aber halt dir die Ohren zu, bevor ich die Autotür aufmache, sonst bekommst du einen Schock. Ich möchte euch meinen Sohn vorstellen.« Dann sprach er zu Lily: »Ich hatte meine Brieftasche im Büro gelassen, und wir wollten was zu essen aufstöbern. Allerdings kommt man mit fünf Dollar nicht weit. Wartet ... ich hole Greg.«

Ohrenbetäubende Musik – Rap oder so etwas Ähnliches –

war zu hören und verstummte dann. Ein gutaussehender Junge trat auf sie zu. Er hatte die dunklen Augen seines Vaters, aber sein Haar war blond und lang wie bei einem Rockstar; es war seidig, sonnengebleicht und gepflegt wie das eines Mädchens. Seine Bewegungen, der lockere, lässige Gang ebenso wie das spitzbübische, selbstbewußte Grinsen waren Züge, die er mit Sicherheit von seinem Vater geerbt hatte.

»Greg, das ist Lily Forrester, die meinen Posten übernommen hat, und dieses hübsche Mädchen ist ihre Tochter Shana.«

Shana warf ihre Haare mit einer Kopfbewegung zur Seite und sah mit großen Augen zu ihm auf. Ein rosa Hauch breitete sich über ihr Gesicht aus, und dann brachte sie ein Lächeln zustande, wie es ihre Mutter noch nie zuvor gesehen hatte. Lily bemerkte, daß Shana nervös und zugleich beeindruckt war.

Richard ging zu seinem Auto, während Lily dem Eingang zustrebte. »Bis morgen also«, sagte er. Dann blieben sie beide stehen und betrachteten ihre Kinder. Greg und Shana waren in ihre eigene Welt versunken.

»Wo gehst du zur Schule?« fragte Greg und lehnte sich über das Dach von Lilys Honda.

»Nächstes Jahr komme ich auf die Ventura Highschool. Im Moment bin ich noch in Camarillo. Ich hasse es.« Auch Shana lehnte sich jetzt an das Auto.

»Super. Ich bin nächstes Jahr in der Oberstufe. Warst du schon mal am Strand da unten?« fragte er und strich sich die Haare mit beiden Händen zurück.

Richards Miene verfinsterte sich, aber Lily war freudig überrascht. Was sie sah, war etwas von dem alten Charme ihrer Tochter, war die Shana von früher. Es sollte nicht sofort wieder zu Ende sein. Vielleicht war der glückliche Zeitpunkt gekommen, an dem Shana ihr altes Leben wiederaufnehmen konnte.

»Rich, ich habe da einen Fall, den ich schnell mit dir besprechen möchte. Ich könnte deinen Rat gebrauchen.« Sie drehte sich zu den beiden jungen Leuten. »Wollt ihr beiden hier ein bißchen plaudern, während wir schnell nach oben gehen? Es dauert höchstens zehn Minuten.«

»Kein Problem«, erwiderte Greg begeistert, »ich habe noch gar keinen richtigen Hunger.«

Richard sah Lily verwirrt an, folgte ihr aber ins Gebäude. Im Aufzug fragte er: »Von welchem Fall redest du? McDonald-Lopez? Nichts Neues.« Seine Stirn war sorgenvoll gefurcht. »Weißt du, ich hab dir nicht allzuviel über Greg erzählt. Er ist ein ganz schöner Frauenheld.«

»Hab ich schon bemerkt«, sagte Lily, »der Apfel fällt nicht weit vom Stamm.«

»Um ehrlich zu sein, wäre es mir lieber, daß sie sich kennenlernen, wenn unsere Beziehung öffentlich bekannt wird. Ich will nicht, daß Greg sich an sie heranmacht.« Er zog ein Gesicht. »Himmel, und das wird er tun. Sie ist ein wunderschönes Mädchen. Sieht genauso aus wie du. Ich meine, ganz genauso.«

Die Türe zu ihrer Etage war verschlossen. »Hast du deinen Schlüssel?« fragte Lily ihn und ließ sich seine letzte Bemerkung über ihre »Beziehung« durch den Kopf gehen. Sie sah ihn schon mit jeder verfügbaren Frau im Büro ins Bett hüpfen, und er sprach immer noch von ihrer Beziehung. »Ich glaube, ich kaufe mir einen von diesen Schlüsselanhängern, die man am Gürtel befestigen kann.«

Richard holte seinen Schlüssel aus der Tasche, sah aber immer wieder zum Lift hinüber. »Ich gehe wieder runter, wenn es dir nichts ausmacht.« Nervös rieb er sich mit dem Finger am Kinn.

»Bitte sei nicht so empfindlich. Shana braucht das dringend. Dies ist das erste Mal, seit das alles passiert ist, daß wieder Leben aus ihr sprüht. Was ist schon dabei, wenn sie ein bißchen miteinander flirten?«

»Warum bist du überhaupt hierhergekommen? Konnte es nicht bis morgen warten?«

Sie hatte im Gefängnis anrufen wollen, um herauszufinden, wann genau Hernandez am Abend der Vergewaltigung entlassen worden war. Das hätte sie schon längst tun sollen. Jetzt, da Richard neben ihr stand, konnte sie ihre Anwesenheit nicht erklären. »Komm, wir gehen«, sagte sie, »Shana muß noch Hausaufgaben machen.«

Im Aufzug versuchte er, sie zu umarmen, aber sie tauchte unter seinem Arm weg. »Die Kinder könnten direkt davor stehen, wenn die Türen aufgehen«, sagte sie.

»Davon rede ich ja. Ich will, daß sie wissen, daß wir uns lieben. Ich möchte, daß wir alle eines Tages eine Familie sind. Davon träume ich die ganze Zeit. Du kannst dir nicht vorstellen, wovon ich alles träume. Ich habe sogar schon daran gedacht, daß wir unsere eigene Kanzlei aufmachen.« Die Türen des Aufzugs glitten zu.

Lily spürte Wärme durch ihre Glieder rieseln und überlegte, ob das die Reaktion auf Richards Worte oder auf das Valium war. Sie öffnete ihre Handtasche, um ihre Autoschlüssel herauszuholen, und sah das Foto von Hernandez. Es war das Valium. Träume waren für Menschen, die die Linie nicht überschritten hatten, denen kein schwerer Irrtum unterlaufen war.

Richard hielt die Aufzugtüren auf; sie wollten automatisch schließen und verursachten ein furchtbares Kreischen, das in Lilys Ohren dröhnte. Sie lehnte an der Rückwand des Aufzuges und konnte sich nicht rühren.

»Alles in Ordnung?« fragte er. Dann schlug er sich an die Stirn. »Ihr seid ja heute bei der Gegenüberstellung gewesen, stimmt's? Mist, wie konnte ich das nur vergessen? Ich war den ganzen Tag so beschäftigt, und dann kam Greg heute nachmittag ... Wie ist es gelaufen?«

Sie schenkte ihm keine Beachtung und trat aus dem Aufzug; ihr Blick war durch die Glastür auf den Parkplatz gerichtet. Die jungen Leute standen nicht mehr da, und Lily geriet in Panik. »Wo sind sie? Um Himmels willen, wo sind sie bloß? Wir hätten sie hier unten nicht allein lassen sollen.«

Richard, der hinter ihr ging, lächelte. »Sie sitzen im Auto, Mom. Wahrscheinlich hören sie sich eine Kassette an. Ich dachte, du hättest gesagt, es sei eine gute Idee.«

Sie gingen gleichzeitig durch die Schwingtüren. »Denk daran, ich habe dich vor Greg gewarnt. Ich würde meine dreizehnjährige Tochter diesem Jungen nicht für fünf Minuten anvertrauen.«

»Sie wird in zwei Monaten vierzehn, aber ich verstehe, was du meinst. Schick sie zu meinem Wagen; wir sehen uns morgen früh.« Dann fügte sie hinzu: »Wir haben beide auf denselben Mann getippt. Er ist in Untersuchungshaft. Ich erzähl dir morgen alles.«

Shana schwang sich ins Auto und winkte Greg aus dem Fenster zu, als sie davonfuhren. »Er ist irre, Mom«, sagte sie und klappte die Sonnenblende herunter. Sie versuchte sich im Spiegel zu sehen, obwohl es dunkel war. »Er ist so toll ... einfach super. Er surft. Er will mich irgendwann mal zum Strand mitnehmen. Ich kann's kaum fassen ... einer aus der Oberstufe. Das werde ich Charlotte und Sally erzählen. Er sieht genauso aus wie die Nelson-Zwillinge. Mannomann.« Sie sprudelte die Worte in jugendlicher Begeisterung nur so heraus. »Ich muß unbedingt braun werden.«

Lily wollte ihrer Begeisterung keinen Dämpfer aufsetzen, mußte aber verhindern, daß Shana glaubte, sie würde demnächst mit einem Jungen in Gregs Alter ausgehen. Das Ganze war ein Fehler. Alles, was sie tat, schien falsch zu sein. »Er ist zu alt für dich, Shana. Und soweit ich seinen Vater verstanden habe, schlägt er ein bißchen über die Stränge.«

Shana setzte sich aufrecht hin; sie war sauer. »Behandle mich nicht wie ein Baby. Viele Mädchen in meinem Alter gehen mit Jungen aus, die älter sind als sie. Außerdem ruft er wahrscheinlich sowieso nicht an.«

»Wir müssen uns bald mal über Jungen unterhalten«, sagte Lily. »Wir haben nie richtig über diese Sachen geredet.« Früher hatten sie über die Jungen in Shanas Klasse geredet, aber das war schon eine Weile her, und Greg gehörte wohl nicht in dieselbe Kategorie.

Shana warf Lily einen Blick zu, als sei sie völlig verbohrt, und drehte das Radio an. Dann sagte sie laut, um die Musik zu übertönen: »Wirklich, Mom, findest du nicht, daß ich ein bißchen reifer bin als andere Mädchen in meinem Alter? Warum kannst du das nicht einfach akzeptieren. Ich muß es ja schließlich auch.«

Lilys Herz schlug wild. Kinder sind Überlebenskünstler, hatte Richard gesagt. Sie wollte nicht, daß ihre Tochter eine Überlebenskünstlerin war, Ratten waren Überlebenskünstler. Sie wollte glauben können, daß sich nichts verändert hatte, wenigstens nicht für Shana. Aber das war weit von der Wahrheit entfernt.

»Nein, ich glaube nicht, daß du alles weißt. Und ich möchte nicht, daß jemand dich ausnutzt.«

»Jetzt wirst du aber wirklich lächerlich, Mom. Ich meine, es ist ja nicht so, als ob mir jemand weh tun möchte.«

Lily bog in eine Nebenstraße, stellte das Auto an den Rand und drehte die Zündung ab. Sie ließ die Hände in den Schoß sinken. »Ich erzähle dir jetzt etwas ganz Schreckliches ... etwas, das mir als Kind zugestoßen ist und das mich seither begleitet hat wie eine häßliche Narbe. Ich habe nicht geglaubt, daß ich es dir je erzählen würde, aber ...« Lily sprach leise, ihr Mund war wie ausgetrocknet. »Ich möchte nicht, daß du denkst, daß alle Menschen, die du kennst, harmlos sind und nur Verbrecher eine Bedrohung darstellen. Als ich acht Jahre alt war, hat mein Großvater mich vergewaltigt.«

Shanas Kiefer fiel herab, und Lily hörte, wie sie die Luft einsog. »Dein Großvater?«

»Ja. Man nennt das Inzest. Es fing an, als ich acht war, und hörte auf, als ich so alt wie du war, mit dreizehn.«

»Aber warum hast du keinem davon erzählt? ... Deiner Mom?«

»Ich habe versucht, es ihr zu erzählen, aber sie hörte nicht zu, weil ich ein kleines Mädchen war und weil man damals über solche Sachen nicht gesprochen hat. Aber so etwas passiert nicht nur in der Familie; auch mit Lehrern, Nachbarn und Menschen, die man jeden Tag sieht, entstehen solche Situationen. Und glaube ja nicht, daß ein Junge, bloß weil er nett aussieht, sich niemals aufdrängen würde. Auch das kommt ziemlich häufig vor.«

»Ich kann nicht glauben, daß dir so etwas passiert ist. Es will mir nicht in den Kopf.« Shana war schockiert.

Lily seufzte tief und blickte vor sich hin. Sie hatten vor einem Haus in einer Wohngegend geparkt, aus dem jetzt ein Mann trat, der zu seinem Auto ging und sie ansah. »Ja, aber es ist mir passiert, Shana. Und ich habe das Schlimmste getan, was man tun kann. Ich habe so getan, als ob es nie geschehen sei; ich habe es unterdrückt, habe es tief in mir vergraben.« Sie drehte sich zu ihrer Tochter um. »Jetzt, nach all den Jahren, glaube ich, daß das der Grund dafür war, warum ich nie jemanden wirklich nah an mich herangelassen habe, weil dieses schreckliche Geheimnis in mir drinnen war. Es ist ein komisches Gefühl, darüber zu sprechen ... und mit dir, meiner Tochter.«

»Du kannst mit mir über alles sprechen, Mom. Die Mädchen in meiner Klasse haben immer alle mit mir über ihre Probleme geredet. Ich weiß nicht, warum, aber es war so. Was ist mit ihm passiert – mit deinem Großvater? Hast du ihn gehaßt?«

»Er starb. Ich glaubte, es sei alles vorbei. Ich war froh, als er starb. Aber weißt du was? Jetzt wünsche ich mir, er würde leben und ich könnte ihn damit konfrontieren und ihm und allen anderen erzählen, was das für mein Leben bedeutet hat.« Lily ließ den Motor an; sofort spielte das Radio bei voller Lautstärke, aber Shana drehte es ab.

»Weißt du, Mom, seit der Vergewaltigung habe ich über alles mögliche nachgedacht: über Gott, über das Sterben, warum solche Sachen passieren. In der Schule habe ich mal dieses Buch gelesen, in dem stand, daß Gott einem nie mehr aufbürdet, als man tragen kann. Vielleicht sind diese schlimmen Dinge uns passiert, weil wir damit fertig werden können und jemand anders könnte das nicht. Ich meine, du bist Staatsanwältin geworden und kannst solche Leute ins Gefängnis stecken, also ...« Sie lehnte sich herüber und legte ihre Hand auf Lilys. »Und ich, na ja, ich werde eines Tages auch etwas Wichtiges machen, genau wie du. Und ich werde glücklich sein und werde mich nicht vor jeder Kleinigkeit, jedem Menschen und jedem Geräusch fürchten.«

»Du bist eine erstaunliche junge Person, meine Kleine«, sagte Lily und drückte ihr die Hand, »ich bin so stolz auf dich ... so stolz, daß du meine Tochter bist.«

»Hey«, sagte Shana, »das ist ein Baskin-Robbins-Laden.« Sie lächelte. »Wie wär's mit einer riesigen Karameleiswaffel mit Nüssen und Schlagsahne? Macht dir das nicht den Mund wäßrig? Los, holen wir uns eins.«

Als sie nach Hause kamen, lag John schlafend auf dem Sofa. Lily ging zum Wäscheschrank, holte eine Wolldecke, die sie sanft über ihn legte, und sah auf ihn herab wie auf ein Kind. Dann ging sie auf Zehenspitzen durch das Haus, schaltete die Lichter aus und verriegelte die Türen.

Sie schaute nach Shana und sagte ihr, sie solle die Hausaufgaben morgen früh zu Ende machen. Shana schlang ihre Arme um Lilys Hals und küßte sie auf beide Wangen.

»Der Typ – du weißt schon – Gregs Vater – ist er dein Freund?«

Lily spürte die Röte in ihr Gesicht steigen und wußte nicht, wie sie antworten sollte. »Er ist ein Kollege, und ich mag ihn sehr gern.«

»Du kannst es mir doch erzählen. Dad hat mir von seiner

Freundin erzählt und meinte, du hättest auch einen Freund.« Shana ließ sich bäuchlings auf ihr Bett fallen und stützte den Kopf in die Hände. »Ich mag ihn. Er scheint ein netter Typ zu sein.« Di steckte ihren Kopf zwischen den Decken hervor.

Lily stand in der Tür und blickte lächelnd auf Shana. »Du magst seinen Sohn. Erzähl mir bloß nicht, daß du die Männer aussuchen willst, mit denen ich mich treffe. Und alle müssen gutaussehende Söhne haben.«

»Warum nicht?« sagte Shana mit blitzenden Augen. »Wir werden ja schließlich zusammen wohnen.«

Als Lily allein im großen Bett lag, drehte sie das Licht aus. Jahrelang war sie zwei Personen gewesen, ohne daß es ihr bewußt geworden war. Am Tage war sie ihren Geschäften nachgegangen, hatte Stärke und Entschlossenheit ausgestrahlt, war eine Frau voller Selbstbeherrschung gewesen, genau wie sie als Kind am Morgen, nachdem ihr Großvater seine abstoßende Begierde an ihr befriedigt hatte, draußen gespielt hatte. Aber ganz tief in ihr gab es noch eine andere Lily, eine zutiefst verschreckte Frau, die von Haß und Wut verzehrt wurde. Das war die dunkle Frau in ihr. Das Gesicht ihres Großvaters tauchte immer wieder vor ihr auf, und sie konnte den Geruch von Old Spice, seinem Rasierwasser, riechen, das ihr Übelkeit verursachte. »Hörst du mich?« rief sie laut, »Ich hoffe, du moderst in deinem Grab vor dich hin. Du hast mir mein Leben gestohlen, du hast mich in den Wahnsinn getrieben. Jetzt habe ich etwas getan, was noch schlimmer ist als das, was du getan hast. Ich habe jemanden umgebracht. Du hast mich so heftig hassen gelehrt, daß ich jemanden umgebracht habe.«

Mit offenen Augen starrte sie in die Dunkelheit. Sie hatte die schweren Übergardinen vor das Fenster gezogen, und in dem Zimmer war es dunkel wie in einem Grab. Nur der Wecker warf einen schwachen Lichtschimmer an die Wand. Was ist das wohl für ein Gefühl, wenn man stirbt, fragte sie sich. Das Gefühl völliger Dunkelheit? Gab es eine Art Wiedergeburt? Oder kam man ins Fegefeuer, wie die katholische Kirche es sie gelehrt hatte?

Das Ticken der Uhr erschien unerträglich laut, und sie konnte ihren eigenen Herzschlag hören. Vor Gericht gab es eine Verteidigung und die Berücksichtigung mildernder Umstände. Gab es aber ein Jüngstes Gericht? Wenn sie den falschen Mann getötet hatte, dann war es nicht Gottes Hand gewesen, die sie geleitet hatte. Das war eine Illusion, der Wahnsinn. Gott hatte sie nicht zu Seinem Henker ernannt. Sie drehte sich auf die Seite und zog ihre Knie hoch, so daß sie zusammengerollt wie ein Embryo dalag. Aber gab es Vergebung, Erlösung? Was war nötig, um ihre sterbliche Seele zu läutern?

Plötzlich läutete das Telefon auf dem Nachttisch und holte sie abrupt in die Gegenwart zurück. Sie nahm den Hörer auf und flüsterte: »Hallo.«

»Ich bin's«, meldete sich eine tiefe, vertraute Stimme, die sie nicht sofort zuordnen konnte. »Bruce Cunningham.«

»Cunningham?« stammelte sie und saß kerzengerade im Bett. Es war fast elf Uhr. Warum in Gottes Namen rief er an? »Hat sich etwas mit Manny ergeben?«

»Nichts. Ich habe gerade nachgedacht und dachte, ich ruf Sie mal an.«

Lily traute ihren Ohren nicht. Er sprach schleppend, offenbar hatte er getrunken. Sie wußte nicht, was sie sagen sollte. Ihr Herz klopfte wie wild. War etwas passiert? Vielleicht hatte sich ein weiterer Zeuge gemeldet und zeigte mit dem Finger auf sie. Oder die Patronenhülse, dachte sie, und Panik kam in ihr auf. Die forensische Analyse hatte ihre Fingerabdrücke auf den Patronenhülsen identifiziert. Sie steckte einen Finger in den Mund und fing an, die Nagelhaut abzubeißen.

»Dieser Hernandez war ein Tier. Er hat das arme Mädchen abgeschlachtet. Einfach abgeschlachtet wie ein Stück Vieh.«

Lily nahm den Finger aus dem Mund. Sie wollte Licht machen, konnte sich aber nicht rühren. »Er hat sie erdrosselt«, sagte sie leise. »Das ist zwar traurig, aber sie war eine Prostituierte, und da lebt man eben gefährlich.«

»Ich rede ja nicht von der Prostituierten«, antwortete er mit lauter Stimme, »ich rede von Carmen Lopez. Sie haben sie umgebracht. Sie haben ihr den Ast in die Vagina gerammt und ihre Brüste als Zielscheibe benutzt. Wir müssen sie dingfest machen. Ich meine Manny und die anderen. Haben Sie eine Tochter?«

»Ja.«

»Ich auch. Das jagt einem Angst ein, wie? Man stellt sich vor, daß es seinem eigenen Kind zustoßen könnte.«

Lily zog die Decke bis unter das Kinn. Worauf wollte er hinaus? Mit Sicherheit hatte er sie nicht zu so später Stunde angerufen, um im Rausch mit ihr zu quatschen. Das war nicht sein Stil. Es war schon schwer genug, sich Bruce Cunningham betrunken vorzustellen. Sie hielt den Atem an und versuchte herauszuhören, ob das Gespräch vielleicht auf Band aufgenommen wurde.

»Ich vertraue auf das Gesetz, müssen Sie wissen«, sagte er mit weniger schleppender Stimme; er schien sich zusammenzureißen. »Es gibt nicht viele, die noch auf das Gesetz vertrauen. Nicht die ganz unten. Alles ist einfach nur ein einziger Witz, verdammt. Die Cops machen, was sie wollen.« Er schwieg einen Moment und sagte dann: »Die anderen auch.«

Das reichte. Er war weit genug gegangen. Was sollte sie tun? Sollte sie das Problem von Selbstjustiz mit dem Mann besprechen, der sie ins Gefängnis bringen konnte? »Gute Nacht, Bruce. Rufen Sie mich an, wenn sich irgend etwas mit Manny ergibt.« Sie legte schnell den Hörer auf und versuchte, sich davon zu überzeugen, daß das Gespräch ohne Bedeutung war. Er kannte ihre Nummer, er hatte ein bißchen getrunken, also hatte er beschlossen, sie anzurufen. Schließlich arbeiteten sie an einer Reihe von brutalen Verbrechen zusammen, sagte sie sich. Sie kannten sich seit Jahren, hatten wiederholt zusammengearbeitet, miteinander Kaffee getrunken. Es war eigentlich nichts Ungewöhnliches. Selbst ein erfahrener Cop wie Cunningham hatte sicherlich ab und zu das Gefühl, daß die Last zu groß war. Aber er war zu nah dran. Zu nah. In ihrem Kopf kreisten die schlimmsten Gedanken und ließen sie nicht mehr los. Sie hatte den falschen Mann umgebracht. Cunningham war ihr auf der Spur. Dieses Gefühl ließ sie nicht los. Sie versuchte, mit Argumenten dagegen anzukämpfen. Es war wie eine Gerichtsverhandlung. In ihrem gemarterten Hirn spielte sie Anklagevertreterin und Verteidigerin zugleich. Selbst in ihren Gedanken hatte sie die Fähigkeit zu richten verloren.

Der Wecker tickte, und sie sah die Zeiger über das Zifferblatt kriechen, bis sie vier Uhr anzeigten. Sie kroch aus dem Bett und ließ sich im Gebet auf die Knie nieder. »Vater, verzeih mir, denn ich habe gesündigt, und es war ...« Sie konnte sich nicht mehr erinnern, wann sie das letzte Mal zur Beichte gegangen war. Sie konnte an nichts mehr denken, außer an Cunninghams letzten Satz: »Die Cops machen, was sie wollen ... und die anderen auch.«

»Bitte, lieber Gott«, betete sie weiter, »ich habe nicht das Recht, dich zu bitten, mich von dem zu erlösen, was ich getan habe. Aber bitte gib mir die Stärke, es zu ertragen und mein Kind zu beschützen.«

Sie blieb auf dem Boden liegen, auf den Knien, beugte sich über das Bett und starrte in die Dunkelheit. Schließlich gab ihr Körper vor Erschöpfung auf und glitt auf den Boden. Sie schlief.

Draußen ging die Sonne auf.

Kapitel 33

Officer Chris Brown hatte den schwarzen Cadillac, den er vom Sittendezernat für die Observierung ausgeliehen hatte, in der Third Street geparkt. Von seinem Standort aus konnte er das Haus der Hernandez sehen, mußte aber ein Fernglas zur Hand nehmen, um die Gesichter zu erkennen, wenn jemand das Haus betrat oder es verließ. Es war elf Uhr; er hatte seinen Kollegen gerade abgelöst. Brown hatte nur seine Uniform ins Schließfach geworfen und war zur Doppelschicht aufgebrochen. Er brauchte das Geld.

Der Kaffee aus der Thermoskanne, die auf dem Boden stand, war nur noch lauwarm, aber er hoffte, daß er dennoch seine Wirkung tun und ihn wachhalten würde. Eine lange Nacht stand ihm bevor. Er trank den Kaffee, machte es sich in dem weichen Sitz bequem, streckte die Beine aus und öffnete das Fenster. Sein Arm hing aus dem Fenster, und er war gerade dabei einzudösen, als er eine feuchte, eklige Berührung an seiner Hand spürte. Beinahe hätte er nach seinem Revolver gegriffen. Ein großer Hund undefinierbarer Rasse hatte die Reste seines Abendessens, Grillhähnchen, von seiner Hand geleckt.

»Scheiße«, sagte er laut und setzte sich aufrecht hin. Sein Herz schlug heftig. In dieser Gegend konnte er von Glück reden, daß die Feuchtigkeit nicht von seinem eigenen Blut herrührte, nachdem ein Kerl seinen Arm abgeschnitten hatte, um seine Armbanduhr zu stehlen. Er ließ den Wagen an, fuhr die Fenster hoch, drückte die Türverriegelung herunter und wandte seine Aufmerksamkeit dem Haus zu.

Er erstarrte, als er einen Mann sah, der die kleine Treppe von der Haustür auf die Straße hinablief und auf das Auto in der Einfahrt zuging. Er nahm das Fernglas vom Beifahrersitz, erkannte, daß es sein Mann war, und beobachtete ihn, wie er in den Plymouth Baujahr '75 stieg und rückwärts auf die Straße fuhr. Dann wartete er, bis die Rücklichter fast außer Sicht waren, gab dann plötzlich Gas und raste hinter dem Wagen her, bis er ihn wieder vor sich sah. Er schloß zu ihm auf, und ließ sich dann wieder gute drei Längen zurückfallen.

Er wollte schon zu seinem Funkgerät greifen, da fiel ihm ein, daß er Anweisung hatte, dem Verdächtigen zu folgen und nur dann Kontakt aufzunehmen, wenn die Vermutung bestand, daß er sich einer Waffe entledigen wolle. In diesem Fall sollte er nur eingreifen, wenn Verstärkung eingetroffen war. Er konnte mit der Wache über das drahtlose Telefon Kontakt aufnehmen, das Funkgerät sollte er gar nicht benutzen, da der Verdächtige möglicherweise ein Abhörgerät besaß.

Die Straßen waren noch ziemlich belebt, und mehrfach hätte er den schwarzen Plymouth beinahe aus den Augen verloren. Er fuhr kreuz und quer durch die Nebenstraßen, aber es machte den Eindruck, als sei es eine Spazierfahrt, da er sich stets innerhalb der zulässigen Geschwindigkeit bewegte. Brown kannte die Gegend vom Streifefahren her und entnahm den Straßenschildern, daß sie auf dem Weg zum Strand von Port Hueneme waren. Möglicherweise wollte der Kerl sich Drogen besorgen. Sollte er ihn einfach nur beobachten und nichts unternehmen? Er nahm an, daß man ihn nicht wegen Drogenbesitz festnehmen wollte.

Der Plymouth fuhr zu einem einsamen Strandabschnitt und parkte. Brown beobachtete, wie der Mann aus dem Wagen stieg, die Hände in den Jackentaschen vergraben. Es waren keine anderen Autos in der Nähe, und der Mann ging eilig an den Strand. Wenn er ihm nicht zu Fuß folgte, würde er ihn aus den Augen verlieren. Er griff sich das tragbare Telefon. Wenn er Verstärkung anforderte und der Mann wollte nur mal pissen, wäre die Überwachung geplatzt, und er, Brown, würde für den Rest seiner Laufbahn Streife fahren. Er steckte das Telefon in die Gesäßtasche seiner Hose und folgte dem Mann in der Hoffnung, daß er ihn nicht bereits verloren hatte.

Brown schlug den Kragen seines Nylonparka hoch und spazierte lässig zum Strand hinunter, während seine Augen die Umgebung absuchten nach etwas, was ihm Deckung geben konnte. Entlang des Bürgersteigs standen Straßenlampen, aber ihr Schein reichte nicht bis zum Strand hinab. Er nutzte eine große Mülltonne als Sichtschutz und sah Manny in dem Moment, als er gerade etwas aus seiner Tasche zog. Aus dieser Entfernung war unmöglich zu erkennen, was er in der Hand hielt, aber irgend etwas war es, und Brown wußte, daß er sich beeilen mußte. Wenn es die .22er Pistole war, war sie in Sekundenschnelle verschwunden, im Meer versunken, sämtliche Fingerabdrücke ausgelöscht.

Er hatte keine Zeit, um Verstärkung anzufordern. Er zog seine Dienstpistole aus dem Schulterhalfter und kroch in der Dunkelheit näher an Manny heran. Nur noch wenige Schritte, dann würde er ihm die Pistole in den Nacken setzen. In dem Moment drehte Manny sich um, sah Brown und schoß. Die Kugel traf Brown in die Schulter und schleuderte ihn in den Sand; noch im Fallen versuchte er verzweifelt, das drahtlose Telefon aus seiner Tasche zu ziehen, um um Hilfe zu rufen. Ein zweiter Schuß peitschte durch die Nacht, und diesmal traf ihn die Kugel am Bein. Er griff mit der linken Hand nach dem Telefon; seine rechte Schulter war getroffen, und seine eigene Waffe lag im Sand. Manny rannte davon. Brown stemmte sich hoch, hob seine Pistole auf und wollte ihm nachlaufen.

Der tiefe Sand ließ ihn aber sofort wieder stolpern, in seinem Bein pochte der Schmerz, und er fühlte, wie das Blut seine Hose durchnäßte. Er fiel auf den Bauch, umklammerte die Waffe mit beiden Händen und zwang sich, seinen rechten Arm ruhig zu halten. Manny war ein gutes Stück voraus, aber der Sand behinderte ihn, und er hatte den Bürgersteig noch nicht erreicht. Brown atmete durch, zielte und drückte ab. Der Rückstoß riß ihm die Pistole aus seiner geschwächten Hand. Sie fiel ein, zwei Meter entfernt in den Sand.

Er hatte nicht getroffen. Manny drehte sich um, die Waffe in der Hand. Er würde jetzt nur noch einmal schießen, aber aus nächster Nähe.

Brown robbte zu seiner Waffe; ein scharfer Schmerz zuckte durch seinen Arm. Seine Hand griff nach der Pistole. Der Gedanke an seinen unmittelbar bevorstehenden Tod verlieh ihm Ruhe und Kraft. Er schoß. Manny ging zu Boden.

»Ich bin getroffen, verdammte Scheiße noch mal«, brüllte Manny in Todesangst. »Ich verblute. Hilf mir doch, Mann. Ich sterbe.«

Wie besessen drückte Brown auf den kleinen Knopf seines drahtlosen Telefons, der automatisch die Nummer der Wache wählte, und hörte endlich die vertraute Stimme des Diensthabenden und den Piepston des Aufnahmegeräts. Er brüllte: »Ein Officer verwundet. Ich bin getroffen und der Verdächtige auch. Er ist noch im Besitz der Waffe. Brauche Krankenwagen und Verstärkung.« Er versuchte sich an den Namen der Querstraße vor dem Strand zu erinnern. »Anchors Way«, schrie er, »ich bin auf dem Strand am Ende von Anchors Way ... Porte Hueneme.«

»Bleiben Sie in der Leitung«, sagte der Diensthabende. »Sprechen Sie weiter, bis jemand da ist. Wo ist der Verdächtige von Ihnen aus gesehen?«

»In der Nähe des Bürgersteigs. Ich bin auf dem Strand hinter ihm.«

Manny wollte aufstehen, fiel aber wieder hin. Brown versuchte noch ein weiteres Mal zu schießen, aber seine rechte Hand ließ sich nicht mehr bewegen, und seine linke zitterte vor Schwäche. Er mußte sie mit dem verwundeten Arm ruhig halten. Als er sah, daß Manny fast schon auf den Füßen war, drückte er wieder ab. Diesmal fiel der Mann auf sein Gesicht und wirbelte in der Abendluft eine Staubwolke auf. Er stand nicht wieder auf. Er blieb auf dem Strand liegen. Eine bleierne Stille entstand, bis in der Ferne die Sirenen der Kranken- und Polizeiwagen zu hören waren.

Als die Sanitäter die Verwundeten erreichten, stellten sie bei Manny Herzstillstand fest. Zwei .38er Kugeln hatten ihn im Rücken getroffen, eine mußte sich in sein Herz gebohrt haben. Die Sanitäter machten Wiederbelebungsversuche und luden ihn in einen Krankenwagen, bevor sie Brown in einem zweiten mit heulenden Sirenen losschickten.

Obwohl Brown ziemlich viel Blut verloren hatte, waren seine Wunden nicht lebensgefährlich. Sein Zustand stabilisierte sich, nachdem die Sanitäter einen Druckverband angelegt hatten, um die Blutung zu stoppen. Sechzehn schwarzweiße Streifenwagen hatten sich am Tatort versammelt, aber Brown hatte daran gedacht, die Beamten auf die Wichtigkeit der Waffe und möglicher Fingerabdrücke hinzuweisen. Sie wurde sofort sichergestellt und das Gebiet für die Spurensicherung weiträumig abgeriegelt.

Kapitel 34

Cunningham befand sich in einem bierseligen Tiefschlaf, als der Anruf kam. Seine Frau nahm ab und boxte ihn wach, während sie ihm den Hörer hinhielt.

»Der Officer«, fragte er, »sind Sie sicher, daß er durchkommt?«

»Gar kein Zweifel. Ich habe gehört, daß er bei Bewußtsein ist und die Kugeln entfernt werden. Er hatte Glück, daß es nur eine .22er war. Außerdem kam der zweite Schuß aus einiger Entfernung, so daß diese Verletzung nur geringfügig ist«, informierte ihn der Sergeant. »Aber bei Ihrem Verdächtigen konnte in der Notaufnahme nur noch der Tod festgestellt werden.«

»Die Waffe ... klingt nach der, die wir gesucht haben ... verdammt«, sagte Cunningham. »Vielleicht haben wir ja jetzt die Lösung zu diesem Ventura-Mord.« Dann fügte er hinzu: »Beschlagnahmen Sie den Plymouth. Wer weiß, was wir da noch finden.«

Als er aufgelegt hatte, rollte sich Sharon herum und legte ihren Kopf in seine Armbeuge. »Du riechst wie eine Brauerei. Mußt du weg?«

»Nein«, sagte er, »mein Teil kommt erst morgen. Schlaf weiter.«

»Hast du mal daran gedacht, dir eine andere Arbeit zu suchen?« Sie schlief schon fast wieder, noch während sie sprach. Er antwortete nicht; sie wußte die Antwort ohnehin.

Am nächsten Morgen kam er um zehn Uhr ins Büro. Die Waffe war noch im Labor und die Analyse der Fingerabdrücke noch nicht abgeschlossen, aber in der Abteilung gingen bereits Spekulationen über die Verbindung zu dem Mordfall um, und jeder kam zu Cunningham und fragte ihn aus. Der Zustand von Chris Brown, dem Officer, war ausgezeichnet, und er sollte bereits am folgenden Tag entlassen werden. Cunningham besuchte ihn im Krankenhaus.

»Sie haben ganze Arbeit geleistet, Kollege«, munterte er ihn auf und rückte mit dem Stuhl näher an das Bett. »Wie geht es Ihnen?«

Der junge Officer war blaß; er hatte eine Menge Blut verloren. »Ich werde morgen entlassen. Wenn ich gleich zu Anfang um Verstärkung gebeten hätte, wäre vielleicht kein Schuß gefallen.«

»Sie haben sich an die Anweisungen gehalten. Er hätte auch einfach einen Spaziergang machen können, dann wäre die Überwachung aufgeflogen. Sie haben verhindert, daß er die Waffe loswerden konnte, und darum ging es ja.« Cunningham fuhr sich mit den Fingern durch seinen Schnauzer und betrachtete den weißgekachelten Boden. Er zog seine Packung Zigaretten heraus, dann fiel ihm ein, daß er im Krankenhaus nicht rauchen durfte. »Der Typ trug eine riesige rote Zielscheibe auf dem Rücken. Er wäre von einem anderen erledigt worden, wenn Sie es nicht getan hätten. Wir wissen ja nicht, was er und sein Bruder alles angestellt haben, aber Sie können darauf wetten, daß es üble Geschichten waren, echt übel. In ein paar Stunden wissen wir, ob es die Waffe ist, die in dem Doppelmord von Ventura benutzt wurde.« Cunningham blickte auf den jungen Officer, der zur Decke starrte. Er kannte diesen Blick. »War das erste Mal, daß Sie jemanden erschossen haben, wie?«

Der Officer wollte sich aufrichten, war aber zu schwach und fiel wieder in die Kissen zurück. »Es hat mich noch nie einer angeschossen oder überhaupt auf mich geschossen. Ich habe ja noch nicht mal meine Pistole außerhalb des Schießstands abgefeuert. Ich wußte natürlich, daß es passieren könnte, aber dann passiert es wirklich, und es ist überhaupt nicht so, wie man es sich vorgestellt hat.« Er sah den Detective an. »Es sind Sekunden. Im Nu ist alles vorbei, und man überlegt noch, was eigentlich in diesen Sekunden abgelaufen ist. Alles, was man uns beibringt, spielt da keine Rolle.«

»Tja«, sagte Cunningham, während er aufstand, »das haben Sie richtig erkannt, mein Lieber. Ruhen Sie sich aus. Wir sehen uns später.«

Auf dem Rückweg zur Wache hielt Cunningham am Taco-Bell-Restaurant und bestellte zwei Burritos und eine Soda-Light. Er hatte keine Lust, beim Supermarkt zu halten, um ein paar Cent am Getränk zu sparen. Sein Kopf dröhnte noch von dem Bier, das er gestern getrunken hatte. Der Sechserpack am Strand war ja nicht alles gewesen. Als er nach Hause gekommen war, hatte er noch drei oder vier weitere Dosen geleert. Es war ein sicheres Zeichen, daß er alt wurde, dieser Kater, dachte er und erinnerte sich an die Zeiten, als er drei- oder viermal soviel getrunken hatte und am nächsten Morgen frisch aus dem Bett gesprungen war, zu allen Untaten bereit. Doch die andere Sache machte ihm Sorgen; der Grund, warum er überhaupt diese Menge Bier getrunken hatte: die Tatsache, daß er einen ungelösten Mordfall hatte und eine Bezirksstaatsanwältin als Tatverdächtige. Er rülpste laut. Jetzt war sein Magen in Aufruhr. Er war kurz davor, daß er ein Maalox schlucken mußte. Er war kurz davor, ein verdammtes Magengeschwür zu bekommen, das war der Punkt.

Als er auf der Wache eintraf, kramte er Lilys private Telefonnummer heraus und saß unschlüssig vor dem Apparat. Ein endgültiger Bericht über die auf der Waffe gefundenen Fingerabdrücke würde erst am Montag vorliegen. Hatte er wirklich einen Grund, sie am Wochenende ein weiteres Mal zu Hause anzurufen? Auf der anderen Seite würde sie ja von

Mannys Tod hören und wissen wollen, ob Fingerabdrücke sichergestellt worden waren. Er nahm den Hörer ab und legte ihn gleich darauf wieder sanft auf die Gabel.

Warum hatte er sie gestern abend angerufen? Er konnte es sich nicht erklären. Wenn es sich herausstellte, daß die Waffe tatsächlich in dem McDonald-Lopez-Mordfall verwandt worden war, dann wäre dies die beste Aufklärungsarbeit, die er in seiner Laufbahn geleistet hatte. Er hatte die Spur der verschwundenen Prostituierten verfolgt und voll ins Schwarze getroffen. Sein Adlerauge hatte die F.I.-Karte gesichtet, aus der die Verbindung von Carmen Lopez mit den Brüdern Hernandez hervorging, was diese wiederum mit dem Mord und der Verstümmelung in Verbindung brachte. Er hatte sich für die Überwachung von Manny eingesetzt, auch wenn Lily diejenige war, die vermutet hatte, daß sich die Waffe in Mannys Plymouth befand. Das mußte er ihr zugestehen, das stand fest. Daran hatte er nicht gedacht. Aber der Rest ging allein auf seine Rechnung, dachte er stolz. Er hatte die ganze Sache vom Anfang bis zum Ende selbst zusammengesetzt.

Er sah schon die Schlagzeilen auf der ersten Seite der Zeitungen. Oh, nicht nur die, die heute erschienen, sondern die, die an dem Tag gedruckt würden, wenn der Fall in seiner Gesamtheit offen dalag, geknackt wie eine harte Nuß. Und das würde geschehen. Er hatte schon seinen imaginären Kugelschreiber herausgeholt und füllte die freien Felder seines Kreuzworträtsels aus.

Warum hatte er sie angerufen? Er wußte es immer noch nicht. Der Fall war auch so eine Sensation, aber wenn Lillian Forrester, Bezirksstaatsanwältin, wirklich Bobby Hernandez umgebracht hatte ...? »Dann laufen wir auf allen Kanälen«, sagte er zu sich, »dann kommen wir ganz groß raus.« Sein Magen reagierte heftig auf seine Erregung.

Deswegen hatte er sie angerufen. War der Zeitpunkt gekommen, offiziell die Ermittlungen gegen Forrester im Mordfall Hernandez aufzunehmen? Hier tickte eine Zeitbombe, und der Zünder lag in seiner feuchten Hand. Er wählte ihre Nummer.

Sie war am Telefon. »Schon das Neueste gehört?« sagte er. »Ehm, hier ist Bruce Cunningham.«

Lily hatte gerade die Badewanne geschrubbt und wollte anfangen zu saugen. »Nein, ich weiß von nichts. Was ist los?«

»Wir haben Manny Hernandez gestern abend erschossen. Er ist tot. Er hatte das Feuer auf unseren Observierungsbeamten eröffnet, aber dem geht es wieder gut. Die Pistole haben wir sichergestellt: eine .22er.«

»Himmel«, entfuhr es Lily, die auf dem Badewannenrand saß, den nassen Schwamm noch in der Hand. »Und die Fingerabdrücke?«

»Das werden wir erst morgen um die Mittagszeit wissen. Aber es sieht gut aus, finden Sie nicht? Richtig gut. Vielleicht schaffen Sie jetzt den Durchbruch, auf den Sie gewartet haben.«

»Sie haben großartige Arbeit geleistet, Bruce«, sagte sie. Dann fuhr sie, nach kurzem Nachdenken, fort: »Haben Sie irgend etwas gegen die beiden anderen Verdächtigen in der Hand, die in Untersuchungshaft sitzen? Wenn das die Waffe ist und Bobby und Manny waren daran beteiligt, dann wird deren Geschichte plausibel.«

»Wie wär's, wenn ich am Montag in Ihr Büro komme, und dann fügen wir alles zu einem Bild zusammen. Ich schlage vor, daß wir uns an Nieves halten. Wenn seine Fingerabdrücke nicht auf der Waffe sind, ist er vielleicht das Leichtgewicht in der Angelegenheit.«

»Sie meinen, wir sollten ihm einen Deal anbieten?«

»Sie können es sich ja durch den Kopf gehen lassen. Ich weiß, daß bei euch keiner will, daß einer von den Kerlen freikommt, aber wenn er sich der Vergewaltigung und der Beihilfe zum Mord schuldig bekennt und dafür aussagt, dann wäre der Fall gelöst. Aber was weiß ich schon ...«

»Ich werde mit Fowler und natürlich mit Butler darüber

sprechen. Kommen Sie so gegen elf. Sie könnten ja Nieves vernehmen und ihn vielleicht ohne Angebot zum Reden bringen.«

»Nicht ohne einen Schlagring«, sagte er lachend. »Aber ich bin mir nicht zu schade und werde es versuchen. Können Sie das mit seinem Anwalt abklären?«

»Das wird nicht weiter schwierig sein; es ist Kensington, ein Pflichtverteidiger. Er neigt ein bißchen in unsere Richtung.«

Nachdem Cunningham aufgelegt hatte, nahm er das Phantombild, das nach den Angaben von Manny entstanden war. Spontan faltete er die Kopie, auf der er die Lippen rot angemalt hatte, zusammen und fing an, sie zu zerreißen. Er hörte Lilys sanfte Stimme mit dem kaum wahrnehmbaren texanischen Tonfall. Sie hatte etwas, das ihn auf eine Art berührte, die er nicht beschreiben konnte. Wenn sie miteinander sprachen, fühlte er etwas in der Luft, so deutlich, daß er glaubte, danach greifen zu können. Es war Angst, aber nicht nur ihre, sondern auch seine. Er blickte auf die Papierfetzen. Er hielt ihr Leben in der Hand, ihre Zukunft, die Zukunft ihres Kindes, ihres Mannes. Er hielt die Hand über den Papierkorb und ließ die Schnipsel hineinfallen wie Konfetti.

Dann steckte er eine unbemalte Kopie in die Akte. Der einzige Augenzeuge war Manny, und der war tot. Die Frau, die sich die Autonummer notiert hatte, hatte das Gesicht des Täters nicht gesehen. Er sah sich noch einmal das Phantombild an und versuchte darin zu finden, was Manny gesehen hatte. Es schien alles so wild durcheinanderzugehen. In dem einen Fall hatten sie möglicherweise einen Verdächtigen erschossen, aber in dem anderen war er ein Zeuge. Vielleicht war alles ohnehin ganz anders, dachte er. Vielleicht lief draußen ein blaßhäutiger, weibisch aussehender Killer herum, der die Leute erschoß, während Cunningham an seinem Schreibtisch saß und den Mord jemandem aus seiner eigenen Mannschaft anhängen wollte.

Nein, wie er es auch drehte und wendete – was er hier sah, war das Gesicht von Lily Forrester, ihre Haare unter die blaue Strickmütze gesteckt, die auf den Mann feuerte, der ihre Tochter vergewaltigt hatte.

Er würde erheblich mehr brauchen als einen Sechserpack Bier, wenn er das vergessen wollte. Und wahrscheinlich brauchte er härtere Sachen, als er seinem Magen und seinem Gewissen zumuten konnte.

Kapitel 35

Er rief am Freitag früh an, als sie eben zur Schule gehen wollte. »Hier ist Greg, du weißt schon. Wir haben uns neulich abends kennengelernt, zusammen mit meinem Dad.«

»Hi«, sagte sie und zog das Telefonkabel lang, damit sie ihre Zimmertür schließen konnte. Der Hund war ihr immer auf den Fersen. »Ich wollte gerade zur Schule gehen.«

»Hast du Lust, morgen mit mir surfen zu gehen?«

»Ich hab Lust, aber ich kann nicht surfen.«

»Willst du es lernen?«

»Klar«, rief sie. Ihr fielen wieder die Ermahnungen ihrer Mutter ein, und im Geiste heckte sie bereits einen Plan aus, wie sie sämtliche Einwände umgehen könnte. »Sag mir die Zeit, und du kannst mich vom Haus meiner Freundin abholen.«

Draußen hörte Shana, wie ihr Vater das Garagentor öffnete. Er wartete im Auto auf sie, um sie zur Schule zu fahren. Greg hatte einen Führerschein. Was für eine Gelegenheit! Er sah phantastisch aus und konnte Auto fahren.

»Ungefähr halb sechs. Gib mir die Adresse. Warte, ich hol mir was zu schreiben ... jetzt«, sagte er.

Die Nacht bei Charlotte zu verbringen dürfte kein Problem sein, aber sich um halb sechs, wenn ihr Vater von der Arbeit kam, rauszuschleichen war schon um einiges schwieriger. »Ich weiß nicht recht«, sagte sie, »können wir es nicht ein andermal machen?«

Sie hörte, wie ihr Vater kurz auf die Hupe tippte; er hupte sonst nie. Es hieß wahrscheinlich, daß sie zu spät zur Schule kommen würde.

»Willst wohl nicht so früh aufstehen, wie? Es ist aber die beste Zeit.«

»Du meinst, um halb sechs morgens?« Kaum hatte sie es gesagt, wußte sie, daß es töricht klang. Jeder wußte, daß man früh surfen ging. »Na klar ... das geht in Ordnung.«

Am selben Abend war sie bei Charlotte, bei der sie auch übernachten würde, und verbrachte ihre Zeit damit, den Inhalt von Charlottes Kleiderschrank zu begutachten, die Sachen anzuprobieren und sie dann auf den Boden zu werfen. »Hast du gar nichts Neues?« fragte sie. »Ich habe eine Verabredung mit einem aus der Oberstufe.« Sie lächelte voller ängstlicher Erwartung und zog die Schultern hoch. Die beiden Mädchen kicherten.

»Er kommt erst nächstes Jahr in die Oberstufe, hast du gesagt.«

Charlotte lag bäuchlings auf dem Bett, den Kopf in die Hände gestützt. »Ihr geht doch nur surfen. Was glaubst du denn, was du anziehen sollst? Hier«, meinte sie und sprang vom Bett, »das ist doch gut, und dazu das hier.«

Das Mädchen hielt eine abgeschnittene Jeans und ein U.C.L.A. Sweatshirt hoch. Shana streifte sich die Hose über, die ihr auf den Hüften saß. Charlottes Sachen hatten immer perfekt gepaßt, aber jetzt waren sie zu groß. Sie stellte sich vor den Spiegel und zog das Nachthemd hoch, so daß man ihren Bauchnabel sehen konnte. Ihr gefiel der weite Sitz der Hose. Mit einem Bikini-Oberteil würde sie aussehen wie die Mädchen in den Cafés, die mit Jungen wie Greg gingen.

Shana hatte Greg angewiesen, vor dem Haus auf sie zu warten, und war deshalb um fünf Uhr wach und sah auf die Straße hinaus. Nach einer sehr langen Zeit, so schien es ihr, fuhr ein grüner VW-Bus mit einem Surfbrett auf dem Dach heran und hielt vor dem Haus. Sie stieß Charlotte sanft an, legte aber gleich den Finger auf die Lippen, damit die Freundin nicht den ganzen Haushalt aufweckte. Charlotte hatte sich bereit erklärt, ihrer Mutter zu sagen, daß Shanas Mutter sie schon früh abgeholt hätte, um ihre Großmutter zu besuchen. »Er ist da«, sagte sie, »aber schau nicht so aus dem Fenster, daß er dich sieht.«

Als Shana mit Greg davonfuhr, war Charlottes Gesicht am Fenster so deutlich sichtbar wie ein Leuchtturm an der Küste. Greg sah sie und winkte ihr zu, als wäre er ein Star. Shana rutschte vor Verlegenheit tief in den Sitz.

Sie verließen Camarillo und fuhren in Richtung Los Angeles, bogen dann in den Topanga Canyon ab und steuerten auf Malibu zu. Auf den engen, kurvenreichen Straßen ins Tal hinunter wurden sie im Wagen kräftig durchgerüttelt. Auf dem Rücksitz lagen lauter leere Packungen von McDonald's und Burger King, feucht riechende Handtücher und verschiedene Surf-Anzüge. Sie hatte davon geträumt, daß er sie in dem weißen BMW seines Vaters abholen würde.

»Gefällt dir der Wagen?« fragte er. »Ich hab ihn bei einer Versteigerung für siebenhundert Dollar bekommen. Ich finde ihn Klasse.«

»Er ist toll«, log sie.

Auf dem Pacific Coast Highway parkte er bei einer Klippe oberhalb des Strandes. »Beeil dich«, sagte er und reichte ihr einen Surf-Anzug vom Rücksitz. »Zieh das an, während ich das Surfbrett losbinde. Keine Angst, ich schau nicht hin.«

Shana kletterte auf den Rücksitz und zog sich bis auf den Badeanzug aus. Sie war dankbar für den Surf-Anzug, denn sie wollte nicht so knapp bekleidet gesehen werden.

Sie paddelten zusammen auf seinem Surfboard auf das Meer hinaus. Sie lag auf dem Bauch, und er lag praktisch auf ihr. Weit draußen war schon ein gutes Dutzend Surfer versammelt; sie saßen auf ihren Brettern und warteten auf eine Welle. Aber er blieb vorne im Flachen, in der Nähe des Strandes.

»Wir machen es so«, sagte er. »Wenn ich sage ›los‹, stellst

du dich aufrecht hin. Ich helfe dir dabei. Dann beugst du deine Knie und tust so, als ob du aus Gummi wärst. Du brauchst keine Angst zu haben. Wir nehmen uns eine ganz kleine Welle.«

Jedesmal, wenn eine Welle kam, packte er Shana um die Taille und zog sie hoch, aber sie glitt immer wieder aus und fiel auf das Brett. Schon bald brannten ihr die Augen vom Salzwasser, und ihre Hände und Füße fühlten sich wie Eis an. Beim sechsten Versuch konzentrierte sie sich schließlich, so daß sie stand, und sie ritten auf der Welle, während er sie an der Taille umfaßte. Sie war sich nicht sicher, was sie mehr genoß: auf der Welle zu reiten oder seinen Arm um ihre Taille zu spüren. Schließlich drehte er sich um und sah zu den anderen Surfern hinüber.

Aus der Reißverschlußtasche seines Anzugs holte er den Autoschlüssel und gab ihn ihr. »Das reicht für heute. Warum gehst du nicht zum Wagen und schläfst eine Runde? Ich will jetzt mal raus.« Er deutete mit seinem Kopf auf die anderen Surfer. »Im Auto ist eine Wolldecke, wenn du am Strand schlafen willst.«

Sie fühlte sich allein gelassen, watete aus dem Wasser und kletterte die steile Böschung zum Auto hinauf. Sie schlang die Arme um ihren Körper, um sich zu wärmen, dann kletterte sie in den Laderaum des VW, und nachdem sie sich umgesehen hatte, ob auch keiner in der Nähe war, zog sie den Anzug aus und streifte sich Charlottes Sweatshirt über. Sie trug die muffig riechende Decke zum Strand hinunter und versuchte, ihn auf dem Wasser auszumachen, doch alles, was sie sehen konnte, waren Köpfe, die sich im Rhythmus der Wellen auf und ab bewegten.

Shana schloß die Augen und war gleich darauf eingeschlafen.

Kurze Zeit später erwachte sie mit einem Schrei in der Kehle, der in ihr steckenblieb; sie war schweißgebadet, ihre Beine zusammengepreßt, ihre Arme über der Brust verschränkt.

Fast jede Nacht wachte sie so auf. Sie zog das dicke Sweatshirt aus, zog sich die Decke über den Kopf und drehte sich auf die Seite. Sie schmeckte die Angst in ihrem Mund und schluckte sie hinunter. »Nein«, sagte sie unter ihrem muffigen Wolldeckenzelt.

Im nächsten Moment tippte er ihr auf die Schulter. Die Sonne stand jetzt hoch am Himmel, und der Strand war voll mit Menschen, die ihre Badetücher ausbreiteten, Sonnenschirme in den Sand steckten und sich mit Sonnenöl einrieben.

»He«, sagte er, »wollen wir uns die Decke teilen?« Sie war wie eine Mumie eingewickelt. Er trug eine Badehose und zeigte seinen durchtrainierten, schlanken Körper; seine Haut war golden und mit Sand bestäubt. »Mein Vater hat gesagt, ich dürfte mich nicht mit dir verabreden ... weil du erst dreizehn bist. Das stimmt doch nicht, oder?«

Shana versuchte zu schlucken, bevor sie antwortete, um ihre Stimme unter Kontrolle zu bekommen und Zeit zu gewinnen. »Ich werde in zwei Monaten fünfzehn«, log sie ihn an.

»Lieber Himmel«, sagte er. »Du siehst älter aus. Ich dachte, du wärst so alt wie ich. Ist aber egal.« Dann sah er sie prüfend an. »Glaubst du, mein Dad und deine Mom haben was miteinander?«

»Wie kommst du darauf?« fragte sie.

»Ich weiß, daß mein alter Herr was am Laufen hat, denn manchmal ruft er mich bei meiner Mutter an und redet richtig dummes Zeug. Fragt, was ich vorhabe, und erklärt mir, daß er früh ins Bett geht und daß ich nicht zufällig vorbeikommen und ihn aufwecken soll. Am nächsten Tag schleiche ich mich in sein Zimmer, und dann sind immer zwei Gläser da – auf jedem Nachttisch eins. Eins ist immer mit Lippenstift beschmiert. Eltern sind so beschränkt. Sie lügen immer wegen der blödesten Sachen.«

Sein Haar trocknete in der Sonne. Er hatte fast farblose Strähnen, die völlig von der Sonne ausgebleicht waren, und dann wieder goldblonde. Er lag auf seine Ellbogen gestützt, sein Haar reichte bis auf die Decke. »Wie siehst du das?« fragte er sie.

»Vielleicht hast du recht. Ich habe Mom dasselbe gefragt, aber sie hat gesagt, sie seien nur befreundet.«

»Na ja, also, ich würde da nichts glauben. Meine Mutter ...« Seine Augen verdunkelten sich, aber dann sah er Shana an und lächelte. Sein Blick wanderte weiter, über das Meer. »Ich bin wahnsinnig gerne hier. Ich liebe das Meer. Am liebsten würde ich Ozeanographie an dem Institut in San Diego studieren, aber ...«

»Warum tust du es nicht?« fragte sie, obwohl sie nicht wußte, was Ozeanographie war oder was man damit anfangen konnte.

»Mein Dad hat mich nicht ein einziges Mal gefragt, was ich wirklich will. Er lamentiert immer nur, daß ich ein Versager bin und nicht an der Universität aufgenommen werde. Offensichtlich glaubt er, wenn jemand nicht Anwalt werden will, kann er nur als Müllmann enden.«

Shana lachte. »Meine Mom hat mal gesagt, daß ich Kellnerin werden müßte, weil ich nicht genug für die Schule getan habe, aber sie wollte mir nur Angst einjagen. Sie hat es nicht so gemeint. Das gehört einfach zu den Sachen, die Eltern sagen – du weißt schon, als ob sie denken, sie müßten so etwas sagen. Warum redest du nicht mit ihm und erzählst ihm, was du machen möchtest?« Shana lehnte sich vor und berührte seinen Arm. »Ich fand ihn nett.«

»Du bist nett. Mein Vater ist ein Arschloch. Aber er ist ein guter Kerl. Ich finde alle Menschen in Ordnung. Ist mir egal, was sie machen.« Greg beugte sich zu ihr hinüber und zerzauste ihr Haar. »Du bist erst dreizehn, stimmt's?« fragte er.

Sie blickte ihn nicht an, als sie erwiderte: »Es tut mir leid, daß ich dich angelogen habe. Ich habe nicht das Gefühl, daß ich so jung bin. Und meine Freundinnen kommen mir alle wie Babys vor.«

»Soll ich dir mal was sagen«, sagte er, während er sich aufrichtete und sich den Sand mit den Händen vom Körper klopfte, »du wirst mal echt toll aussehen.«

Shana sah an sich hinab, auf ihre Brüste, die in dem kleinen Bikini-Oberteil nur als winzige Erhebungen unter dem Stoff sichtbar waren. Sie war verlegen und wünschte, sie wäre nicht mitgekommen. Ihre Haut sah neben seiner ganz weiß aus, und ihre Beine waren lang und dünn. »Bringst du mich nach Hause?« bat sie leise.

Er nahm die Wolldecke, und sie packte ihre Kleider und folgte ihm. Als sie zu seinem Wagen kamen, der jetzt in einer langen Reihe von parkenden Autos auf dem Highway stand, drehte er sich um, hob sie in einer Umarmung hoch und stellte sie wieder auf den Boden. »Sollen wir uns Doughnuts holen? Ich hab einen Riesenhunger.«

»Ich auch«, sagte sie. Sie nahm ihre Handtasche aus dem Laderaum des Lieferwagens und fing an, ihre Haare zu bürsten, während sie losfuhren.

»Ich hab dich heute mitgenommen, weil mein Dad gesagt hat, daß du in letzter Zeit Probleme gehabt hast.«

Shana stockte der Atem. Alle wußten von der Vergewaltigung, so wie sie es immer vermutet hatte. Es machte sie krank. Wie konnte ihre Mutter nur allen davon erzählen?

»Er hat mir erzählt, daß deine Eltern sich scheiden lassen, aber immer noch zusammen wohnen. Das ist ganz schön hart. Ich weiß, was du da durchmachst, weil meine Eltern sich gerade getrennt haben, und meine Mom mit so einer Tennisamazone zusammen wohnt. Es ist noch nicht mal unser Haus, es gehört ihr.«

Ihre Nackenmuskeln entspannten sich. Aber, dachte sie, vielleicht wußte er dennoch etwas. Seine sanften braunen Augen drückten Verständnis aus, aber sie konnte nicht wissen, ob das wegen der Scheidung ihrer Eltern war oder wegen der Vergewaltigung. Jedesmal, wenn sie anfing, sich mit jemandem wohl zu fühlen, schossen ihr diese Gedanken durch den

Kopf, bis sie dem anderen kaum mehr zuhörte, weil sie dauernd damit beschäftigt war, herauszufinden, ob er etwas wußte. Sie preßte die Finger an ihre Schläfen und dachte, ihr Kopf würde explodieren.

Plötzlich drehte sie sich zu ihm, blickte ihn voll an und platzte heraus: »Ich bin vergewaltigt worden.«

Er schaltete den Motor aus; sie standen vor einem Doughnut-Laden. »Weiß deine Mutter davon?« fragte er. »War es ein älterer Typ? Oder jemand, mit dem du ausgegangen bist?«

»Meine Mutter war dabei ... sie ist auch vergewaltigt worden ... er ist in unser Haus eingebrochen ... er hat uns mit einem Messer bedroht. Jetzt sitzt er im Gefängnis. An dem Tag, als wir dich getroffen hatten, haben wir ihn gerade bei einer Gegenüberstellung erkannt.« Als das raus war, hatte sie das Gefühl, daß ein harter Knoten in ihrem Magen sich auflöste. Hier war ein Mensch, bei dem sie sich nicht mehr fragen mußte, ob er es wußte oder nicht. Ihre Mutter hatte gesagt, daß es am schlimmsten sei, die Sachen in sich zu verschließen. Jetzt, wo sie es erzählt hatte, glaubte sie ihr. Es tat gut, darüber zu reden. Plötzlich hatte sie das Gefühl einer wunderbaren Leere in ihrem Magen, das erste Mal seit der Vergewaltigung. Sie ließ ihren Kopf nach hinten auf die Kopfstütze fallen. »Du bist der erste Mensch, dem ich es gesagt habe. Ich habe noch nicht einmal meiner besten Freundin davon erzählt.«

»Tja, meine Mom ist lesbisch. Wenn du über Probleme reden willst, hast du dir den Richtigen ausgesucht. Das hab ich auch nicht meinen Freunden erzählt. Komm«, sagte er und nahm sie bei der Hand, »wir holen uns ein paar Doughnuts.«

Shana verdrückte zwei Doughnuts mit Schokoladenüberzug und Greg drei. Sie mußten eisgekühltes Wasser trinken statt Milch, da sie zusammen nur 4 Dollar 50 hatten. Im Wagen war es heiß, und Shana aß ihre Doughnuts und ließ die Krumen auf ihren nackten Bauch fallen. Dann fing sie an zu reden und konnte nicht mehr aufhören.

»Meine Mom ... weißt du, sie war einfach sagenhaft. Davor haben wir uns nicht besonders gut verstanden. Sie war immer lange im Büro, und Dad hat es so hingedreht, als ob sie sich nichts aus mir machte. Aber an dem Abend ... da war sie großartig. Sie hat versucht, ihm das Messer abzunehmen, und beinahe hätte er sie damit erstochen. Es war furchtbar.« Sie sah, wie Greg die leere Doughnut-Tüte auf den Rücksitz warf. »Ich meine ... vielleicht kannst du mit deinem Dad nur über bestimmte Sachen sprechen, aber ich sehe Mom nicht mehr so. Sie ist eher meine allerbeste Freundin.«

»Weißt du, was lesbisch bedeutet?« fragte er, nahm ihre Bürste und fing an, sein langes Haar zu bürsten.

»Natürlich weiß ich das. Ich bin dreizehn und nicht in der dritten Klasse. Hat deine Mutter es dir gesagt? Was hat sie dir gesagt?«

»Das ist es ja gerade: Sie hat mir gar nichts erzählt. Und mein Dad hat mir auch nichts erzählt.« Seine Stimme klang hart und voller Zorn. »Vor drei Jahren bin ich nach Hause gekommen, als meine Mutter und diese Frau gerade aus der Dusche kamen und ins Schlafzimmer gingen. Sie hatten beide Handtücher um. Sie wußte nicht, daß ich sie gesehen habe. Dann, ein paar Tage später, habe ich gesehen, wie sie sich küßten, und darüber hätte ich beinahe meinen verdammten Verstand verloren.« Er sah Shana an und bedauerte, daß er geflucht hatte, aber sie war nicht verstört, sondern lehnte sich zu ihm hinüber und lauschte gespannt seinen Worten. »Es war so krank, verstehst du: Deine eigene Mutter küßt irgendeine Frau mitten auf den Mund, als ob sie ein Mann wäre. Ich wußte davon, aber Dad wußte nichts, und ich konnte mir keinen Reim darauf machen. Na ja, egal ...«

»Also«, meldete sich Shana zu Wort, »lesbisch zu sein ist ja nicht so schrecklich. Es ist ja kein Verbrechen oder so etwas. Und krank ist es auch nicht. Es ist einfach nur anders, mehr nicht. Ich meine, wenn deine Mom diese Frau liebt, dann ist es ihre Sache und nicht deine. Dir würde es auch nicht gefallen, wenn sie dir vorschreiben würde, wen du lieben kannst, oder?«

Sie fühlte sich so erwachsen, so reif. Sie hatte noch nie eine richtige Unterhaltung mit einem Jungen gehabt. Als sie aufsah, bemerkte sie seinen Blick auf ihrem Gesicht.

»Ich habe eine Freundin, mußt du wissen.«

»Ach so«, sagte sie, und das Herz wurde ihr ganz schwer. »Wie schön.« Sie drehte sich um, starrte aus dem Fenster auf der Beifahrerseite und beobachtete die Menschen auf dem Parkplatz.

»He, was du gesagt hast, hat mir eingeleuchtet. Ich meine, über meine Mom und so.«

Shana antwortete nicht. Sie drehte sich auch nicht um.

»Ich finde es wirklich schrecklich, was dir passiert ist, und ich weiß, daß es nicht leicht für dich war, es zu erzählen.«

»Na ja«, sagte sie und spürte die Tränen auf ihrer Wange.

»Ich mag dich. Ich möchte, daß wir Freunde sind. Ich habe zwar eine Freundin, aber ich habe niemanden, mit dem ich so reden kann wie mit dir. Verstehst du mich?«

»Ja.«

Das Lächeln verschwand von seinem Gesicht. Er blickte sorgenvoll auf sie hinab, beugte sich zu ihr und nahm ihre Hand. »Wenn dir wieder einer übel mitspielt, dann ruf mich an. Und wenn nicht, ruf mich trotzdem an. Das nächste Mal gehen wir weiter hinaus und reiten auf richtigen Wellen.«

Kapitel 36

Nachdem Lily von Cunningham erfahren hatte, daß Manny Hernandez tot war und die Polizei die Pistole sichergestellt hatte, die möglicherweise die Tatwaffe in dem Fall McDonald-Lopez war, putzte sie das Schlafzimmer fertig und nahm sich die Küche vor. John war am Abend zuvor ausgegangen, und da Shana bei ihrer Freundin geschlafen hatte, war sie den ganzen Abend allein zu Hause gewesen. Richard hatte sie überreden wollen, zu ihm zu kommen oder wenigstens mit ihm in einen Jazzclub zu gehen, aber sie hatte sich geweigert. Nach einer qualvollen, schlaflosen Nacht war sie zu der Erkenntnis gekommen, daß sie ihm alles erzählen mußte. Schließlich plante er ein Leben mit ihr und wartete auf den Tag, an dem sie zusammenleben würden. Auch wenn ihre Tat nie ans Licht kam, konnte sie die Beziehung nicht fortsetzen, ohne ihm davon zu erzählen. Sie mußte ihm die Möglichkeit geben, sie zu verlassen. Sie liebte ihn.

Der Eimer mit den Putzmitteln stand vor dem Schlafzimmer, aber sie mußte ständig zum Telefon auf ihrem Nachttisch blicken. Zwanghaftes Putzen war ihre Methode, um der letzten, unbeantworteten Frage aus dem Weg zu gehen, aber heute klappte es nicht. Sie wählte die Nummer des Gefängnisarchivs. »Hier ist Lily Forrester von der Staatsanwaltschaft. Ich brauche die Einlieferungs- und Entlassungszeit für einen Fall ... eine Sekunde«, sagte sie, um den Anschein zu erwecken, daß sie nach den entsprechenden Daten suchte,

»der Name des Insassen ist Bobby Hernandez. Er scheint Ende April eingeliefert worden zu sein.«

Sie wartete, bis die Sachbearbeiterin mit der gewünschten Information zurückkam. »Er wurde am 18. April eingeliefert und am 29. April entlassen. Brauchen Sie auch die Gründe?« fragte sie.

»Ich benötige die genaue Zeit, zu der er am 29. entlassen wurde«, erwiderte Lily. Ihre Hände waren klebrig-feucht, und sie nahm den Hörer in die andere Hand. Sie konnte das Klicken des Computers im Hintergrund hören, während sie wartete.

»Hier ist es ja«, sagte die Sachbearbeiterin, »offensichtlich wurde er gegen acht Uhr entlassen.«

Sie hatte den Atem angehalten und stieß jetzt die Luft erleichtert aus; ihr Körper entspannte sich. Es gab immer noch die Hoffnung, daß Curazon nicht der Vergewaltiger war. Sie wollte sich schon bedanken und auflegen, als die Sachbearbeiterin sagte: »Moment mal; das ist nicht die Entlassungszeit, sondern die Zeit, zu der wir die Papiere bearbeitet hatten. Hier ist die tatsächliche Zeit: Er wurde an dem Abend um Viertel nach elf entlassen.«

»Sind Sie sicher?« fragte Lily,

»Ich habe es direkt vor mir auf dem Computer. An dem Abend mußten ungefähr fünfzig Entlassungen bearbeitet werden – das sollten Sie mal sehen. Der Typ hatte Glück, daß er an dem Abend überhaupt rausgekommen ist. Manche mußten bis zum nächsten Morgen warten.«

Sie hatte den Falschen erschossen.

»Brauchen Sie noch weitere Informationen?« fragte die Sachbearbeiterin.

In Lilys Ohren klang ihre Stimme wie aus weiter Ferne, körperlos und unwirklich. »Nein, danke«, sagte sie und ließ den Hörer auf den Teppichboden fallen. Jetzt gab es keinen Zweifel mehr. Als sie an dem Abend in die Küche gekommen war, hatte der Wecker im Schlafzimmer elf Uhr angezeigt. Zu dem

Zeitpunkt war Bobby Hernandez noch im Gefängnis von Ventura gewesen. Sie zog die Vorhänge im Schlafzimmer zu, nahm zwei Valium aus ihrer Handtasche und schluckte sie. Dann warf sie sich auf das Bett und wartete, daß die Tabletten ihre Wirkung taten. Sie wollte einschlafen und nicht denken müssen. Sie leerte die Tabletten aus dem Röhrchen auf die Bettdecke und zählte sie nach, wobei sie jede einzelne mit dem Finger zur Seite schob. Sie klebten an ihrer schweißnassen Haut. Es wäre so leicht, so ungeheuer leicht. Eine dieser Tabletten nach der anderen könnte von dem klebrigen Finger auf ihre Zunge wandern und von dort die Kehle hinuntergleiten. Die Dunkelheit lockte sie mit verführerischem Flüstern. Durch einen schmalen Spalt in den dichten Vorhängen fiel ein Sonnenstrahl auf die Reihe von Tabletten, wie ein Omen. Sie drückte ihren Finger auf eine Tablette, legte sie auf ihre Zunge und schluckte sie wie ein köstliches Stück Obst oder eine Praline hinunter, indem sie den Kopf in den Nacken legte. Es blieben nur zwölf übrig. Das reichte nicht.

Und dann waren da noch Shana und Richard und sogar John, an die sie denken mußte. Sie hatte zu viele Verpflichtungen, um sich aus dem Leben stehlen zu können. Sie würde nur noch mehr Schmerz verursachen.

Vielleicht könnte sie sich rein waschen, wenn sie ein Geständnis ablegte und sich der Gnade des Gerichts überließ. Indem sie sich der Strafe, sogar einer Haftstrafe, unterwarf, könnte ihre Schuld möglicherweise gesühnt werden. Aber das wäre eine andere Form von Selbstmord, denn dann könnte sie nie mehr in ihrem Beruf arbeiten, nie mehr der Mensch sein, der sie heute war, und für Shana würden immense psychologische Probleme entstehen. Es gab eigentlich keine Alternative. Sie sah sich selbst als Puzzle, das jemand auf den Boden geworfen hatte, Tausende von kleinen Teilchen. Das eine fehlende Teilchen lag in der leblosen Hand von Bobby Hernandez verschlossen, der es nie mehr freigeben würde. Als sie ihn getötet hatte, hatte sie einen Teil von sich selbst getötet.

Kapitel 37

Shana ließ sich von Greg in einer Seitenstraße ein paar hundert Meter vor ihrem Haus absetzen und ging das kurze Stück zu Fuß. Ihr Vater war in der Garage, wo er an verschiedenen Rohrstücken, die anscheinend zum Rasensprenger gehörten, herumbastelte. »Wo ist Mom?« fragte sie.

»Ihr Auto ist da, also muß sie im Haus sein. Ich habe sie nicht gesehen. Ich bin gerade erst nach Hause gekommen.«

»Hast du sie letzte Nacht hier allein gelassen?« fragte Shana vorwurfsvoll. »Was hast du denn gemacht? Warst du über Nacht bei deiner Freundin?«

Er ließ die Rohrstücke fallen, stand auf und wischte sich die Hände an einem Putzlappen ab.

»Ich gestatte es nicht, daß du so mit mir redest. Hast du verstanden? Ich habe nichts getan, wofür ich mich schämen müßte. Deine Mutter und ich leben getrennt. Sie ist ausgezogen, wenn du dich erinnerst.«

Shana gab keine Antwort und eilte ins Haus; die Tür schlug hinter ihr zu. »Mom«, rief sie laut, bekam aber keine Antwort.

Sie lief in das dunkle Schlafzimmer und sah ihre Mutter zusammengerollt auf dem Bett liegen. »Mom«, schrie sie, und ihre Angst wuchs mit jeder Sekunde, »was ist los? Warum liegst du mitten am Tag im Bett?« Lily blieb reglos liegen. Shana lief zu ihr und fing an, sie zu rütteln. »Wach auf. Mom, hörst du mich? Was ist los?«

Lily drehte sich um und stöhnte. Dann schien sie wieder einzuschlafen. Shana sah Lilys geöffnete Handtasche auf dem Boden und zog das Röhrchen Tabletten hervor. »Jetzt reicht's«, schrie sie, und diesmal hörte ihre Mutter sie. »Ich werfe diese blöden Pillen ins Klo.«

Lily richtete sich im Bett auf und bettelte: »Bitte nicht, Shana, bitte. Ich kann ohne die Tabletten nicht schlafen. Das darfst du nicht tun.«

Es war zu spät, die Klospülung rauschte.

Shana kam wieder in das Zimmer und zog die Vorhänge zurück, so daß die Nachmittagssonne ins Zimmer flutete. »Steh auf«, sagte sie, »geh dich duschen und schmink dich. Wir beide verschwinden von hier.« Sie blickte ihre Mutter an und stemmte die Hände in die Hüften. »Und wenn ich sehe, daß du wieder Tabletten nimmst, dann schmeiß ich sie weg. Und wenn du wieder welche holst, dann fang ich an, Drogen zu nehmen. Ich besorg sie mir in der Schule. Das ist kinderleicht.« Sie ließ die Arme sinken, aber ihre Brust bebte vor Erregung.

Lily erhob sich mühsam und blickte Shana an. Sie konnte nicht glauben, daß ihre Tochter sie ausschimpfte, als hätten sie die Rollen vertauscht. »Wo gehen wir denn hin?« fragte sie.

»Wir gehen essen, und danach ins Kino. Ich sehe im Programm in der Zeitung nach, was läuft, und du ziehst dich an.«

Shana fand die Zeitung in der Küche. Sie steckte noch in der Rolle, mit dem Gummi drum. Shana strich das Gummiband ab und ließ ihren Blick über die Titelseite gleiten, bevor sie den Programmteil aufschlug. Dann sah sie die Fotos.

Es waren drei Bilder: eins von Manny Hernandez, eins von Bobby Hernandez und eins von dem Officer, der an der Schießerei beteiligt war. Sie überflog den Text und kam zu dem Abschnitt, in dem es hieß, daß Bobby Hernandez am 30. April von einem unbekannten Täter erschossen worden war – am Morgen nach der Vergewaltigung, dachte Shana. Weiter las sie, daß der Verdächtige als weißer Mann beschrieben worden war, ungefähr einsfünfundsiebzig groß, der eine blaue Strickmütze trug und einen roten Wagen mit Fließheck fuhr. Shana ließ die Zeitung fallen, als sei sie glühend heiß; in ihrem Kopf überschlugen sich die Gedanken.

Ihre Mutter hatte ihr über den Zeitpunkt des Todes dieses Mannes nicht die Wahrheit gesagt. Ihre Mutter fuhr ein rotes Auto mit Fließheck. Andere Einzelheiten kamen ihr wieder ins Gedächtnis. Sie sah das Bild ihrer Mutter vor sich, die hinter dem Honda kniete, als sie in die Garage kam, und der Geruch von Farbe oder Farbverdünner war so deutlich wie an dem Tag, als es passierte. Was hatte sie da gemacht?

Sie hörte Schritte auf dem Holzfußboden, rollte die Zeitung schnell zusammen und warf sie in den Abfalleimer. Jetzt war nicht der Zeitpunkt, um Fragen zu stellen. Sie wußte nur, daß irgend etwas nicht stimmte: ihre Mutter steckte in Schwierigkeiten. Sie sah Lily an, als sie die Küche betrat, sah das angespannte Gesicht und die dunklen Ringe unter den Augen.

»Du siehst toll aus«, log sie. »Komm, wir fahren. Ich konnte die Zeitung nicht finden. Wir können ja einfach in die Stadt fahren und schauen, was im Kino läuft.«

»Die Zeitung lag hier auf dem Tisch«, sagte Lily und blickte sich suchend um; ihre Augen waren glasig und verquollen.

»Vielleicht hat dein Dad sie. Ich weiß auch nicht.«

»Ist ja auch egal. Jetzt komm. Essen müssen wir sowieso. Ich hab einen Bärenhunger.«

Sie gingen in Carl's Junior an der Ecke und bestellten zwei Hamburger. Lily trank eine Tasse schwarzen Kaffee, nahm zwei Bissen von ihrem Hamburger und schob ihn zur Seite.

»Iß auf«, sagte Shana streng. »Mir hast du gesagt, ich muß essen, sonst werde ich krank. Du hast auch nichts gegessen. Soll das heißen, daß es für dich in Ordnung ist und für mich nicht?«

Lily hielt sich die Ohren zu und mußte unwillkürlich lächeln. »Himmel, hören sich so Mütter an? Ich esse ihn auf. Aber du bist vielleicht streng, weißt du das?«

»Tja«, sagte sie, »das habe ich wahrscheinlich von dir.«

Dann lehnte sie sich über den kleinen Tisch und sah ihrer Mutter direkt in die Augen: »Zumindest warst du es früher ... bevor du angefangen hast, Tabletten zu schlucken.«

Lily vergewisserte sich mit einem Blick, daß keiner ihnen zuhörte, und entgegnete dann: »Reite nicht ständig auf dieser Sache mit den Tabletten rum. Ich bin ja nicht süchtig oder so. Viele Erwachsene nehmen Beruhigungsmittel, besonders Menschen, die im Beruf viel Streß haben. Du weißt, daß ich früher nie Tabletten genommen habe ...«

»Aber ich weiß, daß du in letzter Zeit viele nimmst. Ich habe dich gesehen, und ich habe die Tabletten in deiner Handtasche gesehen.« Shana erinnerte sich, daß sie die Tabletten zum ersten Mal in der Handtasche ihrer Mutter gesehen hatte, als sie das Foto von dem Mann entdeckt hatte, der heute in der Zeitung abgebildet war und der wie der Bruder des Mannes bei der Gegenüberstellung aussah. Sie wollte Lily danach fragen, verkniff es sich aber. Sie wollte sich nicht in irgend etwas hineinsteigern.

Sie traten aus dem Restaurant und gingen über den Parkplatz. Der Himmel war wie blankgefegt, die Sonne schien, und das Thermometer zeigte über dreißig Grad an. Einen solchen Tag sollte man draußen verbringen, dachte Shana. An einem Tag wie diesem müßte man sich seines Lebens freuen können.

Im Auto suchte Shana im Radio einen Sender mit Rockmusik, kurbelte das Fenster hinunter und ließ sich die frische Luft durch die Haare wehen.

»Ich weiß was«, sagte sie. »Warum schauen wir uns nicht ein paar Häuser an? Es ist viel zu schön draußen, um ins Kino zu gehen. Wir können ja immer noch gehen, wenn es dunkel ist.«

Zum ersten Mal seit dem Morgen erhellte sich Lilys Gesicht. »Ich weiß einige Häuser, die wir uns ansehen können. Ich müßte allerdings beim Makler anrufen und einen Termin für eine Besichtigung vereinbaren. Vielleicht klappt es nicht, aber wir können es ja versuchen.«

»Weißt du, Mom, du mußt unbedingt aus unserem Haus ausziehen. Ich glaube nämlich, es tut dir nicht gut, mit Dad zusammenzuleben, wenn ihr gar nicht mehr richtig verheiratet seid. Ich meine, ich weiß, daß ihr verheiratet seid, aber ... du weißt schon.«

»Ich glaube aber immer noch nicht, daß es eine besonders gute Idee ist, wenn du jetzt die Schule wechselst. Wenn du wartest, bis die Ferien anfangen ... es ist ja nur noch ein Monat. Ich glaube kaum, daß wir so schnell ein Haus finden.«

»Ich habe einen Vorschlag«, verkündete Shana. »Wir ziehen so schnell wie möglich um, also zum Beispiel morgen, okay? Und ich bleibe bis zu den Ferien an meiner Schule. Dann mußt du mich eben ein paar Mal zur Schule bringen, und einige Nächte kann ich auch bei Dad schlafen, und dann ...«

»Das könnte gehen«, erwiderte Lily. Sie lockerte ihren Griff um das Steuerrad und spreizte ihre Finger ein wenig, dann hielt sie das Steuer wieder fest. »Wir werden sehen.«

Sie hielten an einer Telefonzelle und verabredeten einen Termin, um sich zwei Häuser in den Hügeln von Ventura anzusehen. Da sie noch eine Stunde Zeit hatten, kaufte Lily sich in einem Elektronikladen ein tragbares Telefon.

»Das ist ja cool«, sagte Shana und nahm ihrer Mutter das Gerät weg. »Kann ich jemanden anrufen?«

»Später«, sagte Lily. »Auf jeden Fall kannst du mich jetzt immer erreichen, egal, wo ich bin. Willst du wirklich bei mir leben?«

»Ja, ja. Wie oft soll ich dir das noch sagen?« Sie lehnte sich zu Lily und küßte sie auf die Wange. »Es wird toll werden, Mom, ich sag's dir. Dieser Widerling, der uns vergewaltigt hat, kommt ins Gefängnis, und wir werden glücklich sein. Weißt du, ich habe es heute morgen beschlossen. Ich will glücklich sein. Egal, was war. Wir leben ja – er hat uns nicht umgebracht. Und du wirst auch wieder glücklich sein.«

Das erste Haus, das sie besichtigten, war von Unkraut überwuchert und roch muffig. Überall blätterte die Farbe ab, und die Küche war eine Katastrophe.

Als sie wieder zum Auto gingen, hielten sie sich beide die Nase zu. »Was war das für ein Geruch? Es roch, als wenn jemand vergessen hätte, die Klospülung zu benutzen.« Sie lachten, und Shana legte Lily den Arm um die Schultern.

Das zweite Haus war genau richtig. Es war klein, aber perfekt, und es gab sogar ein kleines Arbeitszimmer, das man vom Wohnzimmer aus betrat. Es war ein älteres Backsteinhaus mit gekachelten Fußböden. Die beiden Schlafzimmer lagen an den entgegengesetzten Enden des Hauses, jedes mit einem eigenen Badezimmer. Im Garten gab es einen hölzernen Wasserbottich und einen wunderschönen Patio mit vielen Pflanzen. An der Wand neben der Eingangstür war eine Alarmanlage eingebaut. Während Lily mit der Immobilienmaklerin sprach, strich Shana über den schwarzen Kasten mit den roten Leuchten. Hier würden sie sicher sein, dachte sie. Hier würde es keine Tränen oder Kämpfe oder Alpträume mehr geben.

»Ich find's toll«, sagte Shana begeistert zu ihrer Mutter. »Das nehmen wir. Und schau dir nur den Garten an, Rasen und kein halber Acker. Und der Wasserbehälter ist super.«

»Wir können heute keine Entscheidung treffen«, erklärte Lily der Maklerin. »Ich rufe Sie morgen an, wenn ich einige Dinge geklärt habe.«

Als sie vor dem Haus standen, bedrängte Shana sie, der Frau zu sagen, daß sie es nehmen würden. Sie wollte gleich einziehen, jetzt, und auf der Stelle ein neues Leben anfangen. Das war das Problem mit den Erwachsenen: Sie machten immer alles so kompliziert, wo es doch so einfach war.

»Das wäre aber nicht richtig, Shana. Wir müssen es mit deinem Dad besprechen, und es gibt reichlich Häuser, die zur Miete angeboten werden.«

»Ich habe schon mit Dad gesprochen.«

»Na ja, dann laß mich doch heute abend mit ihm sprechen.«

»Er kann nicht nein sagen«, sagte sie, und ihre gute Stimmung verflog. »Ich bin fast vierzehn, und als Sallys Eltern geschieden wurden, hat der Richter gesagt, sie kann sich aussuchen, bei wem sie leben möchte.«

»Aber das wollen wir ja nicht ... vor Gericht gehen. Laß es mich doch regeln. Ich möchte, daß wir gut miteinander auskommen, deinetwegen.«

»Nein«, sagte Shana entmutigt, »sag nicht meinetwegen. Wir tun es unseretwegen, für dich und für mich.« Ihre Miene verfinsterte sich. Sie hörte schon die Streitgespräche ihrer Eltern, die Einwände ihres Vaters. Ihr fiel wieder der Zeitungsartikel ein und der Morgen nach der Vergewaltigung. Hatte ihre Mutter diesem Mann etwas Schreckliches zugefügt, weil sie dachte, er sei derjenige, der sie vergewaltigt hatte? War es das, was sie in ihrem Gesicht sah und in ihrer Stimme hörte? Sie setzte sich aufrecht hin und sah ihre Mutter an. »Von jetzt an tun wir alles, was wir tun, für uns. Wir sind ein Team. Kapiert? Wir haben das zusammen erlebt, und wir werden zusammen damit fertig. Ich habe Dad gern und will auch viel mit ihm zusammensein, aber er wird uns nicht auseinanderbringen.« Lily sah vor sich auf die Straße. »Schau mich an, Mom, und versprich mir, daß du dich nicht von ihm von unserem Plan abbringen läßt.«

»Ich werde mir die größte Mühe geben«, erklärte Lily.

»Nein«, sagte Shana und schüttelte den Kopf, »das reicht nicht. Versprich mir, daß du keine Tabletten mehr nimmst und mich nicht mehr wie ein Baby behandelst. Ich helfe dir, und du hilfst mir. Ich verberge nichts vor dir, und du verbirgst nichts vor mir. So werden wir es machen.«

»Versprochen.«

»Gut. Dann wird alles gut werden.« Shana lehnte sich in ihrem Sitz zurück, schloß die Augen und ließ ihren Gedanken freien Lauf. Sie würden ihre Sachen packen und in das neue Haus einziehen. Sie würden die bösen Erlebnisse hinter sich lassen. Wenn ihre Mutter etwas Verbotenes getan hatte und es geschah ihr deshalb etwas, würde man sie auch bestrafen müssen. Was ihre Mutter getan hatte, hatte sie für Shana getan, und keiner würde ihrer Mutter je wieder weh tun.

KAPITEL 38

Als sie nach Hause kamen, saß John auf dem Sofa vor dem Fernseher; Zigarettenrauch stieg kräuselnd zur Decke. Shana warf ihm nur einen Blick zu und ging dann in ihr Zimmer, der kleine Hund folgte ihr springend und stieß mit der Nase gegen ihre Fingerspitzen. Als Shana an Lily vorbeiging, flüsterte sie: »Red jetzt gleich mit ihm. Warte nicht länger.«

Nachdem Shana den Raum verlassen hatte, ließ Lily die Schultern fallen und starrte John von ihrem Platz hinter der Küchentheke aus an. Sie schluckte und hatte dieses merkwürdige Gefühl im Mund, das Gefühl gleichzeitig von Hunger und Übersättigung, und als sie sich ein Glas nehmen wollte, zitterten ihre Hände und dann ihr ganzer Körper. Sie brauchte eine Valium-Tablette. Ihr Körper schrie nach den Medikamenten, die sie in ihn hineingepumpt hatte, aber sie konnte nichts tun, um das Bedürfnis zu befriedigen. Sie riß die Schranktüren auf und suchte fieberhaft nach irgendeinem Mittel; dabei warf sie Hustensaftflaschen um und brachte Packungen mit Erkältungsmitteln und Vitamintabletten durcheinander.

»Was ist hier los?« fragte John, warf einen kurzen Blick auf Lily und wandte sich wieder dem Fernseher zu.

Sie stand in der Küche, das grelle Neonlicht schien auf sie herab, die Hälfte der Schranktüren stand offen. »Gib mir eine Zigarette.«

Er stand auf, zog seine Polyesterhosen hoch und schlurfte

in die Küche. Dann schob er ihr eine Packung Zigaretten über die gekachelte Theke zu. An seinen Füßen trug er überdimensionale, flauschige Pantoffeln, und als Lily ihn so sah, fing sie an zu lachen. Er sah wie ein Zwerg aus. Die Pantoffeln sollten offenbar irgendein Tier darstellen – Elefanten oder etwas in der Art. Sie hielt sich vor Lachen den Bauch, Tränen rollten ihr über die Wangen. »Wo hast du die denn her?« fragte sie und zeigte auf seine Füße. Das Lachen schüttelte sie von neuem. John starrte sie wütend an. »Hat deine Freundin ... hat sie dir ... die gegeben?«

Seine Augen verengten sich zu Schlitzen, er war verärgert und drehte sich um. »Halt«, rief Lily und steckte sich die Zigarette in den Mund, um das Lachen zu ersticken. »Gib mir Feuer.«

»Seit wann rauchst du denn?« fragte er und beobachtete sie, wie sie an der Zigarette zog und den Rauch in einer großen Wolke aus dem Mund blies, die sie mit der Hand vertrieb.

»Seit du angefangen hast, Elefanten zu tragen«, sagte Lily und wollte sich schon wieder ausschütten vor Lachen, konnte sich aber gerade noch zügeln. In ihrem Kopf drehte sich alles von der ungewohnten Wirkung der Zigarette. Sie wollte sie im Aschenbecher ausdrücken, brach sie aber in der Mitte durch, und die eine Hälfte glomm weiter. »Shana will bei mir einziehen. Sie hat gesagt, sie hätte schon mit dir darüber gesprochen.« Er wollte etwas sagen, aber sie hob die Hand, um ihn zu stoppen. »Bevor du anfängst, dich aufzuregen, erkläre ich dir kurz, wie ich es mir gedacht habe. Wir können dieses Haus für ungefähr dieselbe Summe vermieten, die es uns im Monat kostet. So hätten wir immer noch die Steuervergünstigung, aber keiner von uns muß für die Raten aufkommen. Shana kann dieses Schuljahr an ihrer alten Schule beenden – ich fahr sie hin, oder du fährst sie, wenn sie bei dir ist –, und nächstes Jahr kommt sie in die neue Schule.«

Sein Gesicht war undurchdringlich, dann brach es aus ihm heraus. »Ich verbiete es. Du kommst immer spät von der Arbeit, dann ist sie allein im Haus. Ich verbiete es. Du bist schon immer eine beschissene Mutter gewesen.«

Lily spürte den Zorn in sich hochsteigen, zwang sich aber, einige Male tief durchzuatmen und die letzte Bemerkung einfach zu überhören. Es war ja schließlich nicht das erste Mal, daß er so etwas zu ihr sagte. Und wenn sie ihm die Füße küssen müßte, sie würde es tun. Außerdem, dachte sie und sah auf seine Füße, war er einfach zu lächerlich, um eine echte Bedrohung darzustellen. Warum hatte sie das vorher nie gesehen? Warum hatte sie sich von ihm verärgern und unglücklich machen lassen? Er war eine Witzfigur, ein Strichmännchen. Sie konnte ihn mit einem Bissen verschwinden lassen.

»Ich kann gut verstehen, wie du fühlst, und ich weiß, daß du Shana sehr liebst. Ich versichere dir, daß ich abends pünktlich zu Hause sein werde. Ich muß mich immer nur um einen Fall persönlich kümmern, und den Rest weise ich zu. Was ich im Büro nicht schaffe, nehme ich mit nach Hause.« Sie lehnte sich an die Theke und studierte sein Gesicht. Seine Augenbrauen waren immer noch gerunzelt und sein Mund ein schmaler Strich.

»Du nimmst die Vergewaltigung und die Tatsache, daß Shana sich dadurch mehr mit dir identifiziert, zum Vorwand, um sie mir wegzunehmen.«

»Das siehst du ganz falsch, John. Nicht nur das, sondern du bist deiner eigenen Tochter gegenüber unfair. Du wirst sie nicht verlieren. Sie hat dich lieb. Sie wird wahrscheinlich genauso oft bei dir sein wie bei mir.«

Lily schwieg und starrte ihn an; sie wartete.

Er fuhr mit der Hand durch sein Haar und erwiderte Lilys Blick. »Ich denke mal, wenn Shana das so will und es ihr hilft, die ganze Sache hinter sich zu lassen, dann ...«

»Oh, John.« Lily trat näher und streckte eine Hand aus, um ihn zu berühren; dann legte sie sie an den Mund. Erleichterung durchströmte sie, eine Welle von Zärtlichkeit berührte sie, und nur einen Moment lang wollte sie ihn umarmen und ihm danken, und sie wünschte sich, sie könnten einander wieder lieben. »Ich möchte, daß du auch glücklich bist. Ich möchte, daß wir als Eltern Freunde bleiben können.« Sie sah Tränen in seinen Augen stehen und schluckte die eigenen hinunter. »Wenn wir zusammen in diesem Haus bleiben, so wie die Dinge stehen, werden wir uns endgültig hassen. Und das will ich nicht.«

Er legte ihr einen Finger auf den Mund, es war wie ein Kuß. Dann ging er und verließ das Haus ohne ein weiteres Wort.

Lily konnte nicht schlafen. Um drei Uhr morgens ging sie in die Küche und fing an, nach einer Flasche Wein zu suchen. Sie mußte etwas finden, was ihr helfen würde, einzuschlafen. Da, im Dunkeln, saß John auf dem Sofa. Er rauchte.

»Meinetwegen kannst du dich ins Bett legen«, sagte sie spontan, »ich kann sowieso nicht schlafen.«

»Na ja, ich denke, du wirst lernen müssen, damit umzugehen, stimmt's?« sagte er sanft. »Und ich muß es genauso lernen.«

Als Lily wieder im Schlafzimmer war, schloß sie die Tür und stellte sich mit dem Rücken dagegen. Sie setzte die Flasche Wein an und nahm einen kräftigen Zug. Danach wischte sie sich mit dem Handrücken über den Mund. Ihr Blick schweifte durch das Zimmer, glitt über die dunklen Ecken und die langen Schatten. Der einzige Augenzeuge war tot. Jetzt waren beide Brüder tot. Morgen, dachte sie mit einer gewissen Erleichterung, kam entweder das Ende oder ein neuer Anfang. So oder so, sie war bereit. Zu lange war sie durch einen langen, dunklen Tunnel geschritten.

KAPITEL 39

Cunningham stand nackt auf der Waage und betrachtete den Zeiger, der um die Zahl 110 zitterte. Er verlagerte sein Gewicht ein bißchen, und der Zeiger sank etwas nach unten. Sharon öffnete die Tür, zog das Badetuch von seinen Schulter, während sie gleichzeitig ihre Hosen herunterließ und sich auf das Klo setzte. »Ich kenn mich mit solchen Sachen aus«, sagte sie.

Ohne das Badetuch und nach einer erneuten Gewichtsverlagerung zeigte die Waage schließlich 109 Kilo an, und Cunningham seufzte erleichtert. Wenn er über 110 Kilo wog, auch bei einer Größe von einsneunzig, hätte er bei der nächsten amtsärztlichen Untersuchung Schwierigkeiten.

»Warum bist du überhaupt um diese Zeit schon auf?« fragte sie, stand auf und zog die Spülung.

Er warf seine kräftigen Arme um sie, hob sie ein paar Zentimeter vom Boden und setzte sie wieder ab. »Du wagst dich hier ziemlich weit vor, mein Mädchen. Ich bin heute morgen zu allem möglichen aufgelegt. Es könnte sein, daß ich dich ins Bett zerre und dort mein Spiel mit dir treibe.«

»Aha«, kommentierte sie unbeeindruckt. »Laß deinen Worten erst mal Taten folgen.«

»Du bist ein ganz schön ausgekochtes Luder, weißt du das?«

Er drehte sich um, schmierte sich Rasiercreme ins Gesicht, und Sharon ging, um die Kinder zur Schule zu fahren. Er überlegte, ob Lily Forrester ihre Tochter zur Schule fuhr, ob sie gerade jetzt mit ihr in dem roten Honda unterwegs war.

Er nahm sein braunes Jackett aus dem Schrank, sein bestes, und schnüffelte unter den Ärmeln. Er hatte es eine Weile nicht reinigen lassen, und es roch ein bißchen. Im Badezimmer stand eine Flasche Eau de Cologne, die seine Kinder ihm zum Vatertag geschenkt hatten. Es hieß »Hero« – Held. Nicht unbedingt das teuerste Eau de Cologne, dachte er und bestäubte sein Jackett damit, aber der Name war Programm. Es gab ein ganzes Set: Er besaß Hero-Shampoo, Hero-Deodorant und Hero-Rasierwasser.

Auf dem Weg zum Labor kurbelte Cunningham alle Fenster im Wagen herunter und spürte die frische, saubere Morgenluft. Die Abgase hatten sich noch nicht auf die Stadt gelegt, und der Frühlingsmorgen erinnerte ihn an Omaha. Als er die Stufen zum Labor, immer eine überspringend, hochstürmte, zeigte ihm der Kitzel der Erregung, den er in seinem Magen spürte, daß er immer noch nach seiner Arbeit süchtig war. Es war der Jagdtrieb, die ständigen Überraschungen, das zufriedene Gefühl, das sich einstellte, wenn er einen Fall abgeschlossen hatte und ihn beiseite legen konnte.

Im Labor veranstaltete er ein großes Gebrüll, und seine dröhnende Stimme hallte von den gekachelten Wänden wider. Um halb elf lag der Bericht endlich auf dem Beifahrersitz, und er schlängelte sich auf dem Weg zum Gerichtsgebäude durch den Verkehr. Um zwanzig vor elf stand er in der Eingangshalle des Bezirksanwaltsbüros – zwanzig Minuten zu früh, genau wie er es geplant hatte. Er ließ seine Dienstmarke aufklappen und hielt sie dem Mädchen am Empfang hin.

»Bei wem haben Sie einen Termin?« fragte sie. »Ich frage dann nach, ob sie vorsprechen können.«

»Warum drücken Sie nicht einfach auf den kleinen Summer da und überlassen mir den Rest, meine Süße.« Er steckte seinen Kopf durch die kleine Öffnung. »Jetzt«, sagte er. Das Mädchen machte einen Satz und drückte auf den Knopf.

Er schlenderte den langen Flur entlang, an den Sachbearbeitern und Sekretärinnen vorbei, bis er vor Lilys Büro stand. Er blieb vor der Glaswand stehen und beobachtete sie. Sie schrieb, und ihr Kopf war über das Papier geneigt. Schließlich trat er in die Türöffnung und räusperte sich. Sie zuckte zusammen und blickte auf; der Stift fiel ihr aus der Hand, und sie warf einen kurzen Blick auf die Uhr. Es war ganz klar, daß sie auf ihn gewartet hatte. So hatte er es geplant: Er wollte sie überraschen, sie stellen und sehen, wie sie sich wand.

»Bruce«, sagte sie und schluckte; sie versuchte, ihre Nervosität beim Anblick des massigen Detective zu unterdrücken. »Sie kommen zu früh. Ich habe Sie erst gar nicht erkannt. Ich glaube, meine Augen werden immer schlechter bei dem ganzen Papierkram.«

Er betrat ihr Büro und strich sich über den Bauch. Sein Jackett stand offen, da es spannte, wenn er es zuknöpfte. »Wahrscheinlich habe ich ein paar Pfund zugelegt«, sagte er und trat an ihren Schreibtisch, auf den er einige zusammengeheftete Papiere legte. »Hier haben Sie Ihren Bericht.«

Sie sah gespannt zu ihm auf. »Über die Waffe?« fragte sie. »Ich dachte, sie hätten mittags gesagt.«

»Ich bin vorbeigegangen und habe denen ein bißchen Dampf gemacht«, sagte er, gab aber nichts über den Befund preis. Lily fing an, den Bericht durchzublättern, und warf ihn dann wieder auf den Schreibtisch.

»Also, ich habe nicht allzuviel Zeit.« Sie konnte weder ihre Augen noch ihren Verstand auf den Bericht konzentrieren. Sie dachte nur daran, daß Cunningham kaum einen halben Meter vor ihr stand und ihr ins Gesicht starrte. »Wie lautet der Befund? Ist es die Waffe, oder nicht?«

»Lesen Sie. Sehen Sie selbst.« Er lehnte sich an die Wand des Büros und lächelte.

Sie nahm den Bericht wieder in die Hand und blätterte die Seiten um. Ohne das Valium war sie angespannt und ungeduldig. Seine Anwesenheit allein reichte, um ihr das Gefühl zu vermitteln, daß sie dem Zusammenbruch nahe war, und jetzt trieb er auch noch seine dummen Spielchen mit ihr. Sie knallte den Bericht auf den Tisch und fragte: »Ist es die verdammte Waffe, oder ist sie es nicht?«

Verärgert löste er sich von der Wand. »Sie ist es.«

»Und weiter ...?« Die unterdrückte Angst verwandelte sich in Wut, die sie nicht beherrschen konnte. Sie fühlte sich in die Enge gedrängt – sie saß in der Falle, mit diesem Mann, der sie vernichten konnte, in dem kleinen Büro.

»Kann ich hier rauchen?« fragte er, griff in die Jackentasche und holte seine Zigaretten heraus.

»Nein, Rauchen ist hier nicht erlaubt«, entgegnete sie mit klopfendem Herzen. Er war so nah. Mit den Augen verfolgte sie jede seiner Bewegungen.

»Verstehe«, sagte er und steckte die Schachtel wieder in seine Tasche. Sein Blick ruhte immer noch auf ihr, und er zwirbelte seinen Schnauzer. Dann ging er um ihren Schreibtisch herum und sah ihr über die Schulter.

Sie konnte ihn fühlen, spürte seinen warmen Atem in ihrem Nacken. Ihre Hände fingen an zu zittern, und sie legte sie in den Schoß, in der Hoffnung, daß er nichts bemerken würde. Jetzt ist es gleich soweit, dachte sie, gleich erzähle ich ihm alles und bereite diesem Wahnsinn ein Ende.

»Cunningham, setzen Sie sich bitte, und erzählen Sie mir, was ich wissen möchte. Wir haben hier nicht den ganzen Tag Zeit.«

Er baute sich wieder vor ihrem Schreibtisch auf, setzte sich aber nicht. »Also, es sieht so aus, als hätten wir übereinstimmende Fingerabdrücke von Bobby und Manny Hernandez sowie von Richard Navarro. Außerdem ist diese Waffe nach dem Befund dieselbe, die bei den Schüssen auf Carmen Lopez benutzt wurde. Das heißt, ich nehme an, die Antwort auf Ihre Frage lautet: Es ist ganz eindeutig die verdammte Waffe.« Er lächelte.

Sie legte eine Hand auf die Brust und sah auf. »Sie waren

beide daran beteiligt. Lieber Gott. Und wir haben Navarro festgenagelt.«

»Möchten Sie immer noch, daß ich mit Nieves spreche?« fragte er und zündete sich, trotz Verbot, eine Zigarette an. Er sah sich nach einem geeigneten Gefäß für die Asche um, und als sein Blick auf einen alten Styroporbecher mit einem Rest Kaffee fiel, trat er heran und klopfte seine Asche direkt vor Lily darin ab. Sie war nervös, hatte Angst. Das fühlte er. Wenn er die Schraube ein bißchen anzog, dachte er, nur ein kleines bißchen ...

»Butler möchte, daß Sie ihm Angst einjagen und ihn zum Reden bringen, ohne daß wir ihm etwas versprechen. Das einzige, was Sie ihm anbieten können, ist Schutzhaft, während seiner Zeit im Untersuchungsgefängnis, und er kann seine Zeit in einem Bundesgefängnis absitzen, wenn er redet.«

Ihre Stimme wurde brüchig, ihr Gesicht war aschfahl und eingefallen, unter den Augen waren dunkle Ringe sichtbar. Seine Gedanken lösten sich von dem Gespräch. Egal, wie unnachgiebig sie erscheinen wollte, sie sah zerbrechlich, schmal und verwundbar aus. Sie sah aus wie eine Frau, die an der Grenze dessen stand, was sie ertragen konnte. Auf Nase und Wangen bemerkte er ihre Sommersprossen. »Meine kleine Schwester hat auch Sommersprossen«, sagte er, ohne nachzudenken.

»Ach was«, erwiderte Lily, sah aber nicht auf. In dem Augenblick befanden sie sich ganz woanders, wo sie nur zwei normale Menschen waren. Dann hob sie ihren Blick und sagte: »Würde es Ihnen etwas ausmachen, über Ihre Vernehmung von Nieves zu sprechen statt über meine Sommersprossen?«

»Also, ich glaube, wenn ich ihm nichts anbieten kann, verschwende ich nur meine Zeit.«

Plötzlich verlor Lily völlig die Beherrschung. Sie stand auf und donnerte mit der Faust auf den Tisch, woraufhin sich der Styroporbecher mit dem Kaffeerest und der Zigarettenasche über den Teppich entleerte. »Sie verschwenden Ihre Zeit?«

schrie sie. »Sie verschwenden *meine* verdammte Zeit. Ich will, daß Sie Nieves vernehmen, weiter nichts. Es ist mir scheißegal, was Sie ihm anbieten. Er ist ein Mörder, verdammt noch mal. Da kommt man nicht ungestraft davon.«

Cunningham stand blitzschnell vor ihrem Schreibtisch, stützte seine Hände auf und reckte sein Gesicht so weit vor, daß sie seinen Atem riechen konnte. »Nicht ungestraft, wie?« Er schwieg, der Klang seiner Worte hing in der Luft. Sie sollte nachdenken, bevor sie so große Töne spuckte, besonders unter den gegenwärtigen Umständen. Er sah, wie die Farbe aus ihrem Gesicht wich, als er wiederholte, was sie gesagt hatte. Sie reagierte. Und er hatte es gesehen. Noch ein, zwei Zentimeter mehr, und sie würde zusammenbrechen.

»Also«, sagte er schließlich, »er riskiert sein Leben, wenn er singt, ob in einem Bundesgefängnis oder anderswo. Irgendwie kann immer einer an ihn ran. Ich würde mit Sicherheit nicht singen und riskieren, daß mir eines Nachts jemand auf dem Klo die Gurgel durchschneidet, nur damit ich in einem hübscheren Gefängnis sitzen kann.« Er war auf und ab gegangen und drehte sich jetzt zu ihr um. »Sie etwa?« fragte er. Sie sah ihn nur an. Er fuhr fort: »Sie bitten ihn um ein Pfund Kokain im Tausch für einen Fingerhut voll Marihuana.«

Ihre Augenlider flatterten, Schweißperlen traten auf ihre Stirn. Sie wich vor ihm zurück und sank in den Stuhl. Als sie sprach, war ihre Stimme leise und ihr Blick gesenkt. »Butler hat gesagt, er würde mit sich reden lassen ... versuchen Sie es zunächst auf direktem Wege ... er will nicht, daß wir unsere Trümpfe ohne Not ausspielen.«

Die Worte kamen stockend, und zuletzt mußte er sich anstrengen, sie zu hören, so leise wurde ihre Stimme. Cunningham war es warm geworden in seinem Jackett. Er lockerte die Krawatte. So hatte er sich das Ganze nicht vorgestellt. In diesem Moment wollte er einfach nur raus hier, bevor er etwas tat oder sagte, das er später bereuen würde. Der Fall war zu schwach, um sie ohne Haftbefehl festzunehmen. Der Augenzeuge war tot, und er war sich einfach nicht hundertprozentig sicher. Wenn er sich entschied, eine Staatsanwältin hinter Gitter zu bringen, dann müßte er verdammt sicher sein, daß er das Richtige tat.

Sein Gesicht war unbewegt, als er sagte: »Ich rede jetzt mit Nieves.« Er ging zur Tür. Der fensterlose Raum war mit Zigarettenrauch gefüllt. Mehrere Leute kamen vorbei und sahen ihn tadelnd an, aber er starrte zurück, und sie setzten ihren Weg wortlos fort. Dann stand er in der Tür mit dem Rücken zu Lily und blickte den Korridor entlang. Er sah den Zigarettenstummel auf dem Boden liegen, ging zurück, hob den Becher auf und warf den Stummel hinein. Einen Moment lang musterte er ihr Gesicht und überlegte, wie sie wohl ohne Make-up und mit dem Haar unter einer Strickmütze aussah.

Er wußte, wie sie aussehen würde, und es machte ihm Angst. Sie würde genau wie das Gesicht auf dem Phantombild aussehen.

»Ihre Tochter?« fragte er und nahm den Silberrahmen auf ihrem Schreibtisch in die Hand. »Sie ist eine Schönheit. Wahrscheinlich hat Ihnen noch nie jemand gesagt, daß sie Ihnen wie aus dem Gesicht geschnitten ist.«

Einen Moment lang wich die Starre aus ihren Gesichtszügen; sie nahm den Rahmen aus seiner ausgestreckten Hand entgegen. »Sie ist das großartigste Mädchen der Welt.« Sie wurde rot vor Verlegenheit. »Das sagen bestimmt alle Eltern.«

»Nicht alle Eltern«, erwiderte er und musterte ihr Gesicht eindringlich. »Ich bin sicher, ich würde mir auf die Brüder Hernandez nichts einbilden, wenn sie meine Söhne gewesen wären. Irgend etwas ist da völlig aus dem Ruder gelaufen.«

Er sah, wie sich ihre Miene verdüsterte. Sie griff mit zitternden Händen nach ihrer Brille. Tja, dachte er und glaubte, ihre Gedanken zu erraten. Sie hatten auch Eltern. »Übrigens, wenn es Sie interessiert, wir haben in Mannys Plymouth eine Crackpfeife gefunden und ein paar Phiolen mit Rückständen. Wahrscheinlich waren sie bis obenhin zu, als sie Lopez und McDonald umgebracht haben.«

»Crack«, sagte sie und warf eine Akte auf ihren Schreibtisch.

Cunningham ging und ließ eine Wolke Zigarettenrauch, vermischt mit dem süßen Duft von Hero, zurück. Vor seinem geistigen Auge stand das Gesicht von Shana Forrester. Eigentlich wäre es gar nicht so übel, Polizeichef in einer kleinen, ruhigen Stadt zu sein. Im Moment könnte es ihm gefallen, eine ruhige Kugel zu schieben. Wenn ihm jetzt jemand ein entsprechendes Angebot machte, würde er es möglicherweise annehmen.

Er steckte seinen Kopf durch das Fenster der Empfangskabine bei den Sicherheitstüren. »Der große böse Wolf kommt wieder, meine Süße«, sagte er in drohendem Ton. »Ich weiß, daß Sie mich rauslassen wollen.«

Der Summer erklang umgehend; Cunningham stieß die Schwingtür mit seinen Fäusten auf und ging in Richtung Gefängnis. Die Sache sah übel aus, äußerst übel. Sah so aus, als ob beide, die Bösen und die Guten, schwarze Hüte trugen. Schon bald würde jeder, wenn er auf die Straße ging, einen Revolver oder eine Maschinenpistole mitnehmen. Die Zeit der weißen Hüte war vorbei, und es nahte der Tag, an dem er weiterziehen mußte. »Schwarz ist schwarz, und weiß ist weiß«, sagte er laut, als er über den Hof ging, aber was er auch sagte, in seiner Situation sah er eigentlich nur grau.

Weil Cunningham Polizeibeamter war, durfte er Nieves in einem kleinen Raum vernehmen, in dem sich nur ein Tisch und zwei Stühle befanden, wie es sie in staatlichen Schulen gab. Der Detective setzte sich auf den einen Stuhl und Nieves auf den anderen. Der Mann war so klein, daß Cunningham unwillkürlich an eine Wippe auf dem Spielplatz denken mußte. Er wußte, daß es zwei oder drei Jungen von dieser Statur brauchen würde, um sein Gewicht auszubalancieren. Er konnte nicht mehr als 52 Kilo wiegen, komplett angezogen. Sein Haar war sauber geschnitten, wahrscheinlich auf Anraten seines Pflichtverteidigers, und in seinen kleinen dunklen Augen stand die Angst.

Cunningham sah ihn an und seufzte erleichtert auf. Die Begegnung mit Lily lag ihm schwer im Magen. Mit jemandem wie Benny Nieves konnte er immer fertig werden, aber Forrester, das war eine ganz andere Sache.

»Okay, Benny, ich bin Detective Cunningham von der Polizei in Oxnard, und ich bin gekommen, um deine Seele zu retten. Besuchst du hier den Gottesdienst?«

»Ja«, sagte er verschüchtert und völlig verunsichert, weil er nicht verstand, was das mit seinem Fall zu tun hatte.

»Glaubst du an Gott?«

»Ja, Mann, klar doch.«

»Glaubst du, daß Gott denen vergibt, die gesündigt haben? Meinst du, daß es eine Hölle für die gibt, die ihre Sünden nicht bereuen?« Letztes Mal hatte es wunderbar funktioniert, als er so an die Sache herangegangen war. Wenn Menschen tagein, tagaus in einer Zelle saßen, suchten sie häufig Zuflucht im Glauben. Selbst Kenneth Bianchi, der Würger aus den Bergen, gab jetzt vor, Priester zu sein.

»In der Bibel steht, wenn du bereust, muß Gott dir vergeben«, sagte der Junge voller Ernst.

Cunningham hatte recht gehabt. Benny hatte Jesus im Bezirksgefängnis von Ventura gefunden. »Und was heißt das, seine Sünden bereuen?«

»Daß es dir leid tut, Mann. Und daß du es nicht wieder tun willst.«

»Nun, Benny, mein Junge, du bist nah dran, aber nicht nah genug. Weißt du, ich bin gar nicht mit der Ermittlung in deinem Fall beauftragt. Gott hat heute morgen einfach mit mir gesprochen und gesagt: ›Da sitzt ein Junge im Gefängnis, der deine Hilfe braucht, und der heißt Benny Nieves.‹« Cunningham beobachtete, wie die Augen des Jungen so rund wie Untertassen wurden und sein Kiefer herunterfiel. »Man könnte sogar sagen, ich bin so etwas wie ein Schutzengel.« Cunningham lehnte sich weit über den Tisch und war nur Zentimeter von Bennys Gesicht entfernt. »Denn dir droht die Todesstrafe, Benny, und Gott denkt, du kannst gerettet werden.«

»Scheiße, Mann, sind Sie verrückt?« sagte Benny. »Sie erzählen mir Scheiße, Mann. Sie sind nur ein verdammter Cop, kein Schutzengel.« Trotz seiner groben Worte hingen seine Augen an Cunningham. Die Hoffnung, daß der ihm auch etwas Gutes zu sagen hätte, war noch nicht verflogen.

»Also, Benny. Hör mal gut zu, was ich dir zu sagen habe, denn ich biete dir eine Chance zur Reue, und diese Chance kommt vielleicht nicht wieder. Es ist so, daß wir die Pistole haben, die bei dem Mord benutzt wurde, und wahrscheinlich weißt du, daß Bobby und Manny tot sind. Auf der Pistole sind auch Fingerabdrücke, aber keine von dir. Und ich glaube, daß die zwei Typen, die jetzt im Knast sitzen und sagen, sie haben sich von euch nur mitnehmen lassen, daß sie die Wahrheit sagen. Und ich glaube nicht, daß Gott sehr zufrieden mit dir wäre, wenn du sie für etwas büßen lassen würdest, was sie nicht getan haben.«

Benny sprang vom Stuhl auf, ging die zwei Schritte zur Wand und lehnte sich dagegen. »Sie haben nichts getan. Das sind nur Jungen aus dem Revier. Wir kennen die. Wir haben sie nur mitgenommen.«

»Schön, Benny, aber das reicht noch nicht, um sie zu entlasten. Sie kommen nur raus, und dir bleibt die Todesstrafe nur erspart, wenn du mir genau erzählst, was damals passiert ist. Wir glauben nicht, daß du an der Schießerei beteiligt warst, und wir glauben auch nicht, daß du dem Jungen den Kopf mit dem Stein zerschmettert hast. Das waren die schlimmsten Sachen. Du weißt, was ich meine?«

Die äußeren Stahltüren schlossen sich mit einem elektronischen Piepen und einem metallenen Klirren, und Benny drehte sich um, als könne er durch die Tür sehen, ob jemand davor lauschte. Er antwortete nicht.

»Wenn du uns alles erzählst, nehmen wir dich in Schutzhaft, und deine Strafe kannst du in einem Bundesgefängnis verbüßen. Du hast davon gehört, Benny, das sind richtige Country Clubs im Vergleich zum normalen Knast. Da gibt es Schwimmbäder und Golfplätze und anständiges Essen. Da kommen die großen fetten Typen hin, die anderen Leuten nur das Geld abluchsen.«

»Ich mach mir nichts aus Golf, Scheiße noch mal.« Er sah Cunningham an, und sein Gesicht fing an zu zucken. »Ich will nicht sterben.« Er kam zu seinem Stuhl zurück, lehnte sich weit vor und flüsterte: »Sie bringen mich um, Mann.«

»Wenn du die Todesstrafe bekommst, stirbst du mit Sicherheit. Und das Schlimmste ist, daß du ohne Vergebung stirbst. Willst du dahin kommen, wo die Straßen mit Gold gepflastert sind, oder willst du im Höllenfeuer schmoren?«

Cunningham stand auf und gab dem Wächter ein Zeichen. »Sag mir Bescheid. Denk darüber nach. Hier ist meine Karte.« Er warf sie auf den Tisch; im selben Moment schloß der Wächter die Tür auf.

Als er vor den elektronischen Sicherheitstüren in der Eingangshalle stand, blickte er zum Monitor auf und rülpste. Er griff in die Tasche, fand eine Packung Tabletten gegen Sodbrennen, die er am Tag zuvor gekauft hatte, und steckte sich eine in den Mund. »He, macht die verdammten Türen auf, ich komme mir langsam vor wie ein Scheißhäftling.« Er wartete. Keiner kam. Er überlegte kurz, ob er noch einmal zu Lily gehen und sie erneut in die Ecke drängen sollte, aber der Ball war jetzt in seinem Feld und brannte sich durch seinen Magen wie ein glühendheißer Schürhaken.

»Was zum Teufel ist hier los?« brüllte er, und sein Ärger wuchs. Er konnte sich unmöglich vorstellen, wie es sein müßte, hier eingesperrt zu sein, hinter Gittern, ohne Privatsphäre, ohne Sonnenschein oder frische Luft, ohne Weg nach draußen. Er wußte nur eins, dachte er, reckte sich und verpaßte dem Monitor einen Faustschlag: Statt hinter Gittern wäre er lieber tot. Die Welt da draußen war vielleicht eine Müllhalde, aber das hier war eine Jauchegrube. Es war die Endstation.

»Entschuldigung, daß Sie warten mußten. Ich war auf der Toilette«, sagte eine körperlose Stimme über den Lautsprecher. »Es ist höllisch heiß draußen.«

»Mein Lieblingsthema«, sagte Cunningham.

»Was, die Hitze?«

»Nein, die Hölle, mein Guter, die Hölle.«

KAPITEL 40

Bevor Shana zur Schule ging, rief sie Greg an. »Gehst du nicht zur Schule?« fragte sie. »Es ist schon nach acht.«

»Natürlich gehe ich«, murmelte er, »ich hab verschlafen. Wer ist denn dran?«

»Ich bin's, du weißt schon. Shana. Wenn du nicht zur Schule gehst, wirst du vielleicht wirklich Müllmann, wie dein Vater gesagt hat.« Er antwortete nicht gleich, und sie dachte, daß sie vielleicht etwas Falsches gesagt hatte, aber vielleicht hatte er sich nur auf die Seite gerollt und war wieder eingeschlafen. »Bist du wach? Ich wollte dich bitten, mich heute nachmittag von der Schule abzuholen. Ich will mit dir über diese Sache mit meiner Mutter reden. Hörst du mich?«

»Ja klar. Ich zieh mich gerade an. Eine Karriere als Müllmann interessiert mich nicht besonders. Ich hol dich ab. Um wieviel Uhr?«

»Wir haben um halb vier Schluß, aber ich warte, wenn du erst später kannst.«

»Ich bin pünktlich da«, sagte er.

Nachdem ihr Vater zum Auto gegangen war, holte sie den Zeitungsabschnitt aus dem Mülleimer und steckte ihn in ihr Notizbuch, bevor sie ihm nacheilte.

Shana verließ das Gebäude der Camarillo Junior High School zusammen mit einigen Klassenkameradinnen. Sie hatte versucht, sich allein aus der Schule zu stehlen, aber es war ihr nicht gelungen. Dann sah sie ihn, und die Mädchen um sie herum sahen ihn auch. Er lehnte an seinem VW-Bus und hatte sich in Pose geworfen; in seinem langen blonden Haar spielte die Sonne, er trug ein weißes T-Shirt, Jeans und eine Ray-Ban-Sonnenbrille. Shana lief auf ihn zu und ließ die anderen Mädchen mit offenen Mündern stehen; sie steckten sofort die Köpfe zusammen und tauschten ihre Mutmaßungen aus. Er sonnte sich darin, im Mittelpunkt zu stehen, dachte sie, so wie er seine Mähne schüttelte und sein verwegenstes Lächeln aufsetzte.

»Ich ziehe nächste Woche nach Ventura«, sagte sie, als sie die klapprige Tür des Wagens zu schließen versuchte. »Wo wohnt ihr?«

»Mein Dad wohnt in den Hügeln«, erwiderte er.

»Ich weiß den Namen der Straße nicht mehr, in der unser neues Haus steht, aber es ist auch in den Hügeln. Ist das nicht irre? Dann sind wir Nachbarn.«

Greg sah sie an und lächelte, zeigte aber keine rechte Begeisterung.

»Weißt du, Shana«, sagte er schließlich, »was ich gesagt habe, daß ich eine Freundin habe, das stimmt.« Er ließ seine Ray-Ban-Sonnenbrille heruntergleiten und musterte Shana über den Brillenrand, als ob er sich vergewissern wollte, daß sie ihn verstand.

»Na toll«, sagte sie und schob die Unterlippe vor. »Glaubst du etwa, ich habe gefragt, ob du kommen kannst, um vor meinen Freundinnen mit dir anzugeben? Ich meine, ich erwarte nicht, daß du mich zum Schulball mitnimmst oder so.«

»Na gut«, sagte er erleichtert. »Wenn das geklärt ist, Schwesterlein, worum geht's denn jetzt bei deiner Mutter?«

»Wir könnten in den Park hier ganz in der Nähe gehen, und ich erklär dir alles. Ich kann mit keinem anderen darüber reden, und es macht mich ganz verrückt.«

Nachdem sie geparkt hatten, nahm er die etwas mufflige Decke von der Ladefläche, und sie breiteten sie auf dem Gras aus. Als ein Schwarm kleiner Kinder laut schreiend auf den Spielplatz stürmte, nahmen sie die Decke und setzten sich in einiger Entfernung ins Gras. Shana erzählte von Anfang an, wie ihre Mutter in der Nacht der Vergewaltigung nicht nach Hause gekommen war, wie sie, Shana, ihre Mutter hinter dem Auto hockend gefunden hatte, mit einem Lumpen, der nach Farbverdünner roch. Sie erzählte von dem Foto von Hernandez, das sie in der Handtasche ihrer Mutter gesehen hatte. Er lag auf dem Bauch und hörte zu.

»Paß auf«, sagte sie und holte den Zeitungsartikel aus der Tasche, »das ist der Typ hier.« Sie zeigte auf das Bild. »Er sieht dem Mann, der uns vergewaltigt hat, sehr ähnlich, aber er ist es nicht.«

»Na und? Was ist jetzt der springende Punkt? Ich komm nicht ganz mit.«

»Mom hat mir gesagt, daß dieser Typ schon vor langer Zeit von jemand umgebracht worden sei, lange vor der Vergewaltigung, aber das stimmt nicht. In der Zeitung steht, daß er an dem Morgen umgebracht wurde. Also, an dem Morgen danach. Sie hat mich also angelogen.«

»Ich hab dir ja gesagt, daß sie alle lügen.«

Sie fuhr fort: »In dem Artikel steht, daß die Person, die den Typ erschossen hat, einen roten Wagen mit Fließheck hatte. Meine Mutter fährt einen roten Honda.«

Greg las den Artikel, während sie redete. »Mannomann, das ist ja 'n tolles Ding. Du meinst also, daß deine Mom diesen Typ erschossen hat, weil sie dachte, er sei der Kerl, der euch vergewaltigt hat? Aber sie suchen nach einem Mann. Hier steht's.«

»Vielleicht haben sie gedacht, daß meine Mom ein Mann ist«, sagte sie und blickte dabei zu Greg, um seine Reaktion zu sehen. »Sie ist ziemlich groß und könnte sich verkleidet haben oder so was.«

»Ich wette, da ist nichts dran«, sagte er und reichte ihr die Zeitung. »Deine Mom hat bestimmt keinen umgebracht. Ich meine, vielleicht hätte dein Dad es tun können, wenn er gewußt hätte, wo der Typ war, aber deine Mom? Das ist ja irre. Meine Mom kann ja noch nicht einmal eine Spinne töten.«

»Na ja, aber deine Mom ist auch nicht meine Mom.«

»Glaubst du wirklich, daß sie jemanden eiskalt umlegen könnte?« fragte er. Das Gespräch beängstigte ihn, und er sah sich im Park um, als ob er nicht recht wüßte, wo er gelandet war.

»Sie hat es für mich getan«, sagte Shana, und ein Schluchzen stieg in ihrer Kehle auf. »Sie hat es getan, damit er nicht mehr wiederkommt.«

»Schon gut, schon gut. Beruhige dich. Reg dich nicht auf.«

»Was soll ich tun?«

»Nichts. Was meinst du denn, was du tun solltest? Selbst wenn deine Mom – was man sich in den wildesten Phantasien nicht vorstellen kann – diesen Typ umgebracht hat, dann würde ich das nicht unbedingt herumerzählen. Denk doch mal nach.«

»Und was ist mit meiner Mom? Sollte ich ihr nicht sagen, was ich denke? Vielleicht kann sie mir alles erklären. Wenigstens sollte ich ihr sagen, daß ich zu ihr halte, egal, was geschieht. Wenn sie sie jetzt festnehmen und ins Gefängnis stecken? Das würd ich nicht überleben.«

»Hör mir zu. Du hast mich um Rat gebeten, und jetzt kriegst du ihn. Du willst, daß ich mich wie ein Bruder verhalte, dann paß jetzt genau auf. Deine Mom hat herausgefunden, wer der Vergewaltiger war und wo er wohnt. Sie hat sich als Mann verkleidet, ist zu seinem Haus gegangen und hat ihn umgelegt.« Greg klatschte in die Hände. »Eine Runde Applaus für die gute alte Mom.« Shana lächelte dünn. »Sie ist nach Hause gekommen und hat irgend etwas Merkwürdiges in der Garage gemacht. Darüber reden wir lieber nicht.« Er machte eine Grimasse und zog die Augenbrauen hoch. »Vielleicht hat sie ihn erschossen und ihn dann überfahren, und dabei ist was von ihm am Auto kleben geblieben. Entsetzlich.«

»Du machst dich über mich lustig«, warnte sie ihn mit erhobenem Zeigefinger, »das ist aber nicht lustig.«

»Entschuldigung. Also, sie hat ihn umgebracht. Er ist tot. Du siehst, ich glaube dir aufs Wort. Aber«, und er hob seine Hand, »deine Mom läßt jetzt einen anderen Kerl ins Gefängnis wandern. Niemals. Es ergibt alles keinen Sinn, der ganze Alptraum, egal, wie man ihn betrachtet.«

»Sie wußte nicht, daß er es nicht war. Sie hatte ihre Brille nicht auf. Am Anfang hat sie gesagt, daß der Mann bei der Gegenüberstellung nicht der richtige war.«

Greg formte ein T mit beiden Händen, um eine Auszeit anzudeuten.

»Das reicht. Kein Wort mehr. Wenn der große Bruder spricht, hat er das letzte Wort. Die kleine Schwester hält den Mund. Verstanden?«

Shana schwieg. »Ich soll es also vergessen?«

»Ein letzter Versuch, dann lasse ich dich hier sitzen, und du kannst alleine nach Hause gehen, wenn du nicht zuhörst. Versetz dich doch in die Lage deiner Mutter. Nehmen wir an, alles ist so passiert. Würde sie es wollen, daß du davon weißt? Daß überhaupt einer davon weiß? Meinst du, sie würde mit dir Erinnerungen darüber austauschen wollen, wie das war, damals, als sie den Vergewaltiger erschossen hat?«

Sie lehnte sich spontan zu ihm hinüber und gab ihm einen Kuß auf die bronzene Stirn. »Ich wünschte wirklich, du wärst mein Bruder.«

Er stand auf und zog an der Decke, woraufhin Shana zur Seite rollte.

»Nach alldem hier *bin* ich dein Bruder.«

Auf dem Weg nach Hause schwieg Shana. Greg drehte die Stereoanlage so laut auf, daß ihr die Ohren dröhnten, aber sie hielt sich zurück. Er war nett. Er hatte sie von der Schule abgeholt und ihr zugehört, aber es hatte eigentlich nichts gebracht. Sie war so durcheinander wie vorher. Die Ereignisse jener Nacht und des darauffolgenden Morgens gingen ihr immer wieder durch den Kopf, und sie wußte, daß etwas Furchtbares geschehen war, vielleicht noch furchtbarer als die Vergewaltigung. Egal, was Greg sagte, es war ihre Mutter, um die es ging, und sie hatte Angst.

KAPITEL 41

Cunningham fuhr in die Einfahrt, stieg aus und schlenderte dann zur Haustür. Sein Magen war ein einziger harter Klumpen, aber er hatte Sharon versprochen, zum Essen nach Hause zu kommen. »Kalorienarme Kost«, murmelte er vor sich hin und versetzte einem Skateboard auf dem Gartenweg einen Tritt. Im Haus war es ruhig, die Kinder waren verschwunden. Er brüllte: »Der dämliche Junge hat wieder sein Skateboard draußen liegengelassen, und ich hätte mir beinahe den verdammten Hals gebrochen.«

Sharon steckte den Kopf durch die Küchentür und lächelte. »Geh sofort ins Eßzimmer und setz dich hin.«

Er streifte die Krawatte ab und warf sie auf das Sofa. »Wo sind die Kinder?« fragte er.

Seine Frau kam mit einer großen Platte, auf der sie einen Braten und Kartoffeln angerichtet hatte, aus der Küche. Sie trug enge Jeans und einen tiefausgeschnittenen, langen Pullover, der ihre breiten Hüften kaschierte. »Eine Überraschung«, sagte sie. »Ich dachte, das würde uns einmal guttun, ein schönes Essen, nur wir zwei. Die Kinder habe ich zu meiner Mutter geschickt.«

Er starrte sie an und hielt sich den Bauch, dann rülpste er.

»Ich fühle mich beschissen. Ich hab die Nase gestrichen voll von dieser Scheiße.«

»Du bist krank, stimmt's? Sieh dich nur an. Hoffentlich ist es keine Gallenkolik oder so etwas. Du weißt, daß dein Vater Gallensteine hatte, und dieses Rülpsen ist ein Symptom. Ich hol dir ein paar Maalox.«

»Hör endlich mit dem Quatsch auf. Ich habe keine Gallensteine. Ich habe kein Magengeschwür. Ich hab's satt. Verstehst du das nicht? Bis hierhin.« Er zog mit der Hand eine Linie unter seinem Kinn.

Sie verzog das Gesicht, setzte die Platte ab und blickte enttäuscht auf den Braten. Sie hatte sich solche Mühe gegeben, und er war in einer so miesen Stimmung. »Möchtest du darüber reden?«

»Sharon ...«

Sie stand unschlüssig am Tisch, während er sich auf das Sofa fallen ließ. »Ich meine, vielleicht solltest du etwas essen«, sagte sie mit einem Blick auf den Tisch und das Essen.

»Sharon ...«

»Oder ein Bier? Im Kühlschrank habe ich einen ganzen Sechserpack. Ich hole dir eins. Soll ich? Du ruhst dich ein bißchen aus, dann wärme ich alles auf, und wir essen später.«

»Sharon, ich will kein Bier. Ich will keine Maalox, und ich habe keine Gallensteine. Ich möchte nach Hause. Zum allerletzten Mal, ich möchte nach Omaha zurück.«

Sie ließ sich auf einen der großen Eßzimmerstühle fallen und drehte ihn so um, daß sie ihn sehen konnte. »Bruce – das haben wir doch erst neulich durchgesprochen. Tommy hat eine Zulassung für die Universität in Los Angeles. Er bereitet sich seit Jahren darauf vor. Es bedeutet ihm ungeheuer viel. Wenn wir wieder nach Nebraska gehen, muß er höhere Studiengebühren bezahlen, weil er nicht in seinem Heimatstaat studiert, und das können wir uns einfach nicht leisten. Was wir für seine Ausbildung gespart haben, reicht niemals aus. Wir müssen so schon jeden Dollar umdrehen.«

Sein Kinn fiel so tief herunter, daß es fast auf seiner Brust ruhte. Er hatte sich tief in die Sofakissen rutschen lassen und seine Beine weit von sich gestreckt; mit einer Hand hielt er sich immer noch den Bauch. Er blickte mit schwarzen, durchdringenden Augen zu ihr auf. »Du meinst also, daß ich in meinem Beruf nicht genug Geld verdiene, um meinen Sohn auf die Universität zu schicken.«

»Nicht doch, Bruce. Du arbeitest hart. Du leistest wichtige Arbeit und magst deinen Beruf. Aber denk an Tommy. Dessen Welt bricht zusammen, wenn du ihm diese Chance nimmst und wir umziehen müssen.«

Er erhob sich und fing an, in dem kleinen Raum herumzugehen. »Willst du wirklich, daß unser Sohn hier zur Universität geht? Weißt du überhaupt, was in L. A. los ist? Die Stadt liegt in Schutt und Asche, Mädchen. Es gibt keine Rettung mehr, das kann ich dir sagen.«

»Die Krawalle sind vorbei. Du suchst einfach nach einem Vorwand. Hat es mit einem Fall zu tun? Normalerweise, wenn du in einer solchen Stimmung bist, dann ist es ein Fall. Hat es mit der Owen-Sache zu tun, mit dieser alten Dame?«

Er fuhr sich mit den Händen durch die Haare. »Es ist eine Frau, das stimmt schon, aber nicht Ethel Owen. Diese Frau ...«

Sharon wurde blaß. »Hast du ein Verhältnis? Ist es das, wovon du sprichst?«

Er beachtete sie nicht, ging weiter auf und ab und sprach wie zu sich selbst: »Wir können das Haus verkaufen. Häuser sind in Omaha viel billiger. Ich kann meine alte Stelle wieder antreten, und wahrscheinlich werde ich innerhalb von sechs Monaten befördert. Ich könnte es sogar zum Captain oder zum stellvertretenden Polizeichef bringen, mit meiner Erfahrung. Da gibt es nicht die Probleme, die wir hier haben: Drogen, Banden, Verbrechen, die verfluchte Korruption und den Smog.«

In der Küche klingelte das Telefon; Sharon lief hinaus, um abzunehmen, und ließ ihn auf und ab wandernd zurück. Sie kam zurück und sagte leise: »Für dich. Das Gefängnis.«

»Cunningham«, bellte er, als er in der Küche den Hörer in die Hand nahm.

»Hier ist der Wachhabende vom Dienst, Vollzugsanstalt

Ventura. Es tut mir wirklich leid, daß ich Sie zu Hause störe, aber Benny Nieves hat einen regelrechten Tobsuchtsanfall bekommen und schreit hier herum, daß er mit Ihnen reden will und daß Sie uns alle feuern, wenn wir Sie nicht anrufen. Ich werde ihn wahrscheinlich in die Krankenabteilung überführen lassen; dort kriegt er dann ein Beruhigungsmittel. Entweder so, oder ich stecke ihn in eine Einzelzelle.«

Sharon stand direkt neben ihm in der Küche und starrte ihm ins Gesicht. Er kehrte ihr den Rücken zu. »Sie machen gar nichts«, wies er den Wachhabenden an. »Trennen Sie ihn von den anderen Gefangenen, und legen Sie ihn auf Eis, bis ich komme, oder ich entlasse Sie tatsächlich. Kapiert?«

»Du gehst hin, stimmt's? Du bleibst noch nicht einmal, um meinen schönen Braten zu essen, den ich für uns gemacht habe.« Ihre Augen wurden feucht, und sie schniefte. »Ich habe Stunden dafür gebraucht. Ich hatte davon geträumt, daß wir wenigstens einmal schön romantisch zusammen essen könnten.«

»Hör zu, Sharon, ich muß noch ein paar offene Fragen klären, und dann gehen wir. Wenn ich die restlichen Fälle geknackt habe, reiche ich meine Kündigung ein.«

Sie hörte auf zu schniefen und starrte ihn an. »Du hast mir nicht geantwortet. Hast du ein Verhältnis? Hat es mit einer Frau zu tun? Sag es mir. Ich muß es wissen.«

Er ging zur Tür. Sharon folgte ihm und beharrte auf ihrer Frage. Er drehte sich zu ihr um. »Ich habe kein Verhältnis, ist das klar? Und ansonsten: Ja, es hat mit einer Frau zu tun, aber du willst gar nicht wissen, worum es geht. Glaub mir.« Er öffnete die Tür und ließ das Fliegengitter laut zuknallen. Dann trat er so heftig gegen das Skateboard, daß es im Nachbargarten landete.

Als Cunningham im Gefängnis ankam, war es sechs Uhr. Er hatte an dem Supermarkt auf dem Weg gehalten, einen Kaffee getrunken und Ersatzbatterien für seinen Kassettenrecorder gekauft. Er konnte nur hoffen, daß er sie brauchen würde.

Sie saßen wieder in demselben Vernehmungsraum auf denselben niedrigen Stühlen und starrten sich über den Tisch hinweg an. Bennys Augen flackerten, und sein Gesicht war aschfahl. Cunningham nippte an einem Kaffee, den er sich beim Wachhabenden eingeschenkt hatte, und wartete.

»Ich hab geträumt, Mann. Um mich herum brannte alles, und über mir standen Menschen mit Gesichtern wie Monster. Ich war in der Hölle, Mann. Ich war in der Hölle und brannte. Meine Haut« – sein Gesicht war angstverzerrt –, »meine verdammte Haut brannte mir vom Körper weg.«

»Benny, ich habe dir doch gesagt, daß Gott mich geschickt hat, um dir zu helfen. Bist du jetzt bereit, mit mir zu reden?«

»Ja.«

Seine Augen ließen nicht einen Augenblick von Cunningham ab, der seinen kleinen Kassettenrecorder aus der Tasche holte, die Aufnahmetaste drückte und das Gerät in die Mitte des Tisches stellte. »Hier ist Detective Bruce Cunningham, und ich spreche mit Benny Nieves.« Er belehrte Benny über seine Rechte und fragte ihn bei jedem Punkt, ob er ihn verstanden habe. Er nickte, doch Cunningham bestand darauf, daß er für das Aufnahmegerät jeweils mit einem »Ja« antwortete. Nachdem er die Rechte Punkt für Punkt von der kleinen Karte, die er immer bei sich trug, vorgelesen hatte, fragte er Benny: »Machst du diese Aussage aus freien Stücken, ohne Versprechungen oder Einschüchterungen?« Nachdem Benny das versichert hatte, begann die Vernehmung.

»Fang ganz vorne an«, forderte er Nieves auf, »vor dem Verbrechen und mit allem, was dazu geführt hat.«

Benny hustete, sah sich nervös in dem kleinen Raum um und fing an zu erzählen. »Manny hat sich letztes Jahr öfter mit Carmen getroffen, aber sein Bruder war sagenhaft scharf auf sie, also hat Manny sie an ihn abgetreten.«

»Benny, du mußt die Namen alle deutlich nennen. Du sprichst gerade von Bobby Hernandez, ist das richtig?«

»Ja, Mann, von wem sonst? Also trifft Carmen sich ein paarmal mit ihm, aber sie findet das nicht gut, und sowieso ist sie sauer, weil Manny sie weitergereicht hat, klar? Manny hat immer alles getan, was Bobby wollte. So waren die beiden. Bobby ist geil auf sie – er hat immer einen Ständer, weil er geil auf sie ist, und raucht Crack und redet die ganze Zeit von ihr. Sie zieht nach Ventura und läßt ihn abblitzen. Bobby. Spricht nicht einmal mehr mit ihm. Wir fahren so durch die Gegend, und er fährt immer nach Ventura, an ihrem Haus vorbei, und sagt, daß er sie umbringen will. Also, Bobby ist bei den Bräuten immer gelandet, müssen Sie wissen. Sie waren immer hinter ihm her. Und er hat immer angegeben, daß er Leute umlegt. Wir sollten denken, daß er zu allem möglichen fähig war.«

Sie hätten ihm glauben sollen, dachte Cunningham, hielt sich aber zurück. »Hat er euch einmal erzählt, daß er jemanden umgelegt hat?« fragte er.

»Nein, nie. War alles nur Gerede. Dann haben sie erzählt, daß Carmen da so eine Prüfung macht und ein braves Mädchen ist und mit einem weißen Jungen fest geht und damit angibt, daß sie aufs College kommt. Bobby hört auf, von ihr zu quatschen, und keiner denkt sich was dabei, bis zu dem Abend dann.«

»Was ist denn an diesem Abend passiert?« fragte Cunningham und warf einen Blick auf den Kassettenrecorder, um zu sehen, ob sich das Band auch drehte.

»Ich brauch was zu trinken«, sagte Benny. »Wann kriegen die raus, daß ich gesungen habe?«

»Keiner wird vor der Vorverhandlung in der nächsten Woche etwas wissen, und bis dahin bist du in Schutzhaft.« Cunningham schob den Becher mit dem Rest Kaffee über den Tisch.

Benny nahm einen Schluck und verzog das Gesicht: »Der

ist ja kalt, Mann.« Er blickte auf den Kassettenrecorder, dessen rotes Licht leuchtete, und dann auf Cunningham. Dann legte er seinen Kopf ein paar Augenblicke lang auf den Tisch, bevor er fortfuhr: »An diesem Abend, Mann ... ich wünschte, ich wäre zur Messe gegangen. Es war schrecklich an diesem Abend. Also gut, Manny ruft mich an und sagt, er hat gute Ware da, Crack, normales Coke, Smoke. Quatscht, als hätte er einen Gemischtwarenladen für Drogen. Sagt, ich soll Navarro und Valdez holen und mich mit ihnen in einer Straße in Ventura treffen, um ein bißchen spazierenzufahren. Vielleicht waren sie schon da, weiß ich aber nicht. Wir treffen uns da und steigen alle in Bobbys Bus ein, und er verteilt die Ware. Manny, Bobby, Navarro und Valdez haben eine Pfeife und lassen sie rumgehen, und dann sind sie high, Mann, aber so was von high.«

»Und du, Benny?« fragte Cunningham. »Was hast du dir denn aus der Wundertüte genommen?«

»Nur Hasch, sonst nichts. Ich schnupfe manchmal Coke, aber das war gelogen mit dem Coke. Sie hatten nur die Pfeife mit dem Crack, und den Mist rauche ich nicht. Davon wird man süchtig, Mann.« Er beugte sich vor und legte seine Hände auf den Tisch, als ob er Cunningham ein großes Geheimnis anvertrauen wollte. »Ich hab schon Typen gekannt, die hätten ihre eigene Mutter umgebracht, um da ranzukommen.«

Cunningham rieb sich die Augen und warf einen Blick auf die Uhr. Nach diesem Verhör mußte er noch einmal zur Wache, und es war jetzt schon ein langer, harter Tag gewesen. Er klopfte an die Tür, und als der Wärter kam, bat er um zwei weitere Tassen Kaffee. »Sie glauben wohl, Sie sind hier in einem Restaurant?« nörgelte der Mann. Während sie warteten, wechselte Cunningham die Batterien, um auf Nummer Sicher zu gehen.

Als beide eine frische Tasse Kaffee vor sich stehen hatten, erzählte Benny weiter. »Wir kommen an dieser High School vorbei, und Manny und Bobby sagen, wir sollen aussteigen. Ich sehe, daß Manny eine Pistole in seine Jackentasche steckt, aber das hat nichts zu sagen, weil er immer eine Waffe bei sich hat. Aber sie haben schon was vor, denn sie führen uns direkt zu der Stelle, wo sie am Ficken waren.«

»Wer war da am Ficken?« fragte Cunningham.

»Sie wissen schon, Mann. Carmen und ihr weißer Lover. Wahrscheinlich sind sie ihnen gefolgt und haben gesehen, wie sie hinter der Tribüne verschwunden sind. Bobby und Manny greifen sich den weißen Typ und schlagen ihn zusammen. Dann sagt Bobby, Navarro soll sie ficken, und er guckt zu. Sie schreit nicht, und gar nichts. Hat viel zuviel Angst. Sie liegt nur da und macht die Beine breit. Zieht sich sogar die Hosen runter, als Bobby das will. Dann ist Navarro fertig, und Bobby sagt, ich soll sie ficken. Er sagt, sie steht drauf, und nennt sie eine Fick-Fotze. Er hat seinen Schwanz draußen und spielt damit herum – und guckt die ganze Zeit zu, Mann. Also fick ich sie. Es scheint so, als ob es ihr gefällt, denn sie wehrt sich nicht.«

Benny hielt inne und nahm einen Schluck Kaffee; sein Gesicht verriet Erleichterung. Er ließ sich tiefer in den Stuhl sinken und streckte seine kurzen Beine unter dem Tisch aus. Cunningham forderte ihn auf, weiterzuerzählen.

»Als ich mit ihr fertig bin, geh ich hinter die Tribüne zum Pissen. Ich war nur eine Minute weg, aber ich habe sie sogar beim Pissen gehört. Ich sehe den Jungen, und sein Gesicht ist zu Brei geschlagen. Bobby ist mit Blut bespritzt; er hat einen großen Stein und schlägt immer wieder auf den Jungen ein. Carmen schreit, und die anderen sind wie verrückt. Bobby sagt, sie ist an allem schuld, und nimmt einen Ast, der da unter der Tribüne liegt, und rammt ihn ... o Gott ...«

Benny unterbrach sich und starrte wie gebannt auf einen Punkt oberhalb von Cunninghams Kopf, als ob er die Szene auf einer Leinwand ablaufen sähe und vor lauter Schreck nicht mehr weitersprechen könne.

»Benny, was ist danach passiert?« drängte Cunningham mit leiser Stimme, weil er Angst bekam, Benny könnte ausflippen.

»Überall ist Blut, und ihre Augen sind weit offen, sehen aber nichts. Ich glaube, da war sie schon tot. Sie bewegt sich nicht, die Augen sind offen und überall Blut. Manny fängt an, auf sie zu schießen, weil sie so schrecklich aussieht, und er springt herum und schießt. Dann nimmt Bobby sich die Pistole und lacht und sagt, ihre Titten, schieß auf ihre Titten. Er zieht Navarro ran, er soll schießen, und dann Valdez. Ich bin weggelaufen, und sie laufen hinter mir her. Sie wissen ja, daß die Schüsse die Cops anlocken.«

»Dann seid ihr wahrscheinlich an der Lehrerin auf dem Parkplatz vorbeigekommen«, sagte Cunningham.

»Ja, ich bin an jemandem vorbeigerannt – ich weiß nicht, wer es war –, ich bin gerannt, und sie dreht sich erst um, als die anderen angerannt kommen. Sie rennen zu ihrem Auto und hauen ab, und wir sind in unser Auto gestiegen und auch abgehauen.«

»Warum hat Navarro angehalten, um die anderen mitzunehmen?«

»Die kannte keiner, Mann. Das waren irgendwelche Typen, und Navarro hat gesagt, wir sagen einfach, wir waren alle zusammen, wenn die Bullen fragen. Dann sind sie wie ein Alibi, und es kommt nichts raus. Wir wären ja auch nicht angehalten worden, wenn Navarro seinen Scheißwagen angemeldet hätte.«

»Wie das Leben so spielt, was?« sagte Cunningham, nachdem er die Stop-Taste gedrückt hatte. Er stand auf und reckte sich. »Du hast es geschafft, Benny. Du bist auf dem Wege zur Erlösung, mein Guter.«

»Wieviel krieg ich denn?«

»Ich habe ja von Anfang an gesagt, daß ich dir nichts verspreche. Der Richter und die Geschworenen werden beeindruckt sein, daß du gestanden hast, und das zählt für dich.

Aber das beste ist, daß du nicht mehr von der Hölle träumen mußt. Ich bin nicht Gott, aber ich bin mir sicher, du hast dich freigekauft. Vielleicht nicht aus dem Bau, aber aus der Hölle schon, und die ist ja für ewig.«

Cunningham fuhr mit den Bändern in seiner Aktentasche zur Wache zurück. Die Nuß war geknackt. Der Fall McDonald-Lopez war geklärt. Jetzt mußte er sich noch mit den anderen Sachen auseinandersetzen, dachte er, und sein Magen brannte immer noch wie Feuer, seine Nerven waren zum Zerreißen gespannt. Es ging um Lily Forrester. Er holte eine Tablette aus seiner Jackentasche und schluckte sie. »Eine ist nie genug«, sagte er, als er die Akte mit dem Mord an Bobby Hernandez nahm und sie auf seinen Tisch warf. Er riß die Packung Tabletten auf und ließ den Inhalt auf den Schreibtisch rollen. Dann warf er sie, eine nach der anderen, in den Mund wie Erdnüsse, während er auf das Phantombild vor sich starrte.

KAPITEL 42

Lily saß allein in Richards Büro und hatte die Pinnwand vor sich. Ihr Blick ruhte auf den Fotos vom Tatort, besonders auf dem verstümmelten Körper von Carmen Lopez. Richard war in Butlers Büro zu einer Besprechung.

Das war also der Mann, den sie umgebracht hatte, sagte sie sich immer wieder. Dieses Gemetzel war sein Werk – den Mann, der diese junge Frau gefoltert und abgeschlachtet hatte, diesen Mann hatte sie hingerichtet. Er war nicht unschuldig und auch kein leicht verstörter Sexualverbrecher. Was sie da vor sich sah, war das Böse in Reinkultur. Immer wieder sah sie sich die Bilder an, immer schneller, bis die Szene vor ihrem geistigen Auge wie ein Film ablief. Sie konnte die Schreie hören, das Blut sehen, den Schrecken spüren. Sie umklammerte die Stuhllehne.

Sie stand auf. Sie war frei. Sie spürte keine Reue. Als sie sich das Bild von Hernandez auf dem Bürgersteig vor seinem Haus in Erinnerung rief, wie das Blut aus seinem Körper strömte, fühlte sie nur Befriedigung. Carmen Lopez und Peter McDonald waren damit gerächt. Patricia Barnes war damit gerächt. Der Fall ist abgeschlossen. Auge um Auge. Sie hatte sich lediglich das Gewand des Henkers angelegt. Das Urteil war von einer höheren Macht gefällt worden; sie war nur eine Figur in dem Spiel, ein wehrpflichtiger Soldat, das Mittel zum Zweck.

Sie verließ Richards Büro und schloß die Tür hinter sich.

Das Treffen mit Cunningham hatte sie nervös gemacht. Sie war am Morgen zur Arbeit gekommen und hatte mit dem Schlimmsten gerechnet – daß er sie verhaften würde. Sie hatte erwogen, ein Geständnis abzulegen, um dem Warten und der Angst ein Ende zu bereiten. Aber jetzt war sie ganz ruhig. Sie versteckte sich nicht vor ihm. Er wußte, wo er sie finden konnte. Der absurde Gedanke arbeitete in ihr, ihm direkt ins Gesicht zu sagen, daß sie tatsächlich dieses Tier umgebracht hatte. Dann würde sie ihn in Richards Büro schleifen, ihm die Fotos von dem Verbrechen zeigen und ihn dann auffordern, sie zu verhaften, zu bestrafen und bloßzustellen. Heute morgen hatte sie vor ihm gezittert und seine Augen auf sich gerichtet gespürt, die sich in ihre Seele hineingebohrt hatten. Jetzt aber hatte sie das Gefühl, daß sie wieder Kräfte sammelte. Wenn man sie festnahm, würde sie gegen eine Verurteilung kämpfen; sie würde angeben, daß sie nicht zurechnungsfähig war, und ihr ganzes Leben ausbreiten, das dann mit dem verglichen würde, das sie vernichtet hatte. Und sie würde gewinnen. Ihren heftigsten Widersacher – ihr Gewissen – hatte sie bereits besiegt.

Auf dem Weg in ihr Büro nahm sie den Stapel mit den Telefonnotizen mit. Cunningham hatte vor einigen Stunden angerufen und mitteilen lassen, daß er mit Nieves gesprochen habe, allerdings ohne Ergebnis. Sie hatte Butler über die Ereignisse des Tages informiert, und er war nicht von seiner Position abgewichen: zu diesem Zeitpunkt keine Zugeständnisse.

Sie saß an ihrem Schreibtisch und ging die neuen Fälle durch; sie war bei der Sache und arbeitete effektiv. Es war Zeit, mit der Vergangenheit aufzuräumen, einen Schlußstrich zu ziehen und ganz normal weiterzuleben.

Etwas später rief Margie Thomas an. »Es wird Sie vielleicht interessieren, daß wir den Wagen von Marco Curazon durchsucht und ein großes, altes Jagdmesser, auf das Ihre Beschreibung paßt, unter dem Sitz gefunden haben.«

»Haben Sie es ans Labor geschickt?« fragte Lily. »Klebte Blut daran, wie ich vermutet hatte?«

»Kein Blut, nur eine Menge Dreck. Er versteckte es immer unter dem Sitz in seinem alten Chevrolet. Aber Ihre Fingerabdrücke wurden darauf nachgewiesen; ich denke also, daß sich Mr. Curazon und sein Pflichtverteidiger in Kürze verhandlungsbereit zeigen werden.«

Wenn er sich der Vergewaltigung schuldig bekannte und sie eine Absprache trafen, wonach der erzwungene Oralverkehr nicht berücksichtigt würde, dann käme es nicht zu einer öffentlichen Verhandlung, und Shana würde nicht aussagen müssen. Aber sie konnte sich auf eine solche Vorgehensweise oder eine Strafminderung nicht einlassen, solange sie den Verdacht hatte, daß er dieses Messer bei anderen Frauen benutzt hatte.

»Ich kann mir einfach nicht vorstellen, daß an dem Messer kein Blut war. Sind Sie sicher, daß es gründlich untersucht worden ist? Er hat gesagt, es sei Blut.«

»Himmel, der Mann hat Sie vergewaltigt. Haben Sie wirklich geglaubt, daß alles, was er sagt, wahr ist?«

Margies kehliges Lachen hallte in ihren Ohren wider. »Aber es schmeckte so widerlich, so eklig. Ich kann einfach nicht glauben, daß es nur Dreck war. Das ist unmöglich.«

»Ich wollte es Ihnen nicht sagen, aber da Sie so hartnäckig sind und es sowieso im Bericht erwähnt wird – es wurden Spuren von altem, vertrocknetem Sperma nachgewiesen. Das haben Sie geschmeckt. Er ist durch und durch gestört. Wahrscheinlich hat er gerne auf das Messer gewichst. Diese Variante ist mir noch nicht untergekommen, und Sie können mir glauben, ich habe schon viel gehört.«

Nach dem Gespräch hatte Lily das dringende Bedürfnis, sich die Zähne zu putzen. Statt dessen ging sie zum Automaten und kaufte sich ein Päckchen Kaugummi. Wenn sie das, was sie über Hernandez wußte, mit dem verglich, was sie über den Vergewaltiger wußte, dann hatte sie vielleicht den falschen Mann erschossen, aber auf lange Sicht hatte sie den erschossen, der es wirklich verdient hatte zu sterben.

»Du hast gefragt, wann wir uns sehen können«, sagte Lily zu Richard am Telefon. »Wie paßt dir heute abend?«

»Also, was Besseres hast du heute den ganzen Tag noch nicht gesagt. Paßt ausgezeichnet.«

Erst ein paar Minuten zuvor hatte Shana ihre Mutter angerufen, um zu sagen, daß sie doch wieder Softball spielen wollte. Nach dem Training würde ihr Vater sie zur Therapeutin fahren.

»Wir könnten uns beim Chinesen was zu essen holen, und wir machen es uns in meinem neuen Haus gemütlich. Wie wäre das?« schlug Lily vor und wartete auf seine Reaktion.

»Neues Haus. Was für ein neues Haus? Willst du mir sagen, daß du dich jetzt doch entschlossen hast auszuziehen?«

»Ich habe gestern ein Haus gemietet, nur ein paar Straßen von deiner Wohnung entfernt. Den Schlüssel habe ich schon.«

»Sagenhaft«, sagte er. »Ich kann es kaum glauben. Wann ziehst du um?«

»Strom und Wasser müssen noch angeschlossen werden, und gepackt habe ich auch noch nicht. Aber wir wollen dieses Wochenende umziehen. Shana kommt mit mir.« Sie nahm Shanas Foto in die Hand und betrachtete es, während sie sprach.

»Nicht nur, daß du zur Abwechslung die Verabredung triffst – du hast sogar einen Plan gemacht. Klingt von Satz zu Satz besser. Es klingt wie eine echte Beziehung zwischen zwei Erwachsenen, die wieder Singles sind. Wir treffen uns in zehn Minuten auf dem Parkplatz.«

Als sie zu ihrem neuen Haus kamen, stellte Richard die Tüten mit dem chinesischen Essen ab und wartete darauf, daß Lily den Schlüssel aus ihrer Tasche fischte und die Tür aufschloß. Dann nahm er sie auf den Arm und trug sie über die Schwelle. Er setzte sie ab und umarmte sie. »Dies ist unser erstes gemeinsames Haus. In meinem Haus wird immer die Erinnerung an Claire lebendig sein, aber hier gibt es keine Geister vergangener Weihnachtsfeste.« Er gab ihr einen zärtlichen Kuß. »Komm, laß uns essen.«

Sie setzten sich in der kleinen Küche auf den Boden und aßen mit Plastikgabeln von Papptellern. »Das Haus ist hübsch«, sagte Richard und ließ seinen Blick umherschweifen, »aber es ist sehr klein.«

Lily ließ eine Krabbe in süßsaurer Soße auf ihr Kleid fallen und sprang auf, um den Fleck auszuwaschen. »Aber es gibt fließend Wasser«, sagte sie, »und es ist sogar heiß.« Sie ging zum Lichtschalter und probierte ihn aus, obwohl es draußen noch nicht dunkel war. »Scheint, daß alles angeschlossen ist.« Ihre Augen leuchteten auf: »Der Warmwassertank für die Badewanne. Weißt du, wie man den anschaltet?«

»Ich bin sehr geschickt, mußt du wissen. In jeder Beziehung, nur nicht in der Küche.« Er wischte sich die Hände ab und ging hinaus. Wenige Minuten später kam er wieder herein. »Dein Wunsch ist mir Befehl«, sagte er, machte eine ausholende Bewegung mit den Armen und verbeugte sich tief. »Das warme Wasser wird in etwa fünfundvierzig Minuten fertig sein.«

»Aber wir haben keine Handtücher«, stellte Lily fest.

»Ich habe bestimmt ein paar Badetücher im Auto«, sagte er. »Ich hole sie gleich.«

Er trat auf sie zu, nahm sie in den Arm und legte seinen Kopf an ihren Hals; er preßte sie an sich. »Ich liebe dich«, flüsterte er.

Sie antwortete: »Ich liebe dich auch.« Er fing an, mit einer Hand ihre Bluse aus ihrem Rockbund zu zupfen, aber sie schob seine Hand weg. »Wir haben was zu bereden. Es ist wichtig«, sagte sie. Tagelang hatten sich die Dinge nur auf der Stelle bewegt, und plötzlich geschah alles mit rasender Geschwindigkeit. Sie mußte Richard alles sagen. Das hatte sie schon auf dem Weg zu ihrem Haus beschlossen. Entweder mußte sie es ihm sagen oder die Sache beenden. Wenn sie es ihm nicht sagte, dann würde sie es einem anderen sagen.

Der lustvolle Blick verschwand, und er blickte sie besorgt an. Er nahm seine Krawatte ab und warf sie zusammen mit seinem Jackett in die Ecke. Lily ging ins Wohnzimmer und setzte sich im Schneidersitz auf den Boden. Er legte sich neben sie und sah ihr aufmerksam ins Gesicht.

»Was ich dir jetzt sagen muß, wird ein Schock für dich sein. Ich hoffe nur, daß du verstehst, warum ich nicht schon früher mit dir darüber gesprochen habe und warum ich es jetzt tun muß.« Sie stockte und biß sich auf die Lippen. »Und ich bringe dich in eine sehr schwierige Position mit dem, was ich dir jetzt erzähle.«

Der besorgte Blick wich nicht aus seinem Gesicht; er setzte sich auf, streckte seine langen Beine unbeholfen neben ihr aus und versuchte sich mit den Händen abzustützen. Es war ihm nicht wohl in seiner Haut; er fürchtete sich vor dem, was sie zu sagen hatte. Sie schwieg und suchte nach den richtigen Worten; sie mußte Mut sammeln. Das Schweigen hing schwer im Raum; Hundegebell und die Geräusche laufender Fernsehgeräte und vorbeifahrender Autos schienen weit entfernt.

»Ich habe Bobby Hernandez getötet«, sagte sie. »Ich dachte, er sei der Mann, der in mein Haus eingebrochen ist und uns vergewaltigt hat. Ich bin nach Oxnard gefahren und habe ihn mit der Schrotflinte meines Vater erschossen.«

Einen Moment lang sah er sie mit ausdruckslosem Blick an; die Worte waren noch nicht voll in sein Bewußtsein eingedrungen. Dann richtete er sich mit weit aufgerissenen, ungläubigen Augen auf: »Könntest du das bitte noch mal sagen.«

»Ich habe Bobby Hernandez getötet«, wiederholte sie langsam mit zitternder Unterlippe. »An dem Abend hatte ich seine Akte in meiner Tasche, denn Clinton hatte mir mitgeteilt, daß das Verfahren eingestellt worden sei. Er sah genauso aus wie der Vergewaltiger. Der Mann hatte sogar ein rotes Sweatshirt an. Ich dachte, daß er mir vom Gefängnis aus gefolgt sei, daß man ihm bei seiner Entlassung dieselben Sachen ausgehändigt hatte. Ich hatte seine Adresse.« Sie schwieg und atmete schwer. Sie wußte, daß es keine Worte gab, um zu beschreiben, welche Gefühle sie damals empfand, welcher Wahnsinn sie zu der Tat getrieben hatte.

Er wollte die richtigen Worte wählen. »Warum hast du ihn nicht einfach verhaften lassen, wenn du wußtest, wer er war? Gott im Himmel ...«

Der entsetzte Blick, das Unverständnis in seiner Stimme trieben ihr die Tränen in die Augen. »Ich wollte, daß er stirbt, verstehst du? Ich habe zusehen müssen, wie er meine Tochter vergewaltigt hat; er hat mir ein Messer in den Mund gesteckt und mir erzählt, daß das Blut einer anderen Frau daran klebe. Ich habe geglaubt, daß er zurückkommen und uns beide töten würde.« Sie konnte sich nicht länger beherrschen und fing an zu schluchzen, und Richard nahm sie in den Arm. Er legte ihren Kopf an seine Schulter und streichelte ihr den Rücken.

»Wein doch nicht«, sagte er. »Ich kann es nicht ertragen, wenn du weinst.« Als sie aufhörte zu schluchzen, schob er sie sanft von sich weg und fragte: »Wer ist denn der Mann, der jetzt wegen der Vergewaltigung im Gefängnis sitzt?«

»Das ist der, der uns vergewaltigt hat«, sagte sie und sah ihn aus rotgeränderten Augen an, das Make-up tränenverschmiert. »Er könnte der Zwillingsbruder von Hernandez sein, aber er ist es tatsächlich gewesen. Hernandez hat es nicht getan. Sie haben sogar sein Messer mit meinen Fingerabdrücken gefunden. Ich hab den Falschen erschossen.«

»Himmel Herrgott noch mal, Lily«, sagte er, sprang auf und gestikulierte mit den Händen. Er beugte sich über sie und schrie ihr ins Gesicht: »Du hast sogar den Falschen erschossen. Du hast einen Menschen getötet. Du hast jemanden umgebracht und mir nicht ein Wort davon gesagt. Das ist ja eine wunderbare Beziehung, die wir hier haben«, sagte er und stapfte in die Küche. Er griff nach der Weinflasche und goß sich einen Plastikbecher voll, den er in einem Zug leerte. Dann lehnte er sich an die Theke in der Küche und starrte sie unverwandt an; seine Gesichtsmuskeln zuckten, sie erwiderte seinen Blick vom Wohnzimmer aus. Schließlich nahm er die Weinflasche und kam zurück; er füllte den Becher bis zum Rand und reichte ihn ihr. Dann setzte er die Flasche an den Mund und trank daraus, während er vor ihr auf und ab ging.

»Wer weiß davon?«

»Keiner«, sagte sie. »Ich habe noch nicht mal John davon erzählt. Ich habe mit keinem darüber gesprochen.«

Er hatte die Akte über den Mord an Hernandez gelesen, konnte sich aber jetzt an keine Einzelheiten erinnern. Seine Gedanken überschlugen sich, seine Augen irrten im Zimmer umher. »Haben sie was gegen dich in der Hand? Beweise? Augenzeugen?«

»Manny war der einzige Augenzeuge, und er hat gesagt, es sei ein Mann gewesen.« Sie stockte und nahm einen Schluck Wein. »Eine Frau aus der Nachbarschaft hatte sich die Autonummer notiert, aber ich hatte sie mit einem Filzstift geändert, so daß der Computer einen anderen Wagen dazu ausspuckte.«

Er sah sie ungläubig und verständnislos an. »Filzstift? Du hast das Nummernschild verändert? Himmel, das ist vorsätzlicher Mord. Wie konntest du so etwas nur tun? ... Jemanden umbringen. Lieber Gott.« Er sah aus, als wollte er sie packen und schütteln. Sie antwortete nicht. Er lief weiter auf und ab und gestikulierte mit seiner freien Hand. Dann blieb er stehen und nahm einen Schluck aus der Flasche. »Also gut, also gut ... Wir gehen die Sache Schritt für Schritt durch. Nur keine Panik.«

Lily wollte ihn unterbrechen und ihm erklären, daß die Zeit für Panik vorbei sei, aber sie hielt ihren Blick auf den Boden gerichtet.

Er sackte neben ihr auf den Boden. »Du stehst also nicht unter Verdacht? Wenn Manny tot ist und die Polizei nur eine falsche Autonummer hat, dann haben sie nichts in der Hand.«

»Cunningham ist mit dem Fall betraut. Meinst du nicht, daß wir es wüßten, wenn er etwas gegen mich in der Hand hätte? Ich meine, ich habe heute mit ihm gesprochen. Ich rede ständig mit ihm. Selbst wenn er einen Vedacht hat, scheint er keine Beweise und keine Zeugen zu haben.«

Richard streckte seine Arme nach ihr aus und warf dabei den Becher Wein um. Auf dem Teppich entstand ein dunkler Fleck.

»Du hast das die ganze Zeit mit dir herumgeschleppt. Du hättest es mir eher erzählen sollen.«

Sie antwortete nicht; er streichelte sie wie ein Kind.

In seinem Kopf ging alles durcheinander. Die Frau in seinen Armen war nicht die, in die er sich verliebt hatte – er hatte sie nie gekannt. Sie hatte einen vorsätzlichen Mord begangen. Sicher, sie und ihr Kind waren vergewaltigt worden, und das war furchtbar und schrecklich, aber jemanden kaltblütig zu töten – das überstieg seine Vorstellungskraft, das konnte man nicht hinnehmen. Selbst wenn jemand Greg vor seinen Augen ermorden würde, wüßte er nicht, ob er den Täter töten, ein Leben auslöschen könnte. Es widersprach seinen Überzeugungen, den Grundsätzen seiner Arbeit als Staatsanwalt. Aber es war geschehen. Man konnte es nicht ungeschehen machen. Und jetzt war auch er darin verstrickt. Er mußte das schlucken wie eine bittere Pille. Sie steckte in seinem Rachen, und er mußte sie irgendwie hinunterwürgen.

»Hernandez war ein Tier, gut. Ein Killer. Es besteht kein Zweifel, daß er dafür die Todesstrafe bekommen hätte. Wahrscheinlich hast du dem Staat ein Vermögen erspart – allein die Kosten für seine Verwahrung in der Todeszelle ... Sieh es einfach von dieser Seite.«

»Richard, du kannst mir glauben, daß ich es bereits von

allen möglichen Seiten gesehen habe. Ich habe jemanden umgebracht. Ich habe einen Mord begangen.« Lily verbarg ihr Gesicht in den Händen; sie konnte ihm nicht in die Augen sehen. »Ich konnte es nicht ertragen. Er hat mein Kind vor meinen Augen vergewaltigt. All die Gewalt ... jeden Tag ... überall.«

»Hör mir zu«, sagte Richard und versuchte, seine Stimme unter Kontrolle zu bringen. »Wenn du Hernandez nicht getötet hättest, hätten wir seine Beteiligung an dem Doppelmord von McDonald und Lopez nicht aufgedeckt. Aber damit nicht genug. Während wir hier damit beschäftigt waren, den Prozeß gegen zwei Jungen vorzubereiten, die wahrscheinlich unschuldig waren, hätte er wieder zuschlagen können. Der erste Mord hat in ihm die Lust am Töten geweckt. So haben wir doch argumentiert? Dann hat er Patricia Barnes aufgegabelt, mit der Absicht, sie zu töten, aus dem einzigen Grund, daß es ihm Spaß machte. Als es ihm nicht gleich gelang, kam er später zurück und brachte die Sache zu Ende. Wir haben hier das Anfangsstadium eines Serienmörders.«

»Kannst du damit leben, daß ich das getan habe?« fragte sie. Er antwortete nicht. Ihre Blicke hielten aneinander fest. Bei allem, was er sagte, konnte sie in seinen Augen Unsicherheit und Zweifel entdecken. Er sah sie an, als ob er sie nicht kennen würde, als ob sie eine Fremde wäre, eine sonderbare Erscheinung. »Ich hätte dir nichts sagen sollen. Es war ein Fehler.«

»Ich liebe dich«, sagte er sanft. »Mehr kann ich im Moment nicht sagen. Egal, wie es zwischen uns weitergeht, ich habe dich geliebt. Das mußt du mir glauben.«

Sie nahm einen Schluck Wein, und Richard füllte den Becher mit dem Rest aus der Flasche auf. Dann stand er auf und ging zum Wagen. Lily stand am Fenster und schaute durch die Jalousienschlitze. Sie war sicher, daß er einfach davonfahren würde. Sie sah zu, wie er den Kofferraum öffnete und zwei Badetücher herausholte.

Lily löste ihren Blick nicht von ihm. Mit den Händen hielt sie die Jalousie offen, bis die Sprossen brachen und ein großes Loch entstand, das den Blick freigab. Richard schlug den Kofferraumdeckel zu und warf einen Blick auf das Haus. Die Handtücher hielt er im Arm. Seine Schultern waren nach vorne gefallen, als trüge er eine enorme Last. Sein Gesicht war verschlossen und ernst, und er stieg die Stufen zum Haus mit den schleppenden Schritten eines alten Mannes hinab. Auf halbem Wege sah er sich nach beiden Seiten um, ob jemand ihn sah, und setzte seinen Weg fort. Er hielt den Kopf gesenkt; seine Arme hingen am Körper herab, und er zog die Badetücher achtlos hinter sich her.

Ein heftiger Schmerz überfiel Lily, und sie schrie auf: »Was habe ich bloß getan? Was habe ich bloß getan?«

Sie hatte Richard nicht deshalb eingeweiht, weil er es wissen mußte, sondern um sich von der unerträglichen Last zu befreien und sich seine Unterstützung zu sichern. »Ich bin das Letzte«, dachte sie, »ein Schandfleck auf dieser Erde.« Ihre Abscheu vor sich wurde so stark, daß sie zur Haustür rannte und sie schnell verriegelte, bevor Richard sie erreicht hatte. Dabei lehnte sie sich mit dem Gewicht ihres ganzen Körpers dagegen. »Geh weg, Richard«, rief sie ihm durch die Tür zu, »geh nach Hause.«

»Mach auf«, sagte er; seine Stimme war ruhig und kontrolliert. »Bitte, Lily, sei nicht albern. Mach die Tür auf.«

Es waren nur Zentimeter zwischen ihnen. Lily legte ihre Handflächen gegen die Tür, als Richard von außen anfing, dagegenzuschlagen; zunächst war es ein Klopfen, dann steigerte es sich zu einem Hämmern. »Ich habe seine ethischen Grundsätze, sein ganzes Leben kompromittiert«, sagte sie sich. Er hielt jetzt Beweismaterial zurück und wurde so zu einem Mittäter, zu einem Kriminellen. Während Richard unvermindert weiter gegen die Tür hämmerte, rannte sie in die Küche und holte ihre Handtasche. Sie nahm das schnurlose Telefon heraus und wählte fieberhaft eine Nummer.

»Polizeirevier Oxnard«, meldete sich eine Stimme, »handelt es sich um einen Notfall?«

»Ja«, schrie Lily und blickte aus dem Fenster zur Straße hin, wo sie etwas Weißes sah: Richards Hemd. Er war auf dem Weg zum Hintereingang. »Detective Cunningham. Verbinden Sie mich mit Detective Cunningham.«

Richard war jetzt im Garten hinter dem Haus und näherte sich dem Fenster.

»Ermittlungsbüro, Cunningham«, meldete er sich.

»Hier spricht Lily Forrester. Ich habe Bobby Hernandez getötet.«

Während Lily diese Worte in den Hörer schrie, waren ihre Augen unverwandt auf Richard gerichtet, der jetzt an die Hintertür klopfte. Er trat ganz nah an das Glas und versuchte, in den Raum zu sehen.

»Lily!« brüllte er. »Lily!«

Die Telefonleitung war still, sie hörte nur ihren stoßweisen Atem. Ihre Nase lief, sie fuhr sich mit dem Ärmel ihrer Bluse über ihr Gesicht. Richard versuchte die Tür zu öffnen und wandte sich dann dem Küchenfenster zu.

Cunninghams tiefe Stimme rüttelte sie auf, und sie wandte sich vom Fenster ab. »Wo sind Sie?« fragte er.

»Ich bin in Ventura.«

»Wo, Lily. Geben Sie mir die Adresse.«

»Seaview ...« Plötzlich war ihr Kopf wie leergefegt, und sie ging mit dem Telefon zu ihrer Handtasche, deren Inhalt sie auf der Küchentheke ausbreitete. Sie griff sich den Mietvertrag und las die Adresse: »11782 Seaview.«

»Sind Sie allein?«

»Ja.«

»Bleiben Sie, wo Sie sind. Gehen Sie nicht weg. Ich bin in fünfzehn Minuten da.«

Lily antwortete nicht. Richard war nicht mehr im Garten. Sie hörte ein Geräusch aus dem hinteren Teil des Hauses, wo die Schlafzimmer lagen.

»Haben Sie mich gehört?« fragte Cunningham. »Ich fahre jetzt los.«

Die Leitung war tot. Lily ließ das Telefon sinken. Da stand Richard im Flur.

»Was um alles in der Welt ...? Ich mußte durch das Schlafzimmerfenster kriechen. Du hast mir einen wahnsinnigen Schrecken eingejagt.« Er kam auf sie zu, aber sie wich zurück. Die Erleichterung auf seinem Gesicht verwandelte sich in Verärgerung. »Hör sofort damit auf. Warum, zum Himmel, hast du mich ausgeschlossen? Ich dachte, du hättest dir was angetan.«

»Du mußt sofort gehen. Cunningham ist auf dem Weg hierher. Ich habe alles gestanden. Ich habe mit ihm gesprochen. Es ist vorbei.«

Richards Augen weiteten sich vor Entsetzen. »Das ist doch Wahnsinn. Ich fasse es nicht. Lieber Gott, was für ein Alptraum.« Ziellos lief er durch den Raum, ging zur Tür und kam dann wieder auf Lily zu.

Dann aber warf er ihr einen letzten zögernden Blick zu, drehte sich um und lief aus dem Haus; er ließ die Tür weit offen, rannte die Stufen zur Straße hoch und fuhr davon.

»Gut«, sagte Lily. Sie ließ sich gegen die Wand fallen und glitt auf den Boden hinab. »Gut.« Ihr Körper fühlte sich schwerelos an, wie eine Hülle, ohne Knochen. Sie sah auf ihre ausgestreckten Füße vor sich. Der große Zeh an ihrem rechten Fuß hatte sich durch ein Loch im Strumpf gebohrt. Sie beugte sich nach vorn und berührte ihn. Ihre Bluse war aus dem Rockbund gerutscht, Weinflecken schimmerten auf ihr. Sie ließ den Kopf auf die Brust sinken und schloß die Augen. Das Haus lag im Dunkeln. Bilder aus der Vergangenheit wurden wach; Lily konnte sie nicht wegschieben und verlor sich in den dunklen Zonen ihrer Erinnerungen, durchlebte sie erneut.

Sie war zehn Jahre alt und lief den Pfad entlang, der vom Fischteich zum Wohnhaus auf der Ranch in Colorado führte. Als sie die Hügelkuppe erreichte, erwartete sie ihr Großvater dort. Sein Bauch sah aus wie eine riesige Kugel, darüber war nur sein Kopf zu sehen. Im Mund hatte er eine Zigarre, die er zwischen zusammengepreßten Zähnen hin- und herschob. »Da bist du ja«, sagte er. »Da ist ja mein kleines Püppchen. Komm her zu mir.«

»Wo ist Großmutter?«

»Sie ist in die Stadt gefahren. Ich habe ihr gesagt, sie soll dir von den Erdnußcrunchies etwas mitbringen, die du so gerne magst. War ich nicht lieb, an dich zu denken? Ich denke ja immer an mein Püppchen, oder? Es gibt nichts in der Welt, was ich meinem Püppchen nicht kaufen würde, stimmt's?«

Lily wandte sich ab und lief den Hügel wieder hinab. Sie fiel in die Lehmpfütze und rutschte auf dem Hintern den Hügel hinab. »Du hast es versprochen«, rief sie, und ein Schluchzen schüttelte ihren Körper. »Nicht jetzt. Nicht am Tag. Du hast es versprochen.«

»Komm sofort zurück, oder es wird dir leid tun. Du bist sehr ungehorsam. So kannst du nicht mit deinem Großvater sprechen. Was würde deine Mutter dazu sagen? Oder dein Vater?«

Als sie am Fuß des Hügels angekommen war, stand sie auf und rannte los: am feuchten Ufer des Teiches entlang, durch die niedrigen Büsche in den Wald. Sie stolperte, fiel zu Boden, stand wieder auf und rannte weiter. Äste ritzten ihre Haut, und sie ruderte wild mit ihren Armen. Als sie so weit in den Wald hineingelaufen war, daß sie nicht mehr wußte, wo sie sich befand, blieb sie stehen und ließ sich mit dem Gesicht nach unten auf den Boden fallen. Dann kletterte sie eine Böschung hoch, ging zu einer Lichtung und wartete dort, bis der Cadillac ihrer Großmutter auf den Kiesweg einschwenkte, der zum Haus führte. Es war dunkel. Sie durfte im Dunkeln nicht mehr draußen sein. Sie schlug sich den Staub von den Kleidern und lief zum Haus.

Ihre Großmutter stand in der Küche; ihre Augen waren

aschgrau. Hinter ihr stand ihr Großvater und lächelte. Er schob die Großmutter zur Seite und hob Lily hoch, indem er sie sich wie eine Stoffpuppe unter den Arm klemmte. »Du brauchst gar nicht bei Großmutter Schutz zu suchen. Du weißt genau, daß du im Dunkeln nicht draußen herumlaufen darfst. Aber du bist ja so mutig, so schnell und so ungezogen ...« Er ging zur Tür und sagte dann zur Großmutter: »Fang schon mal an, das Essen vorzubereiten. Ich knöpfe mir diese freche Nuß vor.«

Etwa drei Meilen von der Ranch entfernt war eine staatliche Besserungsanstalt für Jungen. Lily saß auf dem Beifahrersitz des Lincoln Continental ihres Großvaters, der ihre Hand fest umklammert hielt. Sie sah die hohen Gebäude aus braunem Backstein näher kommen, und das Entsetzen schnürte ihr die Kehle zu. Sie versuchte, sich seinem Griff zu entziehen, bäumte sich auf und trat mit den Füßen ins Leere. »Nein, Großvater, nein.« Mit ihrer freien Hand zog sie ihr Höschen herunter und entblößte ihre Geschlechtsteile. »Schick mich nicht dahin. Ich bin lieb. Ich bin jetzt immer lieb.« Sie wollte seine Hand auf die Stelle zwischen ihren Beinen legen, die er so gern berührte, aber er riß sich los. Sie konnte die Gitterstäbe vor den Fenstern sehen und die Umrisse der Männer im Gebäude. Sie näherten sich dem Tor.

»Jetzt ist es zu spät, was? Zu spät. Sie warten da auf dich. Sie mögen kleine Mädchen sehr.« Dann drehte er sich zu ihr und zischte: »Sie fressen kleine Mädchen auf. Denk daran, Lily, mein kleines Püppchen, mein böses Püppchen. Sie bekommen nichts zu essen und haben Hunger. Es ist Essenszeit.« Er winkte dem Pförtner nur zu und fuhr durch das Tor; Lily war neben seinem großen Körper nicht zu sehen. Die Sicherheitsvorkehrungen waren recht locker, und er kam häufig vorbei, da er ein Freund des Direktors war.

Vor dem hohen Gebäude hielt er an, lehnte sich über sie und öffnete die Tür. Dann stieß er sie aus dem Wagen, und sie fiel kopfüber auf den Asphalt. Ihre Beine waren in der Kordhose verhakt, sie hatte einen Schuh verloren, und ein Zeh lugte aus einem Loch im Socken. Kieselsteine wirbelten auf und trafen sie im Gesicht, als er davonfuhr, und die Abgase des Wagens stiegen ihr in die Nase, so daß sie unter Tränen husten mußte. Sie hielt ihre Knie umschlungen, schloß die Augen und wollte nie wieder aufstehen. Sie wartete auf die Schritte und darauf, daß man sie essen würde wie ein großes Hühnchen. Sie würden ihre fauligen Zähne in ihr Fleisch schlagen, ihr die Gliedmaßen ausreißen und der Reihe nach davon essen. »Gut«, sagte sie. »Gut. Eßt mich ruhig auf. Bis ich ganz aufgegessen bin, ganz und gar.« Sie wartete.

Der Kies knirschte, und die Erde bebte. Dann war es still. »Bist du jetzt so weit, daß du mit Großvater nach Hause kommst? Willst du wieder ein gutes, braves Mädchen sein? Oder soll ich dich hierlassen?« Die Autotür öffnete sich, und Lily stand schweigend auf, zog sich die Hose hoch und kletterte hinein. »Jetzt wisch dir die Augen ab, und wenn wir nach Hause kommen, gehst du ins Badezimmer und wäschst dir das Gesicht. Dann möchte ich, daß du das hübsche, weiße Kleid anziehst, das ich dir gekauft habe, und zum Essen kommst.«

»Ja, Großvater«, sagte sie.

»So ist es recht. Gib mir einen Kuß. Nur einen kleinen Kuß auf die Wange.«

Lily lehnte sich zu ihm hinüber und berührte seine welke Haut mit ihren Lippen; dann ließ sie sich in den Sitz fallen, faltete die Hände im Schoß und richtete den Blick stur geradeaus. Das letzte Mal, als Großmutter in die Stadt gefahren war, hatte er sie da zurückgelassen, und sie mußte alleine in der Dunkelheit die drei Meilen zur Ranch zurücklaufen.

KAPITEL 43

Cunningham sprang von seinem Schreibtisch auf und griff nach seinem Jackett; er rückte sich sein Schulterhalfter zurecht. Im Büro war ein neuer Detective dabei, seine persönlichen Sachen im Schreibtisch zu verstauen. Er war einer der beiden Beamten, gegen die Cunningham ermittelt hatte. Sie hatten im Verdacht gestanden, einen Drogendealer erschossen und das Geld an sich genommen zu haben. Der Polizist war von der Drogenabteilung zur Mordkommission gewechselt. Niemand hatte Cunningham erzählt, daß er mit ihm nur ein paar Schritte entfernt arbeiten, denselben Raum teilen und dieselbe Luft atmen würde.

»Eine heiße Sache?« fragte der Mann und schaute auf.

»Fick dich ins Knie«, knurrte Cunningham und eilte zur Tür. »Oder noch besser, steck dir eine von deinen Extra-Knarren ins Ohr und drück ab.«

Der Mann kam um den Tisch herum. Cunningham öffnete sein Jackett und legte seine Hand auf die Waffe. »Zwei Schritte noch, und ich erledige das für dich.«

»Das wird noch ein Nachspiel für dich haben, du Arschgeige. Ich gehe direkt zum Polizeichef, und dann sitzt du auf der Straße und kannst um Arbeit betteln.«

Cunningham schenkte dem Mann keine Beachtung, schoß durch die Schwingtüren und war in Sekundenschnelle in seinem Streifenwagen auf dem Weg nach Ventura. Pausenlos jagten sich die Meldungen im Polizeifunk. Er wollte schon das Mikro nehmen und den Diensthabenden informieren, daß er seinen Bezirk verlassen würde, wie es die Dienstvorschrift befahl, aber er steckte das Mikro wieder in die Halterung zurück.

»Station eins, 2-Boy«, hörte er die Stimme des Diensthabenden. »Raubüberfall auf White's Market, Alameda und Fourth Street. Bei den Tätern handelt es sich um zwei Männer, die mit Neun-Millimeter-Pistolen bewaffnet sind. Sie wurden zuletzt in East Broadway, Ecke Third Street, in einem braunen Nova gesehen, Kennzeichen unbekannt. Einer der Angestellten ist angeschossen, Krankenwagen und Einsatzwagen sind auf dem Weg. Code drei.«

Cunningham war ganz in der Nähe des Tatorts, und ein Einsatzwagen begegnete ihm. Er schaute hinüber, aber er sah immer nur das Gesicht von Lily Forrester vor sich. Gedankenverloren drehte er das Funkgerät ab. Warum hatte sie ihn angerufen und ihm gesagt, daß sie Bobby Hernandez erschossen hatte? Warum hatte sie die Sache nicht auf sich beruhen lassen? Er hatte keine Beweise, jetzt, wo Manny tot war; sie war praktisch aus der Sache raus. Es war so dumm von ihr, dachte er. Genau das, was eine Frau tun würde: ein Geständnis ablegen, nachdem sie praktisch ihren Hals aus der Schlinge gezogen hatte. Sie hatte das perfekte Verbrechen begangen und es hervorragend ausgeführt – und dann war sie zusammengebrochen, war nur noch eine schniefende, wimmernde Frau, deren innere Stimme ihr etwas von Moral einflüsterte. Wut stieg in ihm hoch, und er spürte das Brennen in seinem Magen.

»Es gibt keine Moral mehr«, sagte er. »Präsidenten sind in Verbrechen verwickelt und lügen, Priester stehlen und huren herum, Väter ermorden ihre Kinder – Kinder ermorden ihre Eltern.« Erst am Morgen hatte er in der Zeitung einen Artikel über einen Feuerwehrmann gelesen, der wegen Brandstiftung in zwölf Fällen verurteilt worden war. Auf der nächsten Seite war ein Polizist aus Los Angeles abgebildet, der an einem Auftragsmord beteiligt war. Am Schreibtisch neben ihm saß jetzt ein Mann mit Dienstpistole und Dienstmarke, der – davon war er überzeugt – ein eiskalter Mörder war. Wo sollte das alles enden? Wie tief konnte eine Gesellschaft noch sinken? Sein Blick glitt über die Häuser und die gesichtslosen Menschen, die überall unterwegs waren. »Geht in eure Häuser zurück«, brüllte er sie an, »sonst kommt jemand und schießt auf euch, einfach nur, weil es Spaß macht. Verriegelt die Türen, versteckt euch unter euren Betten. Merkt ihr nicht, daß hier Krieg herrscht? Wißt ihr nicht, daß die meisten Menschen, die hier herumlaufen, mehr Waffen bei sich haben als die Cops?«

Er passierte die Schnellstraße und fuhr den Victoria Boulevard entlang, an dem das Gerichtsgebäude stand. »Cops. Polizisten. Ordnungshüter«, schimpfte er angewidert. Er fuhr langsamer und las die Straßenschilder, dann bog er scharf rechts ab, und das Heck des Wagens brach kurz aus. In einer Einfahrt bestieg ein junges Mädchen gerade ein Auto. »Ruf die Bullen zu Hilfe, und sie vergewaltigen dich wahrscheinlich. Oder vielleicht prügelt einer von ihnen deinen Freund tot, nur weil er sich geärgert hat. Keiner, der recht bei Trost ist, will heute noch Polizist werden, und so etwas wie einen Ordnungshüter gibt es schon lange nicht mehr.«

Jetzt stieg die Straße allmählich an, und er suchte die Adresse, die Lily ihm gegeben hatte. Plötzlich sah er einen roten Honda am Straßenrand und trat auf die Bremse. Das Haus lag im Dunkeln. Er schaltete die Zündung ab und saß ganz still und lauschte. Es war zu ruhig, zu dunkel. Er schnupperte und glaubte, den Geruch des Todes zu bemerken. »Nein«, brüllte er und umklammerte das Steuerrad mit beiden Händen. Er stellte sich vor, was er im Haus finden würde: Büschel von rotem Haar, die an Wand und Decke klebten, niedliche, kleine Sommersprossen, die wie Staub in der Luft herumwirbelten, in ihrem Mund der Lauf jener Schrotflinte, mit der sie Hernandez umgepustet hatte. Dann müßte er die Verwandten informieren, ihre bezaubernde kleine Tochter, die schon so viel Schreckliches durchgemacht hatte.

Er hielt den Atem an, als er sich der Haustür näherte. Sie stand offen. Er konnte nur das Klopfen seines Herzens hören, das in einem heftigen Stakkato schlug. Dann sah er sie in dem dunklen Raum; sie saß auf dem Boden und lehnte regungslos an der Wand. Er befürchtete das Schlimmste und suchte nach Blutspuren, nach einer Schrotflinte. Aber als er einen eiskalten Finger an ihren Hals legte, fühlte er ihren Pulsschlag. Sie lebte.

»Lily«, rief er und schüttelte sie sanft. Er kniete nieder, und aus ihm unerklärlichen Gründen nahm er sie in die Arme und preßte sie an seine Brust.

»Daddy«, flüsterte sie; ihre Stimme war undeutlich und klang wie die eines Kindes.

»Es ist alles gut. Ich bin hier. Alles wird wieder gut.«

Er hielt sie und wiegte sie und wiederholte die Worte. Sie hatte die Verbindung zur Wirklichkeit verloren und war in die Vergangenheit eingetaucht. Sie war abgestürzt, aber er war rechtzeitig gekommen, um sie aufzufangen. Er erinnerte sich an die Liebe seiner Kindheit – eine Zirkusartistin. Wie ehrfurchtsvoll hatte er zugeschaut, als die wunderschöne Frau in einem glitzernden Kostüm in den leeren Raum gefallen war und ein muskulöser Mann, der mit dem Kopf nach unten am Trapez hing, sie auffing und beide zu der Plattform zurückkehrten, ihre Arme triumphierend in die Höhe gereckt. Er faßte Lily bei den Schultern, schob sie von sich und rüttelte sie jetzt heftiger.

»Ich bin's, Bruce. Bruce Cunningham. Lily, hören Sie mich? Ich bin Bruce. Sagen Sie meinen Namen. Machen Sie schon. Sagen Sie Bruce.«

»Bruce«, sagte sie wie ein Papagei, der etwas nachspricht.

Er ließ sie los, und sie fiel wieder gegen die Wand, die Augen immer noch geschlossen, der Körper steif. Er tastete an der Wand nach dem Lichtschalter, fand ihn und tauchte das

Zimmer in Licht. Dann beugte er sich hinunter und schlug ihr ins Gesicht. Ihre Augen öffneten sich.

»Kämpfen Sie«, befahl er, »kämpfen Sie um Ihr Leben. Ich bin Bruce Cunningham. Detective Bruce Cunningham. Sehen Sie mich an.«

Da war es. Er sah es in ihren Augen: Wiedererkennen, Wahrnehmung, Wirklichkeit. Sie war wieder da. Er hatte sie in seinen starken Armen aufgefangen und führte sie aus schwindelerregender Höhe auf den sicheren Boden zurück.

»Ich habe Bobby Hernandez umgebracht«, flüsterte sie. »Ich dachte, er hätte meine Tochter vergewaltigt. Ich war sicher, daß er es war. Ich habe ihn kaltblütig erschossen.«

»Wo sind Sie, Lily?«

»Ich bin in Ventura. In meinem neuen Haus.«

»Wie heißt der Präsident der Vereinigten Staaten?«

»George Bush«, antwortete sie tonlos; ihre Augen waren auf ihn gerichtet. »Warum fragen Sie mich das?«

Sie wußte nicht einmal, wo sie gewesen war oder welche Richtung sie eingeschlagen hatte! Kopfüber zu Boden, ohne Netz. Er hob ein Handtuch auf, ging in die Küche und machte es naß. Dann beugte er sich über sie und ließ es in ihren Schoß fallen. »Hier, kühlen Sie damit ihr Gesicht, dann fühlen Sie sich besser«, sagte er zärtlich, wie ein Vater zu seinem Kind. Sie verbarg ihr Gesicht in dem Handtuch und sah ihn nach wenigen Sekunden mit ihren großen blauen Augen an; die Sommersprossen auf der Nase und den blassen Wangen leuchteten.

»Sie haben mich geschlagen.«

»Na und? Kommen Sie, wir gehen.«

»Legen Sie mir Handschellen an?«

Sie stützte sich auf die Hände und sah ihm ins Gesicht. Ein sonderbares Gefühl ergriff ihn, das seinen Körper erzittern ließ. Er schob einen Arm unter ihre Knie, hob sie hoch und trug sie zu seinem Wagen, wo er sie auf den Beifahrersitz setzte. Mit seinen Lippen berührte er flüchtig ihre Stirn und wollte etwas sagen, aber die Stimme versagte ihm. Ihr Kopf fiel nach hinten gegen die Kopfstütze.

Er ließ die Autotür offen und rannte ins Haus zurück; dort packte er ihre Jacke und ihre Handtasche, löschte das Licht, schloß die Tür und rannte wieder zum Wagen. Er bemerkte, daß er nicht außer Atem geraten war. Sein Körper bewegte sich wie der eines durchtrainierten Athleten.

Er setzte sich hinter das Steuerrad, lehnte sich über sie, wobei er flüchtig ihre Brust streifte, und schloß die Tür. »Ziehen Sie die Jacke an«, sagte er. Nachdem sie seiner Aufforderung Folge geleistet hatte, legte er ihr den Sicherheitsgurt an. »Halten Sie sich fest.«

In wenigen Sekunden hatten sie die Hügelregion verlassen, und der Tachometer kroch auf siebzig, achtzig, schließlich neunzig Meilen. Durch die offenen Fenster schlug ihnen die kühle Nachtluft ins Gesicht. Der Motor war ungeheuer laut. Er nahm das Mikro in die Hand und brüllte: »Station eins, Wagen sechs-fünf-vier.«

»Sechs-fünf-vier?«

»Wo ist das Opfer von dem Raubüberfall auf White's Market?«

»Presbyterianisches Krankenhaus. Sieht aber so aus, als käme jede Hilfe zu spät.«

»Ich bin auf dem Weg.« Er warf Lily einen kurzen Blick zu und sah dann wieder auf die Straße. Das Steuer vibrierte in seinen Händen. Er ließ das Mikro auf den Sitz zwischen ihnen fallen.

Sie sprachen während der Fahrt nicht. Lilys Augen waren weit geöffnet, und sie stützte sich mit den Händen am Handschuhfach ab. Der Wagen kam auf dem Parkplatz des Krankenhauses mit quietschenden Reifen zum Stehen, und obwohl Lilys Gurt angelegt war, streckte er seinen Arm aus, um zu verhindern, daß sie nach vorne fiel.

»Kommen Sie mit«, sagte er. Er hatte die Beifahrertür von außen geöffnet und sich zu ihr hereingebeugt. »Sie brauchen nichts zu sagen. Sie brauchen nichts zu tun. Bleiben Sie einfach an meiner Seite.«

Er überquerte den Parkplatz mit ausholenden Schritten, so daß Lily in ihren Schuhen mit den hohen Absätzen fast rennen mußte, um Schritt zu halten. Die automatischen Türen zur Notaufnahme öffneten sich; ein grelles Licht blendete sie. Cunningham zeigte seine Dienstmarke und ging weiter. Die Schwester deutete auf eines der Behandlungszimmer. Lilys Absätze klapperten auf dem Linoleum; ihre Augen waren auf den Boden gerichtet.

Auf dem Tisch lag ein junger, dunkelhäutiger Mann, offenbar indianischer Abstammung. Er war nicht zugedeckt und lag ganz still. Sein Hemd war aufgerissen worden, aber seine Brust war unverletzt. Man sah nur mehrere runde, rote Flecken, wo man vermutlich – in einem vergeblichen Versuch, sein Leben zu retten – das Gerät angesetzt hatte, um ihn wiederzubeleben. Die eine Hälfte seines Gesichts war weggeschossen und hatte sich in eine rote, blutige Masse von Fleisch und Knochen verwandelt. Sie standen allein in dem Raum. Lily griff nach der kalten Hand mit den schlank zulaufenden Fingern, die um die weißen Nägel so dunkel waren, und berührte den dünnen Goldring an seinem Finger. Tränen traten ihr in die Augen, und sie blickte Cunningham flehend an. Er deutete mit dem Kopf zur Tür; sie folgte ihm hinaus. Er ging durch endlose Korridore an vielen Türen vorbei, schließlich hielt er und blickte sie an. Stille herrschte um sie herum, anscheinend waren sie in einem Teil des Krankenhauses gelandet, der gerade renoviert wurde.

»Was Sie da gesehen haben, war die Tat eines Bobby Hernandez. Verstehen Sie, was ich meine.«

Der Blick seiner dunklen Augen war so durchdringend, daß sie wegschauen mußte. Jemand, den sie nicht kannte, sprach mit ihrer Stimme und formte die Worte. »Ja«, sagte sie endlich, »ich verstehe Sie.«

»Die Welt braucht Menschen wie Bobby Hernandez nicht.

Sie haben ein Ungeziefer vernichtet. Es gibt Tausende davon. Sie sind in den Schränken, unter den Waschbecken, hinter jedem stinkenden Klo.«

Er schwieg, und sein Körper sackte zusammen. Der Ausdruck von Jugendlichkeit verschwand, die Falten traten deutlich hervor, sein Bauch wölbte sich über dem Hosenbund. Sein Gesicht war gerötet, Schweiß stand auf seiner Stirn. Seine breite Brust hob und senkte sich schwer.

»Was vorhin zwischen uns geschehen ist, ist nicht geschehen. Was Sie mir am Telefon erzählt haben, haben Sie mir nicht erzählt.« Er schob seine Hand in die Tasche und zog einen Zwanzig-Dollar-Schein heraus. Dann öffnete er ihre Hand, steckte den Schein hinein und schloß die Finger wieder. »Sie rufen jetzt ein Taxi und kehren wieder in Ihr Leben zurück. Sie vergessen einfach, daß dies alles passiert ist. Wenn Sie mich morgen oder übermorgen sehen, dann sagen Sie nur: ›Hi, Bruce. Wie geht's, Bruce‹, und Sie werden weiterkämpfen und für sich und Ihre Tochter ein neues Leben schaffen.«

»Sie können das nicht tun«, rief Lily mit hoher, schriller Stimme; sie zitterte am ganzen Körper. »Sie können sich nicht anhören, wie ich einen Mord gestehe, und dann weggehen. Was ist mit dem Gesetz?« Sie wedelte wild mit den Händen, ihre Augen blitzten hysterisch. Er sah sich schnell um. Hinter ihnen war keiner. Noch waren sie allein.

Cunningham trat nah an sie heran, nahm sie an den Händen und preßte sie mit ausgestreckten Armen an die Wand. Sein Gesicht war direkt vor ihrem, sein Atem heiß und schwer, wie aus einem Hochofen. »Ich bin das Gesetz. Hören Sie mich? Ich bin derjenige, der es verkörpert. Nicht die Richter, die es von ihrem hohen Stuhl herab nicht einmal mehr riechen können. Ich bin derjenige, auf den geschossen wird. Der den Geruch des verwesenden Fleisches unserer Gesellschaft einatmen muß. Ich bin derjenige, der kommt, wenn die Menschen um Hilfe rufen, wenn sie ausgeraubt, geschlagen oder vergewaltigt werden. Ich habe jedes Recht, diese Entscheidung zu fällen. Jedes Recht.«

Schweißperlen fielen wie salzige Regentropfen von seiner Stirn auf Lilys Gesicht. »Gerechtigkeit«, sagte er zischend. »Wie kann der Gerechtigkeit gedient werden, wenn man Sie vor Gericht stellt, weil Sie Ihr Kind gerächt haben, wenn man Sie einsperrt und wenn man Ihrer Tochter einen Schaden zufügt, den sie niemals verwinden wird?« Plötzlich ließ er Lily los und trat zurück. Ihre Arme fielen herab, ihr Mund zitterte. »Es gibt einen Gott, Gnädigste, und Er lebt hier unten in der Gosse, mit mir und meinesgleichen.«

Mit diesen Worten drehte sich der große Mann um und ging den Flur hinunter, seine ausgetretenen Schuhe hallten auf dem Linoleum wider, der billige Stoff seines Anzuges spannte über den breiten Schultern. Lily verfolgte ihn mit den Augen, bis er um die Ecke verschwand.

EPILOG

Lily trat aus dem Verwaltungsgebäude, in dem sich das Bezirksberufungsgericht befand, und ging zu ihrem Wagen auf dem Parkplatz gegenüber. Es war schon spät, nach sechs. Sie hatte sich angewöhnt, lange im Büro zu bleiben und den Berufsverkehr abzuwarten, bevor sie die lange, ermüdende Heimfahrt nach Ventura antrat, die fast zwei Stunden dauerte. Zwar versäumte sie nur ungern kostbare Stunden mit Shana, aber ihre Tochter nahm an so vielen außerschulischen Aktivitäten teil, daß sie selten vor Lily zu Hause war. Sie war Cheerleader an der High School in Ventura, Mitglied im Debattierclub und kandidierte für das Amt der Klassensprecherin in ihrer neuen Schule. Während Lily ihr Auto durch den Verkehr manövrierte, wanderten ihre Gedanken zu Shana. Sie war sich nur zu bewußt, daß Shanas Liebe und Zuneigung, ihr steter Optimismus und ihre Begeisterungsfähigkeit für Lily ihrem Leben wieder Sinn gegeben hatten.

Acht Monate waren seit ihrem Gespräch mit Cunningham auf den Fluren des Presbyterianischen Krankenhauses verstrichen. Der Gedanke an den massigen Detective entlockte ihr ein Lächeln. Er war weggezogen. Nur kurze Zeit nach jener Begegnung hatte er seine Kündigung eingereicht und war mit seiner Familie wieder nach Nebraska gegangen. Sie mußte oft an ihn denken und war häufig versucht, ihn anzurufen, aber ihr gemeinsames Erlebnis war kein angenehmes, und sie wußte, daß sie die Dinge so belassen mußte, wie sie waren.

Er hatte sein Leben zu führen, und sie hatte das getan, was er ihr geraten hatte – sie hatte den Kampf wiederaufgenommen und kämpfte auf dem einzigen Gebiet, auf dem sie sich auskannte. Ihr Gewissen und der Gedanke an Richard Fowler hatten sie bewogen, ihren Posten als Bezirksstaatsanwältin aufzugeben. Sie durfte seine Karriere und sein Leben nicht in Gefahr bringen. Am Tag danach hatte sie gekündigt, aber kurz darauf hatte sie eine neue Stelle angetreten und bearbeitete jetzt Fälle, die vor das Berufungsgericht kamen. Hier gab es keine dramatischen Auftritte im Gerichtssaal, keine Fälle, die man gewinnen oder verlieren konnte, aber sie nahm auf ihre Weise Einfluß auf das Geschehen, befaßte sich mit Gesetzestexten und prüfte Gerichtsprotokolle – in ihrem kleinen Büro im vierunddreißigsten Stock. Sie würde niemals Richterin werden, aber irgendwie war das bedeutungslos geworden.

Der Verkehr ließ nach, und sie kam gut voran. Über das Autotelefon rief sie Shana zu Hause an. »Ich bin's, meine Süße. Machst du Hausaufgaben, oder bist du am Telefon?« Manche Dinge änderten sich nicht. Teenager waren eben Teenager.

»Die Hausaufgaben sind alle erledigt. Dad und ich gehen heute abend ins Kino. Er holt mich gleich ab.«

»Kino mitten in der Woche? Nein, meine Liebe, seit wann gestatten die Regeln einen Kinobesuch mitten in der Woche? Dein Dad weiß das auch.«

»Mom«, antwortete Shana, »heute ist ein besonderer Tag. Ich habe alle meine Hausaufgaben gemacht, und wir sind um zehn Uhr wieder da. Außerdem kommt ein alter Freund von dir zum Essen.«

Vor ihr stauten sich plötzlich die Wagen, und Lily mußte hart bremsen. »Wer kommt denn? Lieber Himmel, Shana, ich brauche mindestens noch eine Stunde, bis ich zu Hause bin. Ich habe niemanden zum Essen eingeladen. Außerdem haben wir gar nichts im Haus.«

»Es ist eine Überraschung, okay? Du brauchst dich um

nichts zu kümmern. Karen von nebenan hat mich zum Supermarkt mitgenommen. Ich habe Nudeln und Sauce gekauft, einen Salat, Brot und einen Kuchen. Klingt gut, findest du nicht?«

Lily hatte keine Ahnung, worum es ging. »Shana, mir steht der Sinn nicht nach Überraschungen und schon gar nicht nach einem langen Arbeitstag und dieser ewigen Autofahrt. Sag mir sofort, wer zum Essen kommt.«

»Ich kann dich kaum noch hören, Mom. Scheint eine schlechte Verbindung zu sein. Bis später.« Die Leitung war tot.

Lily hielt den Hörer in der Hand und starrte verdutzt auf die Straße. Die Verbindung war hervorragend; sie hatte Shana bestens verstanden. Shana führte etwas im Schilde, und bei der ganzen Geheimnistuerei konnte es sich nur um einen Menschen drehen: Richard. Offenbar hatte Shana ihn angerufen und gesagt, daß Lily ihn sehen wollte. Lily spürte, wie sich ihre Nackenmuskeln anspannten, und sie rollte den Kopf von einer Seite zur anderen. Sie griff erneut zum Hörer. »Hör mal zu«, sagte sie, als Shana an den Apparat kam, »wenn du mir nicht augenblicklich sagst, was du ausgeheckt hast, dann bekommst du Stubenarrest.«

»Ich kann dich nicht hören, Mom. Die Verbindung ist wirklich schlecht.« Es machte klick.

Lily mußte lächeln, ärgerte sich aber gleichzeitig auch. Es war offensichtlich, was Shana erreichen wollte. Schon seit Monaten drängte sie Lily, sich zu verabreden, auszugehen, einem Verein beizutreten – irgend etwas zu tun, um wieder am Leben teilzunehmen. Sie war Lilys persönliche Beraterin in gesellschaftlichen Dingen geworden. Lily mußte zugeben, daß Shana eine schwere Aufgabe übernommen hatte, denn sie hatte in den vergangenen acht Monaten sehr zurückgezogen gelebt. Der einzige Termin, den sie niemals versäumte, war das Treffen der Inzestopfergruppe, die jeden Donnerstagabend in einer Grundschule zusammenkam.

Sie kam durch Camarillo, das auf ihrem Heimweg lag, und wie jeden Tag nahm sie den Fuß vom Gaspedal, als sie an der Kirche mit den Avocadobäumen vorbeikam, wo sie an jenem furchtbaren Morgen die Schrotflinte ihres Vaters den Abhang hinuntergeworfen hatte. Wenn sie abends im Dunkeln im Bett lag, verfolgte sie der Schrecken immer noch. Sie hatte mittlerweile gelernt, damit zu leben, so wie man mit einer schweren Krankheit, einer Amputation, einer entstellenden Narbe zu leben lernt. Auch wenn sie in Freiheit war und ihr Leben fortsetzen konnte, war sie sich nur allzu bewußt, was sie getan hatte. Dieses Wissen würde sie immer begleiten. In dieser Hinsicht gab es kein Entrinnen, und niemand konnte sie davon befreien. Dieses Wissen würde sie mit ins Grab nehmen.

Sie sah den weißen BMW in dem Moment, als sie in ihre Straße einbog. Ihr Herz fing heftig an zu klopfen, und die Röte stieg ihr ins Gesicht. Sie hatten sich mehrmals beim Einkaufen getroffen, meistens war Shana dabei, und ab und zu rief er auch an, aber sie erzählte ihm immer nur kurz, was sich in ihrem Leben tat. Jetzt war er da. Shana war es gelungen, ein Wiedersehen Wirklichkeit werden zu lassen. Lily hatte ihr reinen Wein über ihre Beziehung mit Richard eingeschenkt. In den langen Stunden, die sie vor dem Kamin oder draußen in der hölzernen Wanne verbrachten, hatte sie ihr so gut wie alles erzählt – alles, außer den Ereignissen in der Nacht und am Morgen nach der Vergewaltigung. Schließlich hatte Shana direkt gefragt, und Lily hatte gelogen und geschworen, daß nichts geschehen war. Es ging nicht anders.

Richard stieg aus seinem Wagen, als sie in die Einfahrt einbog und den automatischen Garagentoröffner betätigte. »Hallo, schöne Fremde«, sagte er und betrat die Garage, als sie aus dem Auto stieg. Ein zaghaftes Lächeln umspielte seine Mundwinkel. »Ich dachte, du würdest dich nie wieder melden. Eine angenehme Überraschung.«

Lily wußte nicht, wie sie reagieren sollte. Allein sein Anblick machte sie unsicher und unbeholfen. Sie gingen zur Haustür; sie stolperte und wäre beinahe gefallen. »Shana hat dich angerufen, oder?«

»Nein«, erwiderte er verwirrt. »Deine Sekretärin hat in meinem Büro angerufen und ausgerichtet, daß du mich heute abend zum Essen einladen wolltest.« Er schaute sie an und bemerkte ihre Verunsicherung. »Ist es etwa der falsche Abend? Oder habe ich mich in der Zeit geirrt?«

Lily lächelte. Er sah so gut aus, noch besser als zuvor. Als sie damals zusammenarbeiteten, hatte er nur wenige graue Haare gehabt, doch jetzt durchwirkten sie wie Fäden sein dichtes schwarzes Haar. Er war sonnengebräunt und sah sehr distinguiert aus. »Nein«, sagte sie schließlich, »alles in bester Ordnung. Komm, laß uns hineingehen.«

Lily betrat die Küche, wo sie Shanas Einkäufe vorfand, setzte Wasser auf und warf die Nudeln in den Topf. Die Salate standen fertig angerichtet im Kühlschrank, und Lily brachte sie auf den Tisch. »Möchtest du etwas zu trinken haben? Ich habe zwar kaum alkoholische Getränke, aber ...«

»Hast du Tequila da?« fragte er mit einem listigen Lächeln und trat in der kleinen Küche näher an Lily heran.

»Oh, Richard«, sagte sie. Bei der Erinnerung an den ersten Abend durchrieselte es sie warm. »Das waren noch Zeiten, wie man so schön sagt. Sie waren nur zu kurz, findest du nicht?« Sie mußte sich abwenden. Er stand viel zu nah bei ihr. »Ich trinke Bier. Was anderes habe ich nicht. Bier oder eisgekühlten Tee. Was möchtest du?«

»Bier. Und, Lily ...«

»Ja?« fragte sie mit dem Rücken zu ihm. »Ich brauche noch eine Minute, dann können wir uns an den Tisch setzen und reden. Ich will nur noch schnell die Sauce aufsetzen.«

Er stand hinter ihr und legte die Arme um ihren Körper; sie spürte seinen warmen Atem in ihrem Nacken. »Ich denke fortwährend an dich. Ich kann dich einfach nicht vergessen. Ich gehe zwar mit anderen Frauen aus, aber ...«

Lily durchbrach mit ihren Ellbogen seine Umarmung. Dann drehte sie sich um und sah ihn an. »Ich gehe mit niemandem aus, Richard. Es war nicht leicht. Was ich getan habe ...«

Die Farbe wich aus seinem Gesicht. Er lehnte sich an die Küchentheke und seufzte. »Laß uns nicht darüber reden, ja? Das ist vorbei. Es ist lange her. Ich möchte, daß wir uns wiedersehen.«

»Es geht nicht, Richard. Es geht einfach nicht. Herr im Himmel, man wird dir bald einen Richterstuhl anbieten. Dann willst du doch nichts mit mir zu tun haben. Denk doch nur mal nach.«

Er starrte sie an. »Heißt das, daß du mich nicht wiedersehen willst?«

»Das habe ich nicht gesagt.«

»Was hast du denn dann gesagt?«

Lily strich sich die Strähnen ihrer neuen Kurzhaarfrisur aus dem Gesicht. Richard hatte die Veränderung noch gar nicht zur Kenntnis genommen. »Gefällt dir mein Haar?«

»Es sieht großartig aus, aber lang hat es mir besser gefallen.« Er schwieg und sah sie eindringlich an. »Willst du, daß wir uns wiedersehen?«

In der Luft hingen all die Worte, die sie nicht sagen konnte. Sie sehnte sich nach der Geborgenheit in seinen Armen, aber sie konnte es nicht sagen.

»Wir sehen uns ja jetzt. Ich bin froh, daß du hier bist. Du hast mir gefehlt.«

Das Wasser kochte, und Lily ging zum Herd, um die Flamme herunterzuschalten. Sie nahm ein Bier aus dem Kühlschrank und reichte es ihm; ihre Finger berührten sich flüchtig. Er ließ die Schultern sinken und ging ins Wohnzimmer.

Während des Essens war die Atmosphäre gespannt.

»Wie geht es Greg?« fragte sie.

»Gut. Die Schule in San Diego gefällt ihm. Am Wochenende kommt er immer nach Hause. Er trifft sich mit Shana, das weißt du ja.«

»Ich weiß. Sie sind Freunde geworden. Anfangs habe ich mir Sorgen gemacht, aber es scheint eine platonische Verbindung zu sein, also ...«

»Wie geht es ihr?«

»Sie ist eben Shana ... gut – besser, als ich erwartet habe.«

»Und dir?«

Lily ließ die Gabel auf den Teller fallen und sog die Luft ein. »Ich, also, na ja, ich komme zurecht. Die Arbeit ist interessant. Ich hasse die Autofahrerei, aber die Arbeit gefällt mir.«

Nachdem sie den Salat und die Nudeln gegessen hatten, räumte Lily den Tisch ab, ohne etwas von dem Kuchen zu sagen. Richard verabschiedete sich, und Lily brachte ihn zur Tür.

»Kann ich dich anrufen, mit dir reden? Können wir wenigstens Freunde sein? Irgendwann vielleicht, in ferner Zukunft könnten wir ...«

Lily konnte sich nicht länger zurückhalten. Sie mußte nur daran denken und in seine Augen blicken, und er war da, in ihren Armen. Sie hielten sich lange umschlungen, dann löste Lily sich sanft. »Ruf mich an«, flüsterte sie und schloß die Tür. Lange nachdem er gegangen war, stand sie mit dem Rücken gegen die Tür gelehnt und träumte davon, wie es zwischen ihnen hätte sein können.

Es war ein Anfang.